우체국 [우정사업본부 · 지방우정청]

계리직 공무원

기출문제 정복하기

계리직 공무원
기출문제 정복하기

개정2판 발행   2025년 01월 10일
개정3판 발행   2026년 02월 05일

편 저 자   공무원시험연구소
발 행 처   ㈜서원각
등록번호   1999-1A-107호
주   소   경기도 고양시 일산서구 덕산로 88-45(가좌동)
교재주문   031-923-2051
팩   스   031-923-3815
교재문의   카카오톡 플러스 친구[서원각]
홈페이지   goseowon.com

현대 사회는 하루가 다르게 변화되어 가고 있으며 그 변화에 적응하는 일이란 결코 쉽지가 않다. 더욱이 이러한 변화 속에서 자신에게 맞는 일을 찾고 그 속에서 삶의 즐거움을 누리는 일은 매우 어렵게 느껴진다. 이러한 사회적 분위기 속에서 안정적인 직업으로 공무원이 각광받고 있으며, 경쟁률 또한 매우 치열하다.

타 공무원 수험생들이 많은 정보를 가지고 여러 수험서의 도움을 받는 것과는 달리 우정서기보(계리직) 시험을 준비하는 수험생들은 많은 어려움을 느낀다.

한국사는 한국사능력검정시험으로 대체되었지만 우편일반과 예금일반, 보험일반 과목들은 문항수가 늘어남에 따라 더욱 지엽적인 문제가 출제될 가능성이 커지고 있다. 따라서 예전의 시험보다 문제의 난이도가 전반적으로 올라갈 가능성이 커졌다. 특히 우편일반과 예금일반, 보험일반 과목은 해당 실무와 밀접한 관련이 있어 암기해야 할 내용이 많고 매년 바뀌는 내용이 있어 체감 난이도는 더욱 높을 수 있다.
컴퓨터일반 과목 또한 컴퓨터 영역에서 2개 영역이 빠지는 대신 기초영어가 7문제로 늘어나 영어에 대한 대비도 필요하게 되었다.

본서는 우정서기보(계리직) 기출문제집으로 최대한 기출문제를 복원하여 수록하였으며, 우정사업본부에서 제공하는 2026년 우편일반, 예금일반, 보험일반 학습자료를 반영하여 효율적인 학습을 도모하였다. 또한 매 문제마다 상세한 해설을 실어 훌륭한 학습효과를 누릴 수 있도록 구성하였다.

수험생 여러분의 합격을 진심으로 기원하며 건투를 빈다.

Information

※ 2026년 공개경쟁 채용시험 공고를 바탕으로 작성한 것으로 자세한 사항은 우정사업본부 사이트를 참고하시기 바랍니다.

01 필기시험

① 시험과목

직급(직종)	시험구분	필기시험 과목(문항수)
우정9급(계리)	공개경쟁 채용시험	• 한국사(한국사능력검정시험으로 대체) • 우편일반(20문항) • 예금일반(20문항) • 보험일반(20문항) • 컴퓨터일반(20문항, 기초영어 7문항 포함)

※ 한국사능력검정시험 성적 등록

- 기준점수(등급) : 한국사능력검정시험(국사편찬위원회) 3급 이상
- 인정범위 : 필기시험 시행예정일 전날까지 점수(등급)가 발표된 시험으로 한정하며 기준점수(등급) 이상으로 확인된 성적표만 인정(유효기간 없음)
- 성적 등록 방법 : 응시원서 접수 시에 해당 시험일자, 인증번호, 인증등급 등을 정확히 표기해야 하며 성적이 표기되지 않는 등 불가피한 사정으로 원서접수 마감일까지 한국사능력검정시험 성적을 등록하지 못한 경우에는 추가 등록기간 내에 국가공무원 채용시스템을 통해 입력하여야 함

② 배점비율 및 문항 형식 : 매 과목당 100점 만점, 객관식 4지 택일형 20문항

③ 시험시간 : 80분(과목당 20분)

02 면접시험

① 시험시간 : 25분(5분 발표 & 질의응답 + 경험·상황 면접)

② 면접절차

  ㉠ 발표면접(10분)
- 우정사업본부 현황, 시사 등 다양한 주제의 지시문을 검토하여 의견 발표
- 좌석에 착석하고, 발표 과제지는 본인이 소지하여 발표 시 활용
  - ※ 과제지의 지시문 하단에 발표할 내용을 메모하여 발표 시 활용 가능
- 5분 발표 후 이어서 면접관의 질의응답

  ㉡ 경험·상황 면접(15분)
- 경험면접 : 우정직(계리) 직무수행 능력과 전문성 함양을 위해 평소 준비한 노력과 경험 등을 평가
- 상황면접 : 가상으로 주어진 업무 등의 상황에서 응시자의 대응전략과 행동 및 태도를 평가
- 5분 발표 후 바로 경험·상황 면접 실시(15분 내외)
- 면접위원은 사전 제출된 경험·상황과제 작성문을 바탕으로 질의응답
  - ※ 응시자가 작성하여 제출한 경험·상황과제 작성문은 해당 조의 면접관에게 사전에 배포되며, 면접 시 응시자에게는 별도의 자료가 제공되지 않음
  - ※ 경험면접 문제는 응시자 전원에게 동일한 공통질문 제시

03 응시자격

① **응시연령** : 18세 이상

② **학력·경력** : 제한 없음

③ **응시결격사유** : 국가공무원법 제33조(결격사유)에 해당되거나, 국가공무원법 제74조(정년)에 해당되는 자 또는 공무원임용시험령 등 관계법령에 의하여 응시자격을 정지당한 자는 응시할 수 없습니다(판단기준일은 면접시험 최종예정일).

04 응시자 거주지역 제한

① 응시자는 공고일 현재 응시하는 지방우정청 거주지역에 주민등록이 되어 있어야 합니다.

② 구분모집 응시자격 확인은 필기시험 합격자를 대상으로 실시합니다.

③ 국가공무원법 제26조의3에 따라 대한민국 국적을 소지해야 합니다.

05 가산 특전 비율표

구분	가산비율	비고
취업지원대상자	과목별 만점의 10% 또는 5%	취업지원대상자 가점과 의사상자 등 가점은 본인에게 유리한 1개만 적용
의사상자 등 (의사자 유족, 의상자 본인 및 가족)	과목별 만점의 5% 또는 3%	

Structure

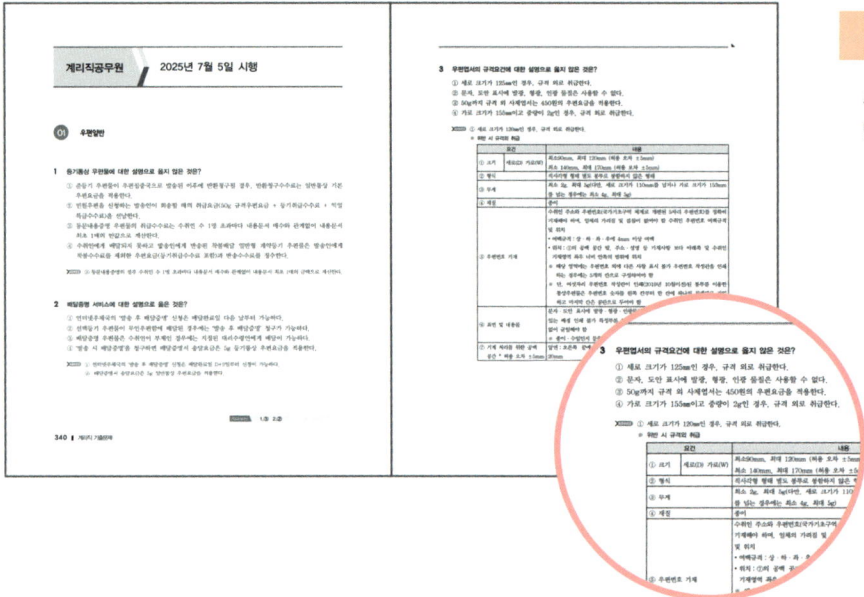

우편일반

최신 시험에 자주 출제되는 이론을 정리하여
담아 학습의 효율을 높였다.

예금일반

최근 학습자료와 수정 내용을 반영하고 보기
쉽게 정리하여 학습의 편의를 도왔다.

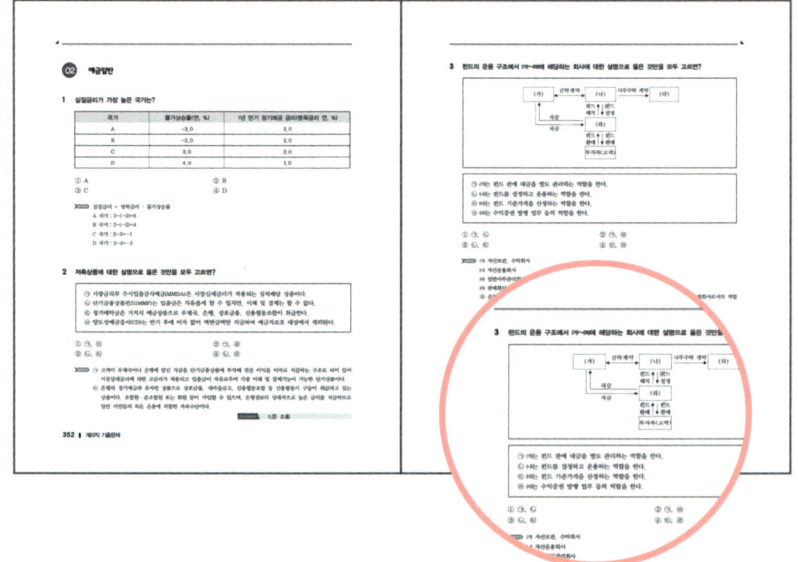

보험일반

최신 자료를 반영하여 효율적인 학습이 용이
하게 하였다.

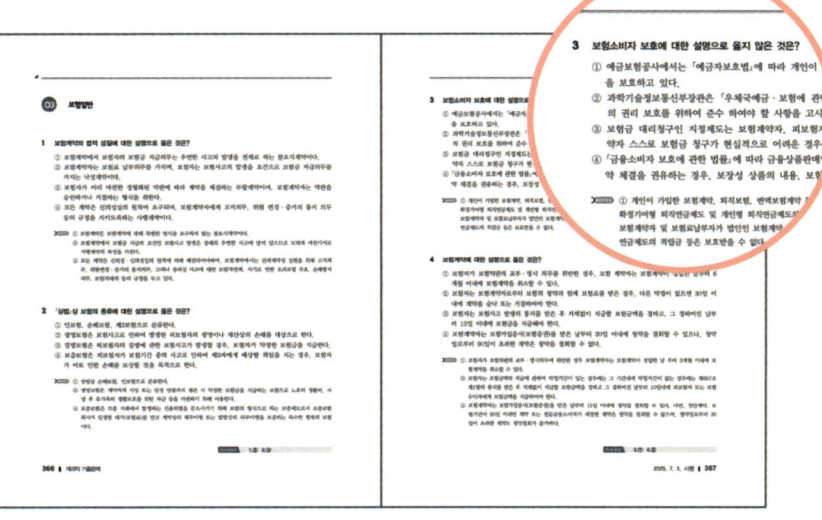

컴퓨터일반

꼼꼼하게 정리한 이론과 상세한 정·오답 풀
이로 자칫 낯설 수 있는 내용에 대한 이해도
를 높였다.

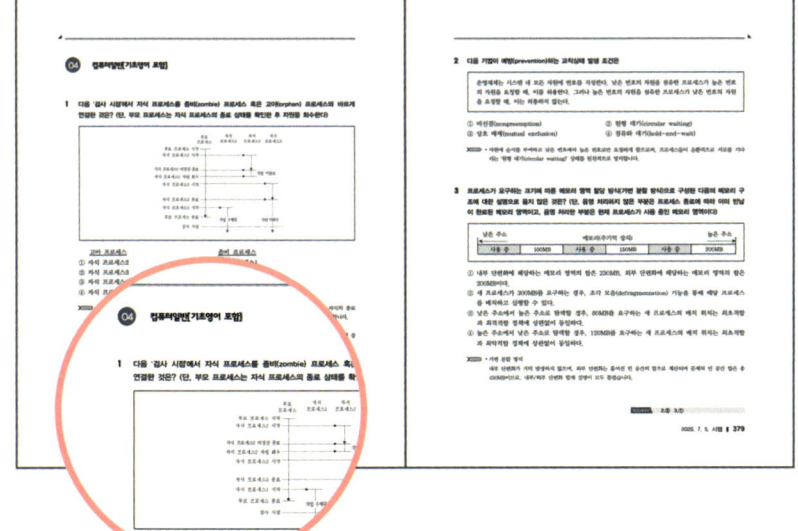

Contents

01. 2008. 8. 31. 우정사업본부 시행(10급)

01. 우편일반 ·························· 12
02. 예금일반 ·························· 16
03. 보험일반 ·························· 19
04. 컴퓨터일반(기초영어 포함) · 21

02. 2010. 7. 24. 우정사업본부 시행(10급)

01. 우편일반 ·························· 32
02. 예금일반 ·························· 36
03. 보험일반 ·························· 40
04. 컴퓨터일반(기초영어 포함) · 42

03. 2012. 3. 3. 우정사업본부 시행(10급)

01. 우편일반 ·························· 54
02. 예금일반 ·························· 58
03. 보험일반 ·························· 61
04. 컴퓨터일반(기초영어 포함) · 63

04. 2014. 2. 15. 우정서기보(계리직)

01. 우편일반 ·························· 76
02. 예금일반 ·························· 82
03. 보험일반 ·························· 84
04. 컴퓨터일반(기초영어 포함) · 86

05. 2016. 7. 23. 우정서기보(계리직)

01. 우편일반 ·························· 99
02. 예금일반 ·························· 105
03. 보험일반 ·························· 108
04. 컴퓨터일반(기초영어 포함) 110

06. 2018. 7. 21. 우정서기보(계리직)

01. 우편일반 ·························· 128
02. 예금일반 ·························· 132
03. 보험일반 ·························· 134
04. 컴퓨터일반(기초영어 포함) 137

07. 2019. 10. 19. 우정서기보(계리직)

01. 우편일반 ································· 149
02. 예금일반 ································· 156
03. 보험일반 ································· 160
04. 컴퓨터일반(기초영어 포함) ········· 164

10. 2023. 6. 3. 우정서기보(계리직)

01. 우편일반 ································· 249
02. 예금일반 ································· 258
03. 보험일반 ································· 265
04. 컴퓨터일반(기초영어 포함) ········· 271

08. 2021. 3. 20. 우정서기보(계리직)

01. 우편일반 ································· 185
02. 예금일반 ································· 190
03. 보험일반 ································· 193
04. 컴퓨터일반(기초영어 포함) ········· 197

11. 2024. 7. 20. 우정서기보(계리직)

01. 우편일반 ································· 287
02. 예금일반 ································· 297
03. 보험일반 ································· 309
04. 컴퓨터일반(기초영어 포함) ········· 320

09. 2022. 5. 14. 우정서기보(계리직)

01. 우편일반 ································· 214
02. 예금일반 ································· 224
03. 보험일반 ································· 230
04. 컴퓨터일반(기초영어 포함) ········· 235

12. 2025. 7. 5. 우정서기보(계리직)

01. 우편일반 ································· 337
02. 예금일반 ································· 348
03. 보험일반 ································· 361
04. 컴퓨터일반(기초영어 포함) ········· 373

계리직
기출문제

01 우편일반

1 우편사업에 관한 내용을 설명한 것 중 옳지 않은 것은?

① 우편사업은 국가에서 직접 경영하는 '국가기업'에 의한 사업으로 경영형태면에서 정부직영형태에 속한다.
② 우편이용 관계의 법적 성질은 우편이용자와 우편관서 상호간의 송달계약을 내용으로 하는 공법상의 계약관계이다.
③ 우편이용 관계에 있어서는 무능력자의 행위라도 능력자의 행위와 동일한 효력이 있다.
④ 우편이용 관계는 제3자(수취인)를 위한 우편관서와 발송인과의 계약이므로 우편이용관계자는 우편관서, 발송인 및 수취인이다.

>ADVICE ② 우편이용 관계는 사법상의 계약관계를 지닌다는 것이 통설이다.

2 국내우편물 손해배상에 관한 설명으로 옳은 것은?

① 손해배상금은 손해배상금결정서가 청구권자에게 도달한 때로부터 기산하여 3년간 청구하지 아니할 때는 소멸된다.
② 손해배상 청구는 당해 우편물을 접수한 관서 및 배달관서에서 발송인이 신청하는 경우에만 가능하다.
③ 손해배상액은 한도액 범위 내에서 실제 손해액을 배상하는 것이며, 보험취급(안심소포) 시는 신고가액을 배상하는 것이다.
④ 손해배상 청구 기한은 그 우편물을 발송한 다음날로부터 1년이다.

>ADVICE ① 5년간 청구하지 않는 경우 소멸된다.
　　　 ② 발송인의 승인을 얻은 수취인도 가능하다.
　　　 ④ 우편물을 발송한 날부터 1년이다.

3 국제우편 기구 및 법규에 관한 설명으로 옳은 것은?

① 만국우편연합(UPU) 총회는 최고 의결기관으로 2년마다 개최되며 전 회원국의 전권대표로 구성된다.

② 만국우편연합(UPU)의 상설기관은 관리이사회, 우편운영이사회 및 집행이사회가 있다.

③ 만국우편연합(UPU)의 화폐단위는 SDR(Special Drawing Rights)이고 공식 언어는 영어이다.

④ 국제특급우편(EMS)의 교환은 우리나라와 해당 국가(들) 사이에 맺은 표준다자간협정 또는 양자협정에 의해 이루어진다.

> ADVICE ① 만국우편연합(UPU) 총회는 4년마다 개최되며, 전 회원국의 전권대표로 구성된다.
> ② 만국우편연합(UPU)의 상설기관은 관리이사회, 우편운영이사회 및 국제사무국이 있다.
> ③ 만국우편연합(UPU)의 공용어는 프랑스어지만 국제사무국 내 업무용 언어로 프랑스어 및 영어를 사용한다.

4 국제통상우편물에 관한 내용으로 옳지 않은 것은?

① 우편엽서(postcard)는 직사각형이어야 한다.

② 항공서간(aerogramme)은 등기로 발송할 수 있다.

③ 소설 또는 신문원고는 인쇄물(printed papers)로 취급할 수 있다.

④ 소형포장물(small packet)은 발송절차가 소포에 비해 복잡하다.

> ADVICE 소형포장물은 협약의 규정에 의하여 정하여진 우편물 종류로서, 소포우편물과는 달리 이용조건 등에 각국에서 공통점이 많아 편리하고 발송절차가 간단하다.

5 우편물 접수에 관한 설명으로 옳지 않은 것은?

① 우체통에 투입한 우편물의 접수시점은 집배원이 우편물을 수집하여 첩부된 우표에 소인하는 때이다.

② 통상우편물은 봉함하지 않고 발송하는 경우도 있다.

③ 발송인이 우편물 내용의 신고 또는 개봉(개피)을 거부할 때는 그 우편물을 접수하지 아니할 수 있다.

④ 우편물은 접수한 때부터 우편이용 관계가 발생하며, 우편관서와 발송인 사이에 우편물 송달계약이 이루어진다.

> ADVICE ① 우체통에 투입한 우편물의 접수시점은 우체통 투입시이다.

Answer   3.④ 4.④ 5.①

6 등기취급을 전제로 한 선택적 우편역무에 대한 설명으로 바르게 연결한 것은?

> ㉠ 우편물의 반환거절을 전제로 우편물을 배달하되, 그 우편물을 수취인에게 배달할 수 없는 경우에는 준등기취급에 따라 우편물을 배달하는 특수취급제도
> ㉡ 민사소송법의 규정에 의한 방법으로 송달하는 우편물로서 배달우체국에서 배달결과를 발송인에게 통지하는 특수취급제도
> ㉢ 보험등기 취급용 봉투를 이용하여 유가증권, 통화 또는 소형포장우편물 등의 통상우편물을 배달하는 특수취급제도

	㉠	㉡	㉢
①	배달증명	준등기취급	보험소포
②	선택등기취급	특별송달	보험통상
③	배달증명	특별송달	보험통상
④	선택등기취급	등기취급	보험소포

>ADVICE 선택적 우편역무의 종류〈「우편법 시행규칙」제25조〉
> • 등기취급 : 우편물의 접수에서 배달까지 모든 단계의 취급과정을 기록하는 우편물의 특수취급제도
> • 준등기취급 : 우편물의 접수에서 배달 전(前) 단계까지의 취급과정을 기록하는 우편물의 취급제도
> • 보험소포 : 등기취급을 전제로 사회통념상 용적에 비하여 가격이 높다고 발송인이 신고한 것으로서 그 취급에 특히 유의할 필요가 있는 고가품·귀중품 등의 소포우편물을 배달하는 특수취급제도
> • 배달증명 : 등기취급을 전제로 우편물의 배달일자 및 수취인을 배달우체국에서 증명하여 발송인에게 통지하는 특수취급제도

7 다음 괄호 안에 들어갈 우편물 배달기한으로 알맞은 것은? [기출변형]

> • 일반통상우편물은 접수한 날의 다음날부터 (㉠) 이내
> • 일반소포는 접수한 날의 다음날부터 (㉡) 이내
> • 익일특급은 접수한 (㉢)

	㉠	㉡	㉢
①	3일	3일	다음 날
②	3일	10시간	날의 다음 날
③	4일	4일	다음 날
④	4일	10시간	날의 다음 날

》ADVICE 우편물 배달기한

구분	배달기한	비고
일반통상, 일반소포	접수한 다음 날부터 4일 이내	
등기통상(준등기포함)	접수한 다음 날부터 3일 이내	
익일특급, 등기소포	접수한 다음 날	※ 제주선편 : D+2일

※ 'D'는 우편물을 접수한 날을 말하며, 아래와 같은 날은 배달기한에서 제외
- 「관공서의 공휴일에 관한 규정」에 따른 공휴일과 그 밖에 다른 법령으로 정한 유급 휴일·토요일과 우정사업본부장이 배달하지 않기로 정한 날은 기간 일수에서 제외

8 우편물 배달의 특례에 관한 설명으로 옳은 것은?

① 동일 건물 내의 수취인에게 배달할 모든 우편물은 관리사무소가 없는 경우에 우편수취함에 배달한다.
② 우편사서함 번호를 기재하지 아니한 특급우편물이 우편사서함 사용자에게 가는 것이 확실할 경우 우편사서함에 투입한다.
③ 보관우편물의 보관기간은 우편물이 도착한 다음날로부터 계산하여 10일로 한다. 다만, 특별한 사유가 있는 경우 20일의 범위 안에서 연장할 수 있다.
④ 수취인의 주소지와 다른 시(市)에 거주하는 자를 대리수령인으로 지정하여 우편관서에 신고하는 경우에는 그 대리수령인에게 등기우편물을 배달한다.

》ADVICE ① 관리사무소, 접수처, 관리인 등이 없는 경우에는 일반우편물은 우편함에 배달하고 우편함에 넣을 수 없는 우편물(소포·대형·다량우편물)과 부가취급우편물, 요금수취인부담우편물을 수취인에게 직접 배달한다.
② 우편사서함 번호를 기록하지 않은 우편물이라도 우편사서함 사용자에게 가는 우편물이 확실할 때에는 우편사서함에 투입 가능하다. 다만 특별송달, 보험취급, 맞춤형 계약등기, 등기소포우편물은 사서함에 넣지 않고 주소지에 배달한다.
④ 수취인이 동일 집배구에 거주하는 자를 대리수령인으로 지정하여 배달우편관서에 신고한 경우에는 그 대리수령인에게 등기우편물을 배달하는 경우를 특례로 인정한다〈우편법 시행령 제43조〉.

Answer   7.③ 8.③

9 국제특급우편(EMS)에 관한 설명으로 옳은 것은?

① 접수우체국 기재 사항 해당 칸에 중량은 100g 단위로 기재한다.
② 국제특급우편물은 등기, 배달통지, 보험취급을 부가하여 특수취급을 할 수 있다.
③ 국제특급우편의 종류는 정기특급우편, 계약국제특급우편과 수시국제특급우편으로 구분한다.
④ 송금환(money remittances), 유가증권류(negotiable articles)는 국제특급우편물로 보낼 수 있다.

> **ADVICE** ① 접수우체국 기재 사항 해당 칸에 접수 년·월·일·시·분까지 기재하고 중량은 10g 단위로 기재한다.
> ③ 국제특급우편의 종류는 계약국제특급우편과 수시국제특급우편으로 구분한다.
> ④ 송금환(money remittances), 유가증권류(negotiable articles)는 국제특급우편물로 보낼 수 없다.
> ※ EMS로 보낼 수 없는 물품
>   ㉠ 동전, 화폐(Coins, Bank notes)
>   ㉡ 송금환(Money remittances)
>   ㉢ 유가증권류(Negotiable articles)
>   ㉣ 금융기관 간 교환 수표(Check clearance)
>   ㉤ UPU일반우편금지물품(Prohibited articles)
>   • 취급상 위험하거나 다른 우편물을 더럽히거나 깨뜨릴 우려가 있는 것
>   • 마약류 및 향정신성 물질
>   • 폭발성·가연성 또는 위험한 물질
>   • 외설적이거나 비도덕적인 물품 등
>   ㉥ 가공 또는 비가공의 금, 은, 백금과 귀금속, 보석 등 귀중품
>   ㉦ 상대국가에서 수입을 금하는 물품
>   ㉧ 여권을 포함한 신분증

02 예금일반

1 예금거래약관에 대한 설명으로 옳지 않은 것은?

① 약관의 의미가 불명확한 때에는 고객에게는 유리하게, 작성자에게는 불리하게 해석하는 것이 원칙이다.
② 약관은 해석자의 주관에 의할 것이 아니라 객관적 합리성에 입각하여 해석되어야 하며, 시간·장소·거래상대방에 따라 달리 해석되어서는 아니 된다.
③ 개별적인 예금상품의 특성에 따라 세부적인 내용을 약관이나 특약의 형식으로 정하고 있다.
④ 예금계약에 대해서는 예금거래기본약관을 우선 적용하고 예금 종류별 약관, 당해 예금상품의 약관을 차례로 적용하는 것이 원칙이다.

> **ADVICE** ④ 예금계약에 대해서는 당해 예금상품의 약관이 우선적으로 적용되고 그 약관에 규정이 없는 경우에는 예금별 약관, 예금거래기본약관의 내용이 차례로 적용된다.

Answer   9.② / 1.④

2 다음에서 설명하는 예금상품이 아닌 것은?

> 우체국예금 상품 중 국영금융기관으로서의 공적인 역할 제고를 위한 예금으로서 정부정책 지원 및 금융소외계층, 사회적 약자를 지원하기 위한 예금이다.

① 행복지킴이통장
② 정부보관금통장
③ 장병내일준비적금
④ 이웃사랑정기예금

>ADVICE 공익형 상품에 대한 설명이다.

우체국은 총 10종의 예금상품을 통해 금융소외계층의 기초생활 보장을 위한 수급금 압류방지 통장과 서민·소상공인 등 금융소외계층의 자산형성을 지원하기 위한 특별 우대이율을 제공 중에 있다.

※ 공익형 예금상품의 종류
  ㉠ 수시입출식 예금 : 행복지킴이통장, 국민연금안심통장, 공무원연금평생안심통장, 호국보훈지킴이통장, 청년미래든든통장, 건설하나로통장
  ㉡ 적립식 예금 : 새출발자유적금, 장병내일준비적금
  ㉢ 거치식 예금 : 이웃사랑정기예금, 소상공인정기예금

▶ 본 기출문제는 연금저축을 묻는 문제였으나 법규가 폐지되어 본 문제로 교체하였음

3 금리에 대한 설명으로 옳은 것은?

① 명목금리는 물가상승에 따른 구매력의 변화를 감안한 금리이다.
② 실질이자소득은 같은 금리수준에서 물가상승률이 낮을수록 늘어나게 된다.
③ 단리·복리 등의 이자계산 방법이나 이자에 대한 세금의 부과 여부 등에 관계없이 표면금리와 실효금리는 동일하다.
④ 채권가격이 떨어지면 채권수익률은 떨어지게 되고, 채권가격이 오르면 채권수익률은 올라가게 된다.

>ADVICE ① 물가상승에 따른 구매력의 변화를 감안한 금리는 실질금리이다.
  ③ 표면금리가 동일하더라도 단리·복리 등의 이자계산 방법이나 이자에 대한 세금의 부과 여부 등에 따라 실효금리가 달라진다.
  ④ 채권가격이 떨어지면 채권수익률은 올라가고, 채권가격이 오르면 채권수익률은 떨어지게 된다.

Answer   2.② 3.②

4 카드 종류별 특징에 대한 설명으로 옳은 것은?

① 선불카드는 법에서 정한 발급한도의 제한이 없다.
② 직불카드 사용금액은 후불결제방식으로 결제된다.
③ 선불카드는 카드에 저장된 금액 내에서만 이용이 가능하다.
④ 직불카드는 할부구매, 현금서비스 및 현금인출이 불가능하다.

>**ADVICE** ① 선불카드는 「여신전문금융업법」에서 발급한도를 제한하고 있다.
　　　② 직불카드는 예금계좌를 기반으로 한 즉시결제방식을 이용한다.
　　　④ 직불카드는 현금인출이 가능하다.

5 다음에서 설명하고 있는 금융상품으로 알맞은 것은?

> 종합금융회사가 고객의 예탁금을 어음 및 국공채 등에 운용하여 그 수익을 고객에게 돌려주는 실적배당 금융상품으로서, 예탁금에 제한이 없고 수시 입출금이 가능한 상품

① CMA(Cash Management Account)
② CD(Certificate of Deposit)
③ RP(Repurchase Agreement)
④ MMDA(Money Market Deposit Account)

>**ADVICE** ② 양도성예금증서(CD ; Certificate of Deposit) : 은행이 양도성을 부여하여 무기명 할인식으로 발행한 정기예금증서
　　　③ 환매조건부채권(RP ; Repurchase Agreement) : 금융기관이 보유하고 있는 국공채 등 채권을 고객이 매입하면 일정기간이 지난 뒤 이자를 가산하여 고객으로부터 다시 매입하겠다는 조건으로 운용되는 단기 금융상품
　　　④ 시장금리부 수시입출금식예금(MMDA ; Money Market Deposit Account) : 고객이 우체국이나 은행에 맡긴 자금을 단기금융상품에 투자해 얻은 이익을 이자로 지급하는 구조로 되어 있어 시장실세금리에 의한 고금리가 적용되고 입출금이 자유로우며 각종 이체 및 결제기능이 가능한 단기상품

Answer 4.③ 5.①

6 금융상품별 가입(발행)대상, 특징 및 예금자보호법에 의한 보호여부에 관한 내용으로 옳지 않은 것은?

	상품명	가입(발행)대상	특징	예금자보호법에 의한 보호
①	주가지수연동 정기예금(ELD)	제한 없음	이율이 주가지수에 연동	비보호
②	저축예금	개인	수시입출금식	보호
③	주택청약종합저축	개인	주택청약을 위한 통장	비보호
④	양도성예금증서(CD)	제한 없음	무기명 양도가능	비보호

>ADVICE ① 주가지수연동 정기예금은 「예금자보호법」에 따라 보호받는다.

　　　　 ※ 2020년 금융상식 교재에는 정기적금이 일반과 가계우대로 분리되지 않고 정기적금 하나만 제시되어 있다.

03　보험일반

1 보험료의 할인에 관한 설명으로 옳지 않은 것은?

① 선납할인은 향후의 보험료를 3개월분 이상 미리 납입하는 경우에 할인해 준다.

② 보험계약자가 보험료(최초의 보험료 제외)를 자동이체로 납입하는 계약에 대해 보험료의 2%에 해당하는 금액의 범위에서 할인 할 수 있다.

③ 5명 이상의 단체를 구성하여 보험료를 단체 납입할 경우 보험료의 3%에 해당하는 금액의 범위에서 보험료를 할인할 수 있다.

④ 의료수급권자 할인은 의료급여 수급권자에게 실손의료비보험의 보험료를 할인하는 제도이다.

>ADVICE ③ 보험계약자는 5명 이상의 단체를 구성하여 보험료의 단체 납입을 청구할 수 있으며, 우정사업본부장은 보험계약자가 보험료를 단체 납입하는 경우에는 보험료의 2%에 해당하는 금액의 범위에서 보험료를 할인할 수 있다.

　　　 ▶ 본 기출문제는 장기주택마련저축보험에 관한 문제였으나 판매가 중지되어 본 문제로 교체하였음

Answer　6.① / 1.③

2 보험료 구성에 대한 설명으로 옳지 않은 것은?

① 보험계약자가 보험자에게 내는 보험료를 영업보험료라고 하며 순보험료와 부가보험료로 구분한다.
② 만기보험금의 지급재원이 되는 보험료를 저축보험료라고 하며 예정이율에 기초하여 계산한다.
③ 위험보험료는 보험사고에 따른 지급재원으로 순보험료에 해당하며 예정위험률에 기초하여 계산한다.
④ 부가보험료는 신계약비, 유지비 및 전산비로 구분하며 예정사업비율에 기초하여 계산한다.

> **ADVICE** ④ 부가보험료는 신계약비, 유지비 및 수금비로 구분하며 예정사업비율에 기초하여 계산한다.

3 보험계약에 대한 설명으로 옳은 것은?

① 일반적으로 보험계약의 당사자라 함은 보험자, 보험계약자, 보험모집인, 보험대상자(피보험자) 및 보험금을 받는 자(보험수익자)를 말한다.
② 보험자가 청약과 함께 보험료를 받고 청약을 승낙하기 전에 보험사고가 생긴 때에는 해당 청약을 거절할 사유가 없는 한 보험자는 보험계약상의 책임을 진다.
③ 타인의 사망을 보험사고로 하는 보험계약은 보험계약 체결 시 보험대상자(피보험자)의 서면 또는 구두에 의한 동의를 얻도록 규정하고 있다.
④ 사망을 보험금 지급사유로 하는 생명보험계약에서 만 15세 미만자, 심신박약자, 신체허약자를 보험대상자(피보험자)로 하는 보험계약은 무효이다.

> **ADVICE** ① 보험계약의 당사자란 보험료를 내는 보험계약자와 보험금을 지급하는 보험자를 말한다.
> ③ 타인의 사망을 보험사고로 하는 보험계약에서는 보험계약 체결시 타인의 서면에 의한 동의를 얻어야 한다.
> ④ 사망을 보험금 지급사유로 하는 생명보험계약에서 만 15세 미만자, 심신상실자, 심신박약자를 보험대상자로 하는 보험계약은 무효가 된다.

Answer 2.④ 3.②

1 UNIX 명령어 ls -l을 수행했을 때의 결과에 대한 설명으로 알맞지 않은 것은?

> -rwxr-xr-- 2 peter staff 3542 8월 31일 10:00 aaash

① peter라는 사용자는 aaash 파일을 수정할 수 있다.
② staff 그룹 사용자는 aaash 파일을 실행할 수 있다.
③ aaash 파일은 심볼릭 링크(symbolic link)가 2개 있다.
④ 다른 사용자도 이 파일의 내용을 볼 수 있다.

ADVICE ③ 권한 옆의 숫자 2는 하드 링크(hard Link) 파일의 개수를 나타내는 것으로 일반 파일의 경우 기존 파일에 하드 링크를 거는 경우 링크 수도 증가 되지만 심볼릭 링크는 파일에 대한 링크를 생성하더라도 링크수는 증가하지 않는다.

2 리눅스 운영체제에 대한 설명으로 알맞지 않은 것은?

① 리눅스는 마이크로 커널(micro kernel) 방식으로 구현되었으며 커널 코드의 임의의 기능들을 동적으로 적재(load)하여 사용할 수 있다.
② 리눅스 커널 2.6 버전의 스케줄러는 임의의 프로세스를 선점할 수 있으며 우선순위 기반 알고리즘이다.
③ 리눅스 운영체제는 윈도우 파일 시스템인 NTFS와 저널링 파일 시스템인 JFFS를 지원한다.
④ 리눅스는 다중 사용자와 다중 프로세서를 지원하는 다중 작업형 운영체제이다.

ADVICE ① 리눅스는 단일형 커널 방식으로 구현되었다.
　　※ 커널의 종류
　　　㉠ 단일형 커널 : 커널의 다양한 서비스 및 높은 수준의 하드웨어 추상화를 하나의 덩어리로 묶은 것으로 유지보수가 어렵지만 성능이 좋다.
　　　㉡ 마이크로 커널 : 하드웨어 추상화에 대한 간결한 작은 집합을 제공하고 보다 많은 기능은 서버를 통해 제공한다.
　　　㉢ 혼합형 커널 : 성능의 향상을 위해 추가적인 코드를 커널 공간에 넣은 점을 제외하고는 마이크로 커널과 유사하다.
　　　㉣ 엑소 커널 : 낮은 수준의 하드웨어 접근을 위한 최소한의 추상화를 제공한다.

Answer　1.③ 2.①

3 다음 중 객체지향 언어의 특징으로 알맞지 않은 것은?

① 상속성   ② 다형성
③ 구조화   ④ 추상화

> **ADVICE** 객체지향 언어의 특징
> ㉠ 캡슐화(encapsulation) : 데이터와 데이터의 행동 양식을 결정하는 코드를 한 번에 묶는 구조로 내부의 정보를 외부에서 볼 수 없도록 하는 것이 특징이다.
> ㉡ 추상화(abstraction) : 객체들의 공통적인 특징을 뽑아내는 과정을 말한다.
> ㉢ 상속성(inheritance) : 클래스가 멤버 함수나 멤버 변수 등 자신의 모든 특성을 기준으로 자신의 자식 클래스를 작성할 수 있는 특성을 말한다.
> ㉣ 다형성(polymorphism) : 같은 메시지에 대해 클래스에 따라 다른 행위를 하게 되는 특징으로 최종적으로는 다르나 연관이 있는 두 가지 이상의 용도로 하나의 이름을 사용할 수 있게 한다.

4 다음 중 시스템 소프트웨어로 알맞지 않은 것은?

① 윈도우 XP   ② 리눅스
③ 워드프로세서   ④ 컴파일러

> **ADVICE** ③ 워드프로세서는 응용 소프트웨어이다.

5 자신을 타인이나 다른 시스템에게 속이는 행위를 의미하며 침입하고자 하는 호스트의 IP 주소를 바꾸어서 해킹하는 기법을 가리키는 것은?

① Spoofing   ② Sniffing
③ Phishing   ④ DoS 공격

> **ADVICE** ② 통신망에 돌아다니는 데이터를 몰래 도청하는 행위
> ③ 전화, 메신저, 위장 사이트 등을 통해 개인을 속여 금융거래에 필요한 정보를 빼내거나 현금을 편취하는 사기행위
> ④ 시스템을 악의적으로 공격해 해당 시스템의 자원을 부족하게 하여 원래 의도된 용도로 사용하지 못하게 하는 공격

Answer   3.③   4.③   5.①

6 운영체제에서 교착상태(deadlock)가 발생할 필요조건으로 알맞지 않은 것은?

① 환형대기(circular wait) 조건으로 각 프로세스는 순환적으로 다음 프로세스가 요구하는 자원을 가지고 있다.
② 선점(preemption) 조건으로 프로세스가 소유하고 있는 자원은 다른 프로세스에 의해 선점될 수 있다.
③ 점유대기(hold and wait) 조건으로 프로세스는 할당된 자원을 가진 상태에서 다른 자원을 기다린다.
④ 상호배제(mutual exclusion) 조건으로 프로세스들은 필요로 하는 자원에 대해 배타적인 통제권을 갖는다.

>**ADVICE** 교착상태의 발생 조건
　　㉠ 상호배제(mutual exclusion) : 오직 한 프로세스만이 자원을 소유할 수 있음을 의미하며 여러 프로세스가 공유하지 못하고 하나의 프로세스만이 그 자원을 사용할 수 있는 상황을 말한다.
　　㉡ 점유대기(hold and wait) : 프로세스가 자신에게 할당된 자원을 유지하고 있는 상태에서 다른 자원을 요청함을 의미한다.
　　㉢ 비선점(no preemption) : 프로세스에 할당된 자원을 강제로 회수해 올 수 없음을 의미한다.
　　㉣ 환형(순환)대기(circular wait) : 대기프로세스를 추적하면 최초 프로세스로 돌아오게 되는 상태 즉, 각 프로세스는 순환적으로 다음 프로세스가 요구하는 자원을 가지고 있음을 의미한다.

7 RAID(Redundant Array of Inexpensive Disks)에 대한 설명으로 알맞지 않은 것은?

① RAID-0는 디스크 스트라이핑(disk striping) 방식으로 중복 저장과 오류 검출 및 교정이 없는 방식이다.
② RAID-1은 디스크 미러링(disk mirroring) 방식이며 높은 신뢰도를 갖는 방식이다.
③ RAID-4는 데이터를 비트 단위로 여러 디스크에 분할하여 저장하며 별도의 패리티 디스크를 사용한다.
④ RAID-5는 패리티 블록들을 여러 디스크에 분산 저장하는 방식이며 단일 오류 검출 및 교정이 가능한 방식이다.

>**ADVICE** ③ RAID-4는 데이터를 바이트 단위가 아니라 블록 단위로 분산하여 저장한다. 따라서 '읽기' 시에는 필요한 블록을 가지고 있는 디스크만을 접근하며, '쓰기' 시에는 해당 블록을 가지는 디스크와 패리티 디스크를 접근하게 된다.

8 캐시기억장치(cache memory)에 대한 설명으로 알맞지 않은 것은?

① 직접 사상(direct mapping) 방식은 주기억장치의 임의의 블록들이 어떠한 슬롯으로든 사상될 수 있는 방식이다.

② 세트-연관 사상(set-associative mapping) 방식은 직접 사상 방식과 연관 사상(associative mapping) 방식을 혼합한 방식이다.

③ 슬롯의 수가 128개인 4-way 연관 사상 방식인 경우 슬롯을 공유하는 주기억 장치 블록들이 4개의 슬롯으로 적재될 수 있는 방식이다.

④ 캐시 쓰기 정책(cache write policy)은 write through 방식과 write back 방식 등이 있다.

>ADVICE ① 직접 사상(direct mapping) 방식에서 주기억장치의 블록은 특정 라인에만 적재한다.

9 데이터통신 흐름 제어 방식인 Go-Back-N ARQ에서 6번 프레임까지 전송을 하였는데 수신측에서 3번 프레임에 오류가 있다고 재전송을 요청해 왔을 경우 재전송되는 프레임의 수는?

① 1개 ② 2개
③ 3개 ④ 4개

>ADVICE ④ Go-Back-N ARQ에서 프레임에 오류가 발생하는 경우 오류가 발생한 프레임부터 재전송을 하므로 3, 4, 5, 6번의 4개 프레임이 재전송된다.

Answer 8.① 9.④

10 MS Access의 데이터베이스를 이용한 성적 테이블에서 적어도 2명 이상이 수강하는 과목에 대해 등록한 학생수와 평균점수를 구하기 위한 SQL 질의 문을 작성할 경우 빈칸에 적절한 표현은?

〈테이블명 : 성적〉

학번	과목	성적	점수
100	자료구조	A	90
100	운영체계	A	95
200	운영체제	B	85
300	프로그래밍	A	90
300	데이터베이스	C	75
300	자료구조	A	95

SELECT 과목, COUNT(*) AS 학생수, AVG(점수) AS 평균점수
FROM 성적
GROUP BY 과목 _____

① WHERE SUM(학번) > = 2;
② WHERE COUNT(학번) > = 2;
③ HAVING SUM(학번) > = 2;
④ HAVING COUNT(학번) > = 2;

> **ADVICE** ㉠ GROUP BY 절 : 그룹별 검색할 때 사용되며 그룹 함수를 같이 사용해야 한다.
> • COUNT( ) : 개수를 구하는 함수
> • AVG( ) : 평균을 구하는 함수
> • MIN( ) : 최솟값을 구하는 함수
> • MAX( ) : 최댓값을 구하는 함수
> • SUM ( ) : 총합을 구하는 함수
> ㉡ HAVING 절 : GROUP BY 절에서 생성된 중간 테이블에서 동작한다. GROUP BY 후, 조건절에서 SUM, COUNT, 등등의 조건절이 오는 경우에 이용한다.

11 다음의 순서도를 표현하는 문장 형식으로 알맞은 것은?

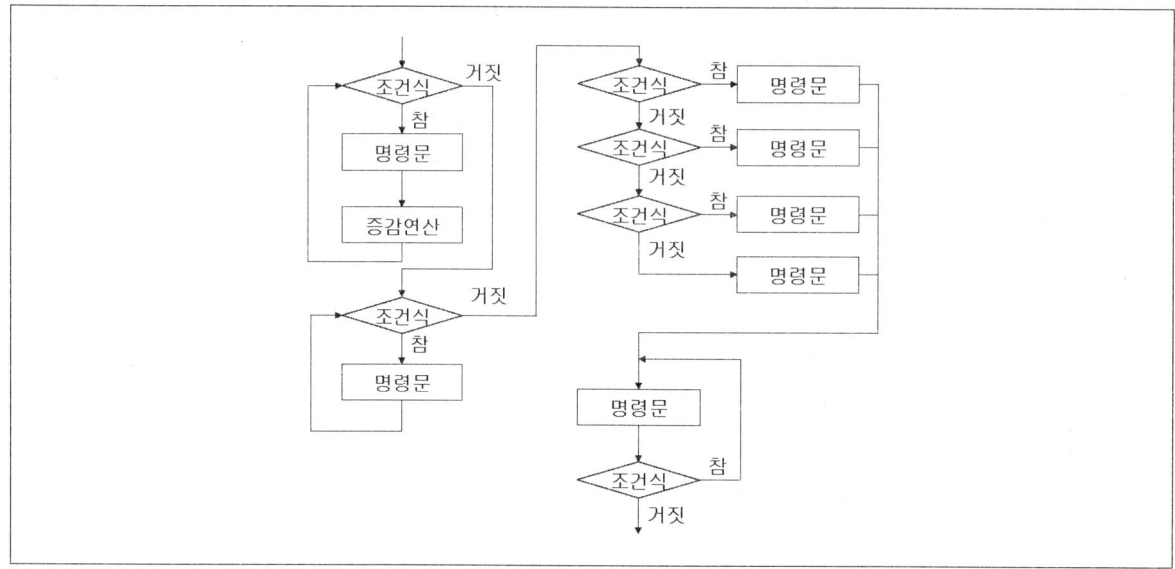

① for문 − while문 − case문 − do∼while문
② do∼while문 − for문 − 중첩조건문 − 조건문
③ for문 − do∼while문 − 중첩조건문 − 조건문
④ do∼while문 − 조건문 − case문 − while문

〉ADVICE ㉠ for문 : 조건식이 거짓이면 블록을 빠져나오게 되며 조건식이 참일 동안 처리구문을 반복 실행한다.
　　　 ㉡ while문 : 괄호 안의 조건을 충족시키면 블록내부를 실행시키고 충족시키지 않을 경우 블록을 빠져나오게 된다.
　　　 ㉢ switch case문 : case값에 따라 해당되는 블록으로 가서 실행하는 문장으로서 case값은 정수나 문자만이 올 수
　　　　 있고 실수나 문자열이 올 수 없다. 해당되는 case가 없으면 default 이하의 값을 실행한다. break를 만나면
　　　　 switch 블록을 빠져나간다.
　　　 ㉣ do while문 : while문과 달리 일단 블록내부를 실행한 후 조건식을 판단하여 조건식이 충족되지 않으면 블록을
　　　　 빠져나간다.

12 주어진 연도가 윤년인지를 판단하고자 한다. 연도가 400으로 나누어떨어지거나, 4로 나누어떨어지면서 100으로 나누어떨어지지 않으면 윤년이다. C언어에서 윤년을 계산하는 조건식으로 알맞은 것은?

① 연도%4!=0 && 연도%100==0 || 연도%400!=0
② 연도%4==0 && 연도%100!=0 || 연도%400==0
③ 연도%4!=0 && 연도%100==0 && 연도%400!=0
④ 연도%4==0 && 연도%100!=0 && 연도%400==0

> ADVICE • % : 나누어서 나머지를 구하는 연산자
> • == : 항등연산자
> • != : '같지 않다'를 뜻함
> • && : AND의 의미
> • || : OR의 의미

13 10진수 $461_{(10)}$을 16진수로 나타낸 값으로 맞는 것은?

① $19A_{(16)}$ 　　　　　　　　② $1CD_{(16)}$
③ $1DB_{(16)}$ 　　　　　　　　④ $2DF_{(16)}$

> ADVICE • 461을 2진수로 변환→ $111001101_{(2)}$
> • $111001101_{(2)}$을 16진수로 변환→ $111001101_{(2)}$
>   　1　　　1100　　　1101
>   　　　　　C　　　　D

14 임의의 자료에서 최솟값 또는 최댓값을 구할 경우 가장 적합한 자료구조는?

① 이진탐색트리 　　　　　　　② 스택(stack)
③ 힙(heap) 　　　　　　　　　④ 해쉬(hash)

> ADVICE 힙 자료구조는 최대 힙(Max Heep)과 최소 힙(Min Heep)으로 나뉘는데 이러한 힙은 최댓값 또는 최솟값을 짧은 시간 내에 찾기 위해서 만들어진 자료구조이다. 최대 힙 또는 최소 힙을 만들 경우 루트가 최댓값 또는 최솟값이 된다.

15 OSI 참조 모델에서 송·수신지의 IP 주소를 헤더에 포함하여 전송하는 논리주소 지정 기능과 송신지에서 수신지까지 데이터가 전송될 수 있도록 최단 전송 경로를 선택하는 라우팅 기능 등을 수행하는 계층으로 옳은 것은?

① 데이터링크 계층
② 네트워크 계층
③ 전송 계층
④ 세션 계층

>ADVICE ① 상위계층인 네트워크 계층에게 전송에러가 없는 전송매체로서의 기능을 제공한다.
③ 네트워크 계층이 제공하는 서비스의 품질에 따라서 등급 0부터 4까지의 다섯가지 서비스 등급을 제공한다.
④ 데이터의 송·수신을 확인하는 통신제어기능을 한다.

16 인터넷에서는 도메인 주소를 IP 주소로 변환시켜주는 컴퓨터가 있어야 하는데 이러한 컴퓨터의 이름으로 알맞은 것은?

① PROXY 서버
② DHCP 서버
③ WEB 서버
④ DNS 서버

>ADVICE ① 클라이언트와 서버 사이에서 데이터를 중계하는 역할을 하는 서버
② 네트워크 상에서 클라이언트에게 IP 주소를 동적으로 할당해주는 서버
③ 웹 페이지가 들어 있는 파일을 사용자들에게 제공하는 프로그램

17 컴퓨터 네트워크상에서 음성 데이터를 IP 데이터 패킷으로 변환하여 전화 통화와 같이 음성 통화를 가능케 해 주는 기술로 알맞은 것은?

① VPN
② IPSec
③ IPv6
④ VoIP

>ADVICE ① 기업체 등에서 데이터망을 이용해 사설망을 구축하여 직접 통신망을 제어하고 감시할 수 있는 서비스 체제
② 안전하지 않은 네트워크상의 두 컴퓨터 사이에 암호화된 안전한 통신을 제공하는 프로토콜의 모음
③ IPv4에 이어서 개발된, 인터넷 프로토콜(IP) 주소 표현 방식의 차세대 버전

Answer 15.② 16.④ 17.④

18 오디오 CD에 있는 100초 분량의 노래를 MP3 음질의 압축되지 않은 WAV 데이터로 변환하여 저장하고자 한다. 변환시 WAV 파일의 크기는 대략 얼마인가? (단, MP3 음질은 샘플링율이 44.1 KHz, 샘플당 비트수는 16bit이고 스테레오이다. 1K=1,000으로 계산함)

① 141.1 KB

② 8.8 MB

③ 17.6 MB

④ 70.5 MB

➤ADVICE ③ 44,100 × 16 × 2 × 100 / 8 = 17,640,000Byte(17.6MB)

19 다음은 전자계산기(Calculator)를 객체지향적으로 분석한 다이어그램이다. 어떤 다이어그램인가?

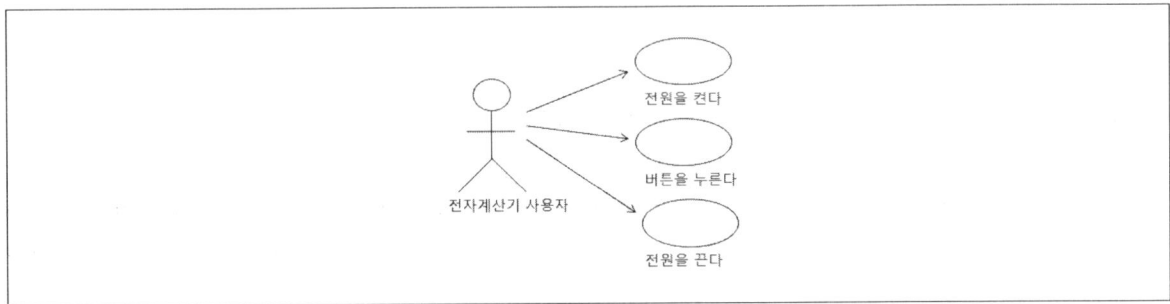

① Use case Diagram

② Sequence Diagram

③ State Diagram

④ Class Diagram

➤ADVICE ① 요구 분석 과정에서 시스템과 외부와의 상호 작용을 묘사하는 다이어그램
② 객체 간의 메시지 전달을 시간적 흐름에서 분석하는 다이어그램
③ 객체, 컴포넌트 또는 시스템을 대상으로 동적행위를 상태와 전이로 표현하는 다이어그램
④ 시스템의 구조적인 모습을 그리는 다이어그램

20 MS Excel의 워크시트에서 D4셀에 =RIGHT(C4,LEN(C4)−4)&"****"을 입력했을 때 결과값으로 알맞은 것은?

	A	B	C
1	이름	학번	연락처
2	김철수	208-4101	010-2109-8765
3	이영희	208-4102	011-3456-7890
4	홍길동	208-4103	019-2119-9019

① ****2119−9019   ② 019−2119−****

③ 019−****−9019   ④ 2119−9019****

> **ADVICE** =RIGHT(문자열, 가져올 문자수) → 문자열의 오른쪽에서 개수만큼 문자를 추출
> =LEN(문자열) → 문자열의 문자 개수를 구함

21 다음 글에서 Hope diamond에 관한 내용 중 옳지 않은 것은?

Certain objects are supposed to bring good luck, but others have a reputation of being jinxed — that is, of bringing bad luck. The Hope diamond, one of the world's greatest gems, is supposed to bring misfortune to its owners. Today, this jinxed stone is on display in the Smithsonian Institution in Washington, D.C. Its reputation for bad luck does not keep thousands of visitors from flocking to see it every year.

① It is a stone that brings bad luck.

② Its bad reputation repels visitors.

③ Its owners are supposed to be jinxed.

④ It is one of the most valuable gems in the world.

> **ADVICE** be supposed to ~하기로 되어 있다, ~할 의무가 있다 reputation 평판, 명성, 소문 repels 쫓아 버리다, 접근하지 못하게 하다
> ① 이 돌은 불행을 가져온다.   ② 불행에 대한 소문은 방문자들을 쫓아 버린다.
> ③ 이것을 소유하는 사람은 징크스를 갖는다.   ④ 이것은 세계에서 가장 값비싼 보석이다.
>
> 「어떤 물건은 행운을 가져다주는 것으로 되어있지만 어떤 물건들은 불운을 가져온다는 징크스를 갖는다는 소문이 있기도 하다. 세계에서 가장 큰 보석 중 하나인 Hope diamond는 그것을 소유하는 사람에게 불행을 가져다준다고 여겨진다. 현재 이 불운의 돌은 워싱턴 스미소니언 박물관에 전시되고 있다. 불행에 대한 소문은 매년 수천의 방문객들이 그것을 보기 위해 모여드는 것을 막지 못한다.」

Answer   20.④   21.②

22 다음 두 사람의 대화에서 (   )에 들어갈 문맥 및 어법상 알맞은 단어는?

> A : What do you charge for photocopying?
>
> B : Fifteen cents per page.
>
> A : Even for bulk?
>
> B : Approximately how many pages do you have?
>
> A : About a hundred pages. It is my dissertation.
>
> B : In that case, I will do it for ten cents per page.
>
> A : Good enough! But I am not (   ) typing yet. It will get ready within four or five days.
>
> B : See you in a week then.

① through
② favorite
③ finish
④ against

>ADVICE through 어떤 활동 · 상황 · 시기의 처음부터 끝까지
> 「A : 복사하는 데 얼마죠?
> B : 페이지당 15센트입니다.
> A : 대량으로 하면요?
> B : 대략적으로 얼마나 되는가요?
> A : 약 100페이지 정도요. 제 논문이에요.
> B : 이런 경우라면 페이지당 10센트를 받겠어요.
> A : 좋아요. 충분합니다! 하지만 아직 타이핑을 끝까지 마치지 못했어요. 4일에서 5일 이내에 준비가 될 것 같아요.
> B : 일주일 이내로 다시 봐요.」

01 우편일반

1 다음 내용과 관련된 법률은?

> 우정사업의 조직·예산 및 운영에 관한 자율성을 확보하고 우편·우편대체·우체국 금융 및 보험사업과 이에 부대되는 사업을 보다 효율적으로 추진함으로써 우편역무에 대한 품질을 향상시키고 국민 경제발전에 기여한다.

① 우편법
② 우체국예금·보험에 관한 법률
③ 우체국창구업무의위탁에 관한 법률
④ 우정사업운영에 관한 특례법

> **ADVICE** ④ 우정사업의 조직, 인사, 예산 및 운영 등에 관한 특례를 규정함으로써 우정사업의 경영합리화를 도모하여 우정서비스의 품질을 향상시키고 국가경제의 발전에 이바지함을 목적으로 한다〈「우정사업 운영에 관한 특례법」 제1조〉.
> ※ 우정사업 운영에 관한 특례법 … 우정사업의 경영 합리성과 우정 서비스의 품질을 높이기 위한 특례규정이다. 사업범위는 우편·우편환·우편대체·우체국예금·우체국보험에 관한 사업 및 이에 딸린 사업이다. 조직·인사·예산·경영평가, 요금 및 수수료 결정, 우정재산의 활용 등을 규정하고 있다.

2 다음 우편서비스 중 배달기한이 가장 짧은 것은?

① 등기소포   ② 일반소포
③ 등기   ④ 통상우편물

> **ADVICE** ②④ 접수한 다음 날부터 4일 이내
> ③ 접수한 다음 날부터 3일 이내
> ①의 등기소포와 익일특급의 배달기한은 접수한 다음 날이다.

Answer 1.④ 2.①

3 선택적 우편역무의 종류에 관한 설명으로 옳지 않은 것은?

① 국내특급우편은 전국 전 지역을 통상의 송달방법보다 빠르게 송달한다.
② 보험취급에는 통화등기, 물품등기, 유가증권등기, 외화등기가 있다.
③ 증명취급에는 내용증명, 배달증명이 있다.
④ 특별송달은 등기취급을 전제로 민사소송법 제176조(송달기관)의 규정에 의한 방법으로 송달하는 우편물을 말한다.

>**ADVICE** ① 국내특급우편은 등기취급을 전제로 국내특급우편 취급지역 상호간에 수발하는 긴급한 우편물로서 통상적인 송달 방법보다 빠르게 송달하기 위하여 접수된 우편물을 약속한 시간 내에 신속히 배달하는 특수취급제도를 말한다. 국내특급 중 익일특급의 취급지역은 전국으로 하되, 접수한 날의 다음날까지 배달이 곤란한 지역에 대해서는 별도의 추가일수 및 사유 등을 관할 지방우정청장이 고시한다. 이 경우 익일특급 우편물의 배달기한에 토요일, 공휴일(일요일 포함)은 산입하지 아니한다.

　※ 보험취급
　　㉠ 보험통상 : 통화등기, 물품등기, 유가증권등기, 외화등기
　　㉡ 보험소포 : 안심소포

4 다음에서 설명한 국내우편서비스의 종류를 바르게 연결한 것은?

> ㉠ 개인의 사진, 기업체 로고, 캐릭터, 광고물 등을 우표와 나란히 인쇄·제작하여 제공하는 서비스
> ㉡ 발송인의 요청 또는 발송인과 우편관서 간 사전계약에 따라 발송인을 방문하여 접수하는 등기소포 우편물
> ㉢ 전국 우체국을 통해 농·어촌 특산품 등을 저렴하게 구입할 수 있는 서비스

	㉠	㉡	㉢
①	나만의 우표	꽃배달서비스	우체국쇼핑
②	고객맞춤형 엽서	꽃배달서비스	방문접수소포
③	나만의 우표	방문접수소포	우체국쇼핑
④	광고우편	고객맞춤형 엽서	방문접수소포

>**ADVICE** ㉠ 나만의 우표 : 개인의 사진, 기업의 로고·광고 등 고객이 원하는 내용을 우표를 인쇄할 때 비워놓은 여백에 인쇄하여 신청고객에게 판매하는 맞춤형 우표서비스이다. 기념일 선물, 기업 홍보용으로 주로 이용된다.
　㉡ 방문접수소포(우체국소포) : 발송인의 요청 또는 발송인과 우편관서 간 사전계약에 따라 발송인을 방문하여 접수하는 등기소포 우편물이다.
　㉢ 우체국쇼핑 : 전국 각 지역에서 생산되는 특산품과 중소기업 우수 제품을 우편망을 이용해 주문자나 제삼자에게 직접 공급하여 주는 서비스이다.

Answer　3.① 4.③

5 우편물 배달에 관한 설명으로 가장 옳지 않은 것은?

① 동일 건축물 또는 동일 구내의 수취인에게 배달할 우편물은 그 건축 또는 구내의 관리사무소, 접수처 또는 관리인에게 배달할 수 있다.

② 우편물의 보관교부는 관할 체신청장이 정하여 고시하며, 그 우편물의 보관기간은 최장 30일이다.

③ 사서함번호와 주소가 함께 기재된 사서함우편물 중 국내특급우편물은 주소지에 배달한다.

④ 교통이 불편한 도서·농어촌 지역, 공동생활 지역 등에 정상적인 우편물의 배달이 어려울 경우 마을공동 수취함을 설치하고 그 수취함에 배달한다.

>ADVICE ② 우편물의 보관기간은 우편물이 도착한 다음날부터 기산하여 10일로 한다. 다만, 교통이 불편하거나 그 밖의 사유로 인하여 수취인이 10일 이내에 우편물을 교부받을 수 없다고 인정될 때에는 20일의 범위 안에서 교부기간을 연장할 수 있다〈「우편법 시행규칙」 제121조의2〉.

6 다음의 국제통상우편물 중 Postcard(우편엽서)로 취급할 수 있는 것을 모두 고른 것은?

> ⊙ 사진, 접힌 종이 등이 붙어 있는 우편엽서
> ⓒ 우편요금을 표시하는 증표를 인쇄한 관제엽서
> ⓒ 'Postcard'임을 표시하지 않은 사제엽서
> ⓔ 'Postcard'임을 표시하지 않은 그림엽서

① ⊙ⓒ

② ⊙ⓒ

③ ⓒⓔ

④ ⓒⓔ

>ADVICE 우편엽서

⊙ 우편엽서는 정부가 발행하는 관제엽서와 정부 외의 자가 조제하는 사제엽서로 구분한다.

ⓒ 관제엽서에는 우편요금을 표시하는 증표를 인쇄할 수 있으나, 사제엽서에는 우편요금을 표시하는 증표를 인쇄하여서는 아니된다.

ⓒ 앞면 위쪽에 "Postcard"또는 "Carte postale" 표시가 있어야 한다. 다만 그림엽서의 경우 꼭 영어나 프랑스어로 표시해야 하는 것은 아니다.

ⓔ 문자·도안 표시에 발광·형광·인광물질 사용 불가하며, 특정 부분 튀어나옴·눌러찍기·돋아내기·구멍뚫기 등이 없이 균일해야 한다(종이·수입인지 등을 완전 밀착하여 붙인 경우나 점자 기재는 허용).

Answer 5.② 6.③

7 다음에서 설명한 EMS 배달보장서비스에 관한 내용 중 옳은 것을 모두 고른 것은?

> ㉠ 접수 가능 국가로 일본, 미국, 중국, 호주 등이 있다.
> ㉡ 배달예정일보다 48시간 이상 지연 시 실제 손해액을 배상한다.
> ㉢ 우편취급국을 포함한 모든 우체국에서 접수가 가능하다.
> ㉣ 별도의 취급수수료를 납부해야 한다.

① ㉠㉡   ② ㉠㉢
③ ㉡㉣   ④ ㉢㉣

>ADVICE EMS 배달보장서비스(EMS Guarantee Service)

구분	비고
대상지역	한국, 일본, 미국, 중국, 호주, 홍콩, 스페인, 프랑스, 태국, 캐나다(10개국)
배달기한	배달보장일 계산프로그램 활용 – 배달보장일 계산프로그램에서 안내되는 배달보장일자가 EMS 배달보장서비스 배달기한이 됨 – 아시아지역 : 접수 +2일 이내 배달보장 – 미국, 호주, 유럽 : 접수 +3일 이내 배달보장
배달기한보다 지연될 경우 손해배상	귀책사유가 있는 우정당국의 책임과 배상
우정당국 정산방법	우정당국간 상호 정산 – 책임소재를 확인한 후 발송국가 우정당국 변상 또는 사후 우정당국간 정산

8 국제특급우편(EMS ; Express Mail Service)에 부가할 수 있는 부가취급의 종류가 아닌 것은?

① 배달통지   ② 보험취급
③ 등기   ④ 국제속달

>ADVICE 국제특급우편의 부가취급의 종류
> ㉠ 항공 및 등기를 기본으로 취급
> ㉡ 배달통지
> ㉢ 보험취급
> ㉣ 배달보장서비스(카할라 우정연합 국가에 한함)

예금일반

1 금융시장에 관한 설명으로 옳지 않은 것은?

① 직접금융거래 수단에는 주식, 채권 등이 있다.
② 만기 1년 이상의 채권이나 만기가 없는 주식이 거래되는 시장은 자본시장이다.
③ 딜러, 브로커 등이 거래를 중개하는 점두시장은 장외시장으로 분류된다.
④ 우리나라 K-OTC는 채무증서시장으로 분류된다.

>**ADVICE** ④ 우리나라는 주식시장으로 분류된다.
  ※ 채무증서시장 … 차입자가 만기까지 일정한 이자를 정기적으로 지급할 것을 약속하고 발행한 채무증서가 거래되
  는 시장으로 우리나라의 경우 기업어음시장, 양도성예금시장, 표지어음시장, 통화안정증권시장, 국채·회사채·
  금융채 등의 채권시장이 해당된다.

2 전자금융에 관한 설명으로 옳은 것은?

① 우체국 CD/ATM 무매체거래 고객은 별도의 신청 없이 타 은행의 무매체거래를 이용할 수 있다.
② 모바일뱅킹이라 함은 고객이 우체국을 방문하지 않고 스마트폰을 이용하여 각종 모바일 금융서비
  스를 제공받을 수 있는 전자금융서비스를 말한다.
③ 실지명의가 확인된 기명식 선불카드는 물품할부구매가 가능하다.
④ 전자금융으로 우체국 경조금배달서비스를 이용할 수 없다.

>**ADVICE** ① 이용매체가 없어도 CD/ATM 이용이 가능하며, 통장이나 카드없이 금융거래가 가능한 무매체 거래는 고객이 사
  전에 금융기관에 신청하여 무매체 거래용 고유승인번호를 부여받은 뒤 CD/ATM에서 주민등록번호, 계좌번호,
  계좌비밀번호, 고유승인번호를 입력하여 각종 금융서비스를 이용하여야 한다.
  ③ 실지명의가 확인된 기명식 선불카드는 할부구매, 현금서비스, 현금인출 기능이 없다.
  ④ 전자금융을 통하여 경조금배달서비스 이용이 가능하다.

3 다음에서 비과세종합저축에 가입대상자를 모두 고르면?

> ㉠ 만 65세 이상
> ㉡ 장애인
> ㉢ 고엽제후유의증 환자
> ㉣ 5·18 민주화운동 부상자
> ㉤ 독립유공자
> ㉥ 국민기초생활보장법에 의한 수급권자

① ㉠㉢㉣㉤㉥
② ㉠㉡㉢㉤㉥
③ ㉠㉡㉢㉣㉥
④ ㉠㉡㉢㉣㉤㉥

>ADVICE 비과세종합저축 가입대상자

> ㉠ 만 65세 이상인 거주자
> ㉡ 장애인복지법에 따라 등록한 장애인
> ㉢ 국민기초생활보장법에 따른 수급자
> ㉣ 독립유공자 예우에 관한 법률에 따라 등록한 독립유공자와 그 유족 또는 가족
> ㉤ 고엽제후유의증 환자
> ㉥ 5·18 민주화운동 부상자
> ㉦ 국가유공자 등 예우 및 지원에 관한 법률에 따라 등록한 상이자
> ▶ 본 기출문제는 세금우대저축에 관한 문제였으나 2015년부터 폐지되어 본 문제로 교체하였음

Answer 3.④

4 금융기관의 예금거래업무에 관한 설명으로 옳은 것은?

① 예금계약은 예금자가 금전의 보관을 위탁하고 금융기관이 운용하다가 추후 금전을 반환하는 소비대차계약이다.

② 양도성예금증서는 그 증권의 점유자에게 지급하면 정당한 권리자 여부에 관계없이 금융기관은 면책된다.

③ 점외수금의 경우, 지점장(우체국장)은 영업점으로 돌아와 수납직원에게 금전을 넘겨주고 그 수납직원이 이를 확인한 때 예금계약이 성립한다.

④ 공동대표이사와 거래 시 공동대표 1인이 다른 어느 1인에게 모든 업무를 포괄적으로 위임하는 것은 유효하다.

> **ADVICE** ① 예금계약은 예금자가 금전의 보관을 위탁하고 금융기관이 이를 승낙하여 자유롭게 운용하다가 같은 금액의 금전을 반환하면 되는 소비임치계약이다.
>
> ③ 점외수금의 경우에는 그 수금직원이 영업점으로 돌아와 수납직원에게 금전을 넘겨주고 그 수납직원이 이를 확인한 때에 예금계약이 성립하는 것으로 보아야 한다. 그러나 영업점 이외에서 예금을 수령할 수 있는 대리권을 가진 자, 예컨대 지점장(우체국장) 또는 대리권을 수여받은 자 등이 금전을 수령하고 이를 확인한 때에는 즉시 예금 계약이 성립하는 것으로 보아야 한다.
>
> ④ 일반적 포괄적 위임은 공동대표이사제도를 통하여 상호견제를 하도록 하려는 제도의 취지에 맞지 아니하므로 허용되지 않는다.

5 다음의 금융상품 중 우체국예금에서 취급하고 있는 것을 모두 고른 것은?

> ⊙ MMDA(Money Market Deposit Account)
> ⓛ MMF(Money Market Fund)
> ⓒ CD(Certificate of Deposit)
> ⓔ RP(Re-purchase Paper)
> ⓜ CMA(Cash Management Account)
> ⓗ ELD(Equity Linked Deposit)

① ⊙ⓔ
② ⓛⓒ
③ ⓔⓜ
④ ⓜⓗ

> **ADVICE** ⊙ MMDA : 고객이 우체국이나 은행에 맡긴 자금을 단기금융상품에 투자해 얻은 이익을 이자로 지급하는 구조로 되어 있는 단기상품이다.
> ⓛ MMF : 자산운용회사가 운용하며 은행, 증권사, 보험사 등에서 판매한다.
> ⓒ CD : 정기예금에 양도성을 부여한 특수한 형태의 금융상품으로 은행이 무기명 할인식으로 발행하여 거액의 부동자금을 운용하는 수단으로 자주 활용된다.
> ⓔ RP : 금융회사가 보유하고 있는 국채, 지방채, 특수채, 상장법인 및 등록법인이 발행하는 채권 등을 고객이 매입하면 일정기간이 지난 뒤 이자를 가산하여 고객으로부터 다시 매입하겠다는 조건으로 운용되는 단기 금융상품이다.
> ⓜ CMA : 종합금융회사나 증권회사가 고객의 예탁금을 어음 및 국·공채 등 단기금융상품에 직접 투자하여 운용한 후 그 수익을 고객에게 돌려주는 단기 금융상품이다.
> ⓗ ELD : 원금을 안전한 자산에 운용하여 만기 시 원금은 보장되고 장래에 지급할 이자의 일부 또는 전부를 주가지수의 움직임에 연동한 파생상품에 투자하여 고수익을 추구하는 상품으로 은행에서 취급하며, 예금자보호 대상이다.

Answer 5.①

1 우체국보험에 관한 설명으로 옳지 않은 것은?

① 우체국보험은 인보험(人保險) 분야의 상품을 취급한다.
② 우체국보험은 금융감독원의 감독을 받는다.
③ 우체국보험의 계약보험금 한도액은 일정금액 이하로 제한된다.
④ 우체국보험의 보험금 지급은 국가가 책임진다.

ADVICE ② 우체국예금사업과 우체국보험사업은 국가가 경영하며, 과학기술정보통신부장관이 관장(管掌)한다〈우체국예금·보험에 관한 법률 제3조〉.

2 보험료에 관한 설명으로 옳지 않은 것은?

① 예정사망률이 높아지면 위험보험료는 상승한다.
② 예정이율이 높아지면 연금보험의 보험료는 하락한다.
③ 예정사업비율이 높아지면 순보험료는 상승한다.
④ 예정사망률이 낮아지면 생존보험의 보험료는 상승한다.

ADVICE 일반적으로 예정사업비율이 낮아지면 보험료는 싸지고, 예정사업비율이 높아지면 보험료는 비싸진다. 그러나 순보험료에 관련되는 것은 예정위험률과 예정이율이며, 부가보험료에 관련되는 것이 예정사업비율이다. 그러므로 예정사업비율이 높아지면 부가보험료가 상승하는 것이지 순보험료가 상승하는 것은 아니다.

3 생명보험 계약에 관한 설명으로 옳지 않은 것은?

① 보험계약자는 보험수익자를 변경할 수 있는 권리가 있다.
② 보험계약 해지 시 보험대상자의 동의가 필요하다.
③ 생존보험 계약에서 만 15세 미만자를 보험대상자로 하는 경우 계약이 무효가 된다.
④ 타인의 사망보험 계약체결 시 보험대상자의 서면동의가 필요하다.

ADVICE ② 보험계약자는 계약이 소멸하기 전에 언제든지 계약을 해지할 수 있다. 단, 타인을 위한 보험의 경우에는 그 타인의 동의 또는 보험증권을 소지하면 된다.

Answer 1.② 2.③ 3.②

4 무배당 우체국급여실손의료비보험에 관한 설명으로 옳지 않은 것은?

① 입원 · 통원 합산 5천만 원, 통원(외래 및 처방 합산) 회당 20만 원까지 보장한다.

② 임신 23주 이내의 태아도 가입 가능하다.

③ 근로소득자 납입 보험료를 연간 200만 원 한도로 12% 세액이 공제된다.

④ 종합형, 질병형, 상해형 주계약 최초의 계약 가입나이는 0~60세이다.

〉**ADVICE** ③ 근로소득자는 납입 보험료의 연간 100만 원 한도에서 12% 세액이 공제된다.

5 우체국에서 취급하는 우체국연금보험 2504 상속연금형의 가입조건으로 옳은 것은? [기출변형]

① 만 18세 미만자는 가입할 수 없다.

② 보험료는 일시납을 선택할 수 없다.

③ 납입기간은 10년납을 선택할 수 있다.

④ 월 보험료는 150만 원을 선택할 수 없다.

〉**ADVICE** 우체국연금보험 2504
　㉠ 연금개시나이 : 45세~80세
　㉡ 가입나이 : 0~(연금개시나이-5)세
　㉢ 납입기간 : 일시납, 5, 7, 10, 15, 20년납
　㉣ 납입주기 : 일시납, 월납
　㉤ 납입한도액

(단위 : 만 원)

가입나이	일시납	월납					
		3년납	5년납	7년납	10년납	15년납	20년납
20세미만	500~4,000	10~110	10~60	10~40	5~30	5~20	5~10
20~29세	500~6,000	10~160	10~90	10~60	5~40	5~30	5~20
30~39세	500~8,000	10~190	10~110	10~80	5~50	5~40	5~30
40~49세	500~9,000	10~230	10~130	10~90	5~70	5~40	5~30
50세이상	500~10,000	10~270	10~150	10~110	5~80	5~50	5~40

04 컴퓨터일반[기초영어 포함]

1 마이크로 연산(operation)에 대한 설명으로 옳지 않은 것은?

① 한 개의 클럭 펄스 동안 실행되는 기본 동작이다.
② 한 개의 마이크로 연산 수행시간을 마이크로 사이클 타임이라 부르며 CPU 속도를 나타내는 척도로 사용된다.
③ 하나의 명령어는 항상 하나의 마이크로 연산이 동작되어 실행된다.
④ 시프트(shift), 로드(load) 등이 있다.

>ADVICE ③ 1개의 명령어가 컴퓨터에서 처리되기 위해서는 여러 단계의 마이크로 연산으로 나뉘어 제어장치에서 제어신호에 의해 실행된다.

2 회사에서 211.168.83.0(클래스 C)의 네트워크를 사용하고 있다. 내부적으로 5개의 서브넷을 사용하기 위해 서브넷 마스크를 255.255.255.224로 설정하였다. 이때 211.168.83.34가 속한 서브넷의 브로드캐스트 주소는 어느 것인가?

① 211.168.83.15
② 211.168.83.47
③ 211.168.83.63
④ 211.168.83.255

>ADVICE C클래스(NET 24비트, HOST 8비트)이기 때문에 211.168.83은 변함이 없다.
211.168.83.34를 2진수로 변경하면 11010011.10101000.01010011.00100010
255.255.255.224를 2진수로 변경하면 11111111.11111111.11111111.11100000
AND연산으로 계산하면 11010011.10101000.01010011.00100000
여기서 5개의 서브넷을 사용하므로 브로드캐스트 주소가 되려면 마지막 5개를 모두 1로 변경하여야 한다.
그러므로 11010011.10101000.01010011.00111111 → 211.168.83.63

3 해시(hash) 탐색에서 제산법(division)은 키(key) 값을 배열(array)의 크기로 나누어 그 나머지 값을 해시 값으로 사용하는 방법이다. 다음 데이터의 해시 값을 제산법으로 구하여 11개의 원소를 갖는 배열에 저장하려고 한다. 해시 값의 충돌(collision)이 발생하는 데이터를 열거해 놓은 것은?

111, 112, 113, 220, 221, 222

① 111, 112

② 112, 222

③ 113, 221

④ 220, 222

>ADVICE 제산법이므로 모든 데이터를 11로 나누어 나머지를 구한 다음, 나머지가 같은 값이 나오는 것끼리는 충돌이 발생하는 값이 된다.

111 → 10 ⋯ 1

112 → 10 ⋯ 2

113 → 10 ⋯ 3

220 → 20

221 → 20 ⋯ 1

222 → 20 ⋯ 2

충돌이 발생하는 데이터는 111, 221과 112, 222가 된다.

4 데이터베이스 설계 시에 양질의 데이터베이스를 구축하기 위하여 데이터베이스 릴레이션을 정규화한다. 이때 고려해야 할 사항과 가장 관련이 없는 것은?

① 원하지 않는 데이터의 중복을 제거한다.

② 원하지 않는 데이터의 종속을 제거한다.

③ 한 릴레이션 내의 속성들 간의 관계를 고려한다.

④ 한 릴레이션 내의 튜플들 간의 관계를 고려한다.

>ADVICE 정규화시 고려사항

㉠ 데이터의 중복되는 속성을 제거한다.

㉡ 데이터의 부분적 · 이행적인 종속을 제거한다.

㉢ 릴레이션의 구조를 결정하고 릴레이션 속성 간의 관계를 고려한다.

Answer　3.②　4.④

5 웹 애플리케이션을 개발하기 위한 스크립트 언어 중 성격이 다른 것은?

① Javascript
② JSP
③ ASP
④ PHP

>ADVICE ① 자바를 응용하여 사용하기 쉽게 만든 스크립트 언어로 웹상의 동적 부분을 담당하며 서버와 연동하여 주로 이용된다.
②③④ 서버 사이드 언어로 서버를 제어하는 역할을 하는 웹 프로그래밍 언어에 해당한다.

6 주기억장치에서 사용가능한 부분은 다음과 같다. M1은 16KB(kilobyte), M2는 14KB, M3는 5KB, M4는 30KB이며 주기억장치의 시작 부분부터 M1, M2, M3, M4 순서가 유지되고 있다. 이때 13KB를 요구하는 작업이 최초적합(First Fit) 방법, 최적적합(Best Fit) 방법, 최악적합(Worst Fit) 방법으로 주기억장치에 각각 배치될 때 결과로 옳은 것은? (단, 배열순서는 왼쪽에서 첫 번째가 최초적합 결과이며 두 번째가 최적적합 결과 그리고 세 번째가 최악적합 결과를 의미)

① M1, M2, M3
② M1, M2, M4
③ M2, M1, M4
④ M4, M2, M3

>ADVICE • 최초적합(First Fit) 방법 : 첫 번째 적합한 분할 영역에 배치
• 최적적합(Best Fit) 방법 : 단편화를 가장 적게 남기는 분할 영역에 배치
• 최악적합(Worst Fit) 방법 : 단편화를 가장 많이 남기는 분할 영역에 배치
13KB를 요구하므로

M1	16KB	최초적합
M2	14KB	최적적합
M3	5KB	
M4	30KB	최악적합

7 Windows XP에서 프린터 설정에 관한 설명으로 옳지 않은 것은?

① 기본 프린터는 오직 1대만 설정할 수 있다.
② 네트워크 프린터는 기본 프린터로 설정할 수 없다.
③ 한 대의 프린터를 여러 대의 컴퓨터에서 네트워크로 공유 가능하다.
④ [네트워크 설정 마법사]를 통해 파일 및 프린터도 공유할 수 있다.

>ADVICE Windows XP에서는 네트워크 프린터의 기본 프린터 설정이 가능하다. '제어판→프린터 및 팩스→프린터 추가'에서 프린터 추가 마법사를 실행한다.

Answer　5.① 6.② 7.②

8 운영체제는 일괄처리(batch), 대화식(interactive), 실시간(real – time)시스템 그리고 일괄처리와 대화식이 결합된 혼합(hybrid) 시스템 등으로 분류될 수 있다. 이와 같은 분류 근거로 가장 알맞은 것은?

① 고급 프로그래밍 언어의 사용 여부
② 응답 시간과 데이터 입력 방식
③ 버퍼링(buffering) 기능 수행 여부
④ 데이터 보호의 필요성 여부

>**ADVICE** 응답 시간과 데이터 입력 방식에 따른 운영체제의 분류
  ㉠ 일괄처리(batch) 시스템 : 일정한 수준이 될 때까지 작업을 모아두었다가 한꺼번에 일시에 처리
  ㉡ 대화식(interactive) 시스템 : 응답시간의 예측이 가능해야 처리할 수 있음
  ㉢ 실시간(real – time) 시스템 : 데이터를 입력하는 즉시 결과를 받아 볼 수 있음
  ㉣ 혼합(hybrid) 처리 시스템 : 일괄 처리와 대화식 처리가 결합

9 다음 그래프를 너비 우선 탐색(BFS ; Breadth First Search), 깊이 우선 탐색(DFS ; Depth First Search) 방법으로 방문할 때 각 정점을 방문하는 순서로 옳은 것은? (단, 둘 이상의 정점을 선택할 수 있을 때는 알파벳 순서로 방문)

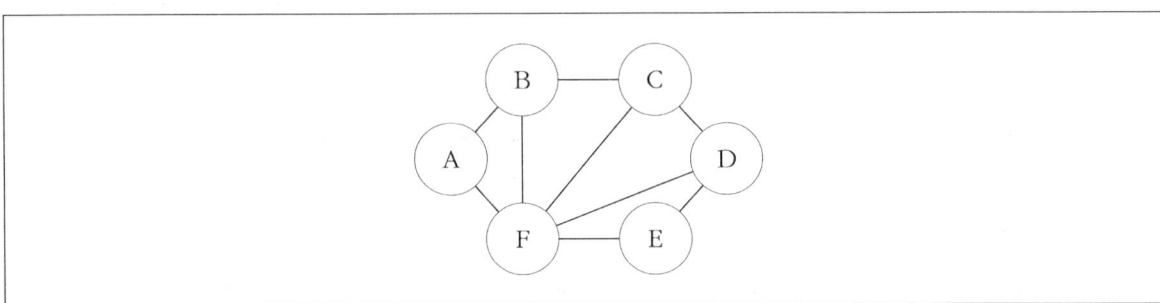

	BFS	DFS
①	A – B – F – C – E – D	A – B – C – D – E – F
②	A – B – C – D – E – F	A – B – F – C – E – D
③	A – B – F – C – D – E	A – B – C – D – E – F
④	A – B – C – D – E – F	A – B – C – D – F – E

>**ADVICE** 너비 우선 탐색(BFS)은 현재 선택된 노드의 이전에 연결된 모든 노드가 탐색되도록 하는 방법으로 A→B→F→C→D→E가 되며, 깊이 우선 탐색(DFS)은 다음에 이동할 노드를 깊이에 따라 먼저 선택하는 방법으로 A→B→C→D→E→F의 순이 된다.

Answer 8.② 9.③

10 SQL에서는 데이터베이스 검색의 성능 및 편의 향상을 위하여 내장함수를 제공한다. 다음 중 SQL의 내장 집계함수(aggregate function)가 아닌 것은?

① COUNT　　　　　　　　　　　　② SUM

③ TOTAL　　　　　　　　　　　　④ MAX

>ADVICE 집계함수의 종류

　　　⊙ COUNT : NULL값이 아닌 레코드 수를 구함

　　　ⓛ SUM : 필드명의 합계를 구함

　　　ⓒ AVG : 각각의 그룹 내의 필드명의 평균값을 구함

　　　ⓔ MAX : 최댓값을 구함

　　　ⓜ MIN : 최솟값을 구함

11 다음에서 ⊙과 ⓛ에 들어갈 내용이 올바르게 짝지어진 것은?

> 명령어를 주기억장치에서 중앙처리장치의 명령레지스터로 가져와 해독하는 것을 (⊙)단계라 하고, 이 단계는 마이크로 연산(operation) (ⓛ)로 시작한다.

	⊙	ⓛ
①	인　출	MAR ← PC
②	인　출	MAR ← MBR(AD)
③	실　행	MAR ← PC
④	실　행	MAR ← MBR(AD)

>ADVICE 인출단계 … 주기억장치에서 명령을 읽어 들여 명령 레지스터에 저장하는 단계를 의미하며, 소요되는 시간을 명령 인출시간이라 한다. 인출 사이클의 오퍼레이션은 다음과 같다.

　　　⊙ MAR ← PC

　　　ⓛ MBR ← M(MAR), PC ← PC+1

　　　ⓒ IR ← MBR

　　　ⓔ F ← 1 또는 R ← 1

12 다음의 Java 프로그램에서 사용되지 않은 기법은?

```
class Adder {
    public int add(int a, int b) { return a+b;}
    public double add(double a, double b) { return a+b;}
}
class Computer extends Adder {
    private int x;
    public int calc(int a, int b, int c) { if (a == 1) return add(b, c);
        else return x;}
    Computer() { x = 0;}
}

public class Adder_Main {
    public static void main(String args[]) {
        Computer c = new Computer();
        System.out.println("100 + 200 = " + c.calc(1, 100, 200));
        System.out.println("5.7 + 9.8 = " + c.add(5.7, 9.8));
    }
}
```

① 캡슐화(Encapsulation)　　　　② 상속(Inheritance)
③ 오버라이딩(Overriding)　　　　④ 오버로딩(Overloading)

❯ADVICE ① 객체 내부의 변수 및 메소드 등의 정보를 객체 밖으로 공개하지 않고 따로 공개하는 변수나 메소드를 통해 객체를 사용할 수 있게 하는 것으로 변수 접근제한자인 private, 메소드 접근제한자 public을 사용한다.
② 상속이란 클래스의 모든 내용을 그대로 가져온다는 의미로 상위클래스를 지정하는 것으로 extends라는 예약어를 통해 사용한다.
③ 오버라이딩은 변수의 상속이 아닌 메소드의 상속을 의미하며 throws 구문이 있어야 한다.
④ 상속과 관련하여 동일 이름의 변수가 상위클래스와 하위클래스에 동시에 사용될 때 하위클래스를 호출할 경우 하위클래스 변수가 상위클래스 호출시 상위클래스 변수가 불려지게 되는 것을 말한다.

13 MS Excel의 워크시트에서 사원별 수주량과 판매금액, 그리고 수주량과 판매금액의 합계가 입력되어 있다. 이때 C열에는 전체 수주량 대비 각 사원 수주량의 비율을, E열에는 전체 판매금액 대비 각 사원 판매금액의 비율을 보이고자 한다. 이를 위해 C2셀에 수식을 입력한 다음에 이를 C열과 E열의 나머지 셀에 복사하여 사용하고자 한다. C2셀에 입력할 내용으로 옳은 것은?

	A	B	C	D	E
1	사원	수주량	비율	판매금액	비율
2	김철수	78		8,000,000	
3	홍길동	56		7,500,000	
4	김민호	93		13,000,000	
5	나영철	34		10,000,000	
6	최건	80		8,000,000	
7	합계	341		46,500,000	

① = B2/B7*100

② = $B$2/B7*100

③ = B2/$B$7*100

④ = B2/B$7*100

>**ADVICE** B2 열 B행 2에 있는 셀을 말하며 열이동, 행이동이 가능하다.
B$7은 B7 셀의 위치를 열은 이동이 가능하지만 행은 7에 고정시키는 것을 말한다.
각 사원의 수주량은 각 사원 수주량 / 수주량의 합계로 구한다.
전체 판매금액 대비 각 사원 판매금액의 비율은 각 사원 판매금액 / 판매금액합계로 구한다.

14 후위(postfix) 형식으로 표기된 다음 수식을 스택(stack)으로 처리하는 경우에, 스택의 탑(TOP) 원소의 값을 올바르게 나열한 것은? (단, 연산자(operator)는 한 자리의 숫자로 구성되는 두 개의 피연산자(operand)를 필요로 하는 이진(binary) 연산자)

$$4 \quad 5 \quad + \quad 2 \quad 3 \quad * \quad -$$

① 4, 5, 2, 3, 6, − 1, 3

② 4, 5, 9, 2, 3, 6, − 3

③ 4, 5, 9, 2, 18, 3, 16

④ 4, 5, 9, 2, 3, 6, 3

>**ADVICE** 연산 대상 뒤에 연산표기를 하는 것이 후위표기법으로 위를 계산하면 일단 4와 5를 더하고 곱셈이 덧셈에 우선하므로 2와 3을 곱한다. 그러면 9 6 −이 남게 되고 이를 계산하면 3이 나오게 된다.
그러므로 4, 5, 9, 2, 3, 6, 3이 된다.

15 다음은 자료의 표현과 관련된 설명이다. 옳은 것을 모두 고른 것은?

> ㉠ 2진수 0001101의 2의 보수(complement)는 1110011이다.
> ㉡ 부호화 2의 보수 표현방법은 영(0)이 하나만 존재한다.
> ㉢ 패리티(parity) 비트로 오류를 수정할 수 있다.
> ㉣ 해밍(Hamming) 코드로 오류를 검출할 수 있다.

① ㉠㉣　　　　　　　　　　　　　② ㉡㉢
③ ㉠㉡㉢　　　　　　　　　　　　④ ㉠㉡㉣

> **ADVICE** ㉢ 패리티 비트는 정보 전달 과정에서 오류가 발생하였는지를 검사하기 위해 추가된 비트로 전송하는 데이터의 각 문자에 1 비트를 더하여 전송하는 방법으로 홀수, 짝수 패리티 비트가 있다. 오류 검출 부호로 가장 간단한 코드이며, 오류 발생 여부만을 알 수 있고 오류를 수정할 수는 없다.

16 웹 개발 기법의 하나인 Ajax(Asynchronous Javascript and XML)에 대한 설명으로 옳지 않은 것은?

① 대화식 웹 애플리케이션을 개발하기 위해 사용된다.
② 기술의 묶음이라기보다는 웹 개발을 위한 특정한 기술을 의미한다.
③ 서버 처리를 기다리지 않고 비동기 요청이 가능하다.
④ Prototype, JQuery, Google Web Toolkit은 대표적인 Ajax 프레임워크이다.

> **ADVICE** Ajax
> ㉠ 대화식 웹 어플리케이션 제작을 위한 기법으로 자바스크립트에서 제공하는 XML 객체를 사용하여 필요 정보만을 실시간으로 갱신하는 기능을 한다.
> ㉡ 페이지 이동없이 고속으로 화면 전환이 가능하고, 서버처리를 기다리지 않고 비동기 요청이 가능하다.
> ㉢ 수신한 데이터량을 줄일 수 있고 클라이언트 처리를 위임할 수 있으며, 다양한 플랫폼에 사용이 가능하다.
> ㉣ 지원가능한 브라우저에서만 사용이 가능하고 갱신시 해당 URL을 제공해야 하며, 다른 곳에 객체를 사용하려면 보안경고가 뜨거나 브라우저가 막히는 현상이 나타나는 단점이 있다.
> ㉤ 하나의 특정한 기술을 말하는 것이 아닌 함께 사용하는 기술의 묶음을 지칭하는 용어이다.

17 C 프로그램의 실행 결과로 옳은 것은?

```
#define VALUE1    1
#define VALUE2    2
main()
{
    float i;
    int j, k ,m;

    i = 100/300;
    j = VALUE1 & VALUE2;
    k = VALUE1 | VALUE2;

    if (j && k || i) m = i + j;
    else m = j + k;
    printf("i = %.1f  j = %d  k = %d  m = %03d\n", i,j,k,m);
}
```

① i = 0.0   j = 0   k = 3   m = 003
② i = 0.3   j = 0   k = 3   m = 000
③ i = 0.0   j = 1   k = 1   m = 001
④ i = 0.3   j = 1   k = 1   m = 001

>**ADVICE** i = 100/300;에서 실수변수는 i = 0.0

&은 AND 논리연산이므로 정수변수는 j = 0

|는 OR 논리연산이므로 정수변수는 k = 3

논리연산의 결과 값이 참이면 m = i + j, 거짓이면 m = j + k를 실행하여야 하므로 j && k에서 결과는 0, 0 || I 의 결과는 0이 되어 거짓이므로 m = j + k를 실행하여야 한다.

그러므로 m = 3

I는 소수 이하 첫째자리, j, k는 10진수, m은 세 자리 값이어야 하고 빈칸은 0으로 채워야 하므로 m = 003으로 출력

결과 값은 i = 0.0, j = 0, k = 3, m = 003이 된다.

18 화소(pixel)당 24비트 컬러를 사용하고 해상도가 352×240 화소인 TV영상프레임(frame)을 초당 30개 전송할 때 필요한 통신 대역폭으로 가장 가까운 것은?

① 약 10Mbps
② 약 20Mbps
③ 약 30Mbps
④ 약 60Mbps

>**ADVICE** 통신대역폭 = 해상도 × 비트수 × 전송량 = 352×240×24×30 = 60,825,600bps ≒ 60Mbps

19 데이터베이스 관리시스템(DBMS)에서 질의 처리를 빠르게 수행하기 위해 질의를 최적화한다. 질의 최적화 시에 사용하는 경험적 규칙으로서 알맞지 않은 것은?

① 추출(project) 연산은 일찍 수행한다.
② 조인(join) 연산은 가능한 한 일찍 수행한다.
③ 선택(select) 연산은 가능한 한 일찍 수행한다.
④ 중간 결과를 적게 산출하면서 빠른 시간에 결과를 줄 수 있어야 한다.

>**ADVICE** 경험적 규칙을 사용한 질의 최적화
   ㉠ 성능 향상을 위한 경험적 규칙 : 조인을 수행하기 전에 실렉트 및 프로젝트 연산을 수행한다.
   ㉡ 경험적 규칙의 적용대상 : 질의 트리 및 질의 그래프
   ㉢ 질의 트리 : 관계대수 또는 확장된 관계대수식을 표현
   ㉣ 질의 그래프 : 관계해석식을 표현하는데 사용

20 컴퓨터 시스템의 성능을 측정하는 척도에 대한 설명으로 알맞지 않은 것은?

① 처리량(throughput)은 보통 안정된 상태에서 측정되며 하루에 처리되는 작업의 개수 또는 시간당 처리되는 온라인 처리의 개수 등으로 측정된다.
② 병목(bottleneck) 현상은 시스템 자원이 용량(capacity) 또는 처리량에 있어서 최대 한계에 도달할 때 발생될 수 있다.
③ 응답 시간(response time)은 주어진 작업의 수행을 위해 시스템에 도착한 시점부터 완료되어 그 작업의 출력이 사용자에게 제출되는 시점까지의 시간으로 정의된다.
④ 자원 이용도(utilization)는 일반적으로 전체 시간에 대해 주어진 자원이 실제로 사용되는 시간의 백분율로 나타낸다.

>**ADVICE** ③은 반환 시간에 관한 설명이다. 응답 시간은 시스템이나 실행단위의 입력이 주어지고 나서 반응하기까지 걸린 시간으로 주어진 작업의 수행을 위해 시스템에 도착한 시점부터 접근하여 반응하는 시점까지의 시간으로 정의된다.

21 다음 글의 내용과 일치하지 않은 것은?

> Drinking wine can damage your teeth. That is the conclusion of a report from the Johannes Gutenberg University in Mainz, Germany. Researchers tested the effects of eight red and eight white wines on teeth from men and women aged between 40 to 65. They discovered all of the wines damaged the enamel that protects our teeth. This makes our teeth more sensitive to hot and cold food and drinks. It also means the teeth will stain quicker if someone drinks coffee. The research team said white wine causes more damage than red. The acid in white wines attacks the enamel and wears it away. The bad news is that brushing your teeth after drinking wine will only make things worse.

① They experimented on people with sixteen wines.
② It is reported that wine can harm the enamel of our teeth.
③ Wine makes our teeth more susceptible to hot drinks.
④ After a glass of wine, brush your teeth to protect them.

> **ADVICE** conclusion 결론, 판단 enamel (치아의) 에나멜질 sensitive 세심한, 예민한 stain 착색하다, 얼룩지다
> ① 그들은 16병의 와인을 가지고 사람들에게 실험을 하였다.
> ② 와인은 우리 치아의 에나멜을 손상시킨다고 발표했다.
> ③ 와인은 치아를 뜨거운 것을 마실 때 더욱 더 예민하게 만든다.
> ④ 와인 한 잔을 마신 후, 양치질을 하면 당신의 치아를 보호할 수 있다.
> 「와인을 마시는 것은 당신의 치아에 손상을 줄 수 있다. 독일, Mainz에 있는 Johannes Gutenberg University에서 나온 보고서의 결론이다. 연구원들은 8병의 레드 와인과 8병의 화이트 와인을 가지고 40~65세 사이의 남녀의 치아에 영향을 미치는지 시험을 했다. 그들은 와인이 우리의 치아를 보호하고 있는 에나멜물질에 손상을 준다는 것을 발견하였다. 이것은 뜨겁거나 차가운 음식이나 음료를 마실 때 치아를 더 예민하게 만든다. 이것은 또한 누군가가 커피를 마신 경우 치아가 더 빨리 착색된다는 것을 의미한다. 연구팀은 화이트 와인이 레드 와인보다 더 많은 손상을 초래한다고 말한다. 화이트 와인 속의 산성성분이 치아의 에나멜물질을 공격하고 이 물질을 벗겨내 버린다. 나쁜 소식은 와인을 마신 후 양치질을 하는 것은 상태를 더 악화시킨다는 것이다.」

Answer 21.④

22 다음 대화를 읽고, 여성고객(W)이 결정한 일로 가장 알맞은 것은?

> M : What can I do for you?
>
> W : I'd like to send a parcel to Australia by EMS.
>
> M : OK. What's inside of it?
>
> W : Clothes, cosmetics, seaweed, and hairspray.
>
> M : I'm sorry, but you can't send hairspray by EMS.
>
> W : Why not?
>
> M : Inflammable things aren't allowed into the aircraft for safety reasons.
>
> W : Is that so? Then, is there any other way available?
>
> M : You can mail it by sea, but it'll take 45 to 60 days.
>
> W : It takes too long. I'd rather take out hairspray from my parcel and use EMS.
>
> M : OK. You're all set. Thank you.

① To send her parcel by sea.

② To make a protest to the airport.

③ To check out other options available.

④ To mail her parcel without hairspray.

ADVICE parcel 소포 cosmetic 화장품 seaweed 김, 미역 등 해초류 hairspray 헤어스프레이 Inflammable 인화물질 aircraft 항공기

① 해상운송으로 소포를 보내려 한다.

② 항공사에 이의를 제기하려 한다.

③ 이용 가능한 다른 선택을 확인하려 한다.

④ 헤어스프레이를 제외하고 소포를 부치려 한다.

「M : 무엇을 도와드릴까요?

W : EMS로 호주에 소포를 부치려 합니다.

M : 예, 안에는 뭐가 들어있습니까?

W : 옷, 화장품, 김 그리고 헤어스프레이가 들어있어요.

M : 죄송하지만, EMS로 헤어스프레이는 보낼 수 없습니다.

W : 왜 안되나요?

M : 인화물질 등은 안전상 항공기 내 반입이 금지됩니다.

W : 그래요? 그럼, 보낼 수 있는 다른 방법은 없나요?

M : 선박을 통한 해상운송은 가능합니다. 그러나 45일에서 60일 정도 걸립니다.

W : 너무 오래 걸리네요. EMS를 이용해서 소포를 보내야하니까 차라리 헤어스프레이를 꺼낼게요.

M : 좋아요, 다 되었어요. 감사합니다.」

우편일반

1 다음은 이용자 실비지급제도에 관한 설명이다. (   ) 안에 들어갈 내용으로 옳은 것은?

> 우편역무의 제공과 관련하여 (   )이 공표하는 기준을 충족하지 못하는 경우에 예산의 범위 안에서 해당 이용자에게 교통비 등 실비의 전부 또는 일부를 지급하는 제도로 부가취급여부 · 재산적 손해 유무를 요건으로 하지 않고 실비를 보전하는 점에서 손해배상과 성질상 차이가 있다.

① 우체국장
② 지방우정청장
③ 우정사업본부장
④ 산업통상자원부장관

〉ADVICE 이용자 실비지급제도는 우정사업본부장이 공표한 기준에 맞는 우편서비스를 제공하지 못할 경우에 예산의 범위에서 교통비 등 실비의 전부나 일부를 지급하는 제도로 부가취급 여부 · 재산적 손해 유무를 요건으로 하지 않고 실비를 보전하는 점에서 손해배상과 성질상 차이가 있다.

2 국내우편서비스 선택적 우편역무의 종류에 해당하지 않는 것은?

① 모사전송우편
② 착불배달
③ 본인지정배달
④ 우체국꽃배달

〉ADVICE 선택적 우편역무의 종류 : 등기취급, 준등기취급, 선택등기취급, 보험통상, 보험소포, 내용증명, 배달증명, 국내특급우편, 특별송달, 민원우편, 팩스우편, 우편주문판매, 광고우편, 전자우편, 우편물방문접수, 착불배달, 계약등기, 회신우편, 본인지정배달, 우편주소 정보제공, 우편물의 반환정보제공, 선거우편, 복지우편, 국제우편 연계서비스 등이 있다.

Answer 1.③ 2.④

3 봉투에 넣어 봉함하여 발송하는 통상우편물의 규격요건에 관한 내용이다. 위반 시 규격외 요금을 징수하는 것은?

① 우편물의 무게는 최소 3.27g에서 최대 50g이다.
② 우편물의 봉투봉함 방법은 풀 또는 접착제를 사용하여야 한다.
③ 우편물의 표면 및 내용물은 편편하고 균일하여야 한다.
④ 우편물의 봉투색상은 흰색 또는 밝은 색으로 한다.

>**ADVICE** 봉투에 넣어 봉함하거나 포장하여 발송하는 우편물의 규격요건 및 외부표시(기재) 사항

요건		내용
① 크기	세로(D)	최소 90mm, 최대 130mm(허용 오차 ±5mm)
	가로(W)	최소 140mm, 최대 235mm(허용 오차 ±5mm)
	두께(T)	최소 0.16mm, 최대 5mm(누르지 않은 자연 상태)
② 모양		직사각형 형태
③ 무게		최소 3g, 최대 50g
④ 재질		종이(창문봉투의 경우, 다른 소재로 투명하게 창문 제작)
⑤ 우편번호 기재		수취인 주소와 우편번호(국가기초구역 체계로 개편된 5자리 우편번호)를 정확히 기재해야 하며, 일체의 가려짐 및 겹침이 없어야 함 수취인 우편번호 여백규격 및 위치 • 여백규격 : 상·하·좌·우에 4mm 이상 여백 • 위치 : ⑦의 공백 공간 밖, 주소·성명 등 기재사항 보다 아래쪽 및 수취인 기재영역 좌우 너비 안쪽의 범위에 위치 ※ 해당 영역에는 우편번호 외에 다른 사항 표시 불가 우편번호 작성란을 인쇄하는 경우에는 5개의 칸으로 구성하여야 함 ※ 단, 여섯자리 우편번호 작성란이 인쇄(2019년 10월 이전)된 봉투를 이용한 통상우편물은 우편번호 숫자를 왼쪽 칸부터 한 칸에 하나씩 차례대로 기입하고 마지막 칸은 공란으로 두어야 함
⑥ 표면 및 내용물		• 문자·도안 표시에 발광·형광·인광물질 사용 및 기계판독률을 떨어뜨릴 수 있는 배경 인쇄 불가 • 봉할 때는 풀, 접착제 사용(스테이플, 핀, 리벳 등 도드라진 것 사용 불가) 우편물의 앞·뒤, 상·하·좌·우는 완전히 봉해야 함(접착식 우편물 포함) • 특정부분 튀어나옴·눌러찍기·돌아내기·구멍뚫기 등이 없이 균일해야 함 ※ 종이·수입인지 등을 완전히 밀착하여 붙인 경우나 점자 기록은 허용
⑦ 기계처리를 위한 공백 공간 *허용 오차±5mm		• 앞면 : 오른쪽 끝에서 140mm×밑면에서 17mm, 우편번호 오른쪽 끝에서 20mm • 뒷면 : 왼쪽 끝에서 140mm×밑면에서 17mm

Answer 3.①

4 국내소포우편물의 취급조건과 접수에 관한 설명으로 옳지 않은 것은?

① 최대 제한중량은 30kg이다.
② 노트, 사진, 거래통장, 통화는 소포로 취급할 수 있다.
③ 접수 시 내용품을 문의하고 우편물의 포장상태를 검사한다.
④ 보통소포우편물의 표면 왼쪽 중간에 '소포' 표시를 한다.

>**ADVICE** ② 소포우편물의 취급 대상은 서신 등 의사전달물, 통화 이외의 물건을 포장한 우편물이다.

5 다음은 우편물의 일반취급 처리과정이다. ( )에 들어갈 용어로 옳은 것은?

	㉠	㉡	㉢	㉣
①	소인	체결	운송	발송
②	운송	수집	소인	발송
③	소인	체결	운송	배달
④	운송	수집	소인	배달

>**ADVICE** 우편물의 일반취급 처리과정

6 방문접수소포(우체국소포)에 관한 설명으로 옳은 것은?

① 우체국소포는 소포우편물 방문접수의 브랜드로 업무표장이다.
② 발송인의 요청에 따라 방문하여 접수하는 등기소포 우편물을 계약소포우편물이라고 말한다.
③ 접수 지역은 1급 또는 3급 우체국이 설치되어 있는 시·군의 시내 배달구(시내지역)이다.
④ 계약소포의 계약기간이 6개월이다.

> ADVICE ② 개별방문소포는 방문소포 중 발송인의 요청에 따라 방문하여 접수하는 등기소포 우편물을 말한다.
  ※ 계약소포 : 방문소포 중 발송인과 우편관서 간 우편물 발송(수취)에 관한 별도의 계약에 따라 접수하는 등기소포
     우편물을 말한다.
     ③ 접수 지역은 4급 또는 5급 우체국이 설치되어 있는 시·군의 시내 배달구(시내지역)와 그 외 관할 우체국장
        이 방문접수를 실시하는 지역이다.
     ④ 계약소포의 계약기간이 12개월(1년)이다.

7 다음은 국제특급우편(EMS)으로 보낼 수 있는 물품은?

㉠ 송금환	㉡ 마그네틱 테이프
㉢ 마이크로 필름	㉣ 상품 견본
㉤ 상업용 서류	㉥ 가공하지 않은 금

① ㉠㉡㉢㉣
② ㉡㉢㉣㉤
③ ㉡㉣㉤㉥
④ ㉠㉢㉤㉥

> ADVICE 국제특급우편(EMS)으로 보낼 수 있는 물품에는 업무용 서류, 상업용 서류, 컴퓨터 데이터, 상품 견본, 마그네틱
  테이프, 마이크로 필름, 상품(나라에 따라 취급을 금지하는 경우도 있음) 등이 있다.

8 항공등기로 접수하는 국제통상우편물 중 항공부가요금만 징수하는 우편물은?

① 인쇄물
② 소형포장물
③ 우편자루배달인쇄물
④ 시각장애인용점자우편물

> ADVICE 시각장애인용 점자우편물은 봉투 표면에 'Items for the blind'를 고무인으로 날인하며 항공으로 발송할 때에는 항
  공부가요금에 해당하는 요금을 수납한다. 등기로 접수할 때 등기료는 무료이다.

Answer   6.① 7.② 8.④

9 아시아 · 태평양우편연합(APPU : Asian-Pacific Postal Union)에 관한 설명으로 옳지 않은 것은?

① 한국과 필리핀이 공동 제의하여 1961년 1월 23일에 마닐라에서 창설대회를 개최하였다.
② 상설기관으로 관리이사회, 우편운영이사회, 국제사무국이 있다.
③ 우편업무의 발전과 개선에 관한 연구를 목적으로 우정직원의 상호교환 또는 독자적 파견을 위한 협정을 체결할 수 있다.
④ 지역 내 회원국 간의 우편관계를 확장, 촉진 및 개선하고 우편 업무분야에 있어서 국제협력을 증진하는 것을 목적으로 한다.

> **ADVICE** ② 관리이사회, 우편운영이사회, 국제사무국은 만국우편엽합(UPU : Universal Postal Union, UN 산하 우편 전문 국제기구)의 상설기관이다.
> ※ APPU의 기관으로는 총회, 집행이사회, 아시아 · 태평양우정대학, 사무국이 있다.

02 예금일반

1 우체국예금 · 보험에 관한 설명으로 옳은 것은?

① 우체국예금은 「예금자보호법」에 의하여 원리금 전액이 지급 보장된다.
② 우체국보험은 보험을 효율적으로 운영하고 위험을 적절하게 분산하기 위하여 재보험에 가입할 수 있다.
③ 우체국예금 · 보험은 사업에 대한 건전성을 유지할 수 있도록 금융위원회의 정기검사를 받아야 한다.
④ 우체국예금은 「한국은행법」 제28조 제13호에 따라 금융통화위원회가 정하는 기준의 범위 내 이자율을 금융위원회와 협의하여야 한다.

> **ADVICE** ① 예금자의 금융 자산을 안전하게 보호하기 위해 특별법인 「우체국예금 · 보험에 관한 법률」에 따라 예금자보호 제도를 운영한다. 우체국예금의 경우 시중은행(금융상품의 원금과 이자를 합한 1억 원까지)과는 달리, 예금자보호 한도에 제한이 없다.
> ③ 과학기술정보통신부장관은 우체국예금 · 보험사업에 대한 건전성을 유지하고 관리하기 위하여 필요한 경우에는 금융위원회에 검사를 요청할 수 있다〈우체국예금 · 보험에 관한 법률 제3조의2 제1항〉.
> ④ 과학기술정보통신부장관은 예금의 종류별 이자율을 정하려면 금융위원회와 협의하여야 한다. 다만, 「한국은행법」 제28조제15호에 따라 금융통화위원회가 정하는 기준의 범위에서 이자율을 정하려는 경우에는 금융위원회와 협의 하지 아니하고 이자율을 정할 수 있다〈우체국예금 · 보험에 관한 법률 제10조 제1항〉.

Answer 9.② / 1.②

2 우체국 전자금융 및 제휴서비스에 대한 설명으로 옳은 것은?

① 우체국예금 고객은 창구망 공동이용 서비스를 통해 제휴은행 창구에서 자행거래 방식으로 입·출금이 가능하다.

② 인천공항우체국에서 외화실물을 수령할 수 있는 환전 예약은 모바일뱅킹서비스를 통해 당일에도 예약, 수령이 가능하다.

③ 우체국 인터넷뱅킹에서 신한은행의 SWIFT망을 통해 수취인의 해외은행 계좌로 송금이 가능하다.

④ 영리한PLUS카드는 공항라운지 서비스, 해외 전 가맹점 7% 캐시백 등 해외이용 특화카드이다.

> ⓐⅮⅤⅠⒸⒺ ① 창구망 공동이용은 제휴은행[IBK기업은행, KDB산업은행, 한국씨티은행, 전북은행, KB국민은행, 신한은행, 하나은행, 우리은행, 경남은행, iM뱅크 舊 대구은행 , SC제일은행(총 11개 은행)] 고객이 전국의 우체국 창구에서 기존의 타행환 거래 방식이 아닌 자행거래 방 식으로 입·출금 거래를 할 수 있도록 하고 있다.
> ② 우체국 창구 방문 신청 또는 인터넷뱅킹·스마트뱅킹을 이용하여 환전(원화를 외화로 바꾸는 업무) 거래와 대금 지급을 완료하고, 원하는 수령일자(환전예약 신청 당일 수령은 불가) 및 장소를 선택하여 지정한 날짜에 외화실물을 직접 수령하는 서비스이다. 수령 장소는 고객이 지정한 일부 환전업무 취급 우체국 및 우정사업본부와 환전업무 관련 제휴 된 하나은행 지점(환전소)에서 수령할 수 있다.
> ④ 영리한PLUS카드는 환경부 인증 폐플라스틱을 재활용한 친환경카드로 디지털콘텐츠 서비스 최대 20% 캐시백 등 다양한 혜택이 제공된다. ④의 설명에 해당하는 카드는 go캐시백글로벌카드이다.

3 다음 중 우체국예금(제휴서비스 포함)에서 제공하는 서비스를 모두 고른 것은?

㉠ 경조사 시 경조금을 현금으로 전달
㉡ 선물투자를 위한 계좌개설 대행
㉢ 스마트폰뱅킹서비스를 통해 한국에서 해외계좌로 이체
㉣ USD 타발송금 서비스를 통해 한국에서 해외계좌로 이체

---

① ㉠㉡

② ㉡㉢

③ ㉢㉣

④ ㉠㉣

> ⓐⅮⅤⅠⒸⒺ ㉢ 신한은행의 SWIFT 망을 통해 수취인의 해외은행계좌에 송금한다.
> ㉣ USD 타발송금 서비스는 고객이 전 세계 모든 은행으로부터 USD를 한국의 수취인 우체국 계좌 또는 주소지로 송금할 수 있는 서비스이다.

Answer   2.③ 3.①

4 금융경제, 과세, 자금세탁방지업무에 대한 설명으로 옳은 것은?

① 채권시장에는 발행주체에 따라 국채시장, 지방채시장, 회사채시장, 환매조건부채권 매매시장이 있다.

② 일반은행으로는 국민은행(KB), 우리은행, 중소기업은행(IBK), 신한은행 등이 있다.

③ 모든 금융소득은 근로소득, 부동산임대소득, 사업소득, 연금소득 등 다른 소득과 합산하여 종합과세 된다.

④ 고객확인제도는 고개별 신원확인, 고객의 실제 당사자 여부 및 금융거래 목적까지 확인할 수 있는 제도이다.

>**ADVICE** ① 채권시장은 발행주체에 따라 국채시장, 지방채시장, 회사채시장, 금융채시장, 특수채시장 등으로 나눌 수 있다.

② 중소기업은행(IBK)은 특수은행에 속한다.

③ 개인별 연간 금융소득이 2,000만 원 이하일 경우에는 원천징수(15.4%)하고, 2,000만 원을 초과하는 금융소득은 근로소득, 사업소득, 연금소득 등 다른 소득과 합산하여 누진세율(소득수준에 따라 6~42%의 세율 적용)을 적용하여 종합과세 한다.

5 우체국의 금융상품에 대한 설명으로 옳은 것은?

① 듬뿍우대저축은 수시 입·출금이 가능한 요구불성 예금으로 예금액별 차등금리를 적용한다.

② 이웃사랑정기예금은 장기기증자, 헌혈자(5회 이상), 입양자 등을 가입대상으로 하며, 최소 가입기간은 1년이다.

③ 챔피언정기예금은 우체국 창구를 통해 가입해야 하는 만기일시지급식 정기예금이다.

④ 달달하이(high) 적금은 가입대상이 개인으로 1년 만기로 높은 금리를 제공하는 스마트뱅킹 전용 적립식 예금이다.

>**ADVICE** ② 이웃사랑정기예금

③ 챔피언정기예금은 우체국 창구 또는 실명의 개인인 경우 인터넷뱅킹이나 스마트뱅킹을 통해서 가입이 가능한 월이자지급식, 만기일시지급식의 정기예금이다.

④ 달달하이(high) 적금은 1개월 또는2 개월의 초단기로 가입하며 단기간의 소액 이지만 높은 금리를 제공하는 스마트뱅킹 전용 적립식 예금이다.

1 현재(2026년 1월 기준) 판매 중인 우체국보험 상품에 관한 설명으로 옳지 않은 것은?

① 무배당 우체국NEW건강클리닉보험은 0세부터 70세까지 가입 가능한 건강보험이다.

② 무배당 우체국안전벨트보험에서 근로소득자는 납입한 보험료(연간 100만원 한도)에 대하여 12% 세액을 공제한다.

③ [장애인전용] 무배당 어깨동무보험(2종)에서 암보장개시일은 보험계약일(부활일)로부터 그 날을 포함하여 90일이 지난날로 한다.

④ 무배당 에버리치상해보험에서 골절치료자금의 경우, 치아의 파절은 보장에서 제외된다.

> **ADVICE** [장애인전용] 무배당 어깨동무보험(2종)에서 암보장개시일은 보험계약일(부활일)로부터 그 날을 포함하여 90일이 지난날의 다음날로 한다.

2 보험관련 세금에 대한 설명으로 옳은 것은?

① 저축성보험의 경우 2004년 1월 1일 이후 가입한 계약은 7년 이상 유지 시 보험차익에 대하여 비과세된다.

② 연금저축보험의 경우 5년 이내 해지된 모든 계약은 해지가산세가 과세된다.

③ 장애인전용보험의 경우 동일한 계약 건으로 보장성보험소득공제와 중복해서 장애인전용보험소득공제를 받는다.

④ 보장성보험의 경우 기본공제대상자를 피보험자로 하여 연간 100만 원까지 근로소득공제를 받을 수 있다.

> **ADVICE** ① 저축성보험의 경우 2004년 1월 1일 이후 가입한 계약은 10년 이상 유지 시 보험차익에 대하여 비과세된다.
>
> ② 연금저축보험을 중도에 해지하는 경우에는 분리과세를 적용한다. 이는 일반 연금 외 수령으로 기타소득세(지방소득세 포함 16.5%)가 부과되나, 만약 부득이한 사유로 인한 연금 외 수령이 인정되는 경우에는 연금소득세(지방소득세 포함 3.3~5.5%)를 부과한다.
>
> ③ 장애인전용보험에서 동일한 계약 건으로 보장성보험세액공제와 장애인전용보험세액공제를 중복으로 받는 것은 불가능하다.
>
> ※ 부득이한 사유의 범위
> ① 천재·지변 ② 사망 ③ 3개월 이상 요양이 필요한 질병 및 부상 ④ 연금취급자 영업정지, 인·허가 취소, 해산 결의, 파산선고 ⑤ 해외이주 ⑥ 가입자의 파산 또는 개인회생절차 개시 ⑦ 재난으로 15일 이상의 입원치료가 필요한 피해를 입은 경우

Answer   1.③   2.④

3 보험계약에 대한 설명으로 옳은 것은?

① 보험계약을 부활한 경우 계약이 실효된 이후 시점부터 부활될 때까지의 기간에 발생한 모든 보험 사고에 대하여 보험자는 책임을 진다.

② 보험계약에서 보험계약자와 피보험자가 서로 다른 경우를 '타인 생명의 보험'이라 하며, 보험계약자 와 보험수익자가 서로 다른 경우를 '타인을 위한 보험'이라 한다.

③ 보험계약의 무효란 계약이 처음에는 유효하게 성립되었으나 계약 이후에 무효사유의 발생으로 계 약의 법률상 효력이 계약시점으로 소급되어 없어지는 것을 말한다.

④ 보험계약자 또는 피보험자는 청약 시 청약서에서 질문한 사항에 대하여 보험자에게 사실대로 알려 야 하나 부활청약 시에는 고지의무가 없다.

> **ADVICE** ① 보험계약을 부활하였다 하더라도 보험계약이 실효된 이후 시점부터 부활될 때까지의 기간에 발생한 보험사고에 대하여 보험자는 책임을 지지 않는다.
> ③ 보험계약의 무효는 무효사유에 의하여 계약의 법률상 효력이 처음부터 발생하지 않은 것을 말하며, 계약이 처음에는 유효하게 성립되었으나 계약 이후에 취소사유의 발생으로 계약의 법률상 효력이 계약시점으로 소급되어 없어지는 것은 보험계약의 취소라 한다.
> ④ 보험계약자 또는 피보험자는 청약 시 청약서에서 질문한 사항에 대해 보험자에게 사실대로 알려야 하는데, 이를 고지의무라 한다. 고지의무는 계약청약 시 뿐 아니라 부활 시에도 이행하여야 한다.

4 생명보험 상품의 종류에 관한 설명으로 옳지 않은 것은?

① 종신보험은 보험기간을 정해놓고, 사망하였을 때 보험금을 지급하는 보험이다.
② 저축성보험은 생존 시에 보험금이 지급되는 저축기능을 강화한 보험이다.
③ 연금보험은 연금을 수령하여 일정 수준의 소득을 계속 유지하기 위한 보험이다.
④ 교육보험은 교육자금을 마련할 수 있도록 설계된 보험이다.

> **ADVICE** ① 종신보험은 보험기간을 정하지 않고 일생을 통하여 언제든지 사망하거나 고도의 장해상태가 되었을 때 보험금을 지급하는 보험이다.

Answer　3.② 4.①

컴퓨터일반[기초영어 포함]

1 컴퓨터 용어에 대한 설명으로 옳지 않은 것은?

① MIPS는 1초당 백만개 명령어를 처리한다는 뜻으로 컴퓨터의 연산 속도를 나타내는 단위이다.
② SRAM은 전원이 꺼져도 저장된 자료를 계속 보존할 수 있는 기억장치이다.
③ KB, MB, GB, TB 등은 기억 용량을 나타내는 단위로서 이중 TB가 가장 큰 단위이다.
④ SSI, MSI, LSI, VLSI 등은 칩에 포함되는 게이트의 집적도에 따라 구분된 용어이다.

>ADVICE SRAM(Static Random Access Memory)은 플립플롭 방식의 메모리 장치를 가지고 있는 RAM(Random Access Memory)의 하나이며 전원이 공급되는 동안만 저장된 내용을 기억하고 있다.

2 이진트리의 순회(traversal) 경로를 나타낸 그림이다. 이와 같은 이진트리 순회방식은 무엇인가? (단, 노드의 숫자는 순회순서를 의미)

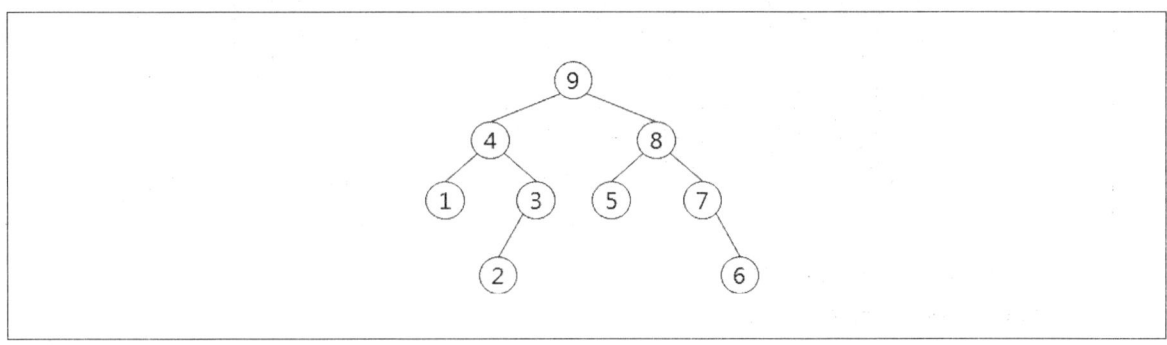

① 병렬 순회(parallel traversal) ② 전위 순회(pre-order traversal)
③ 중위 순회(in-order traversal) ④ 후위 순회(post-order traversal)

>ADVICE 후위 순회(post-order traversal)는 전위 순회의 반대로 왼쪽 하위 트리부터 시작해서 오른쪽 형제 노드를 방문한 후 루트노드를 방문하는 방법이다.
　※ 트리 순회법의 종류
　　㉠ 전위 순회(Preorder Traversal)
　　㉡ 중위 순회(Inorder Traversal)
　　㉢ 후위 순회(Postorder Traversal)

3 다음 중 데이터 값의 대소를 비교하여 정렬하는 문제에 대한 가장 빠른 알고리즘의 시간복잡도는? (단, n은 정렬 대상의 입력 데이터 수)

① $O(n)$

② $O(\log_2 n)$

③ $O(n \log_2 n)$

④ $O(n^2)$

> **ADVICE** 내부정렬방법 중에서 가장 좋다고 증명된 시간복잡도는 $O(n \log_2 n)$이다.

4 엑셀에서는 서로 다른 시트 사이에 셀 참조가 가능하다. 다음 그림에서 Sheet2의 시금치 가격을 VLOOKUP 함수를 사용하여 Sheet1에서 가져오고자 한다. 이를 위해 Sheet2의 B3 셀에 입력할 수식으로 알맞은 것은?

Sheet1

	A	B	C	D
1	상품명	산지	생산자	가격
2	오이	청주	김철수	500
3	배추	울산	황인용	2000
4	무우	김제	김영운	1500
5	시금치	평창	나윤로	1000
6	상추	대전	김윤철	700

Sheet2

	A	B
1	상품명	가격
2	무우	
3	시금치	
4		
5		
6		

① =VLOOKUP(시금치,Sheet1!A2:D6,4,0)

② =VLOOKUP(시금치,A2:A6,5,0)

③ =VLOOKUP(A3,Sheet1!A2:D6,4,0)

④ =VLOOKUP(A3,Sheet1!A2:A6,5,0)

> **ADVICE** VLOOKUP(찾을값, 배열범위, 열번호) : 배열의 첫 열에서 값을 찾은 후 열 번호에서 해당하는 값을 구한다.
>
> =VLOOKUP (A3,   Sheet1!A2:D6,   4, 0)
> 함수명   찾을셀선택   참조하는 범위   가져올 값
>
> ※ 타시트 범위를 참조할 경우 시트명 뒤에 !가 생긴다.

5 다음은 모듈화를 중심으로 한 소프트웨어 설계방법에 대한 설명이다. 빈칸의 내용을 올바르게 나열한 것은?

> • 결합도(coupling)와 응집도(cohesion)는 모듈의 (㉠)을 판단하는 기준이다.
> • 결합도란 모듈 (㉡)의 관련성을 의미하며, 응집도란 모듈 (㉢)의 관련성을 의미한다.
> • 좋은 설계를 위해서는 결합도는 (㉣), 응집도는 (㉤) 방향으로 설계해야 한다.

	㉠	㉡	㉢	㉣	㉤
①	독립성	사이	내부	작게	큰
②	독립성	내부	사이	크게	작은
③	추상성	사이	내부	작게	큰
④	추상성	내부	사이	크게	작은

>ADVICE 설계단계의 목표는 모듈의 독립성을 보장하는 것이다. 좋은 평가로는 모듈간 결합도는 최소화(약)하고, 모듈간 응집도는 최대화(강)해야 한다.

6 다음의 논리 연산식을 간략화한 논리회로는?

$$(A+B)(A+\overline{B})(\overline{A}+B)$$

①
A
B

②
A
$\overline{B}$

③
A
B

④
A
$\overline{B}$

>ADVICE $(A+B)(A+\overline{B})(\overline{A}+B)$
> $= AA + A\overline{B} + AB + (B\overline{B})(\overline{A}+B)$
> $= A + A\overline{B} + AB(\overline{A}+B)$
> $= A\overline{A} + \overline{A}\overline{A}B + \overline{A}AB + AB + A\overline{B}B + ABB$
> $= AB$

7 여덟 개의 페이지(0 ~ 7페이지)로 구성된 프로세스에 네 개의 페이지 프레임이 할당되어 있고, 이 프로세스의 페이지 참조 순서는 다음과 같다. 이 경우 LRU 페이지 교체 알고리즘을 적용할 때 페이지 적중률(hit ratio)은 얼마인가? (단, 다음의 숫자는 참조하는 페이지번호를 나타내고, 최초의 페이지 프레임은 모두 비어있다고 가정)

1, 0, 2, 2, 2, 1, 7, 6, 7, 0, 1, 2

① $\dfrac{5}{12}$ 　　　　　　　　　　② $\dfrac{6}{12}$

③ $\dfrac{7}{12}$ 　　　　　　　　　　④ $\dfrac{8}{12}$

>**ADVICE** SRAM은 LRU 알고리즘 ⋯ 가장 오랫동안 사용되지 않은 페이지를 제거하는 방법으로, 가장 널리 사용되며 참조된 시간을 기록해야 하므로 시간 오버헤드가 발생하고, 실제로 구현하기가 매우 복잡하다.

1	2	3	4	5	6	7	8	9	10	11	12
1	0	2	2	2	1	7	6	7	0	1	2
1	1	1				1	1		1		1
						0	6		6		2
						2	2		0		0
						7	7		7		7
실패	실패	실패	적중	적중	적중	실패	실패	적중	실패	적중	실패

8 다음의 설명에 해당하는 네트워크 장비는?

> • OSI 계층 모델의 네트워크 계층에서 동작하는 장비이다.
> • 송신측과 수신측 간의 가장 빠르고 신뢰성 있는 경로를 설정·관리하며, 데이터를 전달하는 역할을 한다.
> • 주로 같은 프로토콜을 사용하는 네트워크간의 최적경로 설정을 위해 패킷이 지나가야 할 정보를 테이블에 저장하여 지정된 경로를 통해 전송한다.

① 게이트웨이(gateway) 　　　　　② 브리지(bridge)
③ 리피터(repeater) 　　　　　　　④ 라우터(router)

>**ADVICE** 라우터(router) ⋯ 패킷의 위치를 추출하여 그 위치에 대한 최적의 경로를 지정하며 이 경로를 따라 데이터 패킷을 다음 장치로 전향시키는 장치이다.

Answer　7.①　8.④

9 다음 C 프로그램의 실행 결과로 옳은 것은?

```
void main()
{
    int a[4]={10, 20, 30};
    int *p = a;

    p++;
    *p++ = 100;
    *++p = 200;
    printf("a[0]=%d a[1]=%d a[2]=%d\n",
           a[0], a[1], a[2]);
}
```

① a[0]=10 a[1]=20 a[2]=30
② a[0]=10 a[1]=20 a[2]=200
③ a[0]=10 a[1]=100 a[2]=30
④ a[0]=10 a[1]=100 a[2]=200

❯ADVICE   int a[4]={10, 20, 30}; → a[0]=10, a[1]=20, a[2]=30, a[3]=' '으로 초기화 한다.

int *p = a; → 포인터 변수 p에 배열 a의 시작주소를 할당한다.

p++; → p주소값이 1을 증가하여 a[1]의 주소값으로 변경한다.

*p++ = 100; → 현재 포인터 변수 p가 가리키는 위치 a[1]의 값을 100으로 할당 후 주소값을 1씩 증가하여 p의 주소값은 a[2]의 주소값으로 변경한다.

*++p = 200; → 현재 포인터 변수 p가 가리키는 위치를 먼저 1을 증가시켜 a[3]으로 변경하고, a[3]의 값을 200으로 할당한다.

printf("a[0]=%d a[1]=%d a[2]=%d\n", a[0], a[1], a[2]); →

출력값은 a[0]→10, a[1]→100, a[2]→30이 된다.

10 인터럽트 처리를 위한 다음의 작업이 올바로 나열된 것은?

> ㉠ 인터럽트 서비스 루틴을 수행한다.
> ㉡ 보관한 프로그램 상태를 복구한다.
> ㉢ 현재 수행 중인 명령을 완료하고 상태를 저장한다.
> ㉣ 인터럽트 발생 원인을 찾는다.

① ㉢ → ㉣ → ㉠ → ㉡   ② ㉢ → ㉣ → ㉡ → ㉠
③ ㉣ → ㉢ → ㉠ → ㉡   ④ ㉣ → ㉢ → ㉡ → ㉠

> 〉ADVICE 인터럽트 … 정상적인 명령어 인출단계로 진행하지 못할 때에 실행을 중단하지 않고 특별히 부여된 작업을 수행한 후 원래의 인출단계로 진행하도록 하는 것이다.
> ※ 인터럽트의 동작원리(순서)
> ㉠ 인터럽트 요청 : 인터럽트 발생장치로부터 인터럽트를 요청한다.
> ㉡ 현재 수행 중인 프로그램 저장 : 제어 프로그램에서는 현재 작업 중이던 프로세서의 상태를 메모리에 저장시킨다.
> ㉢ 인터럽트 처리 : 인터럽트의 원인이 무엇인지를 찾아 그것을 처리하는 인터럽트 처리 루틴을 실행시킨다.
> ㉣ 조치 : 인터럽트 루틴에서는 해당 인터럽트에 대한 조치를 취한다.
> ㉤ 프로그램 복귀 : 인터럽트 처리 루틴이 종료되면 저장되었던 상태를 이용하여 원래 작업이 계속되도록 한다.

11 다음의 CPM(Critical Path Method) 소작업 리스트에서 작업 C의 가장 빠른 착수일(earliest start time), 가장 늦은 착수일(latest start time), 여유 기간(slack time)을 순서대로 나열한 것은?

〈표〉 CPM 소작업 리스트

소작업	선행 작업	소요 기간(일)
A	없음	15
B	없음	10
C	A, B	10
D	B	25
E	C	15

① 15일, 15일, 0일   ② 10일, 15일, 5일
③ 10일, 25일, 5일   ④ 15일, 25일, 0일

> 〉ADVICE 착수일을 구하는 문제로 작업 C의 착수일(earliest start time)은 작업 A(15일)와 작업 B(10)가 끝나야 가능하다. 작업 C의 가장 빠른 착수일은 (earliest start time)은 작업 A가 완료되는 시점인 15일이 된다. 또한 작업 A의 가장 늦은 착수일(latest start time)은 임계작업 – 남은작업으로 계산이 되므로 40-25=15일이며, 여유 기간 (slack time)은 가장 늦은 착수일에서 가장 빠른 착수일을 빼므로 0이 된다.

Answer   10.① 11.①

12 다음은 스택을 이용한 0-주소 명령어 프로그램이다. 이 프로그램이 수행하는 계산으로 옳은 것은?

```
                              PUSH C
                              PUSH A
                              PUSH B
                              ADD
                              MUL
                              POP  Z
```

① Z = C + A * B

② Z = (A + B) * C

③ Z = B + C * A

④ Z = (C + B) * A

> ADVICE ② 주소필드를 사용하지 않고 스택(Stack) 메모리를 사용한다. 스택(Stack)은 LIFO 구조이므로 후위식으로 바꾸어 주어야 한다. PUSH 연산을 3번 수행한 후, ADD 명령문을 만났을 때 B+A 연산을 수행하고, MUL 명령문을 수행하면 (A+B)*C 가 된다.

13 트랜잭션의 특성과 이에 대한 설명으로 옳지 않은 것은?

① 원자성(atomicity) : 트랜잭션은 완전히 수행되거나 전혀 수행되지 않아야 한다.

② 일관성(consistency : 트랜잭션을 완전히 실행하면 데이터베이스를 하나의 일관된 상태에서 다른 일관된 상태로 바꿔야 한다.

③ 고립성(isolation) : 하나의 트랜잭션의 실행은 동시에 실행 중인 다른 트랜잭션의 간섭을 받아서는 안 된다.

④ 종속성(dependency) : 완료한 트랜잭션에 의해 데이터베이스에 가해진 변경은 어떠한 고장에도 손실되지 않아야 한다.

> ADVICE 트랜잭션 4가지 특성(ACID)에는 원자성, 일관성, 독립성, 영속성(지속성)이 있으며 영속성(Duravility)은 성공적으로 완료된 트랜잭션의 결과는 영구적으로 반영되어야 함을 의미한다.

14 다음의 다양한 진법으로 표현한 숫자들을 큰 숫자부터 나열한 것은?

> ㉠ $F9_{16}$ ㉡ 256_{10}
> ㉢ 11111111_2 ㉣ 370_8

① ㉠㉡㉢㉣ ② ㉡㉢㉠㉣
③ ㉢㉣㉠㉡ ④ ㉣㉠㉡㉢

> **ADVICE** 진법변환에 관한 문제로 다양한 진수를 10진수로 변환하면 빠르게 답을 찾을 수 있다.
> 그 중, 8·16진수는 2진수로 바꾼 뒤 10진수로 변환해야 한다.
>
> ㉠ $F9_{16} \to 1111100_{12} \to 249_{10}$
>
> ㉡ 256_{10}
>
> ㉢ $11111111_2 \to 255_{10}$
>
> ㉣ $370_8 \to 011111000_2 \to 248_{10}$
>
> ※ 진법 변환시 참고표

일련번호	10진수	2진화 10진수	16진수	2진화 16진수
1	0	0000	0	0000
2	1	0001	1	0001
3	2	0010	2	0010
4	3	0011	3	0011
5	4	0100	4	0100
6	5	0101	5	0101
7	6	0110	6	0110
8	7	0111	7	0111
9	8	1000	8	1000
10	9	1001	9	1001
11			A(10)	1010
12			B(11)	1011
13			C(12)	1100
14			D(13)	1101
15			E(14)	1110
16			F(15)	1111

15 공개키(public key) 암호화 방식에 대한 설명으로 옳지 않은 것은?

① 공개키와 개인키로 이루어진다.
② 대표적 활용 예로는 전자서명이 있다.
③ 송수신자는 서로 다른 키를 사용한다.
④ 개인키는 메시지를 전송할 때 사용한다.

>ADVICE 공개키(public key)

ㄱ 서로 다른 키로 데이터를 암호화하고 복호화한다.
ㄴ 데이터를 암호화할 때 사용하는 키(공개키, public Key)는 데이터베이스 사용자에게 공개하고, 복호화할 때의 키(비밀키, secret key)는 관리자가 비밀리에 관리하는 방법이다.
ㄷ 비대칭 암호화 방식이라고도 하며, 대표적으로 RSA가 있다.
• 장점 : 키의 분배가 용이하고, 관리해야 할 키의 개수가 적음
• 단점 : 암호화/복호화 속도가 느리며, 알고리즘이 복잡하고 파일 크기가 큼

16 주기억장치와 캐시 기억장치만으로 구성된 시스템에서 다음과 같이 기억장치 접근시간이 주어질 때 캐시 적중률(hit ratio)은?

> • 평균 기억장치 접근시간 : $Ta = 1.9ms$
> • 주기억장치 접근시간　　 : $Tm = 10ms$
> • 캐시 기억장치 접근시간 : $Tc = 1ms$

① 80%　　　　　　　　　　　② 85%
③ 90%　　　　　　　　　　　④ 95%

>ADVICE 캐시 적중률(hit ratio)을 대입하여 평균 기억장치 접근시간(1.9ms)을 찾아내는 문제이다.
평균 기억장치 접근시간 = 적중률 × 캐시 접근시간 + 실패율 × 주기억장치 접근시간
$= 0.9 \times 1 + 0.1 \times 10 = 1.9$

17 다음의 연산을 2의 보수를 이용한 연산으로 변환한 것은?

$$6_{10} - 13_{10}$$

① $00000110_2 + 11110011_2$　　　　　　② $00000110_2 - 11110011_2$

③ $11111010_2 + 11110011_2$　　　　　　④ $11111010_2 - 11110011_2$

▶ADVICE　+6은 1의 보수이든 2의 보수이든 동일하므로 값은 00000110_2이다.

　　　-13은 2의 보수 값은 1의 보수 값에 +1을 해 주면 되므로 1의 보수 값은 11110010_2이고 +1을 해준 2의 보수 값은 11110011_2이 된다.

18 다음은 Windows XP의 실행창(시작 ⇒ 실행)에 입력할 수 있는 명령어들을 나열한 것이다. 명령어별로 수행할 수 있는 기능을 순서대로 나열한 것은?

dxdiag - msconfig - regedit - mstsc

① 컴퓨터사양 확인 - 시작프로그램 편집 - 레지스트리 편집 - 원격데스크탑 실행
② 원격데스크탑 실행 - 작업관리자 편집 - 서비스 편집 - 시스템 셧다운 설정
③ 컴퓨터사양 확인 - 작업관리자 편집 - 레지스트리 편집 - 원격데스크탑 실행
④ 원격데스크탑 실행 - 시작프로그램 편집 - 서비스 편집 - 시스템 셧다운 설정

▶ADVICE　단축키 → 윈도우+R" 또는 (시작 → 실행)

　　　㉠ dxdiag : 컴퓨터사양 확인
　　　㉡ msconfig : 윈도우 시동 절차의 문제를 해결하는 데 사용하는 유틸리티 소프트웨어
　　　㉢ regedit : 레지스트리 편집기 실행
　　　㉣ mstsc : 원격실행

19 다음에서 설명하는 객체지향 개념은?

출입문   창문   상자

• 그림에서 'open'이라는 오퍼레이션(operation)은 객체마다 다르게 기능한다.
• Java 언어에서 오버로딩(overloading), 오버라이딩(overriding)으로 구현되는 개념이다.

① 캡슐화(encapsulation)
② 인스턴스(instance)
③ 다형성(polymorphism)
④ 상속(inheritance)

> ADVICE ③ 다형성(polymorphism) : 한 메시지가 객체에 따라 다른 방법으로 응답할 수 있는 능력
> ① 캡슐화(encapsulation) : 데이터와 데이터를 처리하는 함수를 하나로 묶는 것
> ② 인스턴스(instance) : 클래스 또는 추상적으로 정의된 틀을 가지고 명칭을 정하고, 저장될 위치와 그곳에 생성시
>   켜 실제 구현하도록 만드는 것
> ④ 상속(inheritance) : 이미 정의된 상위 클래스(슈퍼클래스나 부모 클래스)의 모든 속성과 연산을 하위 클래스가
>   물려받는 것

Answer   19.③

20 다음은 0~199번의 200개 트랙으로 이루어진 디스크 시스템에서, 큐에 저장된 일련의 입출력 요청들과 어떤 디스크 스케줄링(disk scheduling) 방식에 의해 처리된 서비스 순서이다. 이 디스크 스케줄링 방식은 무엇인가? 단, 다음의 숫자는 입출력할 디스크 블록들이 위치한 트랙 번호를 의미하며, 현재 디스크 헤드의 위치는 트랙 50번이라고 가정한다.

> • 요청 큐 : 99, 182, 35, 121, 12, 125, 64, 66
> • 서비스 순서 : 64, 66, 99, 121, 125, 182, 12, 35

① FCFS
② C-SCAN
③ SSTF
④ SCAN

>**ADVICE** ① FCFS : 가장 간단한 스케줄링으로, 디스크 대기 큐에 가장 먼저 들어온 트랙에 대한 요청을 먼저 서비스하는 기법
② C-SCAN : 항상 바깥쪽에서 안쪽으로 움직이면서 가장 짧은 탐색 거리를 갖는 요청을 서비스 하는 기법
③ SSTF : 탐색 거리가 가장 짧은 트랙에 대한 요청을 먼저 서비스 하는 기법
④ SCAN : SSTF가 갖는 탐색 시간의 편차를 해소하기 위한 기법

21 글의 내용과 일치하는 것은?

> People disagree about how soon the world will run out of oil, but it does not matter whether oil will run out in the next 20 years or the next 150 years. Since oil is still going to run out, we cannot depend on it to meet our energy needs forever. Besides its limited supply, oil is an imperfect energy source. It pollutes the air, and it is inefficient when it is burned. There are much better fuels available. We just need to find cheaper ways to harness them.

① Better energy sources exist.
② The supply of oil will never run out.
③ Oil is an efficient source of energy.
④ Oil will run out in the next 20 years.

>**ADVICE** disagree 의견이 다르다, 동의하지 않다 run out of ~을 다 써버리다, ~을 바닥내다 depend on ~에 의존하다
supply 공급(량) imperfect 불완전한 source 원천, 근원 pollute 오염시키다 inefficient 비효율적인 fuel 연료
available 이용할 수 있는 harness (동력원으로) 이용하다

Answer   20.② 21.①

① 더 나은 에너지 자원이 존재한다.

② 석유의 공급량은 결코 바닥나지 않을 것이다.

③ 석유는 효율적인 에너지 자원이다.

④ 석유는 앞으로 20년 이내에 모두 소모될 것이다.

「사람들은 지구상의 석유가 얼마나 빨리 바닥날 것인지에 대해 의견을 달리하지만, 석유가 앞으로 20년 안에 소모될 것인지 150년 안에 소모될 것인지는 중요하지 않다. 석유가 계속해서 소모되고 있는 한, 우리는 우리에게 필요한 에너지를 영원히 충족시켜줄 자원으로 석유에만 의존할 수는 없다. 게다가 한정된 공급원인 석유는 불완전한 에너지 자원이며, 공기를 오염시키고, 연소될 때 비효율적이다. 우리에게는 사용가능한 더 나은 연료들이 있다. 우리는 바로 그것들을 이용하는 더욱 저렴한 방법을 찾는 것이 필요하다.」

22 문맥을 고려할 때, 빈칸 ⓐ에 들어갈 알맞은 단어는?

If you want to be successful in global business, you must understand the cultures of other countries and learn how to adapt to them, or change your practices in different cultures. It is important that you should not make business decisions that are based on misconceptions. One misconception is ethnocentrism, the belief that one's own culture is better than other cultures. Ethnocentrism can exist in an individual or in an organization. To (ⓐ) ethnocentrism, it is necessary to study the different elements of culture, including language, religion, values, customs, and material elements.

① learn

② adapt to

③ ignore

④ avoid

> **ADVICE** successful 성공적인 adapt (새로운 상황에) 맞추다, 조정하다 practice 관행, 습관 decision 결정, 판단 misconception 오해 ethnocentrism 자기민족 중심주의 individual 각각의, 개개인의 organization 조직, 기구, 단체 necessary 필요한 custom 관습, 풍습 material 물질적인 ignore 무시하다 avoid 방지하다, 막다, 피하다

「만약 당신이 국제적인 사업가로서 성공하고 싶다면, 당신은 다른 나라의 문화를 이해해야 하고, 그것에 맞추어 나가는 방법을 배우거나 당신의 관행을 다른 문화에 맞게 변화시켜야 한다. 요지는 당신이 잘못된 근거로 인한 사업적인 결정을 내려선 안 된다는 것이다. 하나의 잘못된 해석으로 자기민족 중심주의가 있는데, 이것은 자신이 속한 문화가 다른 문화보다 더 낫다는 믿음이다. 자기민족 중심주의는 개개인에게 존재하거나 하나의 조직에 존재할 수도 있다. 자기민족 중심주의를 방지하기 위해서는 언어, 종교, 가치, 풍습, 물질적인 요소 등을 포함한 문화의 서로 다른 요소들을 연구하는 것이 필요하다.」

우편일반

1 국내우편의 특수취급제도에 대한 설명으로 옳은 것은?

① 내용증명의 내용문서에는 숫자 · 괄호 · 구두점이나 그 밖에 일반적으로 사용하는 단위 등의 기호를 함께 기재할 수 있다.

② 익일특급 통상우편물의 취급제한중량은 20kg이다.

③ 특별송달이란 등기취급을 전제로 우편법이 정하는 방법에 따라 송달하는 우편물로서, 배달결과를 발송인에게 통지하는 제도이다.

④ 통화등기란 국내 · 외 통화를 수취인에게 직접 배달하는 제도이다.

〉**ADVICE** 내용증명우편물은 한글 또는 한자 또는 그 밖의 외국어로 자획을 명료하게 기재한 문서(첨부물 포함)인 경우에 한하여 취급하며, 공공의 질서 또는 선량한 풍속에 반하는 내용의 문서 또는 문서의 원본(사본을 포함)과 등본이 같은 내용임을 일반인이 쉽게 식별할 수 없는 문서는 이를 취급하지 아니한다. 내용문서에는 숫자 · 괄호 · 구두점 기타 일반적으로 사용하는 단위 등의 기호를 함께 기재할 수 있다〈우편법 시행규칙 제46조〉.

② 익일특급 통상우편물의 취급제한중량은 30kg이다.

③ 특별송달이란 등기취급을 전제로 「민사소송법」의 규정에 의한 방법으로 송달하는 우편물로서 배달우체국에서 배달결과를 발송인에게 통지하는 특수취급제도이다〈우편법 시행규칙 제25조 제1항 제6호〉.

④ 통화등기는 100만원 이하의 국내통화에 한하여 이를 취급한다〈우편법 시행규칙 제29조 제2항 참조〉.

Answer 1.①

2 국내 우편요금에 대한 설명으로 옳은 것은?

① 우편요금을 별납할 수 있는 우편물은 10통 이상의 통상우편물에 한한다.
② 요금수취인부담 우편물의 발송 유효기간은 이용일로부터 1년을 초과할 수 없다.
③ 국가 또는 지방자치단체에서 발송하는 우편물은 발송우체국장이 후납조건을 따로 정할 수 있다.
④ 우편관서의 과실로 인하여 과다 징수한 우편요금의 반환 청구기간은 우편요금을 납부한 날로부터 30일이다.

> **ADVICE** ③ 국가 또는 지방자치단체에서 발송하는 우편물은 발송우체국장이 그 후납조건을 따로 정할 수 있다〈우편법 시행 규칙 제98조 제1항〉.
> ① 10통 이상의 통상우편물이나 소포우편물 발송 시 이용이 가능하다.
> ② 발송 유효기간은 요금수취인부담 계약일로부터 2년이 원칙이다. 다만, 국가기관, 지방자치단체 또는 정부투자기 관에 있어서는 발송 유효기간을 제한하지 아니할 수 있어 2년을 초과하여 발송 유효기간을 정할 수 있다.
> ④ 과다 징수한 우편요금 등 우편관서의 잘못으로 너무 많이 징수한 우편요금 등의 청구기간은 해당우편요금 등을 납부한 날부터 60일이다.
> ※ 우편요금 등의 후납(요금후납)을 할 수 있는 우편물
> ㉠ 동일인이 매월 100통 이상 발송하는 우편물
> ㉡ 반환우편물 중 요금후납으로 발송한 등기우편물
> ㉢ 팩스우편물
> ㉣ 전자우편물
> ㉤ 우편요금 표시기 사용 우편물
> ㉥ 우편요금 수취인부담 우편물
> ㉦ 우체통에서 발견된 습득물 중 우편물에서 이탈된 것으로 인정되지 않는 주민등록증

Answer 2.③

3 국내통상 당일배달우편물이 접수한 다음날 14시에 지연배달되었을 경우 지연배달에 대한 배상금액의 종류로 옳은 것은?

① 등기취급 수수료
② 국내특급 수수료
③ 우편요금 및 등기취급 수수료
④ 우편요금 및 국내특급 수수료

>**ADVICE** 지연배달기준 및 배상금액〈우편법 시행규칙 별표5〉

구분			지연배달 기준	배상금액
통상우편물	등기취급		송달기준보다 2일 이상 지연배달	우편요금 및 등기취급 수수료
	국내특급우편	당일 배달	다음날 0시~20시 전까지 배달	국내특급수수료
			다음날 20시 이후 배달	우편요금 및 국내특급수수료
		다음날 배달	송달기준보다 2일 이상 지연배달	우편요금 및 국내특급수수료
소포우편물	등기취급		송달기준보다 2일 이상 지연배달	우편요금 및 등기취급 수수료
	국내특급우편	당일 배달	다음날 0시~20시 전까지 배달	국내특급수수료
			다음날 20시 이후 배달	우편요금 및 국내특급수수료

4 우편물 배달에 대한 설명으로 옳지 않은 것은?

① 우편물은 그 표면에 기재된 곳에 배달하고, 2인 이상을 수취인으로 하는 경우는 그 중 1인에게 배달한다.
② 등기우편물 배달 시의 수령사실 확인은 특수우편물 배달증에 수령인이 서명 또는 날인하는 것으로 한다.
③ 무인우편물보관함은 보관에 대한 증명 자료를 제공하기 때문에 보험등기우편물을 무인우편물보관함에 배달할 수 있다.
④ 우편사서함에 배달된 우편물을 정당한 사유 없이 30일 이상 수령하지 아니한 경우에는 사서함 사용계약을 해지할 수 있다.

>**ADVICE** 수취인이 부재하여 무인우편물보관함에 배달할 때에는 수취인의 동의를 받은 후 배달하여야 한다. 다만 사전에 수취인이 무인우편물보관함에 배달해 달라고 신청한 경우에는 수취인을 방문하지 않고 배달할 수 있다.
> 특별송달, 보험등기 등 수취인의 직접 수령한 사실 확인이 필요한 우편물은 무인우편물보관함에 배달할 수 없다.

Answer 3.② 4.③

5 국제 소형포장물(Small packet)의 내용품 가격이 450SDR인 경우, 해당 우편물에 첨부해야 하는 국제 우편 서식으로 옳은 것은?

① CN01   ② CN07
③ CN22   ④ CN23

> **ADVICE** 내용품의 가격에 따라 300SDR 이하인 경우는 기록 요령이 간단한 CN22를, 300SDR을 초과하는 경우는 CN23을 이용한다.

6 국제 보통소포우편물의 운송장 작성에 대한 설명으로 옳지 않은 것은? [기출변형]

① 운송장에는 도착국가에서 필요한 서식(송장, 세관신고서)이 포함되어 있지 않기 때문에 발송인은 통관 수속에 필요한 서류를 첨부해야 한다.
② 내용품의 중량을 측정하는 경우 100g 미만의 단수는 100g 단위로 절상한다.
③ 주소기표지의 제2면은 접수우체국에서 보관하고, 제3면은 발송인에게 교부한다.
④ 발송인이 배달불능 우편물을 반송받기를 원치 않을 경우 '☐ Treat as abandoned 포기'를 선택한다.

> **ADVICE** 국제소포우편물 운송장에는 도착국가에서 필요한 서식(송장, 세관신고서)이 포함되어 있으므로 이러한 서식을 별도 작성하여 첨부할 필요가 없다. 다만, 발송인이 필요하다고 인정하는 경우에는 우리나라와 도착국가에서의 통관 수속에 필요한 모든 서류(상업송장, 수출허가서, 수입허가서, 원산지증명서, 건강증명서 등)를 첨부할 수 있다.

7 〈보기〉와 같이 접수된 국제우편물이 상대 국가에서 분실되어 손해배상을 해야 할 경우, 〈조건〉에 따른 배상금액으로 옳은 것은?

	〈보기〉
우편물 번호	EM 052 683 101 KR
우편물 종류	EMS
중량	10kg
내용품	책 4권, 바지 2벌, 티셔츠 1벌
내용품 가격	160,000원
우편요금	56,200원

〈조건〉

• 접수 시 보험취급 되지 않았다.
• 행방조사 청구료 등 기타 비용은 발생하지 않았다.
• 손해배상 기준은 「우정사업본부 고시 제2018−32호」에 의거한다.

① 160,000원   ② 204,900원

③ 212,500원   ④ 216,200원

> **ADVICE** 국제우편물(보통소포우편물)이 분실된 경우 70,000원에 1kg당 7,870원을 합산한 금액 범위 내의 실손해액과 납부한 우편요금을 배상금액으로 한다.
>
> $70,000 + (7,870 \times 10) + 56,200 = 204,900$원

8 국제우편에서 사용되는 국가명과 해당 국가의 약호가 바르게 연결된 것은 모두 몇 개인가?

> ㉠ 홍콩 – CN   ㉡ 오스트레일리아 – AU
> ㉢ 캐나다 – CA   ㉣ 인도네시아 – IN
> ㉤ 영국 – GB   ㉥ 괌 – US

① 2개   ② 3개
③ 4개   ④ 5개

> ❯ADVICE 홍콩 – HK
> 　　　　오스트레일리아 – AU
> 　　　　캐나다 – CA
> 　　　　인도네시아 – ID
> 　　　　영국 – GB
> 　　　　괌 – GU

9 국제통상우편물을 접수할 때 제한중량이 가장 큰 것은?

① 서장(Letters)
② 인쇄물(Printed papers)
③ 소형포장물(Small packet)
④ 시각장애인용 점자우편물(Items for the blind)

> ❯ADVICE 서장(Letters), 소형포장물(Small packet) : 무게한계 2kg
> 　　　　인쇄물(Printed papers) : 무게한계 5kg
> 　　　　시각장애인용 점자우편물(Items for the blind) : 무게한계 7kg
> 　　　　우편자루배달인쇄물(M bag) : 무게한계 10kg ~ 30kg

예금일반

1 우체국예금상품에 대한 설명으로 옳은 것은?

① 우체국 예금상품의 이자율은 한국은행에서 정하는 기기준금리에 우대이자율을 더하여 결정한다.
② 우체국에서 취급하는 예금상품은 입출금이 자유로운 예금, 거치식예금, 적립식예금으로 구분된다.
③ 우체국은 예금상품 개발 시 수익성, 공공성, 안정성, 소비자보호 이 4가지를 고려한다.
④ 우체국의 예금상품도 예금보험공사의 보호대상이다.

> ADVICE ① 예금상품의 이자율은 「우체국예금·보험에 관한 법률」에 따라 고시하는 기본이자율에 우대이자율을 더하여 정한다.
> ② 우체국에서 취급하는 예금상품은 크게 입출금이 자유로운 예금, 거치식예금, 적립식예금, 기타예금으로 구분된다.
> ④ 우체국의 경우 예금보험공사의 보호대상 금융회사는 아니지만, 우체국예금(이자 포함)과 우체국보험 계약에 따른 보험금 등 전액에 대하여 국가에서 지급을 책임지고 있다.
> ▶ 본 기출문제는 우체국재형저축에 관한 문제였으나 상품이 폐지되어 본 문제로 교체하였음

2 우체국의 예금상품에 대한 설명으로 옳지 않은 것은?

① 우체국 편리한 e정기예금의 이자지급 방식은 만기일시지급식이다.
② 2040+α 정기예금의 가입 금액은 1만원 이상 1억원 이하로 한다.
③ 시니어 싱글벙글 정기예금은 여유자금 추가입금과 긴급자금 분할해지가 가능하다.
④ 우체국 다드림적금은 가입대상은 개인이며 주거래 이용 실적이 많을수록 우대 혜택이 커지는 적립식 예금이다.

> ADVICE 2040+α 정기예금은 20~40대 직장인과 카드 가맹점, 법인 등의 안정적 자금운용을 위해 급여이체 실적, 카드 가맹점 결제계좌 이용, 우체국예금, 보험, 우편 우수고객 등 일정 조건에 해당하는 경우 우대금리를 제공하는 정기예금으로 가입금액은 1만원 이상으로 한도에는 제한이 없다.

3 우체국에서 판매대행하고 있는 노란우산에 대한 설명으로 옳지 않은 것은?

① 우체국은 청약서 및 제반서류 접수와 부금 수납 등의 업무를 대행한다.
② 수급권 보호를 위해 압류와 담보제공은 금지되지만, 거래 편의를 위해 양도는 허용된다.
③ 공제부금은 월 5만원에서 70만원까지 1만원 단위로 납부 가능하며, 기존 소득공제상품과 별도로 최대 연 500만원까지 추가로 소득공제가 가능하다.
④ 소기업과 소상공인의 생활안정 및 사업재기를 돕기 위해 중소 기업중앙회가 운영하는 공제제도이다.

> **ADVICE** ② 노란우산은 소기업과 소상공인이 폐업이나 노령 등의 생계 위협으로부터 생활의 안정을 기하고 사업재기의 기회를 제공받을 수 있도록 중소기업협동조합법 115조에 의거하여 비영리기관인 중소기업중앙회가 운영하는 공적 공제제도이다. 수급권 보호를 위해 압류, 담보, 양도가 금지된다.

4 「금융실명거래 및 비밀보장에 관한 법률」에 의거하여 금융기관이 금융 거래정보를 제공할 때의 업무처리에 대한 설명으로 옳은 것은?

① 금융거래정보 등을 제공한 경우에는 그 내용을 표준양식에 따라 기록·관리하여 10년 동안 보관해야 한다.
② 금융거래정보 등의 제공사실에 대한 통보의무를 위반한 경우에는 3,000만 원 이하의 벌금에 처해진다.
③ 금융거래정보 등을 제공한 경우에는 제공한 날로부터 10일 이내에 그 사실을 명의인에게 서면으로 통보하여야 한다.
④ 통보유예 요청을 받은 경우에는 통보유예 기간이 종료된 날로부터 30일 이내에 정보제공 사실을 명의인에게 서면으로 통보하여야 한다.

> **ADVICE** ① 금융거래정보 등을 제공한 경우에는 그 내용을 표준양식에 따라 기록·관리하여 5년 동안 보관해야 한다.
> ② 금융거래정보 등의 제공사실에 대한 통보의무를 위반한 경우에는 3천만원 이하의 과태료를 부과한다.
> ④ 거래정보 등을 제공한 경우에는 제공한 날(통보를 유예한 경우에는 통보유예기간이 끝난 날)부터 10일 이내에 제공한 거래정보 등의 주요 내용, 사용 목적, 제공받은 자 및 제공일 등을 명의인에게 서면으로 통보하여야 한다.

1 생명보험 계약에 대한 설명으로 옳지 않은 것은?

① 보험계약에서 본인의 목숨이나 건강 등을 담보 시킨 사람을 피보험자라 한다.
② 보험계약자가 보험에 의한 보장을 받기 위하여 보험자에게 지급하여야 할 금액을 보험료라 한다.
③ 보험에 담보된 생명이나 신체에 관하여 불확정한 사고, 즉 위험이 발생하는 것을 보험사고라 한다.
④ 보험기간에 대하여 상법에서는 보험자의 책임을 최초의 보험료 납입 여부와 상관없이 청약일로부터 개시된다고 규정하고 있다.

>ADVICE 보험기간은 보험에 의한 보장이 제공되는 기간으로 상법에서는 보험자의 책임을 최초의 보험료를 지급 받은 때로부터 개시한다고 규정되어 있다.

2 우체국의 장애인전용 무배당 어깨동무보험에 대한 설명으로 옳은 것은?

① 보험수익자가 장애인인 경우 연간 4,000만원 한도로 증여세 면제 혜택이 있다.
② 1종(생활보장형)은 만 50세 이상의 자가 가입할 경우 80세 만기 10년납에 한한다.
③ 2종(암보장형)의 피보험자 가입나이는 만 15~70세이다.
④ 3종(상해보장형)은 가입 후 매 5년마다 건강진단자금을 지급한다.

>ADVICE ② 1종(생활보장형)은 50세 이상 가입자의 경우 80세 만기 5년 납에 한한다.
③ 2종(암보장형)의 피보험자 가입나이는 0 ~ 70세이다.
④ 3종(상해보장형)은 가입 후 매 2년마다 계약해당일에 살아 있을 때(단, 보험기간 중에만 지급) 건강진단자금을 지급한다.

Answer 1.④ 2.①

3 다음 글은 생명보험의 역선택위험에 대한 설명이다. ( ) 안에 들어갈 용어로 옳은 것은?

> ( ) 스스로 위험도가 매우 높은 상황임을 알고 있으나, 보험금 등의 수령을 목적으로 위험 사실을
> 의도적으로 은폐하여 보험을 가입하는 행위이다. 언더라이팅을 통해 이러한 보험사기 가능성이 높은 계
> 약을 사전에 차단함으로써 위험률차손익을 관리할 수 있으며 선의의 계약자를 보호할 수 있다.

① 보험수익자   ② 보험사
③ 보험관리인   ④ 보험계약자

> **ADVICE** 역선택의 위험 … 보험계약자 스스로 위험도가 매우 높은 상황임을 알고 있으나, 보험금 등의 수령을 목적으로 위험
> 사실을 의도적으로 은폐하여 보험을 가입하는 행위이다. 언더라이팅을 통해 이러한 보험사기 가능성이 높은 계약을
> 사전에 차단함으로써 위험률차손익을 관리할 수 있으며 선의의 계약자를 보호할 수 있다.

4 우체국의 보험상품에 대한 설명으로 옳지 않은 것은? [기출변형]

① 무배당 그린보너스 저축보험플러스는 만기 유지 시 계약일로부터 최초 1년간 보너스금리를 추가 제공한다.
② 무배당 우체국하나로OK건강종신보험은 보험가입금액 1,000만원에서 4,000만원까지 500만원 단위
로 가입이 가능하다.
③ 무배당 만원의행복보험은 차상위계층 이하 저소득층을 위한 공익형 상해보험으로 사고에 따른 유
족보장과 재해입원·수술비를 정액 보상한다.
④ 무배당 우체국치아보험은 나이에 상관없이 보험가입금액 1,000만원까지 500만원 단위로 가입이
가능하다.

> **ADVICE** ④ 무배당 우체국치아보험(갱신형)은 보험가입금액이 1,000만원까지 500만원 단위로 가입이 가능하나 피보험자가
> 가입 당시 61세 이상일 경우 보험가입금액이 500만원으로 고정된다.

5 생명보험용어에 대한 설명으로 옳지 않은 것은?

① 국가, 지방자치단체 또는 공공법인에 의하여 경영되는 보험을 공영보험이라 한다.

② 가정경제에 있어 장래에 발생할 경제적 필요에 따라 장기적이며, 적절한 준비를 하는 행위를 생활 설계라 한다.

③ 자산운용 결과, 실제이율이 보험료 계산에 사용한 예정이율을 초과했을 때에 생기는 이익금을 이 차익이라 한다.

④ 생명보험사업을 영위하는데 있어서 제1회 이후의 보험료를 수금하는 데 소요되는 일체의 경비를 순보험료라 한다.

>**ADVICE** ④ 수금비에 대한 설명이다.

※ 순보험료 … 영업보험료 중 예정위험률과 예정이율에 의해 산출된 부분으로서 장래 보험금 지급의 재원이 되는 보험료이다. 순보험료는 위험보험료와 저축보험료로 구분된다.

---

04 컴퓨터일반[기초영어 포함]

1 시스템의 보안 취약점을 활용한 공격방법에 대한 설명으로 옳지 않은 것은?

① Sniffing 공격은 네트워크 상에서 자신이 아닌 다른 상대방의 패킷을 엿보는 공격이다.

② Exploit 공격은 공격자가 패킷을 전송할 때 출발지와 목적지의 IP 주소를 같게 하여 공격대상 시스템에 전송하는 공격이다.

③ SQL Injection 공격은 웹 서비스가 예외적인 문자열을 적절히 필터링하지 못하도록 SQL문을 변경하거나 조작하는 공격이다.

④ XSS(Cross Site Scripting) 공격은 공격자에 의해 작성된 악의적인 스크립트가 게시물을 열람하는 다른 사용자에게 전달되어 실행되는 취약점을 이용한 공격이다.

>**ADVICE** 출발지와 목적지 IP주소를 속여 공격하는 것은 land attack이다.

2 소프트웨어 오류를 찾는 블랙박스 시험의 종류로 옳지 않은 것은?

① 비교 시험(comparison testing)
② 기초 경로 시험(basic path testing)
③ 동치 분할 시험(equivalence partitioning testing)
④ 원인 – 효과 그래프 시험(cause-effect graph testing)

>ADVICE 화이트 박스 테스트에는 기초 경로 시험, 루프 시험, 조건 시험, 데이터흐름 시험이 있다.

3 어떤 릴레이션 R(A, B, C, D)이 복합 애트리뷰트 (A, B)를 기본키로 가지고, 함수 종속이 다음과 같을 때 이 릴레이션 R은 어떤 정규형에 속하는가?

$\{A, B\} \rightarrow C, D$
$B \rightarrow C$
$C \rightarrow D$

① 제1정규형   ② 제2정규형
③ 제3정규형   ④ 보이스 – 코드 정규형(BCNF)

>ADVICE (A, B)가 기본키이고 C와 D는 이 기본키에 완전 함수 종속이다.
C는 B가 결정하므로 (A, B)에 부분 함수 종속이다.
부분 함수 종속이 존재할 경우 1정규형이다.

4 〈보기〉는 소프트웨어 개발방법론에 사용되는 분석, 설계 도구에 대한 설명이다. ㉠~㉢에 들어갈 내용을 옳게 나열한 것은?

> 〈보기〉
> • 시스템 분석을 위하여 구조적 방법론에서는 (㉠) 다이어그램(diagram)이, 객체지향 방법론에서는 (㉡) 다이어그램이 널리 사용된다.
> • 시스템 설계를 위하여 구조적 방법론에서는 구조도(structured chart), 객체지향 방법론에서는 (㉢) 다이어그램 등이 널리 사용된다.

	㉠	㉡	㉢
①	시퀀스(sequence)	데이터흐름(data flow)	유스케이스(use case)
②	시퀀스	유스케이스	데이터흐름
③	데이터흐름	시퀀스	유스케이스
④	데이터흐름	유스케이스	시퀀스

>ADVICE 분석 : 자료 흐름도, 유스케이스
　　　　설계 : 구조도, 시퀀스

5 IPv4에서 서브넷 마스크가 255.255.255.0인 경우 하나의 네트워크에 최대 254대의 호스트를 연결할 수 있는 클래스로 옳은 것은?

① A 클래스　　　　　　　　　　　　② B 클래스
③ C 클래스　　　　　　　　　　　　④ D 클래스

>ADVICE C클래스는 최대 254개의 호스트를 연결할 수 있다.

6 사원(사번, 이름) 테이블에서 사번이 100인 투플을 삭제하는 SQL문으로 옳은 것은? (단, 사번의 자료형은 INT이고, 이름의 자료형은 CHAR(20)으로 가정한다)

① DELETE FROM 사원
　WHERE 사번 = 100;
③ DROP TABLE 사원
　WHERE 사번 = 100;

② DELETE IN 사원
　WHERE 사번 = 100;
④ DROP 사원 COLUMN
　WHERE 사번 = 100;

>ADVICE 투플을 삭제할 경우 delete from을 사용한다.

Answer　4.④ 5.③ 6.①

7 다음과 같은 데이터가 입력되어 있는 엑셀시트에서 수식=HLOOKUP(INDEX(A2:C5,2,2),B7:E9,2)를 계산한 결과는?

	A	B	C	D	E
1	학번	과목번호	성적		
2	100	C413	D		
3	200	C123	F		
4	300	C324	C		
5	400	C312	C		
6					
7	과목번호	C123	C312	C324	C413
8	과목이름	알고리즘	자료구조	운영체제	반도체
9	수강인원	90명	80명	75명	70명
10					

① 80명 　　　　　　　　　　　　② 75명
③ 반도체 　　　　　　　　　　　④ 알고리즘

〉ADVICE =index(A2:C5, 2, 2) 는 A2:C5 영역에서 2행 2열 값(C123)을 반환한다.
=hlookup(C123, B7:E9, 2)는 C123을 B7:E9 영역의 첫 번째 줄에서 찾아 거기에서 2번째 줄에 있는 값(알고리즘)을 반환한다.

8 공개키 기반 구조(Public Key Infrastructure)에 대한 설명으로 옳지 않은 것은?

① 인증기관은 공개키 인증서의 발급을 담당한다.
② 공개키 기반 구조는 부인방지 서비스 제공이 가능하다.
③ 공개키로 암호화 한 데이터는 암호화에 사용된 공개키로 해독한다.
④ 공개키 기반 구조는 공개키 알고리즘을 통한 암호화와 전자서명을 제공하는 복합적인 보안 시스템 환경이다.

〉ADVICE 공개키로 암호화 한 데이터는 그 공개키와 함께 생성한 비밀키(개인키)로 해독해야 한다.

9 다음 관계 대수 연산의 수행 결과로 옳은 것은? (단, Π는 프로젝트, σ는 실렉트, $\bowtie_N$은 자연 조인을 나타내는 연산자이다)

관계 대수: Π고객번호, 상품코드 (σ가격<=40 (구매 $\bowtie_N$ 상품))

구매

고객번호	상품코드
100	P1
200	P2
100	P3
100	P2
200	P1
300	P2

상품

상품코드	비용	가격
P1	20	35
P2	50	65
P3	10	27
P4	20	45
P5	30	50
P6	40	55

①
고객번호	상품코드
100	P1
100	P3

②
고객번호	상품코드
100	P1
200	P1

③
고객번호	상품코드
100	P1
100	P3
200	P1

④
고객번호	상품코드
200	P2
100	P2
300	P2

ADVICE Π 고객번호, 상품코드(σ 가격$\leq$40(구매$\bowtie_N$ 상품))

10 소프트웨어 생명주기 모형 중 프로토타입(prototype) 모형에 대한 설명으로 옳은 것을 〈보기〉에서 고른 것은?

〈보기〉
ㄱ 프로토타입 모형의 마지막 단계는 설계이다.
ㄴ 발주자가 목표 시스템의 모습을 미리 볼 수 있다.
ㄷ 폭포수 모형보다 발주자의 요구사항을 반영하기가 용이하다.
ㄹ 프로토타입별로 구현시스템에 대하여 베타테스트를 실시한다.

① ㄱ, ㄴ   ② ㄴ, ㄷ
③ ㄷ, ㄹ   ④ ㄱ, ㄹ

》ADVICE 프로토타입의 특징은 발주자의 요구사항을 반영하기 위해 빠르게 프로토타입을 만들어 확인 후 설계하는 것이다.

11 〈보기〉는 네트워크 토폴로지(topology)에 대한 설명이다. ㉠~㉢에 들어갈 내용을 옳게 나열한 것은?

〈보기〉
• FDDI는 광케이블로 구성되며 (㉠) 토폴로지를 사용한다.
• 허브 장비가 필요한 (㉡) 토폴로지는 네트워크 관리가 용이하다.
• 터미네이터가 필요한 (㉢) 토폴로지는 전송회선이 단절되면 전체 네트워크가 중단된다.

	㉠	㉡	㉢
①	링형	버스형	트리형
②	링형	트리형	버스형
③	버스형	링형	트리형
④	버스형	트리형	링형

》ADVICE FDDI는 이중 링을 사용하며 전송회선이 단절되면 전체 네트워크가 중단되는 것은 버스형이다.

Answer   10.② 11.②

12 다음 그래프를 대상으로 Kruskal 알고리즘을 이용한 최소 비용 신장 트리 구성을 한다고 할 때, 이 트리에 포함된 간선 중에서 다섯 번째로 선택된 간선의 비용으로 옳은 것은?

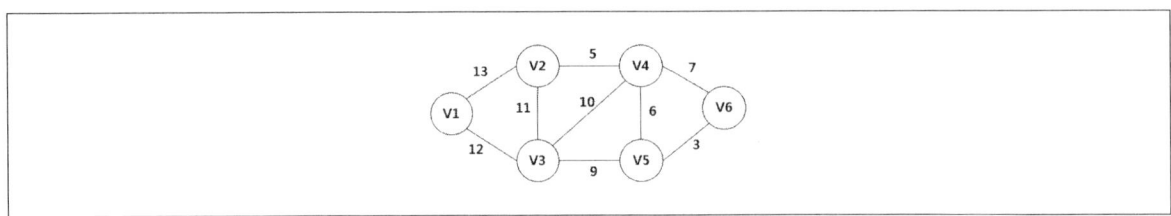

① 9
② 10
③ 11
④ 12

> **ADVICE** 첫 번째로 선택되는 간선 : 가중치 3
> 두 번째로 선택되는 간선 : 가중치 5
> 세 번째로 선택되는 간선 : 가중치 6
> 네 번째로 선택되는 간선 : 가중치 9
> 다섯 번째로 선택되는 간선 : 가중치 12

13 다음 저장장치 중 접근속도가 빠른 것부터 순서대로 나열한 것은?

ㄱ 레지스터
ㄴ 주기억장치
ㄷ 캐시메모리
ㄹ 하드디스크

① ㄱ, ㄷ, ㄴ, ㄹ
② ㄱ, ㄷ, ㄹ, ㄴ
③ ㄷ, ㄱ, ㄴ, ㄹ
④ ㄷ, ㄱ, ㄹ, ㄴ

> **ADVICE** 레지스터-캐시메모리-주기억장치-하드디스크

14 다음 〈조건〉에 따라 입력 키 값을 해시(hash) 테이블에 저장하였을 때 해시 테이블의 내용으로 옳은 것은?

〈조건〉

• 해시 테이블의 크기는 7이다.

• 해시 함수는 h(k) = k mod 7이다.(단, k는 입력 키 값이고, mod는 나머지를 구하는 연산자이다.)

• 충돌은 이차 조사법(quadratic probing)으로 처리한다.

• 키 값의 입력 순서 : 9, 16, 2, 6, 20

①
0	6
1	2
2	9
3	16
4	
5	
6	20

해시
테이블

②
0	6
1	20
2	9
3	16
4	
5	
6	2

해시
테이블

③
0	20
1	
2	9
3	16
4	2
5	
6	6

해시
테이블

④
0	20
1	2
2	9
3	
4	16
5	
6	6

해시
테이블

▶ADVICE 이차조사법은 충돌이 발생하면 이차함수를 이용하여 빈 버킷을 조사한다.

Answer   14.②

15 다음 〈조건〉에 따라 페이지 기반 메모리 관리시스템에서 LRU(Least Recently Used) 페이지 교체 알고리즘을 구현하였다. 주어진 참조열의 모든 참조가 끝났을 경우 최종 스택(stack)의 내용으로 옳은 것은?

〈조건〉
- LRU 구현 시 스택 사용한다.
- 프로세스에 할당된 페이지 프레임은 4개이다.
- 메모리 참조열 : 1 2 3 4 5 3 4 2 5 4 6 7 2 4

①
스택 top	7
	6
	4
스택 bottom	5

②
스택 top	2
	7
	6
스택 bottom	4

③
스택 top	5
	4
	6
스택 bottom	2

④
스택 top	4
	2
	7
스택 bottom	6

>ADVICE 스택을 이용한 LRU 기법은 페이지 사용 시간을 이용한 간단한 기법과 달리 페이지가 참조 될 때마다 페이지 번호는 스택의 TOP에 위치하는 것이다.

가장 최근에 사용한 페이지가 스택에 위치하게 된다. 교체될 페이지는 bottom에 있다.

16 서비스 거부 공격에 해당하는 것을 〈보기〉에서 고른 것은?

〈보기〉
㉠ Ping of Death 공격　　　　　㉡ SYN Flooding 공격
㉢ Session Hijacking 공격　　　　㉣ ARP Redirect 공격

① ㉠, ㉡
③ ㉢, ㉣
② ㉡, ㉢
④ ㉠, ㉣

>ADVICE 서비스 거부 공격(DOS)의 종류로는 Ping of Death, SYN Flooding, land attack, smurf attack 등이 있다.

17 데이지-체인(daisy-chain) 우선순위 인터럽트 방식에 대한 설명으로 옳은 것은?

① 인터럽트를 발생시키는 장치들이 병렬로 연결된다.
② 두 개 이상의 장치에서 동시에 인터럽트가 발생되면 중앙처리장치(CPU)는 이들 인터럽트를 모두 무시한다.
③ 인터럽트를 발생시킨 장치가 인터럽트 인식(acknowledge) 신호를 받으면 자신의 장치번호를 중앙 처리장치로 보낸다.
④ 중앙처리장치에서 전송되는 인터럽트 인식 신호는 우선순위가 낮은 장치부터 높은 장치로 순차적으로 전달된다.

> **ADVICE** 데이지-체인(daisy-chain) 시스템은 모든 입출력 모듈이 하나의 인터럽트 요구 선을 공유한다. 즉, 직렬 처리된다. 입출력 모듈의 인터럽트 확인 신호 선은 데이터 체인 형태로 연결되며 중앙처리장치와 가까운 입출력 모듈의 우선순위가 높다.

18 TCP/IP 프로토콜 중 전송계층인 TCP에 대한 설명으로 옳은 것을 〈보기〉에서 고른 것은?

〈보기〉
㉠ 비연결형 서비스를 지원한다.
㉡ UDP보다 데이터 전송 신뢰도가 낮다.
㉢ 송신할 데이터를 패킷 단위로 전송한다.
㉣ 수신측에서 잘못 전송된 패킷에 대해 재전송을 요구한다.

---

① ㉠, ㉡
② ㉡, ㉢
③ ㉢, ㉣
④ ㉠, ㉣

> **ADVICE** TCP는 연결형이며 UDP보다 신뢰도가 높다.

19 다음 C 프로그램의 실행 결과로 옳은 것은?

```
#include <stdio.h>
int sub(int n)
{
    if(n==0) return 0;
    if(n==1) return 1;
    return (sub(n-1) + sub(n-2));
}
    void main()
{
    int a=0;

    a=sub(4);
    printf("%d", a);
}
```

① 0 ② 1

③ 2 ④ 3

> ADVICE sub(4) = sub(3)+sub(2)

=sub(2)+sub(1)+sub(1)+sub(0)

=sub(1)+sub(0)+1+1+0

=1+0+2

=3

20 프로세스 동기화 문제를 해결하기 위한 방법인 세마포어(Semaphore) 알고리즘에 대한 설명으로 옳지 않은 것은?

① 세마포어 알고리즘은 상호배제 문제를 해결할 수 없다.
② 세마포어 변수는 일반적으로 실수형 변수를 사용하지 않는다.
③ 세마포어 알고리즘은 P 연산(wait 연산)과 V 연산(signal 연산)을 사용한다.
④ P 연산과 V 연산의 구현 방법에 따라 바쁜 대기(busy waiting)를 해결할 수 있다.

> ADVICE 세마포어는 상호배제를 해결할 수 있는 동기화 도구이다.

21 문맥을 고려할 때, 빈칸 ⓐ에 들어갈 알맞은 단어는?

Multi-national companies have tried to put processes in place that are scalable; that is, they have to work for large groups across a big organization. But when things have to get done quickly, companies need to break free of the bureaucracy. In fact, many other companies decide to set up innovative projects to do just this: they pull a team out of the normal workflow, giving them permission to manage the rules flexibly, to free them to think and work differently. In short, such scalable processes sometimes are not necessarily (ⓐ).

---

① commendable

② deniable

③ incredulous

④ unjustifiable

> **ADVICE** ① 인정받을 만한
> ② 부인할 수 있는
> ③ 믿지 않는
> ④ 정당화할 수 없는
>
> 「다국적 기업들은 안정성을 추구하기 위해 틀에 박혀 있는 과정만 시행해왔다 ; 그것은, 그들은 큰 집단과 조직을 상대로 일해야 하기 때문이다. 그러나 일이 신속히 해결되어야 한다면, 그 과정들의 틀을 깨뜨리는 것이 필요하다. 사실, 많은 회사들이 이미 이런 혁신적인 프로젝트를 시행하려고 결정하였다. ; 변함없는 작업의 틀에 박혀 있는 팀원들을 끄집어내어 자유롭게 해줌으로써, 그들로부터 다양한 생각과 작업을 이끌어냈다. 자신이 맡은 바를 처리할 수 있게 하도록 허락한 것이다. 요컨대, 그러한 틀에 박힌 작업방식은 때로는 반드시 인정받을 만한 것이 아니다.」

Answer 21.①

22 다음 글의 내용과 일치하지 않는 것은?

> The modern post office uses a self-service kiosk that gives postal patrons a do-it-yourself option for a variety of postal services. The kiosk can be used to purchase stamps and print postage for express, priority, first-class mail and parcel postage. It is also a good fit, especially for soldiers in training who may only have the chance to use the post office after business hours. The post office is hoping the kiosk will help shorten the postal service lines, especially at lunchtime. This new tool supplements post office employees to help patrons get in and out more quickly.

① The kiosk is expected to shorten the postal service lines.
② The kiosk gives a self-service for postal patrons.
③ The kiosk is useful for soldiers especially at lunchtime.
④ The kiosk can be used to print postage for priority.

ADVICE ① 키오스크는 다양한 우편서비스가 신속하게 이루어지기를 바란다.
② 키오스크는 우편을 이용하는 고객들에게 셀프 서비스를 제공한다.
③ 키오스크는 점심시간에 군인들에게 특히 유용하다.
④ 키오스크는 우선 취급 우편의 요금을 찍는데 사용될 수 있다.

「현대의 우체국은 고객들로 하여금 다양한 우편 서비스를 제공하기 위하여 고객들이 스스로 자신들이 필요한 업무를 처리할 수 있게 하는 키오스크를 이용한다. 키오스크는 우표를 구입하거나 특급우편, 우선 취급 우편, 제1종 우편물과 소포 우편물을 찍는데 사용할 수 있다. 이 키오스크는 자신들의 업무가 끝나고 나면 오직 우체국에만 들릴 수 있는 군인들에게 특히 유용하다. 우체국은 특히 점심시간에 키오스크가 우편 서비스 라인이 짧아지는 걸 돕기를 바란다. 또한 키오스크는 우체국 직원들로 하여금 고객에게 보다 나은 서비스를 제공할 수 있도록 도울 것이다.」

Answer 22.③

01 우편일반

1 〈보기〉에서 국내우편물 제한 부피 및 무게에 관한 설명으로 옳은 것을 모두 고른 것은?

〈보기〉

㉠ 통상우편물의 최대무게 : 8,000g
㉡ 통상우편물의 최소부피
　• 평면의 길이 14cm, 너비 9cm
　• 원통형은 '지름의 2배'와 길이를 합하여 23cm(단, 길이는 14cm 이상)
㉢ 소포우편물의 최소부피
　• 가로 · 세로 · 높이 세 변을 합하여 35cm(단, 가로는 17cm 이상, 세로는 12cm 이상)
　• 원통형은 '지름의 2배'와 길이를 합하여 35cm(단, 지름은 3.5cm 이상, 길이는 17cm 이상)
㉣ 소포우편물의 최대부피 : 가로 · 세로 · 높이 세 변을 합하여 1m 이내(단, 어느 변이나 90cm를 초과할 수 없음)

① ㉠㉡ 　　　　　　② ㉠㉣
③ ㉡㉢ 　　　　　　④ ㉢㉣

 ㉠ 통상우편물의 최대무게 : 6,000g
　　　　㉣ 소포우편물의 최대부피 : 가로 · 세로 · 높이 세 변을 합하여 160cm(다만, 어느 변이나 1m를 초과할 수 없음)

Answer　1.③

2 우편서비스의 종류와 이용조건에 관한 설명으로 옳지 않은 것은?

① 30kg 이하 소포우편물은 보편적 우편서비스에 해당한다.

② 2kg을 초과하는 통상우편물은 선택적 우편서비스 대상이다.

③ 일반소포우편물의 송달기준은 접수한 다음 날부터 3일 이내이다.

④ 소포우편물에는 원칙적으로 서신을 넣을 수 없으나 물건과 관련이 있는 납품서, 영수증, 설명서 등을 함께 넣어 보낼 수 있다.

> **ADVICE** ① 20킬로그램을 초과하는 소포우편물은 선택적 우편서비스에 해당한다.

　　※ 보편적 우편서비스
　　　　㉠ 국가가 국민에게 제공하여야 할 가장 기본적인 보편적 통신서비스를 말하며, 전국에 체계적인 조직을 갖추고 모든 국민이 공평하게 적정한 요금으로 이용할 수 있도록 서비스를 제공하는 것을 핵심으로 한다.
　　　　㉡ 서비스 대상
　　　　　• 2킬로그램 이하의 통상우편물
　　　　　• 20킬로그램 이하의 소포우편물
　　　　　• '2킬로그램 이하의 통상우편물' 또는 '20킬로그램 이하의 소포우편물'의 우편물의 기록취급 등 특수하게 취급하는 우편물
　　　　　• 그 밖에 대통령령으로 정하는 우편물
　　　　㉢ 국가가 제공해야 하는 보편적 우편 서비스
　　　　　• 우편물을 보내고 배달하는 체계적인 조직을 전국에 갖출 것
　　　　　• 모든 국민이 공평하게 적정한 요금으로 우편 서비스를 이용할 수 있을 것
　　　　　• 우편 서비스 이용에 필요한 사항을 고시로 알릴 것(우편물의 수집·배달 횟수, 송달에 걸리는 시간, 이용 조건 등)

3 국내우편요금 제도에 관한 설명으로 옳지 않은 것은?

① 요금수취인부담우편물의 취급대상은 통상우편물, 등기소포우편물, 계약등기이다.

② 한 사람이 매월 100통 이상 보내는 통상·소포우편물은 우편요금 후납우편물의 취급대상이다.

③ 우편요금 별납우편물은 관할 지방우정청장이 지정하는 우체국(우편취급국 포함)에서만 취급이 가능하다.

④ 요금수취인부담우편물의 발송유효기간은 3년 이내로 제한하며 배달우체국장과 이용자와의 계약으로 정한다.

> **ADVICE** ④ 요금수취인부담이란 배달우체국장(계약등기와 등기소포는 접수우체국장)과의 계약을 통해 그 우편요금을 발송인에게 부담시키지 않고 수취인 자신이 부담하는 제도이다. 발송유효기간은 2년 이내 배달우체국장과 이용자와의 계약으로 정한다. 단, 국가기관, 지방자치 단체 또는 정부투자기관에 있어서는 발송유효기간을 제한하지 아니할 수 있다.

Answer　2.① 3.④

4 우편사서함 사용계약에 관한 설명으로 옳은 것은?

① 우편사서함은 2인 이상이 공동으로 사용할 수 있고, 법인, 공공기관 등 단체의 우편물 수령인은 10명까지 등록할 수 있다.

② 우편물을 다량으로 받는 고객은 우편물을 정해진 날짜에 찾아갈 수 있으며, 수취인 주거지나 주소 변경이 있을 경우에는 이용할 수 없다.

③ 우편사서함의 사용계약을 하려는 사람은 계약신청서와 등기우편물 수령을 위하여 본인의 서명표를 우체국(우편취급국 포함)에 제출하면 된다.

④ 국가기관, 지방자치단체, 일일배달 예정 물량이 100통 이상인 다량이용자, 우편물배달 주소지가 사서함 설치 우체국의 관할구역인 신청자 순으로 우선 계약을 할 수 있다.

> **ADVICE** 우편사서함 사용계약

　　㉠ 신청서 접수 : 우편사서함의 사용계약을 하려는 사람은 주소 · 성명 등을 기록한 계약신청서와 등기우편물 수령을 위하여 본인과 대리수령인의 서명표를 사서함 시설이 갖춰진 우체국에 제출한다.

　　　• 우편물 수령을 위한 서명표를 받고 우체국에 우편물 수령인으로 신고한 사람의 인적사항과 서명이미지를 우편물류시스템에 등록하고 관리해야 한다.

　　　• 법인, 공공기관 등 단체의 우편물 수령인은 5명까지 등록 가능하며 신규 개설할 때나 대리수령인이 바뀐 때는, 미리 신고할 경우에만 가능하다.

　　㉡ 사용인과 신청인의 일치 여부는 주민등록증의 확인으로 하되, 대리인이 신청하는 경우에는 위임장, 대리인의 신분증 등을 확인하고 접수해야 한다.

　　㉢ 사서함 신청을 받은 우체국장은 국가기관, 지방자치단체, 일일배달 예정물량이 100통 이상인 다량이용자, 우편물배달 주소지가 사서함 설치 우체국의 관할구역인 신청자 순서로 우선 계약을 할 수 있다.

　　㉣ 사서함을 2인 이상이 공동으로 사용할 수 없다.

　　㉤ 사서함 관리를 위해 필요한 경우 신청인(사서함 사용 중인 사람 포함)의 주소, 사무소나 사업소의 소재지를 확인할 수 있다.

5 우편물의 발송에 관한 설명으로 옳은 것은?

① 우편물의 발송순서는 별도로 정하지 않으며, 일반우편물을 담은 운송용기는 운송송달증을 등록한 뒤에 발송한다.

② 우편물은 형태별로 분류하여 해당 우편상자에 담되 우편물량이 적을 경우에는 형태별로 묶어 담고 운송용기 국명표는 혼재 표시된 국명표를 사용한다.

③ 부가취급우편물은 덮개가 있는 우편상자에 담아 덮개에 운송용기 국명표를 부착하고 필요 시 묶음끈을 사용하여 봉함한 후 발송한다.

④ 운반차에 우편물 적재 시 여러 형태의 우편물을 함께 넣을 때에는 작업을 쉽게 하기 위하여 등기소포 → 일반소포 → 등기통상 → 일반통상 → 중계우편물의 순으로 적재한다.

> **ADVICE** 우편물의 발송

　　㉠ 발송기준
　　　• 발송·도착구분 작업이 끝난 우편물은 운송방법지정서에 지정된 운송편으로 발송한다.
　　　• 우편물은 특급우편물, 등기우편물, 일반우편물 순으로 발송한다.
　　　• 우편물 발송시 운송확인서를 운전자와 교환하여 발송한다.

　　㉡ 일반우편물
　　　• 일반우편물을 담은 운송용기는 운송송달증을 등록한 뒤에 발송한다.
　　　• 우편물은 형태별로 분류하여 해당 우편상자에 담되 우편물량이 적을 경우에는 형태별로 묶어 담고 운송용기 국명표는 혼재 표시된 국명표를 사용한다.

　　㉢ 부가취급우편물
　　　• 부가취급우편물을 운송용기에 담을 때에는 책임자나 책임자가 지정하는 사람이 참관하여 우편물류시스템으로 부가취급우편물 송달증을 생성하고 송달증과 현품 수량을 대조 확인한 후 발송한다. 다만, 관리 작업이 끝난 우편물을 발송할 때 부가취급우편물 송달증은 전산 송부한다.
　　　• 덮개가 있는 우편상자에 담아 덮개에 운송용기 국명표를 부착하고 묶음끈을 사용하여 반드시 봉함한 후 발송한다.

　　㉣ 운반차의 우편물 적재
　　　• 분류하거나 구분한 우편물은 섞이지 않게 운송용기에 적재한다.
　　　• 여러 형태의 우편물을 함께 넣을 때에는 작업을 쉽게 하기 위하여 일반소포 → 등기소포 → 일반통상 → 등기통상 → 중계우편물의 순으로 적재한다.
　　　• 소포우편물을 적재할 때에는 가벼운 소포와 취약한 소포를 위에 적재하여 우편물이 파손되지 않게 주의한다.

　　㉤ 우편물의 교환 : 행선지별로 구분한 우편물을 효율적으로 운송하기 위하여 운송거점에서 운송용기(우편자루, 우편상자, 운반차 등)를 서로 교환하거나 중계하는 작업이다.

6 국내우편물 배달에 관한 설명으로 옳은 것은?

① 보관우편물의 보관기간은 우편물이 도착한 다음 날부터 계산하여 15일이다.

② 수취인이 2명 이상인 경우에는 그 중 1인에게 배달하는 것이 우편물 배달의 일반원칙이다.

③ 우편사서함 번호와 주소가 함께 기재된 우편물 중 익일특급우편물은 주소지에 배달하여야 한다. 사서함번호와 주소가 함께 기록된 우편물 중 맞춤형 계약등기 우편물만 주소지에 배달한다.

④ 배달의 우선순위에서 일반통상우편물(국제선편통상우편물 중 서장 및 엽서 포함)은 제1순위에 해당된다.

> **ADVICE** ① 보관우편물의 보관기간은 우편물이 도착한 다음 날부터 계산하여 10일로 한다. 다만, 교통이 불편하거나 그 밖의 사유로 수취인이 10일 이내에 우편물을 교부받을 수 없다고 인정될 때에는 20일의 범위 안에서 교부기간을 연장할 수 있다.
> ③ 사서함번호와 주소가 함께 기록된 우편물도 사서함에 넣을 수 있으며, 특별송달, 보험취급, 맞춤형 계약등기 우편물은 주소지에 배달한다.
> ④ 준등기우편물, 일반통상우편물(국제선편통상우편물 중 서장 및 엽서 포함)은 제2순위에 해당된다.
> ※ 배달의 우선순위
> ㉠ 제1순위 : 기록취급우편물, 국제항공우편물
> ㉡ 제2순위 : 준등기우편물, 일반통상우편물(국제선편통상우편물 중 서장 및 엽서 포함)
> ㉢ 제3순위 : 제1순위, 제2순위 이외의 우편물
> ㉣ 제1순위부터 제3순위까지의 우편물 중 한 번에 배달하지 못하고 잔량이 있는 경우에는 다음편에서 다른 우편물에 우선하여 배달한다.

7 국제우편에 관한 설명으로 옳지 않은 것은?

① 국제반신우표권(International Reply Coupons)은 만국우편연합 국제사무국에서 발행한다.

② 국제우편요금 수취인부담(International Business Reply Service) 우편물은 선편, 항공 등의 부가취급을 할 수 있다.

③ EMS 배달보장 서비스는 제공된 배달예정일보다 지연된 사실이 확인된 경우 절차를 거쳐 우편요금을 배상한다.

④ 국제초특급 서비스(International EMS Time Certain Service)는 배달결과를 배달당일 발송인에게 알려주는 서비스를 제공한다.

>ADVICE ② IBRS우편물은 모두 항공 취급하며, 그 밖의 부가취급은 불가능하다.

※ IBRS 접수 우체국의 취급

ㄱ IBRS우편물은 발송유효기간에 한정하여 발송. 발송유효기간이 끝난 다음에 발송한 IBRS 우편물은 발송인에게 돌려보낸다.

ㄴ IBRS우편물에는 날짜도장을 날인하지 않는다.

ㄷ IBRS우편물은 모두 항공 취급하며, 그 밖의 부가취급은 불가능하다.

ㄹ 유효기간 등이 정상적으로 표시된 IBRS우편물은 접수시스템에 별도로 입력하지 않고 국제항공우편물과 같이 국제우편물류센터로 보낸다.

8 국제우편 행방조사청구제도와 손해배상제도에 대한 설명으로 옳지 않은 것은?

① 우편물 발송국가 및 도착국가는 물론 제3국(외국)에서도 행방조사를 청구할 수 있다.
② 행방조사청구가 기한 내에 이루어져야 하는 것은 손해배상 요건 중 하나이다.
③ 국제특급우편물 분실, 파손 등으로 지급된 손해 배상금은 사고에 대한 책임이 있는 해당 우정청이 부담하는 것을 원칙으로 한다.
④ 손해배상 청구권자는 원칙적으로 수취인에게 배달되기 전까지는 발송인이며, 배달된 후에는 수취인에게 청구 권한이 있다.

>ADVICE 손해배상금의 부담(국제우편 손해배상제도)

　　㉠ 우편물의 분실, 파손 또는 도난 등 사고에 대한 책임이 있는 우정당국이 부담한다.
　　㉡ 국제특급의 경우 지급된 배상금은 원칙적으로 발송우정당국이 부담하고 있으나 상대국에 따라 귀책사유가 있는 우정당국이 배상하는 경우도 있다.

예금일반

1 〈보기〉와 같이 조건이 주어진 각 상품에 대한 설명으로 옳은 것은?

> 〈보기〉
> 액면가와 가입금액은 1억 원, 만기는 1년으로 동일하며, 금리는 세전이율 기준이다.(단, 물가상승률은 1.60%이다)
> ㉠ ○○전자 회사채 : 수익률 1.75%
> ㉡ ○○유통 회사채 : 할인율 1.75%
> ㉢ ○○은행 정기예금 : 이자율 1.75%

① ㉠은 ㉡보다 표면금리가 높다.　　　　　② ㉠은 ㉢보다 실질금리가 높다.
③ ㉡은 ㉠보다 이자금액이 많다.　　　　　④ ㉡은 ㉢보다 수익률이 높다.

>ADVICE • 할인율＝할인금액/채권가격
　　　　• 수익율＝이자금액/채권가격
　　　　㉡의 할인율을 수익률 개념으로 전환하면 1,750,000/98,250,000＝0.0178… 약 1.78%로 ㉢보다 수익률이 높다.

2   자금세탁방지제도에 대한 설명으로 옳지 않은 것은?

① 자금세탁이란 일반적으로 '자금의 위법한 출처를 숨겨 적법한 것처럼 위장하는 과정'을 의미한다.

② 의심거래보고제도(STR)의 보고대상에 대해 정해진 기준 금액은 없으며 금융기관이 주관적으로 판단하여 보고한다.

③ 금융정보분석원(KoFIU)은 보고된 혐의거래를 조사·수사하여 법집행기관에 기소 등의 의법조치를 의뢰한다.

④ 고객확인제도(CDD)의 확인대상이 되는 '계좌의 신규 개설'에는 양도성예금증서, 표지어음의 발행, 금고대여 약정도 포함된다.

> ＡＤＶＩＣＥ ③ 금융기관 등 보고기관이 의심스러운 거래(혐의거래)의 내용에 대해 금융정보분석원(KoFIU)에 보고하면 KoFIU는 보고된 혐의거래내용과 외환전산망 자료, 신용정보, 외국 FIU의 정보 등 자체적으로 수집한 관련자료를 종합·분석한 후 불법거래 또는 자금세탁행위와 관련된 거래라고 판단되는 때에는 해당 금융거래자료를 검찰청·경찰청·국세청·관세청·금융위·중앙선관위 등 법집행기관에 제공하고, 법집행기관은 거래내용을 조사·수사하여 기소 등의 의법조치를 하게 된다.

3   우체국예금에 대한 설명으로 옳은 것은?

① 무배당 우체국NEW건강클리닉보험(20년갱신형)의 최초계약 가입나이는 0~70세이다.

② 무배당 우체국NEW건강클리닉보험(20년갱신형)은 "국민체력100" 체력 인증시 보험료 지원혜택을 제공한다.

③ 예금주 본인이 전화로 사고신고를 철회하는 것은 영업시간 중에만 가능하다.

④ 듬뿍우대저축에 대한 질권설정은 사전에 우체국에 통지하고 동의를 받아야 한다.

> ＡＤＶＩＣＥ ② 우체국과 예금주 사이에 개별적으로 합의한 사항이 약관 조항과 다를 때는 그 합의사항을 약관에 우선하여 적용한다.
> ③ 신고를 철회할 때에는 우체국에 예금주 본인이 서면 또는 전산통신기기 등으로 하여야 한다.
> ④ 듬뿍우대저축은 입출금이 자유로운 상품으로 입출금이 자유로운 예금은 질권설정할 수 없다.

4 〈보기〉의 우체국 예금상품에 대한 설명으로 옳은 것을 모두 고른 것은?

〈보기〉

㉠ 2040^{+a}자유적금의 저축한도는 계좌당 매분기 5천만 원 이내에서 가능하다.

㉡ 기업든든 MMDA 통장은 입출금이 자유로우며, 예치기간에 따라 금리를 차등 적용하는 상품이다.

㉢ 다드림 통장은 패키지별 금융거래 실적에 따라 우대이율을 추가 제공한다.

㉣ 우체국 새출발 자유적금은 가입자 조건에 해당할 경우 패키지종류에 상관없이 우대이율 연 0.2%p를 추가 제공한다.

---

① ㉠㉡
② ㉠㉣
③ ㉡㉢
④ ㉢㉣

> **ADVICE** ㉠ 2040^{+a} 자유적금은 20~40대 직장인과 카드 가맹점 등의 자유로운 목돈 마련과 우체국예금의 안정적 성장을 위한 적립식 예금으로, 저축한도는 1인당 매 분기 5천만 원 범위 내에서 가능하다.
> ㉡ 기업든든 MMDA 통장의 가입대상은 법인, 고유번호증을 부여받은 단체, 사업자등록증을 가진 개인사업자 등을 대상으로 예치금액 별로 차등 금리를 적용하는 기업 MMDA 상품으로 입출금이 자유로운 예금이다.

5 우체국 체크카드에 대한 설명으로 옳지 않은 것은?

① 우체국 다드림 체크카드는 쇼핑부터 음식점, 통신료, 주유 등 다양한 혜택이 담긴 카드이다.

② 우체국 우리동네plus 체크카드는 지역별 특성을 고려한 특화가맹점에 대한 캐시백을 제공한다.

③ 우체국 영리한PLUS 체크카드는 환경부 인증 폐플라스틱을 재활용한 친환경카드로 디지털콘텐츠 서비스 최대 20% 캐시백 등 다양한 혜택을 제공한다.

④ 우체국 브라보 체크카드는 음식점·대형마트 5%, 약국·골프 10%, 영화·숙박 15% 할인 등 생활형 실속 혜택을 제공하는 카드다.

> **ADVICE** ①은 어디서나PLUS 체크카드를 설명한 것이다.
> ※ 우체국 다드림 체크카드는 전 가맹점 0.3%, 알뜰폰 통신료 10% 등 우체국 포인트 적립이 가능한 카드이다.

1 우체국보험의 역사를 설명한 〈보기〉의 ㉠ ∼ ㉢에 들어갈 내용으로 바르게 나열한 것은?

〈보기〉

• 우체국보험은 (㉠)년 5월에 제정된 '조선간이생명보험령'에 따라 종신보험과 (㉡)으로 시판되었다.

• 1952년 12월 '국민생명보험법' 및 '우편연금법'이 제정되면서 '간이생명보험'이 (㉢)으로 개칭되었다.

	㉠	㉡	㉢
①	1925	양로보험	우편생명보험
②	1929	양로보험	국민생명보험
③	1925	연금보험	우편생명보험
④	1929	연금보험	국민생명보험

ADVICE • 우체국보험은 (1929)년 5월에 제정된 '조선간이생명보험령'에 따라 종신보험과 (양로보험)으로 시판되었다.

• 1952년 12월 '국민생명보험법' 및 '우편연금법'이 제정되면서 '간이생명보험'이 (국민생명보험)으로 개칭되었다.

2 보험료 계산의 기초에 대한 설명으로 옳지 않은 것은?

① 예정이율이 낮아지면 보험료는 비싸지고, 예정이율이 높아지면 보험료는 싸진다.

② 예정사업비율이 낮아지면 보험료는 싸지고, 예정사업비율이 높아지면 보험료는 비싸진다.

③ 순보험료는 장래의 보험금 지급의 재원(財源)이 되는 보험료로, 위험보험료와 저축보험료로 분리할 수 있다.

④ 보험료는 대수의 법칙에 의기하여 예정사망률, 예정이율, 예정사업비율의 3대 예정률을 기초로 계산한다.

ADVICE ④ 보험료는 수지상등의 원칙에 의거하여 예정사망률, 예정이율, 예정사업비율의 3대 예정률을 기초로 계산한다.

※ 대수의 법칙 … 적은 규모 또는 소수로는 불확정이나 대규모, 다수로 관찰하면 거기에 일정한 법칙(확률)이 있게 되는데 이를 대수의 법칙이라고 한다. 즉, 특정 사안의 발생확률은 어느 정도 예측 가능한 통계수치로 나타난다. 사람의 사망에 관해서도, 어떤 특정인이 언제 사망할 것인지 예측할 수 없으나, 많은 사람들을 대상으로 해서 관찰해 보면 매년 일정한 비율로 사망하는 것을 알 수 있게 된다. 이 경우를 사망률에 관한 대수의 법칙이라 한다.

3 우체국 보험상품에 대한 설명으로 옳지 않은 것은? [기출변형]

① 무배당 우체국 NEW건강클리닉보험(20년 갱신형)의 최초계약 가입나이는 0~70세이다.
② 무배당 우체국 NEW건강클리닉보험(20년 갱신형)은 10년 만기 생존시마다 건강관리자금이 지급된다.
③ 무배당 만원의행복보험은 청소년을 위한 상해보험이다.
④ 무배당 파워적립보험은 기본보험료 30만원 초과금액에 대해 수수료를 인하함으로써 수익률을 증대시킨 보험상품이다.

> **ADVICE** ③ 차상위계층 이하 저소득층을 위한 공익형 상해보험으로 성별·나이에 상관없이 보험료 1만원(1년 만기 기준), 1회 납입 1만원(1년 만기 기준) 초과 보험료는 체신관서가 공익자금으로 지원한다.

4 다음의 우체국 보험상품 중 보장성보험 상품만으로 바르게 짝지어진 것은? [기출변형]

① 무배당 우체국안전벨트보험, 무배당 만원의행복보험, 무배당 파워적립보험
② 무배당 우체국안전벨트보험, 무배당 우체국하나로OK건강종신보험, 무배당 우체국당뇨안심보험
③ 우체국연금보험, 무배당 알찬전환특약, 어깨동무연금보험
④ 우체국연금보험, 무배당 청소년꿈보험, 무배당 우체국치아보험(갱신형)

> **ADVICE** • 우체국안전벨트보험 : 교통재해로 인한 사망, 장해 및 각종 의료비를 종합적으로 보장
> • 무배당 우체국하나로OK건강종신보험 : 건강, 상해, 중대질병 및 유족보장까지 하나로 보장
> • 무배당 우체국당뇨안심보험 : 당뇨진단부터 인슐린치료, 장해, 사망까지 보장하는 종합보장보험

Answer 3.③ 4.②

컴퓨터일반[기초영어 포함]

1 2진수 11110000과 10101010에 대해 XOR 논리 연산을 수행한 결과값을 16진수로 바르게 표현한 것은?

① 5A
② 6B
③ A5
④ B6

>ADVICE

	2진수		16진수	
			8421	8421
	11110000	→	0101	1010
	10101010		5	10
XOR	01011010		5	A

XOR 진리표

XOR 게이트

A ──
B ── ──C

표준논리기호

A	B	C
0	0	0
0	1	1
1	0	1
1	1	0

XOR[XOR gate]는 배타적 논리합(exclusive or)을 구현한 디지털 논리 회로의 일종으로 입력한 값이 상호 배타적인 경우(서로 다른 경우) 1을, 서로 같은 경우 0을 결과로 갖는다.

2 무선 네트워크 방식에 대한 설명으로 옳은 것은?

① 블루투스(Bluetooth)는 동일한 유형의 기기 간에만 통신이 가능하다.
② NFC 방식이 블루투스 방식보다 최대 전송 속도가 빠르다.
③ NFC 방식은 액세스 포인트(access point) 없이 두 장치 간의 통신이 가능하다.
④ 최대 통신 가능 거리를 가까운 것에서 먼 순서로 나열하면 Bluetooth < Wi-Fi< NFC< LTE 순이다.

> **ADVICE** ㉠ NFC방식(near field communication)은 10cm 이내의 가까운 거리에서 다양한 무선 데이터를 주고받는 통신 기술이다. 통신거리가 짧기 때문에 상대적으로 보안이 우수하고 가격이 저렴해 주목받는 차세대 근거리 통신 기술이다. 데이터 읽기와 쓰기 기능을 모두 사용할 수 있기 때문에 기존에 RFID 사용을 위해 필요했던 동글(리더)이 필요하지 않다. 블루투스 등 기존의 근거리 통신 기술과 비슷하지만 블루투스처럼 기기 간 설정을 하지 않아도 된다. 액세스 포인트(wireless access point, WAP)는 컴퓨터 네트워크에서 와이파이, 블루투스 관련 표준을 이용하여 무선 장치들을 유선 장치에 연결할 수 있게 하는 장치를 가리킨다.

㉡ 블루투스(Bluetooth)는 휴대폰, 노트북, 이어폰·헤드폰 등의 휴대기기를 서로 연결해 정보를 교환하는 근거리 무선 기술 표준을 뜻한다. 주로 10미터 안팎의 초단거리에서 저전력 무선 연결이 필요할 때 쓰인다.

㉢ Wi-Fi(Wireless-Fidelity) : 2.4 GHz대를 사용하는 무선 LAN 규격(IEEE 802.11b)에서 정한 제반 규정에 적합한 제품에 주어지는 인증 마크로 와이파이라고도 한다. 이 규격에 의해 제작된 제품 중에서 무선 네트워크 관련 기업이 만든 업계 단체인 WECA(Wireless Ethernet Compatibility Alliance)가 자체 시험을 통해서 상호 접속성 등을 확인한 후 인정을 취득한 제품에 한해 이 마크를 붙일 수 있다.

㉣ LTE(long term evolution) : 롱텀에볼루션(long term evolution)의 머리글자를 딴 것으로, 3세대 이동통신 (3G)을 '장기적으로 진화'시킨 기술이라는 뜻에서 붙여진 명칭이다. WCDMA(광대역부호분할다중접속)와 CDMA(코드분할다중접속)2000으로 대별되는 3세대 이동통신과 4세대 이동통신(4G)의 중간에 해당하는 기술이라 하여 3.9세대 이동통신(3.9G)라고도 하며, 와이브로 에볼루션과 더불어 4세대 이동통신 기술에 해당한다.

Answer 2.③

3 〈보기〉의 프로세스 P1, P2, P3을 시간 할당량(time quantum)이 2인 RR(Round-Robin) 알고리즘으로 스케줄링할 때, 평균 응답 시간으로 옳은 것은? (단, 응답시간이란 프로세스의 도착 시간부터 처리가 종료될 때까지의 시간을 말한다. 계산 결과값을 소수점 둘째자리에서 반올림한다)

〈보기〉		
프로세스	도착시간	실행시간
P1	0	3
P2	1	4
P3	3	2

① 5.7   ② 6.0

③ 7.0   ④ 7.3

> **ADVICE** ㉠ 라운드 로빈방식(round robin scheduling) : 시분할 시스템(TSS)에서의 일반적인 스케줄링 알고리즘으로, 하나의 업무를 중앙 처리 장치(CPU)에 대하여 라운드 로빈으로 할당하여 마치 개개의 업무가 CPU를 점유하고 있는 것처럼 시분할하여 사용하는 방식이다.
> ㉡ 반환시간을 구하는 문제
> P1 → P2 → P1 → P3……..
> P1에서 실행시간이 0~5까지 이동하여 응답시간 = 5
> P2에서 실행시간이 1~9까지 이동하여 응답시간 = 8
> P3에서 실행시간이 3~7까지 이동하여 응답시간 = 4
> (5+8+4)/3= 5.6666…
> 계산 결과값을 소수점 둘째자리에서 반올림하여 5.7이 된다.

4 다음 C 프로그램의 실행 결과로 옳은 것은?

```
#include 〈stdio.h〉
 int main( )  {
    int a=120, b=45;
    while ( a !=b )  {
      if ( a > b ) a = a − b;
      else b = b − a;
    }
    printf("%d", a);
 }
```

① 5
② 15
③ 20
④ 25

> ADVICE int a=120, b=45; →a는 120, b는 45

　　　 while (a != b) { →a와 b의 값이 같지 않으면 if (a > b) a = a − b; 수행하시오.

　　　 if (a > b) a = a − b; →a가 b보다 크면 a−b를 수행하시오.

　　　 else b = b − a; →아니면 b는 b−a를 수행하시오.

　　　 printf("%d", a); →a값을 출력하시오.

　　　 a = 15

a	b
120	45
75	4 5
30	15
15	15
15	15

5 〈보기〉와 같이 수행되는 정렬 알고리즘으로 옳은 것은?

	〈보기〉
단계 0 :	6 5 8 9 4 2
단계 1 :	6 5 8 2 4 9
단계 2 :	6 5 4 2 8 9
단계 3 :	2 5 4 6 8 9
단계 4 :	2 4 5 6 8 9
단계 5 :	2 4 5 6 8 9

① 쉘 정렬(shell sort)
② 히프 정렬(heap sort)
③ 버블 정렬(bubble sort)
④ 선택 정렬(selection sort)

>ADVICE ④ 선택 정렬(selection sort) : 수열에서 최대값 또는 최소값을 찾아 배열 가장 끝의 요소와 교환하고, 나머지 부분 수열에 대해서도 같은 과정을 반복하여 정렬하는 알고리즘이다.

① 쉘 정렬(shell sort) : 주어진 입력 파일을 매개 변수의 값에 따라 여러 개의 부 파일로 나누고, 각 부 파일은 삽입 정렬법으로 정렬하는 과정을 되풀이하는 방법이다. 매개 변수의 값으로 먼저 적절한 값을 선택하고, 이를 점차 감소시키면서 쉘 정렬을 수행하면 매개 변수가 '1'이 될 때 종료된다.

② 히프 정렬(heap sort) : 내부 정렬 알고리즘의 하나로, 주어진 데이터들을 이진 트리로 구성하여 정렬하는 방법이다. 즉 주어진 데이터들을 집산의 조선을 만족하는 완전 이진 트리로 구성한 다음 그 루트 노드를 꺼내면 그 것이 데이터 중 가장 큰 값을 가지는 것이 된다. 그 다음 나머지 데이터들에 대해 다시 집산을 구성하고 루트를 꺼내는 작업을 되풀이하면 결국 모든 데이터들이 크기 순서대로 정렬된다. 이는 평균적으로 O(n log n)의 시간 복잡도를 가진다.

③ 버블 정렬(bubble sort) : 서로 이웃한 데이터들을 비교하며 가장 큰 데이터를 가장 뒤로 보내며 정렬하는 방식이다.

6 직원(사번, 이름, 입사년도, 부서) 테이블에 대한 SQL문 중 문법적으로 옳은 것은?

① SELECT COUNT(부서) FROM 직원 GROUP 부서;

② SELECT * FROM 직원 WHERE 입사년도 IS NULL;

③ SELECT 이름, 입사년도 FROM 직원 WHERE 이름 = '최%';

④ SELECT 이름, 부서 FROM 직원 WHERE 입사년도 = (2014, 2015);

> ADVICE ① SELECT COUNT(부서) FROM 직원 GROUP 부서 ; → COUNT는 그룹함수이므로 GROUP BY로 작성함

   ③ SELECT 이름, 입사년도 FROM 직원 WHERE 이름 ='최%' ; → '최'로 시작하는 이름을 찾을때는 'LIKE' 함수
      를 사용함

   ④ SELECT 이름, 부서 FROM 직원 WHERE 입사년도=(2014,2015) ; → 2014, 2015 입사년도를 찾을 경우에는
      IN을 사용함

   ※ Select문

   　㉠ Select문은 테이블을 구성하는 튜플(행)들 중에서 전체 또는 조건을 만족하는 튜플(행)을 검색하여 주기억장
      치 상에 임시 테이블로 구성시키는 명령문이다.

   > SELECT predicate[테이블명.] 속성명1, [테이블명.] 속성명2,...
   > FROM테이블명1,테이블명 2,...
   > [WHERE조건]
   > [GROUP BY속성명1,속성명 2,....]
   > [HAVING조건]
   > [ORDER BY속성명 [ASC|DESC];

   　㉡ SELECT 절_속성명 : 검색하여 불러올 속성(열) 및 수식들을 지정한다.
   　　→ 기본 테이블을 구성하는 모든 속성을 지정할때는 '*'를 기술한다.
   　　→ 두 개 이상의 테이블을 대상으로 검색할 때는 반드시 테이블명, 속성명으로 표현해야 한다.
   　㉢ FROM절 : 질의에 의해 검색될 데이터들을 포함하는 테이블명을 기술한다.
   　㉣ WHERE절 : 검색할 조건을 기술한다.
   　㉤ GROUP BY절 : 특정 속성을 기준으로 그룹화하여 검색할 때 그룹화 할 속성을 지정한다. 일반적으로 GROUP
      BY절은 그룹함수와 함께 사용된다.
   　㉥ 그룹함수의 종류 : COUNT, MAX, MIN, SUM, AVG
   　㉦ HAVING조건 : GROUP BY와 함께 사용되며 그룹에 대한 조건을 지정한다.
   　㉧ ORDER BY절 : 특정 속성을 기준으로 정렬하여 검색할 때 사용한다.

   ※ SQL에서 WHERE 구문은 SQL 데이터 조작 언어(DML)가 특정한 기준을 충족하는 행(row)에만 영향을 미치도
      록 지정한다. 기준은 구문의 형태로 표현된다. WHERE 구문은 SQL DML에서 의무 사항이 아니라, SQL
      DML 구문 또는 쿼리에 의해 반환된 결과물에 의해 영향을 받는 열의 수를 제한하도록 사용할 수 있다.

   ※ 단순 한정어(predicate)는 =, ◇, 〉, 〉=, 〈, 〈=, IN, BETWEEN, LIKE, IS NULL 또는 IS NOT NULL 중
      하나의 연산자를 사용한다.
   　㉠ IN : 후보 셋 내에 있는 어떤 값을 찾는 것이다.
   　㉡ LIKE : 조건절에 사용되어 정확하지 않으나 부분적으로 일치되는 내용을 찾는데 이용된다.

Answer　6.②

7 〈보기〉와 같은 특성을 갖는 하드 디스크의 최대 저장 용량은?

〈보기〉

- 실린더(cylinder) 개수 : 32,768개
- 면(surface) 개수 : 4개
- 트랙(track) 당 섹터(sector) 개수 : 256개
- 섹터 크기(sector size) : 512 bytes

① 4GB   ② 16GB
③ 64GB   ④ 1 TB

ⒶDVICE 하나의 트랙에는 256개의 섹터가 있고 섹터의 크기는 512이며 한 개의 면은 총 32,768개의 실린더로 모두 곱하면 한 개의 면에 대한 용량이 나온다.

총 4개의 면이기 때문에 $32768*256*512*4 = 2^{15}*2^8*2^9*2^2 = 2^{34} = 16GB$

8 〈보기〉의 직원 테이블에서 키(key)와 관련된 설명으로 옳지 않은 것은? (단, 사번과 주민등록번호는 각각 유일한 값을 갖고, 부서번호는 부서 테이블을 참조하는 속성이며, 나이가 같은 동명이인이 존재할 수 있다)

〈보기〉
직원(사번, 이름, 주민등록번호, 주소, 나이, 성별, 부서번호)

① 부서번호는 외래키이다.
② 사번은 기본키가 될 수 있다.
③ (이름, 나이)는 후보키가 될 수 있다.
④ 주민등록번호는 대체키가 될 수 있다.

ⒶDVICE ㉠ 후보키(candidate key) : 관계 데이터베이스(RDB)에서 관계, 즉 데이터베이스 테이블 내의 특정 투플을 일의적으로 식별할 수 있는 키 필드를 말한다. 이 키 필드는 단일 속성일 수도 있고 복수의 속성일 수도 있다. 관계에는 반드시 최소한 하나의 후보키가 있어야 한다. 그러나 하나 이상의 키도 있을 수 있다. 키가 하나밖에 없을 때 그 키는 자동적으로 그 관계의 일차키(primary key)가 된다. 키가 하나 이상 있는 경우에 각 키를 후보키라고 한다. 복수의 후보키가 있는 경우에 데이터베이스 설계자는 후보키 중의 하나를 일차키로 지정해야 한다. 일차키로 지정되지 않은 키를 대체키(alternate key)라고 한다.
㉡ 대체키(alternate key) : 하나의 릴레이션에 후보키가 여러 개 있을 때 하나를 임의로 선택해 기본키로 정하고, 기본키가 아닌 나머지 후보키들을 일컬어 대체키라고 한다.

Answer 7.② 8.③

9 소프트웨어 테스트에 대한 설명으로 옳지 않은 것은?

① 베타(beta) 테스트는 고객 사이트에서 사용자에 의해서 수행된다.
② 회귀(regression) 테스트는 한 모듈의 수정이 다른 부분에 미치는 영향을 검사한다.
③ 화이트 박스(white box) 테스트는 모듈의 내부 구현보다는 입력과 출력에 의해 기능을 검사한다.
④ 스트레스(stress) 테스트는 비정상적으로 과도한 분량 또는 빈도로 자원을 요청할 때의 영향을 검사한다.

>**ADVICE** ③ 모듈의 내부구현보다는 입력과 출력에 의한 기능을 검사하는 방법은 블랙박스 테스트이다. 화이트박스 검사 (White-box testing)는 응용 프로그램의 내부 구조와 동작을 검사하는 소프트웨어 테스트 방식이다.
※ 소프트웨어를 테스트하는 방법은 크게 블랙박스 검사(Black-Box Test) 기법과 화이트박스 검사(White-Box Test) 기법이 있다. 블랙박스 검사 기법은 소프트웨어의 내부를 보지 않고, 입력과 출력값을 확인하여 기능의 유효성을 판단하는 테스트 기법이며, 화이트박스 검사 기법은 소프트웨어 내부 소스코드를 확인하는 기법이다. 화이트박스 테스트를 하는 이유는 내부 소스코드의 동작을 개발자가 추적할 수 있기 때문에 동작의 유효성 뿐만 아니라 실행되는 과정을 살펴봄으로써, 코드가 어떤 경로로 실행되며, 불필요한 코드 혹은 테스트 되지 못한 부분을 살펴볼 수 있다. 화이트박스 테스트를 하는 부분은 대개 코드의 실행 경로를 확인해야 하기 때문에 시중에 나와 있는 커버리지 분석도구를 많이 활용한다. 화이트박스 검사 기법은 블랙박스 검사 기법에 비해 많은 시간과 분석을 필요로 하지만 오류가 발생되는 결함의 위치 등을 파악하는데 매우 유용하게 사용할 수 있다.

10 〈보기〉에 선언된 배열 A의 원고 A[8][7]의 주소를 행 우선(row-major) 순서와 열 우선(column -major) 순서로 각각 바르게 계산한 것은? (단, 첫 번째 원소 A[0][0]의 주소는 1,000이고 하나의 원 소는 1byte를 차지한다)

〈보기〉
char A[20][30];

	행 우선 주소	열 우선 주소
①	1,167	1,148
②	1,167	1,218
③	1,247	1,148
④	1,247	1,218

> ADVICE 배열[array]의 특징

ⓐ 정의 : 크기와 성격이 동일한 기억장소가 메모리에 연속적으로 할당되어 데이터를 기억하는 자료구조
ⓑ 특징
  • 배열명과 첨자로 구별, 인덱스와 값의 쌍으로 구성
  • 동일 데이터 타입으로 구성, 직접 파일 구조와 비슷한 성격
  • 기억장소에 할당되는 배열의 요소번호는 언어에 따라 다름
ⓒ 구조 : 임의 접근가능, 순차구조
ⓓ 이용 : 순서화 리스트에 의한 이진 탐색, 최소힙에서의 최소값 탐색, 큐의 제거연산, 트리에는 부적합
ⓔ 배열A(M,N)에서의 A(i,j) 시작위치
  0 index : a[0][0]부터 시작 => C언어, JAVA
  • 행우선 : N*i+j
   한 개의 행은 30개의 데이터가 있고 A[8][7]의 데이터는 8번째
   행의 7번째 데이터이므로 30*8+7 = 247
  • 열우선 : N*j+i
   한 개의 열은 20개의 데이터가 있고 A[8][7]의 데이터는 7번째
   열의 8번째 데이터이므로 20*7+8 = 148

Answer 10.③

11 인터넷 주소 체계인 IPv4와 IPv6의 주소 길이와 주소 표시 방법을 각각 바르게 나열한 것은?

IPv4

IPv6

① (32비트, 8비트씩 4부분) (128비트, 16비트씩 8부분)

② (32비트, 8비트씩 4부분) (128비트, 8비트씩 16부분)

③ (64비트, 16비트씩 4부분) (256비트, 32비트씩 8부분)

④ (64비트, 16비트씩 4부분) (256비트, 16비트씩 16부분)

>ADVICE IPv6(Internet Protocol version 6)는 인터넷 프로토콜 스택 중 네트워크 계층의 프로토콜로서 버전 6 인터넷 프로토콜(version 6 Internet Protocol)로 제정된 차세대 인터넷 프로토콜을 말한다. 인터넷(Internet)은 IPv4 프로토콜로 구축되어 왔으나 IPv4 프로토콜의 한계점으로 인해 지속적인 인터넷 발전에 문제가 예상되어 이에 대한 대안으로서 IPv6 프로토콜을 제정하였다.

	IPv4	IPv6
주소길이	32bit	128bit
표시방법	8bit씩 4부분으로 10진수로 표시	16bit씩 8부분으로 16진수로 표시

12 〈보기〉의 이진 트리에 대해 지정된 방법으로 순회한 결과가 옳지 않은 것은?

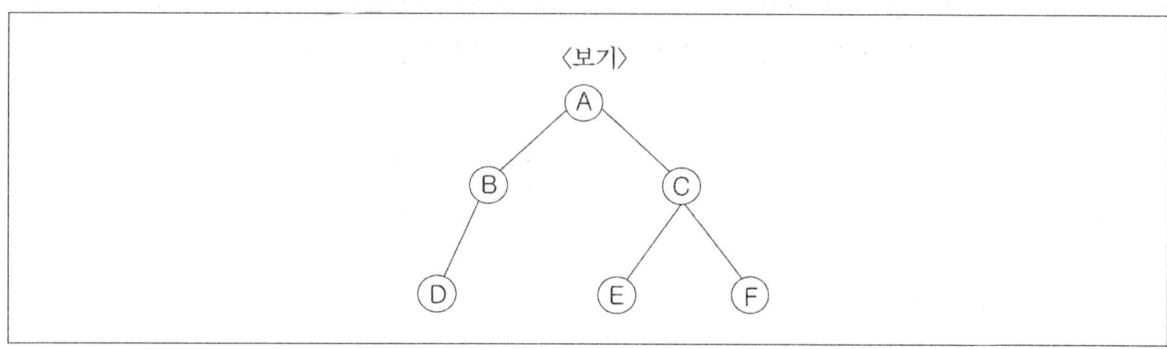

① 중위순회 : D→B→A→E→C→F

② 레벨순회 : A→B→C→D→E→F

③ 전위순회 : A→B→D→C→E→F

④ 후위순회 : D→B→A→E→F→C

>ADVICE 후위순회방식은 왼쪽 하위 노드부터 시작하여 오른쪽 하위노드를 방문하고 마지막으로 부모 노드를 방문하는 방식이다. 따라서 D→B→E→F→C→A가 되어야 한다.

13 컴퓨터 시스템의 인터럽트(interrupt)에 대한 설명으로 옳지 않은 것은?

① 인터럽트는 입출력 연산, 하드웨어 실패, 프로그램 오류 등에 의해서 발생한다.
② 인터럽트 처리 우선순위 결정 방식에는 폴링(polling) 방식과 데이지 체인(daisy-chain) 방식이 있다.
③ 인터럽트가 추가된 명령어 사이클은 인출 사이클, 인터럽트 사이클, 실행 사이클의 순서로 수행된다.
④ 인터럽트가 발생할 경우, 진행 중인 프로그램의 재개(resume)에 필요한 레지스터 문맥(register context)을 저장한다.

> **ADVICE** ③ 인터럽트가 추가된 명령어 사이클은 인출 사이클 – 실행 사이클 - 인터럽트 사이클 순서로 실행된다.
>
> ※ 인터럽트와 명령어 사이클
>
> ㉠ 인터럽트(interrupt) : 컴퓨터 작동 중에 예기치 않은 문제가 발생한 경우라도 업무 처리가 계속될 수 있도록 하는 컴퓨터 운영체계의 한 기능이다.
>
> ㉡ 명령어 사이클(instruction cycle) : 중앙 처리 장치(CPU)가 명령을 주기억 장치에서 인출 또는 호출하고, 해독, 실행해가는 연속 절차를 가리킨다. 인스트럭션 사이클은 패치, 간접, 실행 및 인터럽트 사이클의 부사이클로 구성된다.

14 다음은 3년간 연이율 4%로 매월 적립하는 월 복리 정기적금의 만기지급금을 계산한 결과이다. 셀 C2에 들어갈 수식으로 옳은 것은? (단, 만기지급금의 10원 단위 미만은 절사한다)

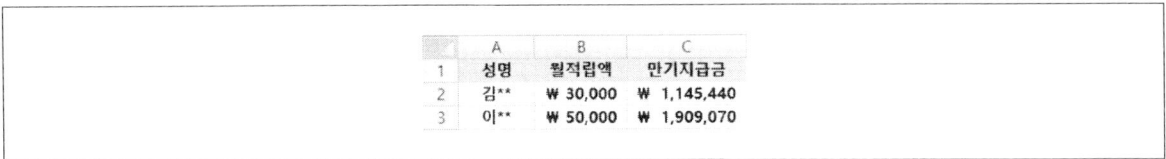

	A	B	C
1	성명	월적립액	만기지급금
2	김**	₩ 30,000	₩ 1,145,440
3	이**	₩ 50,000	₩ 1,909,070

① =ROUNDDOWN(FV(4%, 3*12, -B2), -1)
② =ROUNDDOWN(FV(4%, 3*12, -B2), -2)
③ =ROUNDDOWN(FV(4%/12, 3*12, -B2), -1)
④ =ROUNDDOWN(FV(4%/12, 3*12, -B2), -2)

> **ADVICE** 미래가치(Future value) : 현재시점의 금액과 동일한 가치를 갖는 미래시점의 금액으로, 화폐의 시간가치를 고려한 개념이다.
> =FV(월이율, 투자 월수, -월 적립액)
> =ROUNDDOWN(수치데이터, -1)는 10원 단위 미만은 절삭, 10원 단위까지 표현하라는 의미이다.

Answer 13.③ 14.③

15 〈보기〉는 관계형 데이터베이스의 정규화 작업을 설명한 것이다. 제1정규형, 제2정규형, 제3정규형, BCNF를 생성하는 정규화 작업을 순서대로 나열한 것은?

<hr>

〈보기〉

㉠ 결정자가 후보키가 아닌 함수 종속성을 제거한다.

㉡ 부분 함수 종속성을 제거한다.

㉢ 속성을 원자값만 갖도록 분해한다.

㉣ 이행적 함수 종속성을 제거한다.

<hr>

① ㉠ → ㉡ → ㉢ → ㉣

② ㉠ → ㉢ → ㉣ → ㉡

③ ㉢ → ㉠ → ㉡ → ㉣

④ ㉢ → ㉡ → ㉣ → ㉠

>ADVICE 정규화 방법은 기본적으로 높은 차수의 정규형은 낮은 차수의 정규형을 모두 만족하여야 한다. 즉, 제3정규형은 제 1,2정규형의 조건을 모두 만족하여야 하며, BCNF는 1,2,3정규형을 기본적으로 모두 만족하고 있어야 한다.

비정규 릴레이션
↓
원자값이 아닌 도메인을 분해
↓
1NF
↓
부분 함수 종속 제거
↓
2NF
↓
이행 함수 종속 제거
↓
3NF
↓
결정자가 후보키가 아닌 함수 종속 (FD) 제거
↓
BCNF
↓
함수 종속이 아닌 다치 종속 (MVD) 제거
↓
4NF
↓
후보키를 통하지 않은 조인 종속 (FD) 제거
↓
5NF

Answer 15.④

16 다음 Java 프로그램의 실행 결과로 옳은 것은?

```
class Division {
    public static void main(String[ ] args)  {
        int a, b, result;
        a = 3;
        b = 0;
        try {
            result  =  a / b;
            System.out.print("A")
        }
        catch (ArithmeticException e) {
            System.out.print("B");
        }
        finally {
            System.out.print("C");
        }
        System.out.print("D");
    }
}
```

① ACD   ② BCD
③ ABCD   ④ BACD

> **ADVICE** 예외 처리 Exception try-catch-finally, throws, 사용자 정의 예외

자바는 프로그램 실행 중에 발생할 수 있는 예외 처리문을 제공한다. 자바의 예외 처리는 예외가 발생한 메소드 내에서 직접 처리하는 방법과 예외가 발생한 메소드를 호출한 곳으로 예외 객체를 넘겨주는 방법, 그리고 사용자 정의 예외를 생성하여 처리하는 방법이 있다.

ⓐ try 블록은 예외가 발생할 가능성이 있는 범위를 지정하는 블록이다. try 블록은 최소한 하나의 catch 블록이 있어야 하며, catch 블록은 try 블록 다음에 위치한다.

ⓑ catch 블록의 매개변수는 예외 객체가 발생했을 때 참조하는 변수명으로 반드시 java.lang.Throwable 클래스의 하위 클래스 타입으로 선언되어야 한다. 지정된 타입의 예외 객체가 발생하면 try 블록의 나머지 문장들은 수행되지 않고, 자바 가상 머신은 발생한 예외 객체를 발생시키며 발생한 예외 객체 타입이 동일한 catch 블록을 수행한다.

ⓒ finally 블록은 필수 블록은 아니다.

finally 블록이 사용되면 finally 블록의 내용은 예외 발생 유무나 예외 catch 유무와 상관 없이 무조건 수행된다. 따라서, 데이터베이스나 파일을 사용한 후 닫는 기능과 같이 항상 수행해야 할 필요가 있는 경우에 사용한다.

Answer   16.②

```
int a, b, result;
a = 3;
b = 0;
try  {
result = a / b;
→ 분모가 0이어서 a/b에서 산술오류 발생
catch (ArithmeticException e) {
System.out.print("B");  → 바로 catch로 이동하여 B 출력
System.out.print("C");  → finally 구문의 C 출력
System.out.print("D");  → D 출력
B,C,D 출력
```

17 정점의 개수가 n인 연결그래프로부터 생성 가능한 신장트리(spanning tree)의 간선의 개수는?

① $n-1$

② n

③ $\dfrac{n(n-1)}{2}$

④ n^2

> **ADVICE** ㉠ 신장트리 : 그래프의 모든 노드V를 포함하는 트리를 말한다. 여기서 '신장(Spanning)'은 모든 노드를 포함한다는
> 의미이다. 무방향 그래프 G의 서브 그래프로서 G의 모든 정점과 연결선의 부분집합으로 구성된 트리로, 모든
> 정점은 적어도 하나의 간선으로 연결되어 있어야 한다.
> ㉡ 특징 : n개의 정점과 이들을 연결시키기 위해 최소한 n-1개의 간선으로 구성된 그래프이며 비순환구조이다. 그
> 래프의 모든 정점을 포함하면서 그래프에서 사이클이 포함되지 않고 모든 정점들이 연결된 부분 그래프를 의미
> 한다.

18 프로그래밍 언어에 대한 설명으로 옳지 않은 것은?

① Objective-C, Java, C#은 객체지향 언어이다.
② Python은 정적 타이핑을 지원하는 컴파일러 방식의 언어이다.
③ ASP, JSP, PHP는 서버 측에서 실행되는 스크립트 언어이다.
④ XML은 전자문서를 표현하는 확장가능한 표준 마크업 언어이다.

> **ADVICE** 파이썬(Python)은 1991년 프로그래머인 귀도 반 로섬(Guido van Rossum)이 발표한 고급 프로그래밍 언어로, 플
> 랫폼이 독립적이며 인터프리터식, 객체지향적, 동적 타이핑(dynamically typed) 대화형 언어이다.

19 〈보기〉는 공개키 암호 방식을 전자 서명(digital signature)에 적용하여 A가 B에게 메시지를 전송하는 과정에 대한 설명이다. ㉠, ㉡에 들어갈 내용으로 옳은 것은?

〈보기〉

(1) A와 B는 개인키와 공개키 쌍을 각각 생성한다.

(2) A는 (㉠)를 사용하여 암호화한 메시지를 B에게 전송한다.

(3) B는 (㉡)를 사용하여 수신된 메시지를 해독한다.

	㉠	㉡
①	A의 개인키	A의 공개키
②	A의 개인키	B의 공개키
③	A의 공개키	B의 개인키
④	B의 공개키	B의 개인키

> **ADVICE** 공개키 암호 방식은 암호키와 암호를 해독하는 복호키 중 암호화 키를 외부에 공개하여, 상대방은 공개된 암호화키를 이용하여 정보를 보내고, 자신은 자신만이 가진 복호화 키를 이용하여 수신된 정보를 해독할 수 있도록 한 정보 암호화 방식이다. 대표적인 공개키 암호 방식에는 RSA 알고리즘이 있다.
>
> 위 문제에서는 공개키 암호 방식을 전자서명에 적용한다고 하였는데 일반적으로 전자 서명의 인증 과정은 RSA 알고리즘과는 반대 원리이며 비공개키 알고리즘과 공개키 알고리즘의 조합을 사용한다. 전자서명은 자신을 다수의 타인에게 증명하는 기능이므로, 암호화 과정에서 자신만 아는 비밀키(전자 서명)를 사용한다. 암호화한 전자 서명은 다수의 타인이 확인하므로 해독 과정에서는 공개키를 사용한다.
>
> 전자 서명 과정에서 복잡하게 두 단계로 암호화하는 이유는 다음과 같다. 먼저 RSA 알고리즘을 사용해 암호화하는 과정은 전송 과정에서의 보안 문제를 해결하기 위함이다. 그런데 이렇게 전송 보안 문제를 해결하면 전자 서명의 기본 목적인 인증 문제를 해결해야 하므로 비공개키인 전자 서명을 사용해 암호화하는 과정도 필요하다.

20 〈보기〉의 설명에 해당하는 기술로 가장 적절한 것은?

〈보기〉

- 서비스 모델은 IaaS, PaaS, SaaS로 구분한다.
- 필요한 만큼 자원을 임대하여 사용할 수 있다.
- 가상화 기술, 서비스 프로비저닝(provisioning) 기술, 과금 체계 등을 필요로 한다.

① 빅데이터(bigdata)
② 딥 러닝(deep learning)
③ 사물 인터넷(internet of things)
④ 클라우드 컴퓨팅(cloud computing)

> **ADVICE** ① 빅데이터(bigdata) : 디지털 환경에서 생성되는 데이터로 그 규모가 방대하고, 생성 주기도 짧고, 형태도 수치 데이터뿐 아니라 문자와 영상 데이터를 포함하는 대규모 데이터를 말한다. 과거에 비해 데이터의 양이 폭증했으며 데이터의 종류도 다양해져 사람들의 행동은 물론 위치정보와 SNS를 통한 생각과 의견까지 분석하고 예측할 수 있다.
> ② 딥 러닝(deep learning) : 다층구조 형태의 신경망을 기반으로 하는 머신 러닝의 한 분야로, 다량의 데이터로부터 높은 수준의 추상화 모델을 구축하고자 하는 기법이다.
> ③ 사물 인터넷(internet of things) : 인터넷을 기반으로 모든 사물을 연결하여 사람과 사물, 사물과 사물 간의 정보를 상호 소통하는 지능형 기술 및 서비스를 말한다. 영어 머리글자를 따서 '아이오티(IoT)'라 약칭하기도 한다. 사물인터넷은 기존의 유선통신을 기반으로 한 인터넷이나 모바일 인터넷보다 진화된 단계로 인터넷에 연결된 기기가 사람의 개입없이 상호간에 알아서 정보를 주고 받아 처리한다. 사물이 인간에 의존하지 않고 통신을 주고받는다는 점에서 기존의 유비쿼터스나 M2M(Machine to Machine : 사물지능통신)과 비슷하기도 하지만, 통신장비와 사람과의 통신을 주목적으로 하는 M2M의 개념을 인터넷으로 확장하여 사물은 물론이고 현실과 가상세계의 모든 정보와 상호작용하는 개념으로 진화한 단계라고 할 수 있다.
> ※ 클라우드 컴퓨팅
>   ㉠ 클라우드(cloud)로 표현되는 인터넷상의 서버에서 데이터 저장과 처리, 네트워크, 콘텐츠 사용 등 IT 관련 서비스를 한번에 제공하는 혁신적인 컴퓨팅 기술이다.
>   ㉡ 클라우드 컴퓨팅의 예
>   • IaaS(Infrastructure as a Service) : 서비스로써의 인프라라는 뜻으로, AWS에서 제공하는 EC2가 대표적인 예이다. 이는 단순히 서버 등의 자원을 제공해 주면서 사용자가 디바이스 제약없이 데이터에 접근할 수 있도록 해준다.
>   • PaaS(Platform as a Service) : 서비스로써의 플랫폼이라는 뜻으로, 사용자(개발자)가 소프트웨어 개발을 할 수 있는 환경을 제공해 준다. 구글의 APP엔진, Heroku 등이 대표적인 예다.
>   • SaaS(Software as a Service) : 서비스로써의 소프트웨어라는 뜻으로, 네이버에서 제공하는 N드라이브, drop box, google docs 등과 같은 것을 말한다.

Answer   20.④

21 다음 두 사람의 대화에서 A가 B의 수표를 바로 현금으로 교환하여 주지 못하는 이유는?

> A : How can I help you?
>
> B : I received a bank draft from Malaysia. And I want to exchange it in Korean currency.
>
> A : Which currency is the draft?
>
> B : It is 20 US dollars.
>
> A : Sorry, sir. We can't exchange it right now.
>
> B : Why is that?
>
> A : We have to mail it to the issuing bank and once they pay, we will credit the amount in your account.
>
> B : How long does it take for me to get the money?
>
> A : It will take a week or so.
>
> B : All right. I'll check my account then. Thanks.

① 수표에 표시된 화폐의 잔고가 부족하기 때문이다.

② 발행은행에 수표를 보내서 결제 받은 돈을 입금해 주기 때문이다.

③ B의 개인 신용등급이 낮아서 거래의 승인이 불가하기 때문이다.

④ 수표 금액이 적어서 우편료와 수수료의 발생으로 거래가 어렵기 때문이다.

〉**ADVICE** 「A : 무엇을 도와드릴까요?
B : 말레이시아에서 수표를 받았습니다. 한국 통화로 교환하고 싶은데요.
A : 어떤 통화의 수표입니까?
B : 20 US 달러입니다.
A : 죄송합니다, 선생님. 그것은 지금 바로 교환해 드릴 수가 없습니다.
B : 왜 그렇죠?
A : 저희가 발행은행에 수표를 보내서 그들이 결제 받은 돈을 지급하면 그때 선생님의 계좌로 보내드립니다.
B : 그 돈을 제가 받을 때까지 얼마나 걸리죠?
A : 일주일 정도 걸립니다.
B : 알겠습니다. 그때 제 계좌를 확인해 보겠습니다. 감사합니다.」

22 다음 글에서 밑줄 친 부분이 어법상 틀린 것은?

The connectedness of words to real people and things, and not just to information about those people and things, ① has a practical application that is very much in the news. The fastest-growing crime in the beginning of this century is identity theft. An identity thief uses information ② connected with your name, such as your social security number or the number and password of your credit card or bank account, to commit fraud or steal your assets. Victims of identity theft may lose out on jobs, loans, and college admissions, can ③ turn away at airport security checkpoints, and can even get arrested for a crime committed by the thief. They can spend many years and much money ④ reclaiming their identity.

> **ADVICE** ③ 공항 보안검색대에서 퇴짜를 당할 수 있다는 표현이므로 수동형으로 쓰여야 한다. 따라서 turn away → be turned away로 고치는 것이 옳다.
> 「사람과 사물에 대한 정보 뿐만 아니라 사람과 사물에 대한 단어의 연결성은 뉴스에서 매우 많이 응용된다. 금세기 초 가장 빠르게 성장하고 있는 범죄는 신분 도용이다. 신분 도둑은 자신의 사회보장번호나 신용카드 또는 은행계좌의 번호와 비밀번호 등 자신의 이름과 관련된 정보를 사용하여 사기를 치거나 자산을 훔친다. 신분 도용 피해자들은 일자리나 대출, 대학 입학의 기회를 잃을 수도 있고 공항 보안 검색대에서 거부당할 수도 있고, 도둑이 저지른 범죄로 체포될 수도 있다. 그들은 그들의 정체성을 되찾는 데 많은 시간과 많은 돈을 쓸 수 있다.」

우편일반

1 우편사업의 보호 규정에 대한 설명으로 옳지 않은 것은?

① 우편을 위한 용도로만 사용되는 물건은 압류할 수 없다.
② 우편물과 그 취급에 필요한 물건은 해손(海損)을 부담하지 않는다.
③ 우편을 위한 용도로만 사용되는 물건은 제세공과금의 부과 대상이 되지 않는다.
④ 우편물의 발송 준비를 마치기 전이라도 우편관서는 그 압류를 거부할 수 있다.

>ADVICE ④ 우편관서는 우편물을 운송 중이거나 우편물의 발송 준비를 마친 후에만 그 압류를 거부할 수 있다〈우편법 제8조〉.

2 우편사업이 제공하는 선택적 우편 서비스에 해당하는 것은?

① 중량이 800g인 서류를 송달하는 경우
② 중량이 25kg인 쌀자루를 송달하는 경우
③ 중량이 20g인 서신을 내용증명으로 송달하는 경우
④ 중량이 2kg인 의류를 배달증명으로 송달하는 경우

>ADVICE 선택적 우편 서비스 대상
　㉠ 2kg을 초과하는 통상우편물
　㉡ 20kg을 초과하는 소포우편물
　㉢ 위 ㉠, ㉡의 우편물의 기록취급 등 특수취급우편물
　㉣ 우편과 다른 기술 또는 서비스가 결합된 서비스 전자우편, 팩스우편, 우편물 방문접수 등
　㉤ 우편시설, 우표, 우편엽서, 우편요금 표시 인영이 인쇄된 봉투 또는 우편차량장비 등을 이용하는 서비스
　㉥ 우편 이용과 관련된 용품의 제조 및 판매
　㉦ 그 밖에 우편서비스에 부가하거나 부수하여 제공하는 서비스

Answer　1.④　2.②

3 내용증명에 대한 설명으로 옳은 것은?

① 내용문서의 원본과 등본은 양면으로 작성할 수 있다.
② 우체국에서 내용증명을 발송한 사실만으로 법적 효력이 발생한다.
③ 수취인에게 우편물을 배달하거나 교부한 경우, 그 사실을 배달우체국에서 증명하여 발송인에게 통지하는 제도이다.
④ 내용문을 정정한 경우 '정정' 글자를 여유 공간이나 끝부분 빈 곳에 쓰고 발송인의 인장이나 지장을 찍어야 한다. 다만, 발송인이 외국인일 경우에 한하여 서명을 할 수 있다.

> **ADVICE** ② 우편관서는 내용과 발송 사실만을 증명할 뿐, 그 사실만으로 법적효력이 발생되는 것은 아님에 주의해야 한다.
> ③ 발송인이 수취인에게 어떤 내용의 문서를 언제 발송하였다는 사실을 우편 관서가 공적으로 증명해 주는 우편서비스이다.
> ④ 내용문서의 원본이나 등본에 문자·기호를 삽입하거나 정정·삭제한 경우 삽입, 정정, 삭제한 글자 수와 "삽입", "정정", "삭제" 글자를 난외의 여유 공간이나 끝부분 빈 곳에 쓰고 발송인의 인장이나 지장을 찍거나 서명을 하여야 하며, 이 경우 고치거나 삭제한 문자나 기호는 명료하게 알아볼 수 있도록 하여야 한다.

4 우편 서비스에 대한 설명으로 옳은 것을 〈보기〉에서 모두 고른 것은?

〈보기〉
㉠ 인터넷우표는 반드시 수취인 주소가 있어야 한다.
㉡ 민원우편은 우정사업본부장이 정하여 고시하는 민원서류에 한정하여 취급한다.
㉢ 우체국축하카드는 물품등기우편물 취급이 가능하다.
㉣ 모사전송 우편 서비스의 이용 수수료는 내용문 최초 1매 500원, 추가 1매당 200원이며, 복사비는 무료이다.

① ㉠, ㉡
② ㉠, ㉢
③ ㉡, ㉣
④ ㉢, ㉣

> **ADVICE** ㉢ 우체국 축하카드, 온라인환, 민원우편은 익일특급으로 처리한다.
> ㉣ 모사전송 우편 서비스의 이용 수수료는 최초 1매 500원, 추가 1매당 200원이며, 복사비는 1장당 50원이다.

5 국내 우편요금 제도에 대한 설명으로 옳은 것은?

① 요금별납은 우편요금이 같고 동일인이 한 번에 발송하는 우편물로 최소 접수 통수에는 제한이 없다.
② 우편요금 체납금액은 국세징수법에 따른 체납 처분의 예에 따라 징수하되 연체료는 가산하지 않는다.
③ 요금수취인부담의 취급 대상은 통상우편물, 등기소포우편물, 계약등기이며 각 우편물에 부가서비스를 취급할 수 있다.
④ 요금후납은 1개월간 발송 예정 우편물의 요금에 해당하는 금액을 담보금으로 제공하고, 1개월간의 요금을 다음 달 20일까지 납부하는 제도이다.

>ADVICE ① 한 사람이 우편물의 종류, 무게, 우편요금 등이 같은 우편물을 한 번에 다량으로 발송할 경우에 개개의 우편물에 우표를 첨부하여 요금을 납부하는 대신 우편물 표면에 "요금별납"의 표시만을 하고 요금은 일괄하여 현금(신용카드 결제 등 포함)으로 별도 납부하는 제도로서 관할 지방우정청장이 지정하는 우체국(우편취급국 포함)에서만 취급이 가능하다. 취급기준 통수는 10통 이상이다.
② 체납 요금 등에 대하여는 대통령령으로 정하는 바에 따라 연체료를 가산하여 징수한다.
④ 우편물의 요금(부가취급수수료 포함)을 우편물을 발송할 때에 납부하지 않고 1개월간 발송예정 우편물의 요금액의 2배에 해당하는 금액을 담보금으로 제공하고 1개월간의 요금을 다음달 20일까지 납부하는 제도이다.

6 우편물 배달에 대한 설명으로 옳지 않은 것은?

① 수취인이 2명 이상인 경우에는 그 중 1인에게 배달한다.
② 동일한 건물 내에 다수의 수취인이 있을 경우에는 관리인에게 배달할 수 있다.
③ 특별송달, 보험통상은 수취인의 요청이 있을 경우에는 무인우편물보관함에 배달할 수 있다.
④ 등기우편물을 무인우편물보관함에 배달하는 경우에는 무인우편물보관함에서 제공하는 배달 확인이 가능한 증명자료로 수령사실 확인을 대신할 수 있다.

>ADVICE ③ 특별송달, 보험등기 등 수취인이 직접 수령한 사실의 확인이 필요한 우편물은 무인우편물보관함에 배달할 수 없다.

7 국제 통상우편물에 대한 설명으로 옳은 것은?

① 항공서간은 세계 모든 지역에 대해 단일요금이 적용된다.
② 소설 원고, 신문 원고, 필서한 악보는 인쇄물로 취급하지 않는다.
③ 소형포장물에는 개인적인 통신문 성격의 서류를 동봉할 수 없다.
④ 시각장애인용 점자우편물은 항공부가요금을 포함한 모든 요금이 면제된다.

>ADVICE ② 소설 원고, 신문 원고, 필서한 악보는 인쇄물로 취급한다.
③ 소형포장물에는 현실적이고 개인적인 통신문 성격의 서류동봉이 가능하다.
④ 시각장애인용 점자우편물은 항공부가요금을 제외한 모든 요금이 면제된다.

Answer   5.③ 6.③ 7.①

8 K-Packet에 대한 설명으로 옳은 것을 〈보기〉에서 모두 고른 것은?

〈보기〉

㉠ 월 최소 계약물량은 제한이 있다.

㉡ 요금은 EMS보다 저렴하고, 이용실적에 따른 요금감액 제도가 있다.

㉢ 해외로 발송하는 2kg 이하 소형물품을 e-Shipping으로 접수하는 전자상거래 전용 국제우편 서비스이다.

㉣ 'R'로 시작하는 우편물 번호를 사용하는 경우에는 1회 배달 성공률을 높이기 위하여 수취인의 서명 없이 배달한다.

① ㉠, ㉢   ② ㉠, ㉣

③ ㉡, ㉢   ④ ㉡, ㉣

〉ADVICE ㉠ 월 최소 계약물량은 제한 없다.

㉣ K-Packet(Regular) : "L"로 시작하는 우편물번호를 사용하며, 1회 배달 성공률 향상을 위해 해외우정당국과 제휴하여 수취인 서명 없이 배달하기로 약정한 국제우편서비스이다.

9 IBRS(International Business Reply Service) EMS에 대한 설명으로 옳지 않은 것은?

① 수취인이 요금을 부담하는 제도이다.

② 모든 우체국에서 취급하며, 통당 요금은 5,000원이다.

③ 접수 중량은 최대 2kg까지이며, 일본에만 발송이 가능하다.

④ 국내 소비자가 해외 인터넷쇼핑몰에서 구매한 상품을 반품할 때 이용하는 국제우편 상품이다.

〉ADVICE ② 집배우체국에 한하여 취급하며, 인쇄물(봉투)는 1,100원, 엽서는 500원이다.

Answer   8.③ 9.②

예금일반

1 예금의 입금과 지급 업무에 대한 설명으로 옳지 않은 것은?

① 기한부 예금을 중도해지 하는 경우, 반드시 예금주 본인의 의사를 확인하는 것이 필요하다.

② 금융기관은 진정한 예금주에게 변제한 때에 한하여 예금채무를 면하게 되는 것이 원칙이다.

③ 송금인의 단순착오로 인해 수취인의 계좌번호가 잘못 입력되어 이체가 완료된 경우, 언제든지 수취인의 동의 없이도 송금액을 돌려받을 수 있다.

④ 금융기관이 실제 받은 금액보다 과다한 금액으로 통장을 발행한 경우, 실제 입금한 금액에 한하여 예금계약이 성립하고 초과된 부분에 대하여는 예금계약이 성립하지 않는다.

》ADVICE ③ 착오송금이란 송금인의 착오로 인해 송금금액, 수취금융회사, 수취인 계좌번호 등이 잘못 입력돼 이체된 거래로서, 착오송금액은 법적으로 수취인의 예금이기 때문에 송금인은 수취인의 동의 없이는 자금을 돌려받을 수 없다.

2 우체국 해외송금서비스에 대한 설명으로 옳은 것은?

① 머니그램(MoneyGram) 특급송금은 송금 후 약 10분 뒤에 송금번호만으로 수취가 가능하다.

② 유로지로(Eurogiro) 해외송금의 건당 한도는 건당 미화 5만 달러 이하이다.

③ SWIFT와 유로지로(Eurogiro)의 국민인 거주자 해외송금 한도는 연간 10만 달러 이하이다.

④ SWIFT 망을 통해 해외은행 계좌에 송금할 수 있는 한도는 건당 미화 3천 달러 이하이고, 외국인은 송금을 할 수 없다.

》ADVICE ② 유로지로(Eurogiro) 해외송금은 건당 미화 5천 달러 이하이다.

③ SWIFT의 국민인 거주자의 해외송금 한도는 SWIFT와 머니그램 합산하여 연간 10만 달러 이하이며, 유로지로(Eurogiro)의 해외송금 한도는 건당 5천 달러 이하이다.

④ SWIFT 망을 통해 해외은행 계좌에 송금할 수 있는 한도는 건당 미화 5천 달러 이하이고, 외국인도 송금을 할 수 있다.

Answer 1.③ 2.①

3 우체국 예금상품에 대한 설명으로 옳은 것은?

① 시니어 싱글벙글 정기예금은 분할 해지가 불가능하다.
② 우체국국민연금안심통장과 우체국생활든든통장은 압류금지 전용 통장이다.
③ 우체국 다드림적금의 가입대상은 개인, 개인사업자, 단체, 법인이다.
④ 우체국 아이LOVE 적금은 가입 고객을 대상으로 우체국 주니어보험을 무료로 가입해 준다.

> **ADVICE** ① 시니어 싱글벙글 정기예금의 가입대상은 실명의 개인이며 여유자금 추가입금과 긴급자금 분할해지가 가능한 정기예금으로 만 50세 이상 중년층 고객을 위한 우대금리 및 세무, 보험 등 부가서비스를 제공한다.
> ② 우체국 행복지킴이통장, 우체국 희망지킴이통장, 우체국 국민연금안심통장, 우체국 공무원연금평생안심통장, 우체국 호국보훈지킴이통장은 압류금지 전용 통장이다.
> ③ 우체국 다드림적금의 가입대상은 실명의 개인이며 주거래 고객 확보 및 혜택 제공을 목적으로 각종 이체 실적 보유 고객, 장기거래 등 주거래 이용 실적이 많을수록 우대 혜택이 커지는 적립식 예금이다.

4 금리에 대한 설명으로 옳지 않은 것은?

① 명목금리는 실질금리에서 물가상승률을 뺀 금리이다.
② 채권가격이 내려가면 채권수익률은 올라가고, 채권가격이 올라가면 채권수익률은 내려간다.
③ 표면금리는 겉으로 나타난 금리를 말하며 실효금리는 실제로 지급받거나 부담하게 되는 금리를 뜻한다.
④ 단리는 원금에 대한 이자만 계산하는 방식이고, 복리는 원금에 대한 이자뿐만 아니라 이자에 대한 이자도 함께 계산하는 방식이다.

> **ADVICE** ① 명목금리는 물가상승에 따른 구매력의 변화를 감안하지 않은 금리이며 실질금리는 명목금리에서 물가상승률을 뺀 금리이다.

03 보험일반

1 보험계약 고지의무에 대한 설명으로 옳은 것을 〈보기〉에서 모두 고른 것은?

〈보기〉
㉠ 고지의무 당사자는 보험계약자, 피보험자, 보험수익자이다.
㉡ 고지의무는 청약 시에 이행하고, 부활 청약 시에는 면제된다.
㉢ 보험자가 고지의무 위반 사실을 안 날로부터 1개월 이상 지났을 때에는 보험계약을 해지할 수 없다.
㉣ 보험자는 고지의무 위반 사실이 보험금 지급 사유 발생에 영향을 미치지 않았음이 증명된 경우 보험금을 지급할 책임이 있다.

① ㉠, ㉡   ② ㉠, ㉢
③ ㉡, ㉣   ④ ㉢, ㉣

〉ADVICE ㉠ 보험계약자 또는 피보험자는 청약할 때 청약서에서 질문한 사항에 대하여 알고 있는 사실을 반드시 사실대로 알려야 한다.
㉡ 고지의무는 계약 청약 시뿐 아니라 부활 시에도 이행하여야 한다.

2 우체국 보험상품에 대한 설명으로 옳은 것은? [기출변형]

① 무배당 우체국실속정기보험은 1종(일반가입)과 2종(간편가입)을 중복 가입할 수 없다.
② 무배당 어깨동무연금보험은 장애인 부모의 부양능력 약화 위험 및 장애아동을 고려하여 15세부터 연금수급이 가능하다.
③ 무배당 알찬전환특약은 시중금리 하락과 관계없이 최저 2.0% 금리를 보증한다.
④ 무배당 우체국보너스팡팡연금보험은 50세 이후부터 연금을 받을 수 있다.

〉ADVICE ② 무배당 어깨동무연금보험은 장애인 부모의 부양능력 약화 위험 및 장애아동을 고려하여 20세부터 연금수급이 가능하다.
③ 무배당 알찬전환특약은 시중금리 하락과 관계없이 최저 1.0% 금리를 보증한다.
④ 무배당 우체국보너스팡팡연금보험은 45세 이후부터 연금을 받을 수 있다.

Answer 1.④ 2.①

3 〈보기〉에서 설명하는 보험계약의 법적 성질을 올바르게 연결한 것은?

> 〈보기〉
> ㉠ 우연한 사고의 발생에 의해 보험자의 보험금 지급 의무가 확정된다.
> ㉡ 보험계약자는 보험료를 모두 납부한 후에도 보험자에 대한 통지 의무 등을 진다.
> ㉢ 보험계약의 기술성과 단체성으로 인하여 계약 내용의 정형성이 요구된다.

	㉠	㉡	㉢
①	위험계약성	쌍무계약성	부합계약성
②	사행계약성	계속계약성	부합계약성
③	위험계약성	계속계약성	상행위성
④	사행계약성	쌍무계약성	상행위성

>ADVICE ㉠ 보험계약에서 보험자의 보험금지급의무는 우연한 사고의 발생을 전제로 하고 있으나 정보의 비대칭성으로 보험 범죄나 인위적 사고의 유발과 같은 도덕적 위험이 내재해 있으며 이를 규제하기 위하여 피보험이익, 실손 보상 원칙, 최대선의 원칙 등을 두고 보험의 투기화를 막는 제도적 장치가 있다.
> ㉡ 보험계약은 보험회사가 일정기간 안에 보험사고가 발생하면 보험금을 지급하는 것을 내용으로 하여 그 기간 동안에 보험관계가 지속되는 계속계약의 성질을 지니며, 상법상 독립한 계약이다. 따라서 보험계약자 등은 보험료를 모두 납부한 후에도 보험자에 대한 통지 의무와 같은 보험 계약상의 의무를 진다.
> ㉢ 보험계약은 다수인을 상대로 체결되고 보험의 기술성과 단체성으로 인하여 그 정형성이 요구되므로 부합계약에 속한다. 보험계약은 일반적으로 보험회사가 미리 작성한 보통보험약관을 매개로 체결되는데 보험계약자는 약관을 승인하거나 거절하는 형식을 취하므로 약관 해석 시 작성자 불이익의 원칙을 두고 있다.

4 보장성보험에 대한 설명으로 옳지 않은 것은?

① 만기 시 환급되는 금액이 없거나 이미 납입한 보험료보다 적거나 같다.
② 주계약뿐만 아니라 특약으로 가입한 보장성보험도 세액공제를 받을 수 있다.
③ 보장성 보험료를 산출할 때에 예정이율, 예정위험률, 예정사업비율이 필요하다.
④ 근로소득자와 사업소득자는 연간 납입보험료의 일정액을 세액공제 받을 수 있다.

>ADVICE ④ 근로소득자가(사업소득자, 일용근로자 제외)가 보장성보험에 가입한 경우 납입한 보험료(연간 100만 원 한도)의 12%에 해당하는 금액을 해당 과세기간의 종합소득산출세액에서 공제받을 수 있다.

5 〈보기〉의 내용을 모두 충족하는 보험상품으로 옳은 것은?

〈보기〉

- 최초 계약 가입 나이는 0 ~ 70세
- 보험가입금액(구좌수) 1구좌 기준으로 3대질병 진단(최대 3,000만 원), 중증수술(최대 500만 원) 및 중증재해장해(최대 5,000만 원)시 고액 보장
- 주요 성인질환 종합 보장

---

① 무배당 우체국간병비보험
② 무배당 우체국간편실손의료비보험(갱신형)
③ 무배당 우체국NEW건강클리닉보험(갱신형)
④ 무배당 우체국암케어보험

> **ADVICE** 무배당 우체국NEW건강클리닉보험(갱신형)의 특징
>   ㉠ 각종 질병, 사고 및 주요 성인질환 종합 보장
>   ㉡ 3대질병 진단(최대 3,000만원), 중증수술(최대 500만원) 및 중증재해장해(최대 5,000만원) 고액 보장
>   ㉢ 0세부터 70세까지 가입 가능한 건강보험
>   ㉣ 체력 인증시 보험료 지원혜택 제공
>   ㉤ 근로소득자는 납입한 보험료(연간 100만원 한도)에 대하여 12% 세액공제
>   ㉥ 최초계약 : 0~70세
>   ㉦ 갱신계약 : 20~99세

Answer 5.③

1 다음에서 설명하는 입·출력 장치로 옳은 것은?

> • 중앙처리장치로부터 입·출력을 지시받은 후에는 자신의 명령어를 실행시켜 입·출력을 수행하는 독립된 프로세서이다.
> • 하나의 명령어에 의해 여러 개의 블록을 입·출력할 수 있다.

① 버스(Bus) ② 채널(Channel)
③ 스풀링(Spooling) ④ DMA(Direct Memory Access)

>**ADVICE** ① 중앙 처리 장치와 메모리 사이의 데이터 전송을 위해 사용된다.
> ③ 주변장치와 중앙처리장치의 처리속도 차이에 의한 대기시간을 줄이기 위해 사용하는 기법이다.
> ④ 부착된 주변장치로부터 컴퓨터 마더보드 상의 메모리로 데이터를 직접 보낼 수 있는 몇몇 컴퓨터의 버스의 기능이다.

2 고객계좌 테이블에서 잔고가 100,000원에서 3,000,000원 사이인 고객들의 등급을 '우대고객'으로 변경하고자 〈보기〉와 같은 SQL문을 작성하였다. ㉠과 ㉡의 내용으로 옳은 것은?

> 〈보기〉
> UPDATE 고객계좌
> (㉠) 등급 = '우대고객'
> WHERE 잔고 (㉡) 100000 AND 3000000

	㉠	㉡		㉠	㉡
①	SET	IN	②	SET	BETWEEN
③	VALUES	IN	④	VALUES	BETWEEN

>**ADVICE** UPDATE 테이블명
> SET 속성명 = 데이터[, 속성명=데이터]
> WHERE 조건;
> BETWEEN a AND b : a 이상 b 이하의 값에 해당되는지 확인한다.

Answer 1.② 2.②

3 네트워크 장치에 대한 설명으로 옳지 않은 것은?

① 허브(Hub)는 여러 대의 단말 장치가 하나의 근거리 통신망(LAN)에 접속할 수 있도록 지원하는 중계 장치이다.

② 리피터(Repeater)는 물리 계층(Physical Layer)에서 동작하며 전송 신호를 재생·중계해 주는 증폭 장치이다.

③ 브리지(Bridge)는 데이터 링크 계층(Data Link Layer)에서 동작하며 같은 MAC 프로토콜(Protocol)을 사용하는 근거리 통신망 사이를 연결하는 통신 장치이다.

④ 게이트웨이(Gateway)는 네트워크 계층(Network Layer)에서 동작하며 동일 전송 프로토콜을 사용하는 분리된 2개 이상의 네트워크를 연결해주는 통신 장치이다.

〉ADVICE ④ 게이트웨이(Gateway)는 서로 다른 통신규약을 사용하는 네트워크들을 상호 연결하기 위해 통신규약을 전환한다.

4 ㉠에 들어갈 용어로 옳은 것은?

(㉠) (은)는 유사한 문제를 해결하기 위해 설계들을 분류하고 각 문제 유형별로 가장 적합한 설계를 일반화하여 체계적으로 정리해 놓은 것으로 소프트웨어 개발에서 효율성과 재사용성을 높일 수 있다.

① 디자인 패턴
② 요구사항 정의서
③ 소프트웨어 개발 생명주기
④ 소프트웨어 프로세스 모델

〉ADVICE ① 소프트웨어를 설계할 때 특정 맥락에서 자주 발생하는 고질적인 문제들이 또 발생했을 때 재사용할 할 수 있는 훌륭한 해결책이다.
② 특정한 환경에서 어떤 기능을 수행하는. 프로그램들의 집합 혹은 소프트웨어 제품, 프로그램을 위한 명세서이다.
③ 소프트웨어의 생성에서 소멸까지 변환되는 과정을 말한다.

Answer 3.④ 4.①

5 결합도(Coupling)는 모듈 간의 상호 의존 정도 또는 모듈 간의 연관 관계를 의미한다. 아래에 나타낸 결합도를 약한 정도에서 강한 정도 순으로 올바르게 나열한 것은?

> ㉠ 내용 결합도(Content Coupling) ㉡ 제어 결합도(Control Coupling)
> ㉢ 자료 결합도(Data Coupling) ㉣ 공통 결합도(Common Coupling)

① ㉢ - ㉡ - ㉣ - ㉠   ② ㉢ - ㉣ - ㉠ - ㉡
③ ㉣ - ㉡ - ㉢ - ㉠   ④ ㉣ - ㉢ - ㉠ - ㉡

> **ADVICE** 결합도 순서 … 내용(강) → 공통 → 외부 → 제어 → 스탬프 → 데이터자료(약)
>   ㉠ 내용 결합도(content coupling) : 특정 모듈이 다른 모듈의 내부 자료나 제어정보를 사용함
>   ㉡ 공통 결합도(common coupling) : 많은 모듈이 전역변수를 참조함
>   ㉢ 외부 결합도(external coupling) : SW 외부환경과 연관되어 있음
>   ㉣ 제어 결합도(control coupling) : 호출하는 모듈이 호출되어지는 모듈의 제어를 지시하는 데이터를 매개변수로 사용
>   ㉤ 스탬프 결합도(stamp coupling) : 모듈간 자료구조 전달 결합
>   ㉥ 데이터 결합도(data coupling) : 단순한 매개변수 전달

6 컴퓨터 알고리즘에 대한 설명으로 옳지 않은 것을 〈보기〉에서 모두 고른 것은?

> 〈보기〉
> ㉠ 힙 정렬(Heap Sort) 알고리즘의 시간 복잡도는 $O(n^2)$이다.
> ㉡ 0/1 배낭(0/1 Knapsack) 문제에 대하여 다항시간(Polynomial time) 내에 해결 가능한 알고리즘이 개발되었다.
> ㉢ 모든 NP(Non-deterministic Polynomial time) 문제는 컴퓨터를 이용하여 다항시간에 해결할 수 없다.

① ㉠   ② ㉠, ㉡
③ ㉡, ㉢   ④ ㉠, ㉡, ㉢

> **ADVICE** 컴퓨터 알고리즘이란 주어진 문제에 대한 하나 이상의 결과를 생성하기 위해 모호함이 없는 간단하고 컴퓨터가 수행 가능한 일련의 유한개의 명령을 순서적으로 구성한 것이다.
>   ㉠ 요소의 개수가 n개 이므로 전체적으로 $O(n\log_2 n)$의 시간이 걸린다.
>   ㉡ 배낭문제는 짐을 쪼갤 수 있는 경우와 짐을 쪼갤 수 없는 경우 두 가지로 나눌 수 있는데, 쪼갤 수 없는 경우는 NP-완전이기 때문에 알려진 다항 시간 알고리즘은 없고, FPTAS만 존재한다.
>   ㉢ 모든 다른 NP-완전 문제도 다항식 시간에 해를 구할 수 있다.

Answer 5.① 6.④

7 JAVA 프로그램의 실행 결과로 옳은 것은?

```java
class Test {
    public static void main(String[] args) {
        int a = 101;
        System.out.println((a>>2) << 3);
    }
}
```

① 0   ② 200
③ 404   ④ 600

> ADVICE $a = 101$

$a \gg 2$: 101을 이진수로 변경하면 01100101이고 오른쪽으로 두 번 시프트 하면 00011001이 된다.

$(a \gg 2) \ll 3$: 왼쪽으로 3비트 시프트하면 11001000이 된다.

따라서 이진수 11001000은 10진수 200이 된다.

8 암호 방식에 대한 설명으로 옳은 것을 〈보기〉에서 모두 고른 것은?

〈보기〉
㉠ 대칭키 암호 방식(Symmetric Key Cryptosystem)은 암호화 키와 복호화 키가 동일하다.
㉡ 공개키 암호 방식(Public Key Cryptosystem)은 사용자 수가 증가하면 관리해야 할 키의 수가 증가하여 키 변화의 빈도가 높다.
㉢ 대칭키 암호 방식은 공개키 암호 방식에 비하여 암호화 속도가 빠르다.
㉣ 공개키 암호 방식은 송신자와 발신자가 서로 같은 키를 사용하여 통신을 수행한다.

① ㉠, ㉡   ② ㉠, ㉢
③ ㉡, ㉢   ④ ㉡, ㉣

> ADVICE ㉡ 대칭키 암호 방식에 대한 설명이다.

㉣ 공개키 암호화 방식은 암호키와 해독키가 다르기 때문에 비밀키 암호화 방식에 비해 알고리즘이 복잡하고, 암호화/해독속도가 느리다.

9 학생 테이블에 튜플들이 아래와 같이 저장되어 있을 때, 〈NULL, '김영희', '서울'〉 튜플을 삽입하고자 한다. 해당 연산에 대한 [결과]와 [원인]으로 옳은 것은?(단, 학생 테이블의 기본키는 학번이다.)

학번	이름	주소
1	김철희	경기
2	이철수	천안
3	박민수	제주

   [결과]   [원인]
① 삽입 가능 – 무결성 제약조건 만족
② 삽입 불가 – 관계 무결성 위반
③ 삽입 불가 – 개체 무결성 위반
④ 삽입 불가 – 참조 무결성 위반

❯ADVICE ③ 기본키로 정의된 학번이 NULL값이므로 기본키는 NULL값을 가질 수 없다는 개체무결성에 위배된다. 따라서 튜플은 삽입이 불가하다.

10 10진수 −2.75를 아래와 같이 IEEE 754 표준에 따른 32비트 단정도 부동소수점(Single Precision Floating Point) 표현 방식에 따라 2진수로 표기했을 때 옳은 것은?

부호	지수부	가수부
		(부호 : 1비트, 지수부 : 8비트, 가수부 : 23비트)

① 1000 0000 0000 0000 0000 0000 0000 1011
② 1000 0000 1011 0000 0000 0000 0000 0000
③ 1010 0000 0110 0000 0000 0000 0000 0000
④ 1100 0000 0011 0000 0000 0000 0000 0000

❯ADVICE 2.75를 이진수로 변경하면 10.11
1.011×2^1
부호 1, 지수부 127+1 = 128, 가수부 011

11 ㉠에 들어갈 용어로 옳은 것은?

> 주기억장치의 물리적 크기의 한계를 해결하기 위한 기법으로 주기억장치의 크기에 상관없이 프로그램이 메모리의 주소를 논리적인 관점에서 참조할 수 있도록 하는 것을 (㉠)라고 한다.

① 레지스터(Register)
② 정적 메모리(Static Memory)
③ 가상 메모리(Virtual Memory)
④ 플래시 메모리(Flash Memory)

>**ADVICE** ③ RAM을 관리하는 방법의 하나로, 각 프로그램에 실제 메모리 주소가 아닌 가상의 메모리 주소를 주는 방식을 말한다.
> ① 프로세서에 위치한 고속 메모리로 극히 소량의 데이터나 처리중인 중간 결과와도 같은 프로세서가 바로 사용할 수 있는 데이터를 담고 있는 영역을 레지스터라고 한다.
> ② 메모리 할당 방법 중에 하나로, 메모리의 크기가 하드 코딩되어 있기 때문에 프로그램이 실행 될 때 이미 해당 메모리의 크기가 결정되는 것이 특징이다.
> ④ 비휘발성 반도체 저장장치로 전기적으로 자유롭게 재기록이 가능하다.

12 다음에서 설명하는 소프트웨어 개발 방법론으로 옳은 것은?

> 프로세스와 도구 중심이 아닌 개발 과정의 소통을 중요하게 생각하는 소프트웨어 개발 방법론으로 반복적인 개발을 통한 잦은 출시를 목표로 한다.

① 애자일 개발 방법론
② 구조적 개발 방법론
③ 객체지향 개발 방법론
④ 컴포넌트 기반 개발 방법론

>**ADVICE** ① 신속하고 변화에 유연하며 적응적인 소프트웨어 개발을 목표로 하는 다양한 경량 개발 방법론 전체를 일컫는 총칭이다.
> ② 전체 시스템을 기능에 따라 분할하여 개발하고, 이를 통합하는 분할과 정복 접근 방식의 방법론. 프로세스 중심의 하향식 방법론이다.
> ③ 현실 세계의 개체를 속성와 메소드가 결합된 객체로 표현하고, 객체간의 Message 통신을 통하여 시스템을 구현하는 개발 방법이다.
> ④ 기존의 시스템이나 소프트웨어를 구성하는 컴포넌트를 조립해서 하나의 새로운 응용 프로그램을 만드는 소프트웨어 개발방법론이다.

13 C 프로그램의 실행 결과로 옳은 것은?

```c
#include<stdio.h>
int main( )
{
    int i, sum=0;
    for(i=1; i<=10; i+=2) {
        if(i%2 && i%3) continue;
        sum += i;
    }
    printf("%d\n", sum);
    return 0;
}
```

① 6   ② 12

③ 25   ④ 55

> **ADVICE** for문에 의해서 i=1, 3, 5, 7, 9 반복한다.
> if문에 의해 i가 2로 나눈 나머지 0이거나 3으로 나눈 나머지가 0이면 sum+=i문을 실행하지 않고 다시 반복문을
> 실행한다. i = 3, 9일 때 sum+=i을 실행한다.
> 따라서 3과 9의 합인 12가 출력된다.

14 불 대수(Boolean Algebra)에 대한 최소화로 옳지 않은 것은?

① $A(A+B) = A$ ② $A+\overline{A}B = A+B$

③ $A(\overline{A}+B) = AB$ ④ $AB+A\overline{B}+\overline{A}B = A$

> **ADVICE** $AB+A\overline{B}+\overline{A}B = A(B+\overline{B})+\overline{A}B = A+\overline{A}B = (A+\overline{A})+(A+B) = A+B$

15 배열(Array)과 연결리스트(Linked List)에 대한 설명으로 옳지 **않은** 것은?

① 연결리스트는 배열에 비하여 희소행렬을 표현하는데 비효율적이다.
② 연결리스트에 비하여 배열은 원소를 임의의 위치에 삽입하는 비용이 크다.
③ 연결리스트에 비하여 배열은 임의의 위치에 있는 원소를 접근할 때 효율적이다.
④ n개의 원소를 관리할 때, 연결리스트가 n 크기의 배열보다 메모리 사용량이 더 크다.

▶**ADVICE** ① 희소행렬은 일반 배열이 아닌 연결리스트로 표현하면 공간 낭비를 줄일 수 있어 효율적이다.

16 프로세스 P1, P2, P3, P4를 선입선출(First In First Out) 방식으로 스케줄링을 수행할 경우 평균응답시간으로 옳은 것은? (단, 응답시간은 프로세스 도착시간부터 처리가 종료될 때까지의 시간을 말한다)

프로세스	도착시간	처리시간
P1	0	2
P2	2	2
P3	3	3
P4	4	9

① 3   ② 4
③ 5   ④ 6

▶**ADVICE**

프로세스	대기시간	처리시간
P1	0	2
P2	0	2
P3	1	3
P4	3	9

평균반환시간 = 평균대기시간+평균처리시간

$$\frac{0+0+1+3}{4}+\frac{2+2+3+9}{4}=1+4=5$$

17 TCP/IP 프로토콜에 대한 설명으로 옳은 것은?

① TCP는 비연결형 프로토콜 방식을 사용한다.
② TCP는 네트워크 계층(Network Layer)에 속한다.
③ IP는 잘못 전송된 패킷에 대하여 재전송을 요청하는 기능을 제공한다.
④ IP는 각 패킷의 주소 부분을 처리하여 패킷이 목적지에 도달할 수 있도록 한다.

> ADVICE ① UDP가 비연결형 프로토콜이다.
② TCP는 OSI 7계층의 전송 계층에 속한다.
③ IP는 패킷의 분해, 조립, 주소 지정, 경로 선택 기능을 제공한다.

18 다음에서 설명하는 용어로 가장 옳은 것은?

> 프랭크 로젠블라트(Frank Rosenblatt)가 고안한 것으로 인공신경망 및 딥러닝의 기반이 되는 알고리즘이다.

① 빠른 정렬(Quick Sort)
② 맵리듀스(MapReduce)
③ 퍼셉트론(Perceptron)
④ 디지털 포렌식(Digital Forensics)

> ADVICE ③ 퍼셉트론(Perceptron)은 1957년에 고안된 오래된 알고리즘이자, 딥러닝의 기원이 되는 알고리즘이다.
① 분할 정복 알고리즘의 하나로, 평균적으로 매우 빠른 수행 속도를 자랑하는 정렬 방법이다.
② 여러 노드에 태스크를 분배하는 방법으로 각 노드 프로세스 데이터는 가능한 경우, 해당 노드에 저장된다.
④ 모든 디지털 기기 및 시스템 관련 범죄에 대한 과학적 수사를 의미한다.

Answer   17.④ 18.③

19 관계형 데이터베이스의 뷰(View)에 대한 장점으로 옳지 않은 것은?

① 뷰는 데이터의 논리적 독립성을 일정 부분 제공할 수 있다.

② 뷰를 통해 데이터의 접근을 제어함으로써 보안을 제공할 수 있다.

③ 뷰에 대한 연산의 제약이 없어서 효율적인 응용프로그램의 개발이 가능하다.

④ 뷰는 여러 사용자의 상이한 응용이나 요구를 지원할 수 있어서 데이터 관리를 단순하게 한다.

> **ADVICE** 뷰는 실제 데이터를 저장하고 있지 않는 가상의 테이블이지만, 검색, 삽입, 수정, 삭제 연산이 가능하다. 그러나 뷰는 테이블로부터 생성된 가상의 테이블이기 때문에 뷰에 대한 연산 시, 아래와 같은 제약 사항을 갖는다.

㉠ 뷰는 자신을 생성하기 위해 이용된 테이블의 기본 키를 포함하고 있어야 연산이 가능하다.

㉡ 뷰의 필드가 상수, 내장 함수, 연산식, GROUP BY 키워드로부터 유도되었다면, 해당 뷰는 연산이 불가능하다.

㉢ 다수의 테이블을 JOIN 하여 생성한 뷰는 연산이 불가능하다.

㉣ 연산을 적용할 수 없는 뷰에서 생성된 뷰 또한 연산이 불가능하다.

20 다음에서 설명하는 알고리즘 설계 기법으로 가장 알맞은 것은?

> 해결하고자 하는 문제의 최적해(Optimal Solution)가 부분 문제들의 최적해들로 구성되어 있을 경우, 이를 이용하여 문제의 최적해를 구하는 기법이다.

① 동적 계획법(Dynamic Programming)

② 탐욕적 알고리즘(Greedy Algorithm)

③ 재귀 프로그래밍(Recursive Programming)

④ 근사 알고리즘(Approximation Algorithm)

> **ADVICE** ① 특정 범위까지의 값을 구하기 위해서 그것과 다른 범위까지의 값을 이용하여 효율적으로 값을 구하는 알고리즘 설계 기법이다.

② 최적해를 구하는 데에 사용되는 근사적인 방법으로, 여러 경우 중 하나를 결정해야 할 때마다 그 순간에 최적이라고 생각되는 것을 선택해 나가는 방식으로 진행하여 최종적인 해답에 도달한다.

③ 자기 자신을 호출하는 형태의 함수 알고리즘을 말하며, 특정기능을 반복적으로 수행해야 할 필요가 있을 때 사용한다.

④ 어떤 최적화 문제에 대한 해의 근사값을 구하는 알고리즘을 의미한다. 이 알고리즘은 가장 최적화되는 답을 구할 수는 없지만, 비교적 빠른 시간에 계산이 가능하며 어느 정도 보장된 근사해를 계산할 수 있다.

Answer 19.③ 20.①

21 다음 글의 빈칸에 들어갈 말로 가장 적절한 것은?

_____ is probably the best understood of the mental pollutants. From the dull roar of rush-hour traffic to the drone of the fridge to the buzz coming out of the computer, it is perpetually seeping into our mental environment. Trying to make sense of the world above the din of our wired world is like living next to a freeway—we get used to it, but at a much diminished level of mindfulness and wellbeing. Quiet feels foreign now, but quiet may be just what we need. Quiet may be to a healthy mind what clean air and water and a chemical-free diet are to a healthy body. It is no longer easy to manufacture quietude, nor is it always practical to do so. But there are ways to pick up the trash in our mindscape: Switch off the TV set in the dentist's waiting room. Lose that loud fridge. Turn off the stereo. Put the computer under the table.

① Stimulus
② Music
③ Noise
④ Dust

> **ADVICE** ① 자극제 ② 음악 ③ 소음 ④ 먼지
>
> pollutants 오염 물질 dull 따분한 roar 표호, 으르렁거리다 drone 응응거리다 buzz 윙윙거리다 din 소음 mindfulness 마음 챙김 wellbeing (건강과)행복 quietude 고요 practical 현실적인
>
> 「소음은 아마도 정신 오염 물질로 가장 잘 이해되고 있다. 출퇴근시간 교통 혼잡의 따분한 포효에서부터 냉장고의 응응거리는 소리, 컴퓨터에서 나오는 윙윙거리는 소리까지, 그것은 우리의 정신적 환경에 끊임없이 흘러 들어간다. 우리의 유선 세계의 소음을 뛰어넘어 세상을 이해하려고 시도하는 것은 고속도로 옆에 사는 것과 같다. 우리는 익숙해지지만 마음과 행복의 수준은 훨씬 떨어진다. 고요는 이질적으로 느껴지지만 조용한 것은 우리가 필요로 하는 것일 수 있다. 고요는 공기와 물을 깨끗하게 하는 건강한 마음 같고, 화학 물질이 없는 식이요법이 건강한 몸을 만드는 것과 같다. 조용히 제조하는 것은 더 이상 쉽지 않으며 그렇게 하는 것이 항상 현실적이지도 않다. 그러나 우리의 사고 방식에서 쓰레기를 떼어낼 수 있는 방법이 있다 : 치과 대기실에서 TV를 끈다. 그 시끄러운 냉장고를 포기한다. 스테레오를 끈다. 컴퓨터를 탁자 아래에 놓는다.」

22 다음 글의 내용과 일치하지 않는 것은?

> To learn to read, children need to be helped to read. This issue is as simple and difficult as that. Dyslexia is a name, not an explanation. Dyslexia means, quite literally, being unable to read. Children who experience difficulty learning to read are frequently called dyslexic, but their difficulty does not arise because they are dyslexic or because they have dyslexia; they are dyslexic because they cannot read. To say that dyslexia is a cause of not being able to read is analogous to saying that lameness is a cause of not being able to walk. We were all dyslexic at one stage of our lives and become dyslexic again whenever we are confronted by something that we cannot read. The cure for dyslexia is to read.

① 어린이들이 글을 읽기 위해서는 도움이 필요하다.
② 난독증은 글을 읽을 수 없게 만드는 원인으로 작용한다.
③ 우리 모두는 삶의 어떤 시기에 난독 상태를 겪은 바 있다.
④ 독서는 난독증을 치유하는 길이다.

〉**ADVICE** Dyslexia 난독증 literally 문자 그대로 frequently 자주 analogous 유사한 lameness 절뚝거림, 불충분함 confront 직면하다

「읽는 법을 배우려면 어린이들은 읽는 도움을 받아야 한다. 이 문제는 간단하고 어렵다. 난독증은 이름이 아니라 설명이다. 난독증은 문자 그대로 읽을 수 없다는 것을 의미한다. 읽기 학습에 어려움을 겪는 어린이는 난독증이라고 종종 불리지만, 난독증이거나 난독증을 앓고 있기 때문에 어려움이 발생하지 않는다. 그들은 읽을 수 없기 때문에 난독증이다. 난독증이 읽을 수 없는 원인이라고 말하는 것은 절뚝거림이 걸을 수 없는 원인이라고 하는 것과 유사하다. 우리는 우리 삶의 한 단계에서 모두 난독증을 겪었으며, 우리가 읽을 수 없는 것에 직면할 때마다 다시 난독증을 겪을 수 있다. 난독증에 대한 치료법은 읽는 것이다.」

우편일반

1 우편사업의 보호규정에 대한 설명으로 옳은 것을 모두 고른 것은?

> ㉠ 지방자치단체에서 발송하는 등기우편물은 서신독점의 대상이다.
> ㉡ 우편업무를 위해서만 사용하는 물건은 압류가 금지되지만 제세 공과금 부과의 대상이다.
> ㉢ 우편물의 발송, 수취나 그 밖의 우편 이용에 관한 제한능력자의 행위는 능력자가 행한 것으로 간주한다.
> ㉣ 상품의 가격, 기능, 특성 등을 문자, 사진, 그림으로 인쇄한 16쪽 이상인 책자 형태의 상품 안내서는 서신독점의 대상이다.

① ㉠, ㉢   ② ㉠, ㉣
③ ㉡, ㉢   ④ ㉡, ㉣

⟫ADVICE ㉡ 우편업무를 위해서만 사용하는 물건과 우편업무를 위해 사용 중인 물건은 압류할 수 없다. 또한 우편업무를 위해서만 사용하는 물건(우편에 관한 서류를 포함)에 대해서는 국세·지방세 등의 제세공과금을 매기지 않는다.
㉣ 상품의 가격·기능·특성 등을 문자·사진·그림으로 인쇄한 16쪽 이상(표지를 포함한다)인 책자 형태의 상품 안내서는 서신독점의 예외 대상이다.

Answer 1.①

2 현행 「우편법 시행령」에서 정한 기본통상우편요금에 대한 설명으로 옳은 것은?

① 중량 25g 이하인 규격외우편물의 일반우편요금

② 중량 3g 초과 25g 이하인 규격우편물의 일반우편요금

③ 중량 5g 초과 25g 이하인 규격우편물의 일반우편요금

④ 중량 25g 초과 50g 이하인 규격외우편물의 일반우편요금

>**ADVICE** 기본통상우편요금〈「우편법 시행령」 제3조의2〉… 법 제2조 제3항에서 "대통령령으로 정하는 통상우편요금"이란 제12조에 따라 고시한 통상우편물요금 중 중량이 5그램 초과 25그램 이하인 규격우편물의 일반우편요금을 말한다.

※ 「우편법」 제2조 제3항 … 제2항에도 불구하고 서신(국가기관이나 지방자치단체에서 발송하는 등기취급 서신은 제외한다)의 중량이 350그램을 넘거나 제45조의2에 따라 서신송달업을 하는 자가 서신송달의 대가로 받는 요금이 <u>대통령령으로 정하는 통상우편요금</u>의 10배를 넘는 경우에는 타인을 위하여 서신을 송달하는 행위를 업으로 할 수 있다.

3 우편물의 발송에 대한 설명으로 옳지 않은 것은?

① 부가취급우편물을 운송 용기에 담을 때에는 책임자나 책임자가 지정하는 사람이 참관한다.

② 행선지별로 구분한 우편물을 효율적으로 운송하기 위하여 운송거점에서 운송 용기를 서로 교환한다.

③ 등기우편물을 발송할 때에는 우편물류 시스템으로 등기우편물 배달증을 생성하고, 생성된 배달증과 현품 수량을 확인한 후 발송한다.

④ 일반우편물은 형태별로 분류하여 해당 우편 상자에 담되, 우편 물량이 적을 경우에는 형태별로 묶어 담고 운송 용기 국명표는 혼재 표시된 것을 사용한다.

>**ADVICE** ①③ 부가취급우편물을 운송 용기에 담을 때에는 책임자나 책임자가 지정하는 사람이 참관하여 우편물류시스템으로 부가취급우편물 송달증을 생성하고 송달증과 현품 수량을 대조 확인한 후 발송한다.

Answer 2.③ 3.③

4 통상우편물 접수 시 규격외 요금을 징수해야 하는 우편물의 개수로 옳은 것은?

> ㉠ 봉투의 재질이 비닐인 우편물
> ㉡ 봉투를 봉할 때 접착제를 사용한 우편물
> ㉢ 수취인 우편번호를 6자리로 기재한 우편물
> ㉣ 누르지 않은 자연 상태에서 두께가 10㎜인 우편물
> ㉤ 봉투 색상이 70% 이하 반사율을 가진 밝은 색 우편물
> ㉥ 정해진 위치에 우편요금 납부 표시를 하지 않거나, 우표를 붙이지 않은 우편물

① 1개   ② 2개
③ 3개   ④ 4개

>**ADVICE** ㉠ 봉투의 재질은 종이로 하며, 창문봉투의 경우 다른 소재로 투명하게 창문을 제작한다.
> ㉢ 수취인 우편번호는 5자리 우편번호로 기재해야 한다.
> ㉣ 두께는 누르지 않은 자연 상태 최대 5㎜이어야 한다.

5 우편물의 운송에 대한 설명으로 옳은 것은?

① 우편물 운송의 우선순위는 1순위, 2순위, 3순위, 기타순위로 구분된다.
② 우편물이 일시적으로 폭주하는 경우, 항공기 등을 이용하여 운송하는 것을 특별운송이라고 한다.
③ 임시운송은 물량의 증감에 따라 특급우편물, 등기우편물, 일반 우편물을 별도로 운송하는 것을 말한다.
④ 우편물의 안정적인 운송을 위하여 우정사업본부장은 운송 구간, 수수국, 수수 시각, 차량 톤수 등을 우편물 운송 방법 지정서에 지정한다.

>**ADVICE** ② 특별운송이란 우편물의 일시적인 폭주와 교통의 장애 등 그 밖의 특별한 사정이 있다고 인정되는 경우에 우편물의 원활한 송달을 위하여 전세차량 · 선박 · 항공기 등을 이용하여 운송하는 것이다. 우편물 정시송달이 가능하도록 최선편에 운송하고 운송료는 사후에 정산한다.
> ① 우편물의 운송의 우선순위는 1순위(EMS우편물), 2순위(익일특급우편물, 등기소포우편물, 일반등기 · 선택등기우편물 및 준등기우편물, 국제항공우편물), 3순위(일반소포우편물, 일반통상우편물, 국제선편우편물)로 구분된다〈우편업무규정 제265조〉.
> ③ 임시운송은 물량의 증감에 따라 정기운송편 이외 방법으로 운송하는 것을 말한다.
> ④ 정기운송은 우편물의 안정적인 운송을 위하여 관할 지방우정청장이 운송구간, 수수국, 수수시각, 차량톤수 등을 우편물 운송방법 지정서에 지정하고 시행한다.

Answer   4.③   5.②

6 우편사서함에 대한 설명으로 옳지 않은 것을 모두 고른 것은?

ㄱ 사서함에 배달된 우편물을 정당한 사유 없이 30일 이상 수령하지 않을 때에는 사서함 사용계약을 해지해야 한다.

ㄴ 사서함 번호와 주소가 함께 기록된 우편물 중 국내특급(익일특급제외), 특별송달, 보험등기, 맞춤형 계약등기, 등기소포 우편물은 주소지에 배달해야 한다.

ㄷ 사서함 신청을 받은 우체국장은 국가기관, 지방자치단체, 일일 배달예정 물량이 100통 이상인 다량 이용자, 우편물 배달 주소지가 사서함 설치 우체국의 관할구역인 신청자 순서로 우선 계약해야 한다.

---

① ㄱ

② ㄴ, ㄷ

③ ㄱ, ㄷ

④ ㄱ, ㄴ, ㄷ

>**ADVICE** 우편사서함이란 신청인이 우체국장과 계약을 하여 우체국에 설치된 우편함에서 우편물을 직접 찾아가는 서비스이다. 우편물을 다량으로 받는 고객이 우편물을 수시로 찾아갈 수 있으며, 수취인 주거지나 주소변경에 관계없이 이용할 수 있는 장점이 있다.

　ㄱ 사서함에 배달된 우편물을 정당한 사유 없이 30일 이상 수령하지 않을 경우에는 사서함 사용계약을 해지할 수 있다.

　ㄴ 사서함 번호와 주소가 함께 기록된 우편물도 사서함에 넣을 수 있으며, 특별송달, 보험취급, 맞춤형 계약등기 우편물은 주소지에 배달해야 한다.

　ㄷ 사서함 신청을 받은 우체국장은 국가기관, 지방자치단체, 일일 배달 예정 물량이 100통 이상인 다량 이용자, 우편물 배달 주소지가 사서함 설치 우체국의 관할구역인 신청자 순서로 우선적으로 계약을 할 수 있다.

7 국제우편 종류별 접수방법에 대한 설명으로 옳은 것은?

① 보험소포우편물 취급 시 중량이 '8kg 883g'인 경우, '8,900g'으로 기록한다.

② 우편자루배달인쇄물 접수 시 하나의 소포우편물로 취급하며, 우편 요금과 별도로 통관회부대행수수료 4,000원을 징수한다.

③ 국제특급우편(EMS)는 접수우체국에서 해당 칸에 접수 년·월·일까지 기재하고 중량은 100g 단위로 기재한다.

④ K-Packet의 발송인 란에는 통관, 손해배상, 반송 등의 업무 처리를 위해 반드시 한 명의 주소 및 성명을 기재해야 한다.

> **ADVICE** ④ K-Packet은 「국제우편규정」 제3조, 제9조에 따라 과학기술정보통신부장관이 고시한 전자상거래용 국제우편서비스이다. K-Packet 운송장의 발송인 란에는 통관, 손해배상, 반송 등의 업무처리를 위하여 반드시 한 명의 주소·성명을 기재해야 한다.
> ① 보험소포우편물의 중량은 10g 단위로 표시하며, 10g 미만의 단수는 10g으로 절상한다. 따라서 중량이 '8kg 883g'인 경우, '8,890g'으로 기록한다.
> ② 우편자루배달인쇄물은 동일인이 동일수취인에게 한꺼번에 다량으로 발송하고자 하는 인쇄물 등을 넣은 우편자루를 한 개의 우편물로 취급한다. 우편자루배달인쇄물은 우편요금과 별도로 통관절차대행수수료 4,000원을 징수한다.
> ③ 접수우체국에서 해당 칸에는 접수 년·월·일·시·분까지 기재하고 중량은 10g 단위로 기재한다.

Answer 7.④

8 국제통상우편물 종별 세부내용에 대한 설명으로 옳은 것은?

① 인쇄물로 접수할 수 있는 것은 서적, 홍보용 팸플릿, 상업 광고물, 도면, 포장박스 등이다.

② 그림엽서의 경우, 앞면 윗부분에 우편엽서를 뜻하는 단어를 영어나 프랑스어로 표시해야 한다.

③ 특정인에게 보내는 통신문을 기록한 우편물, 법규 위반 엽서, 법규위반 항공서간은 서장으로 취급한다.

④ 소형포장물의 경우, 제조회사의 마크나 상표는 내부나 외부에 기록이 가능하나, 발송인과 수취인 사이에 교환되는 통신문에 관한 참고사항은 내부에만 기록할 수 있다.

>**ADVICE** ③ 서장(Letters)은 특정인에게 보내는 통신문(Correspondence)을 기록한 우편물(타자한 것을 포함)이다. 서장 취급 예시로는 법규 위반 엽서, 법규 위반 항공서간 등이 해당한다.

　① 인쇄물로 접수할 수 있는 물품은 서적, 정기간행물, 홍보용 팸플릿, 잡지, 상업광고물, 달력, 사진, 명함, 도면 등이다. CD, 비디오테이프, OCR, 포장박스, 봉인한 서류 등은 인쇄물로 접수할 수 없다.

　② 우편엽서의 경우, 앞면 윗부분에 우편엽서를 뜻하는 영어나 프랑스어로 표시(Postcard 또는 Carte postale)해야 한다. 다만 그림엽서의 경우에 꼭 영어나 프랑스어로 표시해야 하는 것은 아니다.

　④ 제조회사의 마크나 상표, 발송인과 수취인 사이에 교환되는 통신문에 관한 참고 사항은 모두 우편물의 내부나 외부에 기록이 가능하다.

　※ 소형포장물의 내부나 외부에 기록 가능한 사항

　　㉠ 상거래용 지시 사항

　　㉡ 수취인과 발송인의 주소·성명

　　㉢ 제조회사의 마크나 상표

　　㉣ 발송인과 수취인 사이에 교환되는 통신문에 관한 참고 사항

　　㉤ 물품의 제조업자 또는 공급자에 관한 간단한 메모, 일련번호나 등기번호, 가격·무게·수량·규격에 관한 사항, 상품의 성질, 출처에 관한 사항

Answer 8.③

9 국제특급우편(EMS) 주요 부가서비스 및 제도에 대한 설명으로 옳은 것은?

① 수출우편물 발송확인서비스 대상 우편물의 경우, 발송인은 수리일 다음날로부터 30일 내에 해당 우편물을 선적 또는 기적해야 한다.

② EMS 프리미엄 서비스는 1~5개 지역 및 서류용과 비서류용으로 구분되며, 최고 7천만 원까지 내용품의 가액에 한해 보험 취급이 가능하다.

③ EMS 프리미엄의 부가서비스인 고중량특송 서비스는 전국 우체국에서 접수 가능하며, 우체국과 계약 여부에 상관없이 누구나 이용 할 수 있다.

④ 2003년부터 EMS 배달보장서비스가 시행되어 운영 중이며, 실무에서 처리할 경우, 도착 국가에서 통관 보류나 수취인 부재 등의 사유로 인한 미배달은 배달완료로 간주한다.

> **ADVICE** ① 수출우편물 발송확인서비스 대상 우편물의 경우, 발송인은 수리일로부터 30일내에 선적 또는 기적하여야 하며, 기일 내 선적 또는 기적하지 아니한 경우에는 과태료 부과와 수출신고 수리가 취소된다.
>
> ② EMS 프리미엄 서비스는 1~5개 지역, 러시아지역 및 서류와 비서류로 구분되며, 우편물의 분실이나 파손에 대비하여 최고 50백만 원(5천만 원)까지 내용품 가액에 대한 보험취급이 가능하다.
>
> ④ EMS 배달보장 서비스는 2005. 7. 25. 최초 시행되어 운영 중이며, 통관 보류나 수취인 부재 등의 사유로 인한 미배달은 배달완료로 간주한다.
>
> ※ EMS 프리미엄 서비스의 특징
>
> ㉠ EMS 미 취급 국가를 비롯한 국제특송우편물의 해외 송달
>
> ㉡ 국가별 EMS 제한무게를 초과하는 고중량 국제특송우편물 송달
>
> ㉢ SMS 배달안내, Export/Import 수취인 요금부담, 통관대행 등 다양한 부가서비스 제공

Answer 9.③

02　예금일반

1　금융 투자상품에 대한 설명으로 옳지 않은 것은?

① 수입업자는 선물환 매입계약을 통해 환율변동에 따른 환리스크를 헤지(hedge)할 수 있다.

② 투자자의 원본 결손액에 대해 불법행위로 인한 손해 여부를 입증해야 하는 책임은 금융투자업자에게 있다.

③ 풋옵션의 경우, 기초자산 가격이 행사가격 이하로 하락함에 따라 매수자의 이익과 매도자의 손실이 무한정으로 커질 수 있다.

④ 상장지수증권(ETN)은 외부수탁기관에 위탁되기 때문에 발행기관의 신용위험이 없고 거래소에 상장되어 실시간으로 매매가 이루어진다.

>**ADVICE** ④ 상장지수증권(ETN ; Exchange Traded Notes)은 기초지수 변동과 수익률이 연동되도록 증권회사가 발행하는 파생결합증권으로서 거래소에 상장되어 거래되는 증권이다. ETF와 ETN은 모두 인덱스 상품이면서 거래소에 상장되어 거래된다는 점에서는 유사하나 ETF의 경우는 자금이 외부 수탁기관에 맡겨지기 때문에 발행기관의 신용위험이 없는 반면에 ETN은 발행기관인 증권회사의 신용위험에 노출된다.

2　예금주의 사망 시 적용되는 상속제도에 대한 설명으로 옳지 않은 것은?

① 친양자 입양제도에 따라 입양된 친양자는 법정혈족이므로 친생 부모 및 양부모의 예금을 상속받을 수 있다.

② 예금주의 아들과 손자는 같은 직계비속이지만 아들이 손자보다 선순위로 상속받게 된다.

③ 특정유증의 경우, 수증자는 상속인 또는 유언집행자에 대하여 채권적 청구권만을 가진다.

④ 협의 분할 시 공동상속인 중 친권자와 미성년자가 있는 경우, 미성년자에 대하여 특별대리인을 선임하여 미성년자를 대리하도록 해야 한다.

>**ADVICE** ① 양자는 법정혈족이므로 친생부모 및 양부모의 예금도 상속한다. 다만, 2008. 1. 1.부터 시행된 친양자 입양제도에 따라 입양된 친양자는 친생부모와의 친족관계 및 상속관계가 모두 종료되므로 생가부모의 예금을 상속하지는 못한다.

※ 서자와 적모 사이·적자와 계모 사이·부와 가봉자(의붓아들) 사이에는 혈연도 없고 법정혈족도 아니므로 상속인이 아니다.

Answer　1.④　2.①

3 A씨의 2018년 귀속 금융소득 현황이 다음과 같을 때 종합소득 산출세액으로 옳은 것은?

> • 정기예금 이자: 55,100,000원
> • 우리사주 배당금: 20,000,000원
> • 환매조건부채권 이자(RP): 30,000,000원
> • 농업회사법인 출자금 배당: 10,000,000원
>
>   단, 종합소득 공제는 5,100,000원, 누진 공제액은 5,220,000원으로 한다.

① 9,580,000원
② 11,980,000원
③ 14,380,000원
④ 16,780,000원

>ADVICE 개인별 연간 금융소득(이자·배당 소득)이 2천만 원 이하일 경우에는 원천징수하고, 2천만 원을 초과하는 금융소득은 2천만 원에 대하여는 원천징수세율(14%)을 적용하고 2천만 원을 초과하는 금액은 다른 종합소득(근로소득·사업소득·연금소득 등)과 합산하여 누진세율을 적용하여 종합과세 한다.
>제시된 금융소득 중 우리사주 배당금과 농업회사법인 출자금 배당은 「조세특례제한법」에 의한 비과세 금융소득이므로 종합과세에서 제외된다. 따라서 A씨의 종합소득산출세액을 계산하면 아래와 같다.
>• 총 금융소득 = 5,510만 원 + 3,000만 원 = 8,510만 원
>• 총 금융소득 − 종합소득 공제 = 8,510만 원 − 510만 원 = 8,000만 원
>• 2,000만 원에 대한 원천징수 : 2,000만 원 × 0.14 = 280만 원
>• 2,000만 원을 초과하는 금액 6,000만 원 : 582만 원 + (6,000만 원 − 4,600만 원) × 0.24 = 918만 원
>• A씨의 종합소득산출세액 = 280만 원 + 918만 원 = 1,198만 원

Answer 3.②

4 우체국 예금상품 및 체크카드에 대한 설명으로 옳은 것을 모두 고른 것은?

> ㉠ 법인용 체크카드의 현금 입출금 기능은 개인사업자에 한하여 선택 가능하다.
> ㉡ 우체국 소상공인정기예금은 노란우산에 가입하거나 신용카드 가맹점 결제계좌 약정 시 우대금리를 제공한다.
> ㉢ 우체국 매일모아 e적금, 달달하이(high) 적금, 우체국 파트너든든 정기예금, 2040+α 정기예금은 우체국 창구를 통한 가입이 불가하다.
> ㉣ 우체국 개이득 체크카드는 전 가맹점 0.3%, OTT · 패션 · 멤버십 30% 할인이 가능한 카드이다.

① ㉠, ㉡
② ㉡, ㉢
③ ㉢, ㉣
④ ㉠, ㉣

>**ADVICE** ㉠ [O] 우체국 체크카드 법인용 상품 중 '정부구매' 체크카드의 경우 현금카드 기능이 지원되지 않으며, '성공파트너', 'e-나라도움', 'Biz플러스' 체크카드의 현금 입출금 기능은 개인사업자에 한하여 선택이 가능하다.
> ㉡ [X] 우체국 소상공인정기예금은 실명의 개인 또는 개인사업자인 소상공인 · 소기업 대표자를 대상으로 노란우산 가입, 우체국 수시입출식 예금 실적에 따라 우대금리를 제공하는 서민자산 형성 지원을 위한 공익형 정기예금이다.
> ㉢ [X] 우체국 매일모아 e적금과 달달하이(high) 적금은 우체국 창구를 통한 가입이 불가능하지만, 우체국 파트너든든 정기예금과 2040+α 정기예금은 우체국 창구에서도 신규가입 및 해지가 가능하다.
> ㉣ [O] 우체국 개이득 체크카드는 전 가맹점 0.3%, OTT · 패션 · 멤버십 30% 할인 및 디자인 특화 카드이다.

Answer 4.④

5 예금자보호법에서 정한 예금보험제도에 대한 설명으로 옳은 것은?

① 은행, 보험회사, 종합금융회사, 수협은행, 외국은행 국내지점은 보호대상 금융회사이다.
② 외화예금, 양도성예금증서(CD), 환매조건부채권(RP), 주택청약저축은 비보호 금융상품이다.
③ 서울시가 시중은행에 가입한 정기예금 1억 원은 5천만 원 한도 내에서 예금자보호를 받는다.
④ 금융회사가 예금을 지급할 수 없게 되면 법에 의해 금융감독원이 대신하여 예금을 지급하는 공적
보험제도이다.

> **ADVICE** ② 외화예금은 보호 금융상품이다.

※ 보호 금융상품과 비보호 금융상품

구분	보호 금융상품	비보호 금융상품
은행	• 요구불예금(보통예금, 기업자유예금, 당좌예금 등) • 저축성예금(정기예금, 주택청약예금, 표지어음 등) • 적립식예금(정기적금, 주택청약부금, 상호부금 등) • 외화예금 • 예금보호대상 금융상품으로 운용되는 확정기여형 퇴직연금제도 및 개인형퇴직연금제도의 적립금 • 중소기업퇴직연금기금에 편입된 금융상품 중 예금보호 대상으로 운용되는 금융상품 • 개인종합자산관리계좌(ISA)에 편입된 금융상품 중 예금보호 대상으로 운용되는 금융상품 • 원본이 보전되는 금전신탁 등	• 양도성예금증서(CD), 환매조건부채권(RP) • 금융투자상품(수익증권, 뮤추얼펀드, MMF등) • 은행 발행채권 • 주택청약저축, 주택청약종합저축 등 • 확정급여형 퇴직연금제도의 적립금 • 특정금전신탁 등 실적배당형 신탁 • 개발신탁
보험회사	• 개인이 가입한 보험계약 • 퇴직보험 • 변액보험계약 특약 • 변액보험계약 최저사망보험금·최저연금적립금·최저중도인출금 등 최저보증 • 예금보호대상 금융상품으로 운용되는 확정기여형 퇴직연금제도 및 개인형퇴직연금제도의 적립금 • 중소기업퇴직연금기금에 편입된 금융상품 중 예금보호 대상으로 운용되는 금융상품 • 개인종합자산관리계좌(ISA)에 편입된 금융상품 중 예금보호 대상으로 운용되는 금융상품 • 원본이 보전되는 금전신탁 등	• 보험계약자 및 보험료납부자가 법인인 보험계약 • 보증보험계약 • 재보험계약 • 변액보험계약 주계약(최저사망보험금·최저연금적립금·최저중도인출금 등 최저보증 제외) 등 • 확정급여형 퇴직연금제도의 적립금

③ 정부·지방자치단체·한국은행·금융감독원·예금보험공사 및 부보금융회사의 예금은 보호대상에서 제외된다.
④ 예금보험공사는 예금보험제도를 통해 금융회사의 보험료, 정부와 금융회사의 출연금, 예금보험기금채권 등으로 예금보험기금을 조성해두었다가 금융회사가 고객들에게 예금을 지급하지 못하는 경우에 대신 지급해 준다.

1   우체국 보험상품에 대한 설명으로 옳은 것은? [기출변형]

① 무배당 우체국연금보험과 우체국연금저축보험의 연금 개시 나이는 만 55세부터이다.

② 무배당 우체국온라인어린이보험의 경우, 임신 24주 태아는 주계약의 가입대상이고 무배당 선천이상특약Ⅱ의 가입대상이 아니다.

③ 무배당 우체국간편건강보험(20년갱신)의 경우, 고령자 및 유병자는 가입이 불가능하다.

④ 무배당 우체국든든한건강종신보험은 보험기간 중 계약이 해지될 경우, 예정해약환급금은 1종(50% 저해약환급형)이 2종(표준형)보다 적다.

> ADVICE ② 무배당 우체국온라인어린이보험의 주계약 가입대상 나이는 0~15세이고, 무배당 선천이상특약Ⅱ의 가입나이는 임신 23주 이내 태아이다. 따라서 임신 24주 태아는 주계약의 가입대상이다.
>
> ① 우체국연금보험의 연금 개시 나이는 만 45세~80세이고, 우체국연금저축보험의 연금 개시 나이는 만 55세~80세이다.
>
> ③ 무배당 우체국간편건강보험(20년갱신)의 경우, 보험가입이 어려웠던 고령자 및 유병자도 가입 가능하다.
>
> ④ 1종(해약환급금 50%지급형)의 계약이 보험료 납입기간 중 해지될 경우의 해약환급금은 2종(표준형) 예정해약환급금의 50%에 해당하는 금액에 플러스적립금을 더한 금액으로 한다. 다만 보험료 납입기간이 완료된 이후 계약이 해지되는 경우에는 2종(표준형)의 예정해약환급금과 동일한 금액에 플러스적립금을 더한 금액을 지급한다.

2 우체국보험의 계약유지에 대한 설명으로 옳은 것은?

① 피보험자는 해지된 날부터 3년 이내에 체신관서가 정한 절차에 따라 계약의 부활을 청약할 수 있다.

② 보험계약자가 보험수익자를 변경하는 경우, 보험금의 지급사유가 발생하기 전에 변경 전 보험수익자의 동의를 받아야 한다.

③ 보험료의 자동대출 납입 기간은 최초 자동대출 납입일부터 1년을 최고한도로 하며 그 이후의 기간은 보험계약자가 재신청을 하여야 한다.

④ 보험계약자가 고의로 보험금 지급사유를 발생시킨 경우, 체신관서는 그 사실을 안 날부터 1개월 이내에 계약을 해지할 수 있으며 책임준비금을 보험계약자에게 지급한다.

> **ADVICE** ③ 보험료 자동대출 납입제도는 보험료 미납으로 실효(해지)될 상태에 있는 보험계약에 대하여 계약자의 신청이 있는 경우 해약환급금 범위 내에서 자동대출(환급금대출)하여 보험료를 납입할 수 있는 제도이다. 보험료의 자동대출납입 기간은 최초 자동대출납입일부터 1년을 한도로 하며 그 이후의 기간에 대한 보험료의 자동대출 납입을 위해서는 재신청을 하여야 한다.
> ① 우체국보험 약관에 의거 보험료의 납입연체로 인한 해지계약이 해약환급금을 받지 않은 경우 계약자는 해지된 날부터 3년 이내에 체신관서가 정한 절차에 따라 계약의 부활(효력회복)을 청약할 수 있다.
> ② 보험계약자는 언제든지 보험수익자 변경이 가능하며, 타인의 생명보험(계약자≠피보험자)인 경우 보험수익자 변경 시에는 피보험자의 동의가 필요하다.
> ④ 다음의 중대 사유와 같은 사실이 있을 경우에 체신관서는 그 사실을 안 날부터 1개월 이내에 계약을 해지할 수 있다. 이 경우 체신관서는 그 취지를 계약자에게 통지하고 해당 상품의 약관에 따른 해약환급금을 지급한다.
> • 보험계약자, 피보험자 또는 보험수익자가 고의로 보험금 지급사유를 발생시킨 경우
> • 보험계약자, 피보험자 또는 보험수익자가 보험금 청구에 관한 서류에 고의로 사실과 다른 것을 기재하였거나 그 서류 또는 증거를 위조 또는 변조한 경우. (다만, 이미 보험금 지급사유가 발생한 경우에는 보험금 지급에 영향을 미치지 않음)

Answer 2.③

3 현행「우체국예금·보험에 관한 법률 시행규칙」에서 정한 우체국 보험에 대한 설명으로 옳은 것은?

① 재보험의 가입한도는 영업보험료의 100분의 80 이내이다.

② 우체국보험의 종류에는 보장성보험, 저축성보험, 연금보험, 단체보험이 있다.

③ 계약보험금 한도액은 보험종류별(연금보험 제외)로 피보험자 1인당 5천만 원이다.

④ 세액공제 혜택이 없는 연금보험의 최초 연금액은 피보험자 1인당 1년에 900만 원 이하이다.

⟩ADVICE ④ 제35조 제1항 제3호의 연금보험(「소득세법 시행령」 제40조의2 제2항 제1호에 따른 연금저축계좌에 해당하는 보험은 제외한다)의 최초 연금액은 피보험자 1인당 1년에 900만 원 이하로 한다〈「우체국예금·보험에 관한 법률 시행규칙」 제36조(계약보험금 및 보험료의 한도) 제2항〉.

　① 법 제46조의2 제2항에 따른 재보험(再保險)의 가입한도는 사고 보장을 위한 보험료의 100분의 80 이내로 한다〈동법 시행규칙 제60조의2(재보험의 가입한도)〉.

　② 법 제28조에 따른 보험의 종류는 다음 각 호와 같다〈동법 시행규칙 제35조(보험의 종류) 제1항〉.

　　1. 보장성보험 : 생존 시 지급되는 보험금의 합계액이 이미 납입한 보험료를 초과하지 아니하는 보험

　　2. 저축성보험 : 생존 시 지급되는 보험금의 합계액이 이미 납입한 보험료를 초과하는 보험

　　3. 연금보험 : 일정 연령 이후에 생존하는 경우 연금의 지급을 주된 보장으로 하는 보험

　③ 법 제28조에 따른 계약보험금 한도액은 보험종류별(제35조 제1항 제3호의 연금보험은 제외한다)로 피보험자(被保險者) 1인당 4천만 원(제35조 제1항 제1호의 보장성보험 중 우체국보험사업을 관장하는 기관의 장이「국가공무원법」제52조에 따라 그 소속 공무원의 후생·복지를 위하여 실시하는 단체보험상품의 경우에는 2억 원으로 한다)으로 하되, 보험종류별 계약보험금한도액은 우정사업본부장이 정한다〈동법 시행규칙 제36조(계약보험금 및 보험료의 한도) 제1항〉.

Answer　3.④

4 우체국 보험상품의 보험세제에 대한 설명으로 옳은 것은?

① 무배당 어깨동무보험의 경우, 연간 납입보험료 100만 원 한도 내에서 연간 납입보험료의 12%가 세액공제 금액이 된다.

② 무배당 그린보너스저축보험플러스는 보험계약자, 피보험자, 보험수익자가 동일하여야 월적립식 저축성보험 비과세를 받을 수 있다.

③ 무배당 파워적립보험은 보험기간이 10년인 경우, 납입기간은 보험 종류에 관계없이 월적립식 저축성보험 비과세 요건의 납입기간을 충족한다.

④ 무배당 우체국연금보험에 가입한 만 65세 연금소득자가 종신연금형으로 연금수령 시 연금소득에 대해 적용되는 세율은 종신연금형을 기준으로 한다.

>ADVICE ① 무배당 어깨동무보험의 경우, 연간 100만 원 한도 내에서 연간 납입한 보험료의 15%가 세액공제 금액이 된다.

② 무배당 그린보너스저축보험플러스는 절세형 상품으로, 관련 세법에서 정하는 요건에 부합하는 경우 일반형은 이자소득이 비과세되고 금융소득종합과세에서도 제외되며, 비과세종합저축은 조세특례제한법 제88조의2에서 정한 노인 및 장애인 등의 계약자에게 만기뿐만 아니라 중도해약 시에도 이자소득이 비과세된다.

④ 연금소득에 대한 세율은 「소득세법 제129조 1항 5의 2(원천징수세율)」에 따라 아래와 같다. 단, 가, 나를 동시 충족하는 경우에는 낮은 세율 적용한다.

구분	세율	
가. 연금소득자의 나이에 따른 세율	나이(연금수령일 현재)	세율
	만 70세 미만	5%
	만 70세 이상 만 80세 미만	4%
	만 80세 이상	3%
나. 종신연금형	3%	

1 **동기식 전송(Synchronous Transmission)에 대한 설명으로 옳지 않은 것은?**

① 정해진 숫자만큼의 문자열을 묶어 일시에 전송한다.
② 작은 비트블록 앞뒤에 Start Bit와 Stop Bit를 삽입하여 비트블록을 동기화한다.
③ 2,400bps 이상 속도의 전송과 원거리 전송에 이용된다.
④ 블록과 블록 사이에 유휴시간(Idle Time)이 없어 전송효율이 높다.

>ADVICE 동기식 전송, 비동기식 전송 방식

동기식 전송	비동기식 전송
여러 문자 또는 비트들의 데이터 블록 단위	한 문자 단위로 전송
전송의 시작과 끝을 알리는 제어 정보 부분을 데이터 블록 앞에 붙여 동기화를 유지	• 시작비트와 정지비트 사이의 간격이 가변적이므로 불규칙적인 전송에 적합 • 시작비트와 정지비트가 존재하므로 동기화가 유지
• 많은 양을 전송하므로 버퍼장치 필요 • 대부분 통신 프로토콜에서 사용 • 2400bps 이상의 고속 전송에 사용 • 위상 편이 변조(psk) 사용 • 문자동기 방식과 비트동기 방식 구분 • 시작비트나 종료비트 및 간격 없이 전송	• 각 문자 사이에 유휴 시간이 있음 • 2000bps 이하의 낮은 전송 속도에 사용 • 주파수 편이 변조(fsk)를 이용 • 전송할 데이터가 있을 경우, 휴지상태에서 시작비트를 전송하여 선로를 0상태로 전환
전송 효율 및 전송속도가 좋음	단순하고 저가로 구현이 가능
장비 가격 고가	전송 효율이 떨어짐

2 어떤 프로젝트를 완성하기 위해 작업 분할(Work Breakdown)을 통해 파악된, 다음 소작업(activity) 목록을 AOE(Activity On Edge) 네트워크로 표현하였을 때, 이 프로젝트가 끝날 수 있는 가장 빠른 소요시간은?

소작업 이름	소요시간	선행 소작업
a	5	없음
b	5	없음
c	8	a, b
d	2	c
e	3	b, c
f	4	d
g	5	e, f

① 13
② 21
③ 24
④ 32

>**ADVICE** 임계경로를 구하는 방법
- 가장 이른 시간 : 시작점에서 끝점까지 가장 긴 경로의 길이

$$a \rightarrow c \rightarrow d \rightarrow f \rightarrow g$$

- 가장 늦은 시간 : 프로젝트를 마치는 데 필요한 시간

$$5 + 8 + 2 + 4 + 5 = 24$$

※ 임계경로 … 작업들은 병렬로 수행되므로 프로젝트를 완료하기 위한 최소시간으로서 시작점에서 끝점까지 가장 긴 경로의 길이

3 다음에 제시된 입력 데이터를 엑셀 서식의 표시 형식 코드에 따라 출력한 결과로 옳은 것은?

입력 데이터 : 1234.5
표시 형식 코드 : #,##0

① 1,234   ② 1,235
③ 1,234.5   ④ 1,234.50

> ADVICE '0'은 유효하지 않은 0도 표시한다는 의미이고 '#'은 유효하지 않은 0은 생략한다는 의미이다.
> → #,##0일 경우 유효하지 않은 0이라도 끝자리수를 표시하도록 하였기에, 결괏값 0이 그대로 도출되며 소수점 이하 반올림하여 1,235로 표기한다.

4 공개키 암호방식에 대한 설명으로 옳은 것은?

① 송신자는 전송메시지에 대한 MAC(Message Authentication Code)을 생성하고 수신자는 그 MAC을 점검함으로써 메시지가 전송과정에서 변조되었는지 여부를 확인한다.
② 송신자는 수신자의 개인키를 이용하여 암호화한 메시지를 송신하고 수신자는 수신한 메시지를 자신의 공개키를 이용하여 복호화 한다.
③ 송수신자 규모가 동일할 경우, 공개키 암호방식이 대칭키 암호방식보다 더 많은 키들을 필요로 하기 때문에 인증기관이 키 관리를 담당한다.
④ 키 운영의 신뢰성을 공식적으로 제공하기 위하여 인증기관은 고객별로 개인키와 키 소유자 정보를 만들고 이를 해당 고객에게 인증서로 제공한다.

> ADVICE 공개키 암호방식 … 암호화키와 복호화키가 분리되어 있어 송신자는 암호화키를 사용하여 메시지를 암호화하고 수신자는 복호화키를 사용하여 복호화를 하는 방식
> • 암호화키 : 송신자가 필요한 키
> • 복호화키 : 수신자가 필요한 키
> ※ 공개키를 사용한 통신의 흐름
> ㉠ 수신자는 한 쌍의 키를 만든다.
> ㉡ 수신자는 자신의 공개키를 송신자에게 보낸다.
> ㉢ 송신자는 수신자의 공개키를 사용해서 메시지를 암호화 한다.
> ㉣ 송신자는 암호문을 수신자에게 보낸다.
> ㉤ 수신자는 자신의 개인키를 사용해서 암호문을 복호화 한다.

Answer 3.② 4.①

5 객체지향 소프트웨어 개발 및 UML Diagram에 대한 설명이다. ㄱ~ㄷ에 들어갈 내용을 바르게 짝지은 것은?

- (ㄱ)은/는 외부에서 인식할 수 있는 특성이 담긴 소프트웨어의 골격이 되는 기본 구조로, 시스템 전체에 대한 큰 밑그림이다. 소프트웨어 품질 요구 사항은 (ㄱ)을/를 결정하는 데 주요한 요소로 작용한다.
- (ㄴ)은/는 두 개 이상의 클래스에서 동일한 메시지에 대해 객체가 다르게 반응하는 것이다.
- (ㄷ)은/는 객체 간의 메시지 통신을 분석하기 위한 것으로 시스템의 동작을 정형화하고 객체들의 메시지 교환을 시각화한다.

	ㄱ	ㄴ	ㄷ
①	소프트웨어 아키텍처	다형성	시퀀스 모델
②	유스케이스	다형성	시퀀스 모델
③	클래스 다이어그램	캡슐화	상태 모델
④	디자인 패턴	캡슐화	상태 모델

> **ADVICE** UML은 시스템 분석, 설계, 구현 등 시스템 개발 과정에서 개발자와 고객 또는 개발자 상호 간의 의사소통이 원활하게 이루어지도록 표준화한 대표적인 객체지향 모델링 언어이다.
>
> ㄱ 소프트웨어 아키텍처의 설계
> - 소프트웨어의 뼈대가 되는 기본 구조로 소프트웨어를 구성하는 요소들 간의 관계를 표현하는 시스템 구조 또는 구조체이다.
> - 소프트웨어 개발 시 적용되는 원칙과 지침이며, 이해 관계자의 의사소통 도구로 활용된다.
> - 좋은 품질을 유지하면서 사용자의 기능적 요구사항을 구현하는 방법과, 비기능적 요구사항으로 나타낸 제약을 반영하는 과정이다.
>
> ㄴ 다형성(Polymorphism) : 메시지에 의해 객체가 연산을 수행하게 될 때 하나의 메시지에 대해 각각의 객체가 가지고 있는 고유한 방법으로 응답할 수 있는 능력을 의미
>
> ㄷ 시퀀스(Sequence) 다이어그램 : 행위 다이어그램의 종류로 상호 작용하는 시스템이나 객체들이 주고받는 메시지를 표현

6 온라인에서 멀티미디어 콘텐츠의 불법 유통을 방지하기 위해 삽입된 워터마킹 기술의 특성으로 옳지 않은 것은?

① 부인 방지성
② 비가시성
③ 강인성
④ 권리정보 추출성

>**ADVICE** 디지털 워터마킹(Digital Watermarking) 요구조건 … 디지털 워터마킹은 불법적인 복제나 배포로부터 소유권을 증명할 수 있고, 워터마크를 제거하려는 공격 등으로부터 그 기능을 효과적으로 발휘할 수 있게 하기 위하여 다음과 같은 다양한 특성 및 요구조건을 만족해야 한다.

ⓐ 비가시성(Invisibility) : 삽입 후에도 원본의 변화가 거의 없고, 워터마크의 삽입여부를 감지할 수 없어야 한다. 이는 콘텐츠의 품질을 저하시키지 않는 특성으로 삽입된 워터마크가 시각적으로 보이지 않아야 한다. 응용환경에 따라서 가시적인(Visible) 워터마킹 기법들이 사용되기도 한다.

ⓑ 강인성(Robustness) : 워터마크를 신호의 중요한 부분에 삽입하여 전송이나 저장을 위해 압축할 때 워터마크가 깨지지 않아야 하다. 그리고 전송 중에 생길 수 있는 노이즈나 여러 가지 형태의 변형과 공격에도 추출이 가능해야 한다. 강인성의 경우도 사용환경에 따라 의도적으로 잘 깨지는(Fragile) 워터마킹 기법을 사용할 때가 있다. 이는 주로 인증용으로 많이 쓰이며, Semi-Fragile 기법을 이용하여 불법 조작의 정확한 위치 등도 알아낼 수 있다.

ⓒ 명확성(Unambiguity) : 추출된 워터마크가 확실한 소유권을 주장할 수 있도록 공격 등에 대해 정확성을 유지해야 한다.

ⓓ 원본 없이 추출(Blindness) : 원본 영상 없이 워터마킹된 영상만으로 워터마크를 검출할 수 있어야 한다.

ⓔ 보안성(Security) : 관련된 키값 등을 알고 있을 경우에 워터마크의 확인이 가능하다.

Answer 6.①

7 프로세스 관리 과정에서 발생할 수 있는 교착상태(Deadlock)를 예방하기 위한 조치로 옳은 것은?

① 상호배제(Mutual Exclusion) 조건을 제거하고자 할 경우, 프로세스 A가 점유하고 있던 자원에 대하여 프로세스 B로부터 할당 요청이 있을 때 프로세스 B에게도 해당자원을 할당하여 준다. 운영체제는 프로세스 A와 프로세스 B가 종료되는 시점에서 일관성을 점검하여 프로세스 A와 프로세스 B 중 하나를 철회시킨다.

② 점유대기(Hold and Wait) 조건을 제거하고자 할 경우, 자원을 점유한 프로세스가 다른 자원을 요청하였지만 할당받지 못하면 일단 자신이 점유한 자원을 반납한다. 이후 그 프로세스는 반납 하였던 자원과 요청하였던 자원을 함께 요청한다.

③ 비선점(No Preemption) 조건을 제거하고자 할 경우, 프로세스는 시작시점에서 자신이 사용할 모든 자원들에 대하여 일괄할당을 요청한다. 일괄할당이 이루어지지 않을 경우, 일괄할당이 이루어지기까지 지연됨에 따른 성능저하가 발생할 수 있다.

④ 환형대기(Circular Wait) 조건을 제거하고자 할 경우, 자원들의 할당 순서를 정한다. 자원 R_k가 자원 R_k보다 먼저 할당되는 것으로 정하였을 경우, 프로세스 A가 R_l를 할당받은 후 R_k를 요청한 상태에서 프로세스 B가 R_k를 할당받은 후 R_l를 요청하면 교착상태가 발생하므로 운영체제는 프로세스 B의 자원요청을 거부한다.

> **ADVICE** 교착상태(Deadlock) … 두 개 이상의 작업이 서로 상대방의 작업이 끝나기만을 기다리고 있기 때문에 결과적으로 아무것도 완료되지 않는 상태

※ 교착상태 예방(Deadlock Prevention)

ⓐ 상호배제(Mutual Exclusion) : 상호배제 조건은 불가능한 자원에 대해서는 반드시 성립해야 한다.

ⓑ 점유대기(Hold and wait) : 프로세스가 자원을 요청할 때는 다른 자원들을 점유하지 않을 것을 반드시 보장해야 한다. 이용할 수 있는 한 가지 프로토콜은 각 프로세스가 실행되기 전에 자신의 모든 자원을 요청하고 할당받을 것을 요구한다. 한 프로세스를 위해 자원을 요청하는 시스템 호출이 모든 다른 시스템 호출에 앞서 나타날 것을 요구함으로써 이 규정을 구현할 수 있다.

ⓒ 비전섬(No Preemption) : 이미 할당된 자원이 선점되지 않아야 한다. 어떤 자원을 점유하고 있는 프로세스가 즉시 할당할 수 없는 다른 자원을 요청하면 현재 점유하고 있는 모든 자원들이 선점된다. 즉 이 자원들이 묵시적으로 방출된다.

ⓓ 환형대기(Circular Wait) : 모든 자원 유형들에게 전체적인 순서를 부여하여 각 프로세스가 열거된 순서대로 오름차순으로 자원을 요청하도록 요구한다.

8 순차 파일과 인덱스 순차 파일에 대한 설명으로 옳은 것의 총 개수는?

> ⊙ 순차 파일에서의 데이터 레코드 증가는 적용된 순차 기준으로 마지막 위치에서 이루어진다.
> ⓒ 순차 파일에서는 접근 조건으로 제시된 순차 대상 필드 값 범위에 해당하는 대량의 데이터 레코드들을 접근할 때 효과적이다.
> ⓒ 순차 파일에서의 데이터 레코드 증가는 오버플로우 블록을 생성 시키지 않는다.
> ⓔ 인덱스 순차 파일의 인덱스에는 인덱스 대상 필드 값과 그 값을 가지는 데이터 레코드를 접근할 수 있게 하는 위치 값이 기록된다.
> ⓜ 인덱스 순차 파일에서는 인덱스 갱신없이 데이터 레코드를 추가 하거나 삭제하는 것이 가능하다.
> ⓗ 인덱스 순차 파일에서는 접근 조건에 해당하는 인덱스 대상 필드 값을 가지는 소량의 데이터 레코드를 순차 파일보다 효과적으로 접근할 수 있다.
> ⓢ 인덱스를 다중레벨로 구성할 경우, 최하위 레벨은 순차 파일 형식으로 구성된다.

① 2개
② 3개
③ 4개
④ 5개

> ADVICE

순차 파일(Sequential File)	색인 순차 파일(Indexed Sequential File)
• 입력데이터들을 물리적 연속 공간에 순차적으로 기록	• 정적인덱스방법과 동적인덱스방법이 있음
• 순차접근이 가능한 자기테이프 이용	• 순차처리와 랜덤처리 모두 가능
• 기억공간을 효율적 이용	• 논리적 순서로 정렬된 순차 데이터 파일과 이 파일에
• 처리속도 빠름	• 대한 포인터를 가지고 있는 인덱스로 구성
• 레코드의 삽입, 삭제, 변경 시 재복사해야 하므로 시간소요 많이됨	• 자기디스크에 많이 사용하며 자기테이프에서는 사용할 수 없음
• 응답시간 느림	• 기본구역, 색인구역, 오퍼플로구역으로 구성
	• 효율적인 검색
	• 레코드이 삽입, 삭제, 갱신 용이
	• 레코드 추가, 삽입하는 경우 재복사 할 필요 없음
	• 오버플로 레코드가 많아지면 파일을 재편성해야 함
	• 파일이 정렬되어 있어야 하므로 추가, 삭제가 많으면 효율이 떨어짐
	• 색인을 이용한 액세스를 하므로 액세스 시간이 직접 파일보다 느림

Answer   8.③

9 Java 프로그램의 실행 결과로 옳은 것은?

```java
public class B extends A {
  int a = 20;
  public B( ) {
    System.out.print("다");
  }
public B(int x) {
    System.out.print("라");
  }
}
```

```java
public class A {
  int a = 10;
  public A( ) {
      System.out.print("가");
}
public A(int x) {
      System.out.print("나");
}
public static void main(String[ ] a){
  B b1 = new B( );
  A b2 = new B(1);
  System.out.print(b1.a + b2.a);
  }
}
```

① 다라30
② 다라40
③ 가다가라30
④ 가다가라40

>**ADVICE** System.out.print → 자동으로 개행이 발생
  • B b1 = new B( ); → 객체를 생성하면 생성자가 수행
    이때, 부모 생성자부터 수행되고 자식의 생성자가 수행되기 때문에 A( )와 B( );가 순서대로 수행 → '가', '다' 출력
  • A b2 = new B(1); → 객체 생성 시 매개변수를 1로 생성자 수행
    B(1)로 객체 생성했으므로 A( )와 B(int x) 메소드가 수행 → '가', '라' 출력
  • System.out.print(b1.a + b2.a); → b1.a → 10
    b2.a → 20을 가지므로 30이 출력
  따라서 실행 결과는 '가다가라30'이다.

10 C 언어로 작성된 프로그램의 실행 결과로 옳은 것은?

```
#include <stdio.h>
double h(double *f, int d, double x){
        int i;
        double res = 0.0;
        for(i=d-1; i >= 0; i--){
                res = res * x + f[i];
        }
        return res;
}
int main( ) {
        double f[ ] = {1, 2, 3, 4};
        printf("%3.1f\n", h(f, 4, 2));
        return 0;
}
```

① 11.0
② 26.0
③ 49.0
④ 112.0

>ADVICE

f[ ]	1	2	3	4
	f[0]	f[1]	f[2]	f[3]

i=3 res = 0.0*2 + 4 = 4.0
i=2 res = 4.0*2 + 3 = 11.0
i=1 res = 11.0*2 + 2 = 24.0
i=0 res= 24.0*2 + 1 = 49.0
→49.0

11 ㈎, ㈏에서 설명하는 악성 프로그램의 용어를 바르게 짝지은 것은?

㈎ 사용자 컴퓨터의 데이터를 암호화시켜 파일을 사용할 수 없도록 한 후 암호화를 풀어주는 대가로 금전을 요구하는 악성 프로그램

㈏ 'ㅇㅇㅇ초대장' 등의 내용을 담은 문자 메시지 내에 링크된 인터넷 주소를 클릭하면 악성 코드가 설치되어 사용자의 정보를 빼가 거나 소액결제를 진행하는 악성 프로그램

	㈎	㈏
①	스파이웨어	트로이목마
②	랜섬웨어	파밍(Pharming)
③	스파이웨어	피싱(Phishing)
④	랜섬웨어	스미싱(Smishing)

> ᴬᴰⱽᴵᶜᴱ • 스파이웨어(Spyware) : 다른 사람의 컴퓨터에 잠입하여 중요한 개인정보를 빼가는 소프트웨어
> • 파밍(Farming) : 사용자들로 하여금 진짜 사이트로 오인하여 접속하도록 유도한 뒤에 개인정보를 훔치는 새로운 컴퓨터 범죄
> • 피싱(Phishing) : 금융기관 등으로부터 개인정보를 불법적으로 알아내 이를 이용하는 사기 수법
> • 트로이목마(Trojan horse) : 컴퓨터 사용자의 정보를 빼가는 악성 프로그램

Answer 11.④

12 다음에서 설명하는 디자인 패턴으로 옳은 것은?

클라이언트와 서브시스템 사이에 ○○○ 객체를 세워놓음으로써 복잡한 관계를 구조화한 디자인 패턴이다. ○○○ 패턴을 사용하면 서브시스템의 복잡한 구조를 의식하지 않고, ○○○에서 제공하는 단순화된 하나의 인터페이스만 사용하므로 클래스 간의 의존관계가 줄어들고 복잡성 또한 낮아지는 효과를 가져 온다.

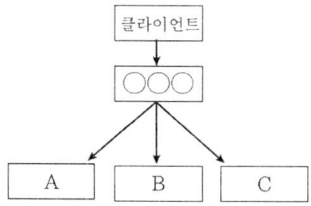

① MVC pattern
② facade pattern
③ mediator pattern
④ bridge pattern

>ADVICE ② 퍼사드 패턴(facade pattern) → 구조 패턴
　　　　많은 분량의 코드에 접근할 수 있는 단순한 인터페이스를 제공
　　③ 중개자 패턴(mediator pattern) → 행위 패턴
　　　　둘 이상의 클래스가 가지고 있는 메소드들을 알고 있는 유일한 클래스로 클래스들을 느슨하게 연결
　　④ 브리지 패턴(bridge pattern) → 구조 패턴
　　　　추상화와 구현을 분리해 둘을 각각 따로 발전시킬 수 있음
　　※ 디자인 패턴(Design Pattern) ⋯ 소프트웨어 개발에서 자주 일어나는 문제를 패턴화시켜 놓은것
　　※ 디자인 패턴의 종류 ⋯ GOF의 23가지 디자인 패턴은 크게 생성 패턴, 구조 패턴, 행위 패턴으로 구분
　　　㉠ 생성 패턴 : 객체의 생성에 관련된 패턴
　　　　예 추상 팩토리, 비더, 팩토리 메소드, 프로토 타입, 싱글턴
　　　㉡ 구조 패턴 : 클래스를 조합해 더 큰 구조를 만드는 패턴
　　　　예 어댑터, 브리지, 컴퍼지트, 데커레이터, 파사드, 플라이웨이트, 프록시
　　　㉢ 행위 패턴 : 알고리즘이나 책임의 분배에 관한 패턴
　　　　예 옵저버, 스테이트, 스트레티지, 템플릿, 메소드, 커멘드

Answer 12.②

13 SQL의 명령을 DDL, DML, DCL로 구분할 경우, 이를 바르게 짝지은 것은?

	DDL	DML	DCL
①	RENAME	SELECT	COMMIT
②	UPDATE	SELECT	GRANT
③	RENAME	ALTER	COMMIT
④	UPDATE	ALTER	GRANT

>ADVICE 데이터 정의어(DDL) … 테이블과 같은 데이터 구조를 정의
- Create : 테이블을 생성
- Alter : 변경
- Drop : 삭제
- Rename : 테이블의 이름을 바꾸는 데 사용

14 ㉠과 ㉡에 들어갈 용어로 바르게 짝지은 것은?

(㉠)은/는 구글에서 개발해서 공개한 인공지능 응용프로그램 개발용 오픈소스 프레임워크이다. 이 프레임워크를 사용할 때 인공지능 소프트웨어가 이미지 및 음성을 인식하기 위해서는 신경망의 (㉡) 모델을 주로 사용한다.

	㉠	㉡
①	텐서플로우	논리곱 신경망
②	알파고	퍼셉트론
③	노드레드	인공 신경망
④	텐서플로우	합성곱 신경망

>ADVICE • 텐서플로우[Tensor Flow] : 2015년 11월 구글에서 공개된 데이터 플로 그래프를 활용해 수치 계산을 하여 딥러닝과 머신 러닝 기술인 오픈소스 소프트웨어
- 합성곱 신경망[Convolutional neural network, CNN] : 시각적 영상을 분석하는 데 사용되는 다층의 피드-포워드적인 인공 신경망의 한 종류이며 영상 및 동영상 인식, 추천 시스템, 영상 분류, 의료 영상 분석 및 자연어 처리 등에 응용
- 알파고[AlphaGo] : 구글의 인공지능개발 자회사인 구글 딥마인드(Google DeepMind)가 개발한 인공지능 프로그램
- 퍼셉트론[perceptron] : 인공 신경망의 한 종류로 일종의 학습 기계로서 Rosenblatt가 제안한 것이며, 뇌의 학습 기능을 모델화한 기계
- 노드레드[Node-RED] : 하드웨어 장치들, API, 온라인 서비스를 사물인터넷의 일부로 와이어링(배선화)시키기 위해 본래 IBM이 개발한 시각 프로그래밍을 위한 플로 기반 개발 도구

Answer 13.① 14.④

15 아래에 제시된 K-map(카르노 맵)을 NAND 게이트들로만 구성한 것으로 옳은 것은?

ab \ cd	00	01	11	10
00	1	0	0	0
01	1	1	1	0
11	0	1	1	0
10	1	1	0	0

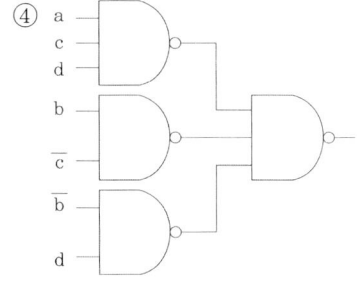

>**ADVICE** 카르노맵 … 불대수 위의 함수를 단순화하는 방법

ab \ cd	00	01	11	10
00	1	0	0	0
01	1	1	1	0
11	0	1	1	0
10	1	1	0	0

카르노맵을 이용하여 간략화하면 3번이 정답이 된다.

> $ab'c' + a'c'd' + bd$

Answer 15.③

16 엑셀 시트를 이용해 수식을 실행한 결과, 값이 나머지와 다른 것은?

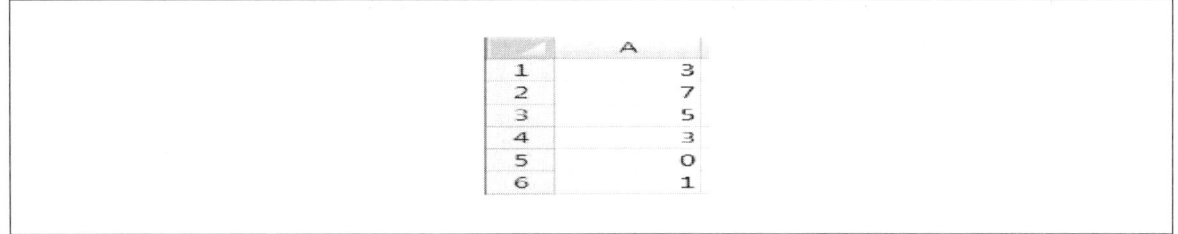

① =GCD(A1,A6)

② =MEDIAN(A1:A6)

③ =MODE(A1:A6)

④ =POWER(A1,A6)

>ADVICE ① =GCD(A1,A6) → 1

　　 GCD(최대공약수, 2개 이상의 수의 공약수 중에서 최대인 것)

② =MEDIAN(A1:A6) → 3

　　 MEDIAN(중앙값, 중앙에 위치하는 값)

③ =MODE(A1:A6) → 3

　　 MODE(최빈값, 주어진 자료 중 가장 많은 빈도로 나타나는 변량 또는 자료)

④ =POWER(A1,A6) → 3

　　 POWER(거듭제곱, 같은 수나 식을 여러 번 곱하는 것)

	A	B	C	D	E	F
1	3		1		=GCD(A1,A6)	
2	7		3		=MEDIAN(A1:A6)	
3	5		3		=MODE(A1:A6)	
4	3		3		=POWER(A1,A6)	
5	0					
6	1					
7						

17 다음은 숫자를 처리하는 C 프로그램이다. 프로그램에서 ㉠과 ㉡에 들어갈 내용과 3 2 1 4를 입력하였을 때의 출력결과를 바르게 짝지은 것은? (단, 다음 프로그램에 문법적 오류는 없다고 가정한다.)

```
#include <stdio.h>
#include <stdlib.h>

void a (int n, int *num) {
    for (int i = 0; i < n; i++)
        scanf("%d", &(num[i]));
}
void c(int *a, int *b) {
    int t;
    t = *a; *a = *b; *b = t;
}
void b(int n, int *lt) {
    int a, b;
    for (a = 0; a < n-1; a++)
      for (b = a + 1; b < n; b++)
              if (lt[a] > lt[b]) c ( ㉠ , ㉡ ) ;
}
int main( ) {
    int n;
    int *num;
    printf("How many numbers?");
    scanf("%d", &n);
    num = (int *)malloc(sizeof(int) * n);
    a(n, num);
    b(n, num);
    for (int i = 0; i < n; i++)
      printf("%d", num[i]);
}
```

	㉠	㉡	출력 결과
①	lt+a	lt+b	1 2 3 4
②	lt+a	lt+b	1 2 4
③	lt[a]	lt[b]	4 3 2 1
④	lt[a]	lt[b]	4 2 1

> **ADVICE** a(n, num); → a 함수 호출함
>
> void a (int n, int *num) {
>
> for (int i = 0; i 〈 n; i++)→a 값에서 i는 n의 값이 3일 때 0부터 3보다 작을 때까지 3번 수행한다.
>
> a(n,num)을 이용하여 2 1 4를 입력받고
>
> b(n, num); →b 함수를 호출함
>
> b(n, num)를 저장된 2 1 4를 오름차순 정렬을 하므로 1 2 4로 출력된다.
>
> void b(int n, int *lt) { →배열의 시작주소를 lt로 받음
>
> if (lt[a] 〉 lt[b]) c (㉠ , ㉡) ; →에서 ㉠ , ㉡에 들어갈 값으로
>
> c의 함수가 매개변수 포인터의 형태로 전달받고 있으므로 ㉠, ㉡에 주소의 형태로 lt에 a와 b의 숫자를 더하는 형태를 갖는다.
>
> →따라서 ㉠ lt+a, ㉡ lt+b, 출력결과 1 2 4

18 RISC(Reduced Instruction Set Computer)에 대한 설명으로 옳은 것의 총 개수는?

> ㉠ 칩 제작을 위한 R&D 비용이 감소한다.
> ㉡ 개별 명령어 디코딩 시간이 CISC(Complex Instruction Set Computer)보다 많이 소요된다.
> ㉢ 동일한 기능을 구현할 경우, CISC보다 적은 수의 레지스터가 필요하다.
> ㉣ 복잡한 연산을 수행하려면 명령어를 반복수행하여야 하므로 CISC의 경우보다 프로그램이 복잡해진다.
> ㉤ 각 명령어는 한 클럭에 실행하도록 고정되어 있어 파이프라인 성능을 향상시킬 수 있다.
> ㉥ 마이크로코드 설계가 어렵다.
> ㉦ 고정된 명령어이므로 명령어 디코딩 속도가 빠르다.

① 2개 ② 3개
③ 4개 ④ 5개

> ADVICE

RISC	CISC
• 단순하고 고정 길이의 명령어 집합을 제공하여 크기를 줄이고 속도를 높인 CPU 구조	• 고급언어 명령어 하나에 각기 하나씩의 기계 명령어를 대응하여 명령어 수가 많고, 가변 길이의 다양한 명령어를 갖는 CPU 구조
• 상대적으로 적은 수의 명령어 및 어드레싱	• 많은 수의 명령어
• 인식 가능 명령어 수를 줄임으로써 속도 향상	• 가변길이 명령어 방식
• 모든 데이터 처리는 레지스터에서만 수행	
• 고정 길이 명령어 방식으로 디코딩이 간단	
• 단일 사이클의 명령어 실행	
• 프로세서 내에 많은 수의 레지스터 존재	

19 참조 무결성에 대한 설명으로 옳지 않은 것은?

① 검색 연산의 수행 결과는 어떠한 참조 무결성 제약조건도 위배하지 않는다.

② 참조하는 릴레이션에서 튜플이 삭제되는 경우, 참조 무결성 제약조건이 위배될 수 있다.

③ 외래 키 값은 참조되는 릴레이션의 어떤 튜플의 기본 키 값과 같거나 널(NULL) 값일 수 있다.

④ 참조 무결성 제약조건은 DBMS에 의하여 유지된다.

> **ADVICE** ② 참조되는 릴레이션에서 튜플이 삭제되는 경우, 참조 무결성 제약조건이 위배될 수 있다.
  • 무결성 제약 조건의 유지 : 데이터 베이스에 대한 갱신은 삽입연산, 삭제연산, 수정연산으로 구분한다.
  • 삽입, 삭제 또는 수정을 할때 SQL은 자동으로 DB가 무결성 제약 조건들을 만족하도록 필요한 조치를 취한다.
  • 외래키가 갱신되거나, 참조된 기본키가 갱신되었을 때 참조 무결성 제약 조건이 위배되지 않도록 해야 하기 때문
    이며 외래키는 다른 릴레이션의 기본키를 참조함으로써 존재하는 키이나 기본키가 수정되면 외래키도 수정되야
    하므로 갱신되는 과정에서 제약 조건에 위배되지 않도록 한다는 뜻이다.
  • 참조하는 외래키를 가진 릴레이션을 참조하는 릴레이션 : 참조되는 기본키를 가진 릴레이션을 참조되는 릴레이션
    이라고 한다.
  • 삽입연산 : 참조되는 릴레이션에 새로운 튜플이 삽입되면 참조 무결성 제약 조건은 위배되지 않는다.
  • 삭제연산 : 참조되는 릴레이션에서 튜플이 삭제되면 참조 무결성 제약 조건을 위배하는 경우가 생기거나, 생기지
    않을 수 있다.

20 프로세스(Process)와 쓰레드(Thread)에 대한 설명으로 옳지 않은 것은?

① 프로세스 내 쓰레드 간 통신은 커널 개입을 필요로 하지 않기 때문에 프로세스 간 통신보다 더 효율적으로 이루어진다.

② 멀티프로세서는 탑재 프로세서마다 쓰레드를 실행시킬 수 있기 때문에 프로세스의 처리율을 향상시킬 수 있다.

③ 한 프로세스 내의 모든 쓰레드들은 정적 영역(Static Area)을 공유한다.

④ 한 프로세스의 어떤 쓰레드가 스택 영역(Stack Area)에 있는 데이터 내용을 변경하면 해당 프로세스의 다른 쓰레드가 변경된 내용을 확인할 수 있다.

> **ADVICE** 쓰레드(Thread)란 프로그램(프로세스) 실행의 단위이며 하나의 프로세스는 여러 개의 쓰레드로 구성이 가능하다.
> → 하나의 프로세스를 구성하는 쓰레드들은 프로세스에 할당된 메모리, 자원 등을 공유한다.
> 각 쓰레드별로 자신만의 스택과 레지스터를 가진다.

쓰레드(Thread)	프로세스(Process)
• 프로세스 내에서 동시에 실행되는 독립적인 실행단위 • 프로세스에서 실행되고 시작점과 종료점을 가지는 하나의 작업흐름	• 컴퓨터에서 실행되는 프로그램 • 메모리 공간을 할당받아서 프로그램을 수행
• 빠른 프로세스 생성 • 적은 메모리 사용 • 쉬운 정보 공유	• 각 프로세스는 독립적인 메모리 영역을 할당

※ 프로세스의 구조
  ㉠ 코드영역 : 프로그래머가 작성한 프로그램은 코드 영역에 탑재되며 탑재된 코드는 읽기 전용으로 처리
  ㉡ 데이터 영역 : 코드가 실행되며 사용하는 변수나 파일 등의 각종 데이터를 모아 놓는 곳
  ㉢ 스택 영역 : 운영체제가 프로세스를 실행하기 위해 부수적으로 필요한 데이터를 모아 놓은 곳W

21 글의 내용과 일치하는 것은?

> Even if schools which are detached from parental control are not tyrannical, it may be argued that they are educationally ineffective. Schools can educate successfully, it is often argued, only when they act in partnership with parents, especially by encouraging parent involvement in the school.
>
> The detached-school ideal seems to neglect this important pedagogical point. I contend, however, that while parent involvement is very important in boosting students'achievement, this does not mean that parents must be given greater control over or input into the aims and content of the school. The available research demonstrates that parent involvement programs generally work equally well when there is a gap between the values espoused by the school and by the parents as when both school and parents embrace the same educational values.

① The schools under parental control are educationally ineffective.

② The detached-school ideal appears to neglect the importance of boosting students' achievement.

③ It is argued that the school can educate successfully through the partnership with the parents.

④ Parent involvement programs work well only when both school and parents have the same educational values.

> ❯**ADVICE** detach (더 큰 것에서) 떼다, 분리되다 parental 부모의 tyrannical 폭군의, 압제적인 neglect 방치하다, 등한시하다 pedagogical 교육학의 aim 목적 demonstrate 입증하다 espouse 옹호하다, 지지하다 embrace 수용하다
> 「부모의 통제에서 분리된 학교가 압제적이지 않더라도 교육적으로 비효율적이라는 논란이 있을 수 있다. 학교들은 종종 부모들과 파트너십을 맺고 행동할 때에만, 특히 부모들이 학교에 참여하도록 장려함으로써 성공적으로 교육할 수 있다. 분리된 학교의 이상은 이 중요한 교육학적 요점을 등한시하는 것 같다. 그러나 나는, 부모들의 참여가 학생들의 성취도를 높이는 데 매우 중요하지만, 이것이 부모들이 학교의 목적과 내용에 대한 더 큰 통제나 투입을 해야 한다는 것을 의미하지 않는다고 주장한다. 이용 가능한 연구는 일반적으로 학부모 참여 프로그램이 학교와 학부모가 지지하는 가치들 사이에 차이가 있을 때에도 학교와 학부모 모두가 동일한 교육적 가치를 수용했을 때처럼 똑같이 잘 작동한다는 것을 보여준다.」
> ① 부모의 통제하에 있는 학교는 교육적으로 효력이 없다.
> ② 분리된 학교의 이상은 학생들의 성취도를 높이는 것의 중요성을 등한시하는 것으로 보인다.
> ③ 학부모와의 파트너십을 통해 성공적인 교육을 할 수 있다는 주장이 있다.
> ④ 학부모 참여 프로그램은 학교와 학부모 모두가 동일한 교육적 가치를 가질 때에만 잘 작동한다.

Answer 21.③

22 다음에 제시된 문장이 〈보기〉에 들어갈 위치로 가장 알맞은 것은?

This all amounts to heightened activity and noise levels, which have the potential to be particularly serious for children experiencing auditory function deficit.

〈보기〉

Hearing impairment or auditory function deficit in young children can have a major impact on their development of speech and communication, resulting in a detrimental effect on their ability to learn at school. This is likely to have major consequences for the individual and the population as a whole. ___㉠___ The New Zealand Ministry of Health has found from research carried out over two decades that 6-10% of children in that country are affected by hearing loss. ___㉡___ A preliminary study in New Zealand has shown that classroom noise presents a major concern for teachers and pupils. ___㉢___ Modern teaching practices, the organization of desks in the classroom, poor classroom acoustics, and mechanical means of ventilation such as air-conditioning units all contribute to the number of children unable to comprehend the teacher's voice. Education researchers Nelson and Soli have also suggested that recent trends in learning often involve collaborative interaction of multiple minds and tools as much as individual possession of information. ___㉣___

① ㉠   ② ㉡

③ ㉢   ④ ㉣

⟩ **ADVICE** hearing impairment 청각 장애 auditory 청각의 deficit 결손, 적자 preliminary 예비의 acoustics 음향시설 ventilation 통풍, 환기 comprehend 이해하다

「어린 아이들의 청각 장애나 청각 기능 결손은 그들의 언어와 의사소통의 발달에 큰 영향을 미칠 수 있고, 그 결과로 학교에서 학습하는 능력에 해로운 영향을 미칠 수 있다. 이것은 개인과 인구 전체에 큰 영향을 미칠 공산이 있다.

㉠ 뉴질랜드 보건부는 20년이 넘는 동안 실시된 연구를 통해 이 나라 어린이의 6-10%가 청력 손실의 영향을 받는다는 사실을 밝혀냈다.

㉡ 뉴질랜드의 한 예비 연구는 교실 소음이 교사와 학생들에게 큰 우려를 나타낸다는 것을 보여주었다.

㉢ 현대적인 교육 관행, 교실의 책상 구성, 열악한 교실 음향, 냉방 장치와 같은 기계적인 환기 수단 모두 교사의 목소리를 이해하지 못하는 아이들의 수에 기여한다. 교육연구자 Nelson과 Soli는 또한 최근의 학습 경향은 정보의 개별 소유만큼이나 많은 복합적인 정신과 도구의 협력적 상호작용을 종종 수반한다고 제안했다.

㉣ 이 모든 게 활동과 소음 수준을 높이는 것으로 청각 기능 결손을 겪는 어린이들에게 특히 심각할 가능성이 있다.」

Answer 22.④

01 우편일반

1 계약등기 우편물의 부가취급 서비스에 대한 설명이다. 수수료로 옳은 것은?

> 등기 취급을 전제로 우체국과 발송인이 별도의 계약에 따라 수취인을 직접 만나서 우편물을 배달하면서 서명이나 도장을 받는 등 응답이 필요한 사항을 받아 발송인이나 발송인이 지정하는 자에게 회신하는 부가 취급제도

① 500원

② 1,000원

③ 1,500원

④ 2,000원

 ③ 회신우편에 대한 설명이다. 회신우편의 수수료는 1,500원이다.

※ 부가취급수수료

부가취급수수료	수수료	비고
회신우편	1,500원	일반 및 맞춤형 계약등기
본인지정배달	1,000원	
착불배달	500원	
우편주소 정보제공	1,000원	
반송수수료 사전납부	반송수수료 ×반송률	일반형 계약등기

Answer 1.③

2 등기우편물의 부가취급에 대한 설명으로 옳은 것은?

① 특별송달 우편물에 첨부된 우편송달통지서 용지의 무게는 우편물의 무게에 포함되지 않는다.

② 민원우편 발송 시 우정사업본부에서 발행한 취급용 봉투를 사용하지 않아도 된다.

③ 민원우편은 발송할 때의 취급요금(우편요금+등기취급 수수료+익일특급 수수료)과 회송할 때의 취급요금(50g 규격우편요금+등기취급 수수료+익일특급 수수료)을 합하여 미리 받는다.

④ 착불배달 우편물이 반송된 경우, 발송인은 착불요금과 반송수수료를 납부해야 한다.

>ADVICE ① 특별송달우편물에 첨부된 우편송달통지서 용지의 무게는 우편물의 무게에 합산한다.
② 민원우편 발송 시 우정사업본부 발행 민원우편 취급용봉투(발송용, 회송용)를 사용해야 한다.
④ 착불배달 우편물이 수취인 불명, 수취거절 등으로 반송되는 경우 발송인에게 우편요금 및 반송수수료를 징수한다. 다만, 맞춤형 계약등기는 우편요금(표준요금+중량구간별 요금)만 징수한다.

3 소포우편물의 감액에 대한 설명으로 옳은 것의 총 개수는?

㉠ 감액대상은 창구접수 소포우편물(일반소포 및 등기소포)과 방문접수 소포우편물이다.
㉡ 우체국 창구접수의 경우, 인터넷우체국 사전접수를 통해 접수정보를 연계한 경우에만 감액대상이 된다.
㉢ 요금후납의 방법으로 우체국 창구에 100개 접수한 경우, 5% 금액을 할인받을 수 있다.
㉣ 방문접수의 경우, 최소 3개 이상 발송하여야 개당 500원 할인받을 수 있다.

① 1개
② 2개
③ 3개
④ 4개

>ADVICE ㉠ 감액대상은 창구접수(등기소포)·방문접수 우편요금(부가취급수수료 제외)이다.
㉢ 요금후납의 방법으로 우체국 창구에 100개 접수한 경우, 10% 금액을 할인받을 수 있다.
㉣ 방문접수의 경우, 접수정보 입력, 사전결제, 픽업장소 지정 시 개당 500원 할인받을 수 있다.

Answer 2.③ 3.①

4 특급취급에 관한 설명으로 옳은 것의 총 개수는?

> ⊙ 국내특급우편 익일특급우편물이 접수한 날로부터 3일이 지나 배달되었을 경우, 국내특급수수료를 지연배달 배상금으로 지급한다.
> ⓒ 국제특급(EMS)우편물은 국내특급우편물 배달의 예에 따른다.
> ⓒ 익일특급 취급지역은 우정사업본부장이 고시한다.
> ⓔ 특급취급 우편물은 2회째부터 통상적인 배달의 예에 따라 재배달한다.

① 1개
② 2개
③ 3개
④ 4개

>ADVICE ⓒ 취급지역은 관할 지방우정청장이 고시한다.
 ⓔ 특급취급 우편물 중 재배달할 우편물은 2회째에는 가장 빠른 방법으로 배달하고 3회째에는 통상적인 배달 예에 의함(단, 익일특급 우편물은 제외)

5 등기취급 우편물 배달에 대한 설명으로 옳지 않은 것은?

① 같은 건축물 및 같은 구내의 관리사무소, 접수처, 관리인도 정당수령인이 될 수 있다.
② 우편물 수취인의 진위를 주민등록증 등 필요한 증명으로 반드시 확인하고 배달하여야 한다.
③ 통화등기우편물은 수취인으로 하여금 집배원이 보는 앞에서 내용금액을 표기금액과 서로 비교 확인하게 한 후에 배달하여야 한다.
④ 물품등기우편물은 집배원이 우편물 내용을 확인하지 않고 수취인에게 봉투와 포장 상태의 이상유무만 확인하게 한 후에 배달하여야 한다.

>ADVICE ② 우편관서는 우편물 수취인의 진위를 확인하기 위하여 수취인에 대하여 필요한 증명을 요구할 수 있다.

6 우편법 위반에 대한 벌칙 설명으로 옳은 것은?

① 우편업무에 종사하는 자가 정당한 사유 없이 우편물의 취급을 거부하거나 이를 고의로 지연시키게 한 경우에는 1년 이하의 징역 또는 5백만 원 이하의 벌금에 처한다.

② 우편관서 및 서신송달업자가 취급 중인 우편물 또는 서신을 정당한 사유 없이 개봉, 훼손, 은닉 또는 방기하거나 고의로 수취인이 아닌 자에게 내준 자는 2년 이하의 징역 또는 2천만 원 이하의 벌금에 처한다.

③ 소인이 되지 아니한 우표를 떼어낸 자는 1년 이하의 징역 또는 1천만 원 이하의 벌금에 처한다.

④ 우편금지물품을 우편물로 발송한 자는 1년 이하의 징역 또는 1천만 원 이하의 벌금에 처하고 그 물건을 몰수한다.

> **ADVICE** ① 우편업무에 종사하는 자가 정당한 사유 없이 우편물의 취급을 거부하거나 이를 고의로 지연시키게 한 경우에는 1년 이하의 징역 또는 1천만 원 이하의 벌금에 처한다.
>
> ② 우편관서 및 서신송달업자가 취급 중인 우편물 또는 서신을 정당한 사유 없이 개봉, 훼손, 은닉 또는 방기(放棄)하거나 고의로 수취인이 아닌 자에게 내준 자는 3년 이하의 징역 또는 3천만 원 이하의 벌금에 처한다.
>
> ④ 우편금지물품을 우편물로서 발송한 자는 2년 이하의 징역 또는 2천만 원 이하의 벌금에 처하고 그 물건을 몰수한다.

7 국제특급우편(EMS) 요금감액 대상 요건 중 ( )에 들어갈 내용으로 옳은 것은?

> 계약국제특급우편 이용자가 1개월에 (㉠)만원을 초과하여 EMS 우편물을 발송하는 경우에 적용한다.
> 단, (㉡)% 이상 감액률은 우정사업본부장이 승인한 후 적용한다.

	㉠	㉡
①	30	16
②	30	18
③	50	16
④	50	18

> **ADVICE** 계약 국제특급우편 감액요건과 감액범위   (단위 : 1개월, 만 원)

이용금액	50초과~150	150초과 ~500	500초과 ~1,000	1,000초과 ~2,000	2,000초과 ~5,000	5,000초과 ~10,000	10,000초과 ~20,000	20,000 초과
감액률	4%	6%	8%	10%	12%	14%	16%	18%

> * 계약특급의 18% 이상 감액률은 우정사업본부장의 승인 후 적용
>
> * 감액할 때 기준금액은 고시된 요금(EMS 프리미엄은 요금표) 기준이며, 수수료는 제외

Answer   6.③ 7.④

8 국제우편 행방조사 청구에 대한 설명으로 옳은 것은?

① 우편물 분실의 경우에는 발송인만 청구가 가능하다.
② 발송국가와 도착국가(배달국가)에서만 청구가 가능하다.
③ 청구기한은 우편물을 발송한 날부터 계산하여 6개월이다.
④ 청구대상 우편물은 보통통상우편물, 등기우편물, 소포우편물, 국제특급우편물이다.

>**ADVICE** ② 발송국가와 도착국가(배달국가)는 물론이고 제3국에서도 청구 가능하다.
　　　　　③ 청구기한은 우편물을 발송한 다음 날부터 계산하여 6개월(다만, 국제특급우편물의 경우에는 4개월 이내)이며,
　　　　　　　EMS프리미엄의 청구기한은 발송한 날부터 3개월, 배달보장서비스는 30일 이내이다.
　　　　　④ 청구대상우편물은 등기우편물, 소포우편물, 국제특급우편물이다.

9 국제우편 요금별납 및 요금후납 제도에 대한 설명으로 옳은 것은?

① 국제우편 요금별납 및 요금후납은 우편취급국을 포함한 모든 우체국에서 접수가 가능하다.
② 국제우편 요금후납은 동일인이 동일 우편물을 매월 10통 이상 발송하는 국제통상우편물 및 국제소포우편물을 대상으로 한다.
③ 요금별납 및 요금후납 우편물에는 우편날짜도장 날인을 생략한다.
④ 접수된 요금후납 우편물은 별도 우편자루 체결·발송을 원칙으로 한다. 다만, 물량이 적을 경우에는 단단히 묶어서 다른 우편물과 함께 발송한다.

>**ADVICE** ① 요금별납은 우편취급국을 제외한 모든 우체국에서 취급이 가능하며, 요금후납은 후납계약을 맺은 우체국에서 발송(우편취급국 포함)이 가능하다. 다만, 취급국의 경우 등기취급우편물과 공공기관에서 발송하는 일반 우편물에만 허용된다.
　　　　　② 국제우편 요금후납은 한 사람(후납승인을 받은사람)이 매월 100통 이상 발송하는 통상 및 국제 소포우편물을 대상으로 한다.
　　　　　④ 접수된 국제우편요금 별납우편물은 국제우체국 앞으로 별도우편자루 체결·발송을 원칙으로 한다. 다만, 물량이 적을 경우에는 단단히 묶어서 다른 우편물과 함께 발송한다.

Answer　8.① 9.③

예금일반

1 우체국 체크카드에 대한 설명으로 옳은 것은?

① 법인의 우체국 체크카드 월 사용한도는 기본 한도 1억 원, 최대 한도 3억 원이다.

② Biz플러스 체크카드는 신차 구매, 전 가맹점 0.3% 포인트 적립 등 개인사업자 및 소상공인을 위한 맞춤형 혜택을 제공하는 카드이다.

③ 라이프플러스 체크카드의 교통기능은 일반 카드일 경우에는 선불, 하이브리드 카드일 경우에는 후불 적용된다.

④ 우체국 체크카드는 카드 유효기간의 만료 또는 회원 본인이 사망하거나 피성년후견인·피한정후견인으로 우체국에 신고 등록된 경우, 효력이 상실된다.

> **ADVICE** ① 법인의 우체국 체크카드 월 사용한도는 기본 한도 2천만 원, 최대 한도 3억 원이다.
> ② Biz플러스 체크카드는 주유소, 신차구매 등 개인사업자·소상공인을 위한 맞춤형 혜택을 제공하는 법인카드이다.
> ③ 라이프플러스 체크카드는 쇼핑, 레저, 반려동물 업종 등 캐시백 또는 유니마일 적립 선택이 가능한 카드로 교통카드 기능은 없다.

2 우체국 예금상품에 대한 설명으로 옳은 것을 모두 고른 것은?

> ㉠ e-Postbank정기예금은 자동이체 약정, 체크카드 이용실적, 자동 재예치 실적에 따라 우대금리를 제공한다.
> ㉡ 「중소기업협동조합법」에서 정하는 소기업·소상공인 공제금 수급자는 우체국 행복지킴이통장 가입 대상이다.
> ㉢ 입양자는 이웃사랑정기예금과 우체국 새출발자유적금 패키지 중 새출발 행복 상품에 가입할 수 있다.
> ㉣ 우체국 하도급지킴이통장은 공사대금 및 입금이 하도급자와 근로자에게 기간 내 집행될 수 있도록 관리, 감독하기 위한 압류방지 전용 통장이다.

① ㉠, ㉡   ② ㉠, ㉣

③ ㉡, ㉢   ④ ㉢, ㉣

> **ADVICE** ㉠ e-Postbank정기예금 : 가입대상은 실명의 개인이며 인터넷뱅킹, 스마트뱅킹으로 가입이 가능한 온라인 전용상품으로 온라인 예·적금 가입, 자동이체 약정, 체크카드 이용실적에 따라 우대금리를 제공하는 정기예금이다.
> ㉣ 우체국 하도급지킴이통장 : 가입대상은 법인 및 사업자등록증을 소지한 개인사업자, 고유번호(또는 납세번호)를 부여받은 단체로 조달청에서 운영하는 '정부계약 하도급관리시스템'을 통해 발주한 공사대금 및 입금이 하도급자와 근로자에게 기간 내 집행될 수 있도록 관리, 감독하기 위한 전용통장이다.

Answer 1.④ 2.③

3 「우체국예금·보험에 관한 법률」과 동법 시행령·시행규칙에 관한 내용으로 옳은 것은?

① 연 면적의 100분의 20을 우정사업에 직접 사용하고 나머지는 영업시설로 임대하고자 하는 업무용 부동산은 우체국 예금자금으로 취득할 수 있다.

② 우체국 예금자금은 금융기관 또는 재정자금에 예탁하거나 1인당 2천만 원 이내의 개인 신용대출 등의 방법으로도 운용한다.

③ 우체국은 예금보험공사에 의한 예금자보호 대상 금융기관의 하나이지만, 특별법인 이 법에 의해 우체국예금(이자 포함)과 우체국보험계약에 따른 보험금 등 전액에 대하여 국가가 지급 책임을 진다.

④ 우체국 예금자금으로 「자본시장과 금융투자업에 관한 법률」에 따른 파생상품 거래 시 장내파생상품 거래를 위한 위탁증거금 총액은 예금자금 총액의 100분의 20 이내로 한다.

> **ADVICE** ② 과학기술정보통신부장관은 예금(이자를 포함한다)의 지급에 지장이 없는 범위에서 예금자금을 다음의 방법으로 운용한다〈우체국예금·보험에 관한 법률 제18조 제1항〉.
> ㉠ 금융기관에 예탁(預託)
> ㉡ 재정자금에 예탁
> ㉢ 「자본시장과 금융투자업에 관한 법률」에 따른 증권의 매매 및 대여
> ㉣ 「자본시장과 금융투자업에 관한 법률」에 따른 자금중개회사를 통한 금융기관에 대여
> ㉤ 「자본시장과 금융투자업에 관한 법률」에 따른 파생상품의 거래
> ㉥ 대통령령으로 정하는 업무용 부동산의 취득·처분 및 임대
> ※ 대통령령으로 정하는 업무용 부동산
> 　㉠ 영업시설(연면적의 100분의 10 이상을 우정사업에 직접 사용하는 시설만 해당한다)
> 　㉡ 연수시설
> 　㉢ 복리후생시설
> 　㉣ ㉠~㉢호까지의 용도로 사용할 토지·건물 및 그 부대시설
> ③ 우체국은 예금자 보호법에 따른 예금자보호 대상이 아니다.
> ④ 파생상품 거래 중 장내파생상품을 거래하기 위한 위탁증거금 총액은 예금자금 총액의 100분의 1.5 이내로 한다.

4 주식투자 및 채권투자의 주요 내용에 대한 설명으로 옳은 것을 모두 고른 것은?

> ㉠ 신종자본증권은 대부분 발행 후 5년이 지나면 투자자가 채권에 대해 상환을 요구할 수 있는 풋옵션이 부여되어 있다.
> ㉡ 채권의 가격은 시장금리 및 발행기관의 신용 변화에 영향을 받아 변동하게 되며, 다른 요인들이 모두 동일하다면 채권은 잔존기간이 짧아질수록 가격의 변동성이 증가한다.
> ㉢ 유상증자는 기업의 재무구조를 개선하고 타인자본에 대한 의존도를 낮출 수 있는 반면, 무상증자는 회사와 주주의 실질재산에는 변동이 없다. 유·무상증자 권리락일에는 신주인수권 가치만큼 기준 주가가 하락한 상태에서 시작하게 된다.
> ㉣ 2021.3.9.(화)에 유가증권시장에서 매입한 주식(전일종가 75,000원)의 당일 중 최소 호가 단위는 100원이며, 주중에 다른 휴장일이 없다면 2021.3.11.(목) 개장 시점에 증권계좌에서 매입대금은 출금되고 주식은 입고된다.

① ㉠, ㉡

② ㉠, ㉣

③ ㉡, ㉢

④ ㉢, ㉣

> **ADVICE** ㉠ 신종자본증권은 대부분 발행 후 5년이 지나면 투자자가 채권에 대해 상환을 요구할 수 있는 콜옵션이 부여되어 있다.
> ㉡ 채권 가격은 현재 가치, 만기, 지급 불능 위험 등 여러 요인에 따라 결정된다.
> ※ 채권변동성의 특성
> • 표면이율(이자지급횟수) : 표면이율이 낮을수록 채권의 변동성은 커진다.
> • 만기(잔존기간) : 만기가 길어질수록 채권의 변동성은 커진다.
> • 만기수익률 : 만기수익률이 낮을수록 채권의 변동성은 커진다.

1 보험료를 계산하는 현금흐름방식에 대한 설명으로 옳은 것은?

① 보수적 표준기초율을 일괄적으로 가정하여 적용한다.
② 보험료 산출이 비교적 간단하고 기초율 예측 부담이 경감되는 장점이 있다.
③ 상품개발 시 수익성 분석을 동시에 할 수 있으며 상품개발 후 리스크 관리가 용이한 방식이다.
④ 3이원(利原)을 포함한 다양한 기초율을 가정하며, 계리적 가정에는 위험률, 해지율, 손해율, 적립이율 등이 있다.

> **ADVICE** 3이원방식과 현금흐름방식 비교

구분	3이원방식	현금흐름방식
기초율 가정	• 3이원(위험률, 이자율, 사업비율)	• 3이원 포함 다양한 기초율 ※ 경제적 가정 : 투자수익률, 할인율, 적립이율 등 ※ 계리적 가정 : 위험률, 해지율, 손해율, 사업비용 등
기초율 가정적용	• 보수적 표준기초율 일괄 가정 • 기대이익 내재	• 각 보험회사별 최적가정 • 기대이익 별도 구분
장점	• 보험료 산출이 비교적 간단 • 기초율 예측 부담 경감	• 상품개발 시 수익성 분석을 동시에 할 수 있으며 상품개발 후 리스크 관리 용이 • 새로운 가격요소 적용으로 정교한 보험료 산출 가능
단점	• 상품개발 시 별도의 수익성 분석 필요 • 상품개발 후 리스크 관리 어려움	• 정교한 기초율 예측 부담 • 산출방법이 복잡하고, 전산시스템 관련 비용이 많음

※ 현금흐름방식 : 현금흐름방식은 기존의 3이원방식 가격요소와 함께 계약유지율, 판매량, 투자수익률 등 다양한 가격요소를 반영하여 보험료를 산출하는 방식이다.

Answer 1.③

2 보험료 할인율이 높은 순서부터 바르게 나열한 것은?

⊙ 피보험자 300명이 단체로 무배당 win-win단체플랜보험 2504에 가입

ⓒ 주계약 보험가입금액 2,500만 원을 무배당 우체국통합건강보험 2504에 가입

ⓒ B형 간염 항체 보유자인 피보험자가 우체국암케어보험 보험에 가입

ⓒ 재가입 직전 무사고 할인판정기간 안에 보험금 지급 실적이 없는 급여의료비를 지급한 사람이 6개월 전에 무배당 우체국급여실손의료비보험(계약전환·단체개인전환·개인중지재개용)(갱신형) 2504에 가입

---

① ⊙ - ⓒ - ⓒ - ⓒ

② ⊙ - ⓒ - ⓒ - ⓒ

③ ⓒ - ⊙ - ⓒ - ⓒ

④ ⓒ - ⓒ - ⊙ - ⓒ

▶**ADVICE** ⓒ 갱신(또는 재가입) 직전 무사고 할인판정기간 동안 보험금 지급 실적[급여 의료비 중 본인부담금 및 4대 중증질환(암, 뇌혈관질환, 심장질환, 희귀난치성질환)으로 인한 비급여의료비에 대한 보험금은 제외]이 없는 계약을 대상으로 갱신일(또는 재가입일)부터 차기 보험기간 1년 동안 보험료의 10%를 할인 받을 수 있다.

ⓒ B형간염 항체 보유시 항체보유 사실을 증명할 수 있는 서류를 제출하고 체신관서가 확인시에는 보험료 3% 할인받을 수 있다.

⊙ 무배당 win-win 단체플랜보험 피보험자수에 따른 할인

피보험자수	5인~20인	21인~100인	101인 이상
할인율	1%	1.5%	2.0%

ⓒ 무배당 우체국통합건강보험 고객 계약 보험료 할인

주계약 보험 가입금액	주계약 보험료 할인율
2000만 원 이상 3000만 원 미만	1.0%
3000만 원 이상 4000만 원 미만	2.0%
4000만 원	3.0%

3 우체국 보험상품에 대한 설명으로 옳은 것은? [기출변형]

① 무배당 우체국안전벨트보험 2504의 보험료는 성별에 따른 차이는 없으나 연령별로 차이가 있다.

② 우체국연금저축보험 2504의 경우, 연금 지급구분에는 종신연금형, 상속연금형, 확정기간연금형, 더블연금형이 있다.

③ 무배당 우체국온라인치매간병보험 2504는 "중증치매상태"로 최종 진단 확정되고, 매년 생존시 최대 10년 동안 중증치매진단간병자금을 매월 지급한다.

④ 무배당 우체국New건강클리닉보험 2509에 가입한 피보험자가 '국민체력100' 체력인증을 받은 경우, 보험료 일부를 지원받을 수 있다.

> **ADVICE** ① 무배당 우체국안전벨트보험 2504의 보험료는 성별에 따른 차이는 있으나 나이에 관계없이 동일하다.
> ② 우체국연금저축보험 2504의 경우, 연금 지급구분에는 종신연금형, 확정기간연금형이 있다.
> ③ 무배당 우체국온라인치매간병보험 2504은 "중증치매상태"로 최종 진단 확정되고, 매년 생존시 최대 15년 동안 중증치매진단간병자금을 매월 지급한다.

4 위험관리와 보험의 종류에 대한 설명으로 옳은 것은?

① 위험의 발생 상황에 따라 순수 위험과 투기적 위험으로 분류하며, 사건 발생에 연동되는 결과에 따라 정태적 위험과 동태적 위험으로 분류한다.

② 손해보험 중 특종보험은 상해 · 화재 · 항공 · 보증 · 장기보험 등을 제외한 모든 형태의 보험으로 해상보험, 건설공사보험, 동물보험, 유리보험 등이 있다.

③ 동태적 위험은 사회적인 특정 징후로 예측이 가능한 면도 있으나, 위험의 영향이 광범위하며 발생확률을 통계적으로 측정하기 어렵다.

④ 보험의 대상이 되는 불확실성(위험)의 조건 중 한정적 측정가능 손실이란 보험회사 또는 인수집단의 능력으로 보상이 가능한 규모의 손실을 의미한다.

> **ADVICE** ① 결과의 손익기준으로 순수위험과 투기위험으로 구분하며, 위험의 특성이나 발생의 빈도가 시간의 흐름에 따라 영향이 있는가에 따라 정태적 위험과 동태적 위험으로 구분한다.
> ② 손해보험 중 특종보험은 화재, 해상, 자동차 및 보증보험 등을 제외한 모든 형태의 보험으로 상해보험, 배상책임보험 및 도난보험 등의 기타 보험이 이에 해당된다.
> ④ 한정적 특정가능 손실은 피해의 발생원인, 발생시점, 장소, 피해의 정도가 명확히 식별 가능하고 손실금액을 측정할 수 있으며, 객관적 자료 수집과 처리를 통해 정확한 보험금 지급 및 적정 보험료 산정이 가능해야 한다.

Answer 3.④ 4.③

5 40세인 A씨의 우체국연금저축보험 2109 가입 현황이 〈보기〉와 같을 때 연금수령 1차년도 산출세액(지방소득세 포함)으로 옳은 것은?

<보 기>

- 연금 지급구분 : 종신연금형
- 연금수령 개시 나이 : 만 55세
- 연금수령한도 이내 연금수령액 : 1,200,000원
- 연금수령한도 초과 연금수령액 : 1,000,000원

(단, 납입보험료 전액을 세액공제 받았으며, 의료목적 또는 부득이한 사유로 인한 연금수령액 및 다른 연금소득은 없는 것으로 한다.)

〈적용세율〉

연금소득세율(지방소득세 포함)		기타소득세율
연금수령 나이(만 70세 미만)	종신연금형	(지방소득세 포함)
5.5%	4.4%	16.5%

① 96,800원
② 121,000원
③ 217,800원
④ 231,000원

>**ADVICE** • 연금수령한도 이내 연금수령액에 대해서는 연금소득세율 중 종신연금형 세율이 적용된다.

　　$1,200,000 \times 4.4\% = 52,800$

　• 연금수령한도 초과 연금수령액에 대해서는 기타소득세율이 적용된다.

　　$1,000,000 \times 16.5\% = 165,000$

　∴ $52,800 + 165,000 = 217,800$원

1 관계데이터베이스 관련 다음 설명에서 ㈀~㈃에 들어갈 용어를 바르게 짝지은 것은?

> (㈀) 무결성 제약이란 각 릴레이션(relation)에 속한 각 애트리뷰트(attribute)가 해당 (㈁)을 만족하면서 (㈂)할 수 없는 (㈃) 값을 가져서는 안 된다는 것을 말한다.

	㈀	㈁	㈂	㈃
①	참조	고립성	변경	외래키
②	개체	고립성	참조	기본키
③	참조	도메인	참조	외래키
④	개체	도메인	변경	기본키

>**ADVICE** 참조 무결성 제약이란 각 릴레이션에 속한 각 애트리뷰트가 해당 <u>도메인</u>을 만족하면서 <u>참조</u>할 수 없는 <u>외래키</u> 값을 가져서는 안 된다는 것을 말한다.

Answer   1.③

2 다음 워크시트에서 [D1] 셀에 =$A$1+$B2를 입력한 후 [D1]셀을 복사하여 [D5] 셀에 붙여넣기 했을 때 [D5] 셀에 표시될 수 있는 결과로 옳은 것은?

	A	B	C	D
1	1	2	3	
2	2	4	6	
3	3	6	9	
4	4	8	12	
5	5	10	15	
6				

① 1   ② 7

③ 9   ④ 15

> **ADVICE** 절대참조 : 수식을 입력한 셀의 위치와 관계없이 고정된 주소로, 참조가 변경되지 않음
>
>   예) $A$1
>
> 상대참조 : 수식을 입력한 셀의 위치가 변동되면 참조가 상대적으로 변경됨
>
>   예) A1
>
> 혼합참조 : 열 고정 혼합참조 : 열만 절대참조 적용($A1)
>
>   행 고정 혼합참조 : 행만 절대참조 적용(A$1)
>
> [D1] =$A$1(절대참조)+$B2(혼합열참조)
>
> $A$1 값은 절대참조로 열과 행 주소가 변하지 않으며 $B2는 열만 고정된 혼합참조로서 행값만 변하기 때문에 D1 수식을 D5에 붙여넣기 했을 경우 B열은 고정되고 행만 증가하기 때문에 D5값에는 $A$1의 절대참조 값인 1과 혼합열참조로 행만 고정된 값인 $B6의 값, 즉 데이터가 없는 빈값을 더하여 D5의 값은 1이 된다.

	A	B	C	D
1	1	2	3	5(=$A$1+$B2)
2	2	4	6	7(=$A$1+$B3)
3	3	6	9	9(=$A$1+$B4)
4	4	8	12	11(=$A$1+$B5)
5	5	10	15	1(=$A$1+$B6)

3 관계데이터베이스의 인덱스(index)에 대한 설명으로 옳은 것의 총 개수는?

> ㉠ 기본키의 경우, 자동으로 인덱스가 생성되며 인덱스 구축 시 두 개 이상의 칼럼(column)을 결합하여 인덱스를 생성할 수 있다.
> ㉡ SQL 명령문의 검색 결과는 인덱스 사용 여부와 관계없이 동일하며 인덱스는 검색 속도에 영향을 미친다.
> ㉢ 데이터베이스의 전체적인 성능을 향상시키기 위해서는 테이블의 모든 칼럼(column)에 대하여 인덱스를 생성해야 한다.
> ㉣ 인덱스는 칼럼(column)에 대하여 생성되며 테이블 내의 데이터를 순차적으로 접근하여 검색 결과를 제공한다.

① 1개
② 2개
③ 3개
④ 4개

> ADVICE 인덱스(index) : 테이블에 대한 동작의 속도를 높여주는 자료구조
> ㉠ 기본키의 경우, 자동으로 인덱스가 생성되며 인덱스 구축 시 두 개 이상의 칼럼(column)을 결합하여 인덱스를 생성할 수 있다. (○)
> ㉡ SQL 명령문의 검색 결과는 인덱스 사용 여부와 관계없이 동일하며 인덱스는 검색 속도에 영향을 미친다. (○)
> ㉢ 데이터베이스의 전체적인 성능을 향상시키기 위해서는 테이블의 모든 칼럼(column)에 대하여 인덱스를 생성하게 되면 불필요한 인덱스 갱신이 발생되므로 성능이 저하될 수 있다.(×)
> ㉣ 인덱스는 칼럼(column)에 대하여 생성되며 테이블 내의 데이터를 임의적으로 접근하여 검색 결과를 제공한다. (×)

Answer   3.②

4 트랜잭션(transaction)의 복구(recovery) 진행 시 복구대상을 제외, 재실행(Redo), 실행취소(Undo) 할
것으로 구분하였을 때 옳은 것은?

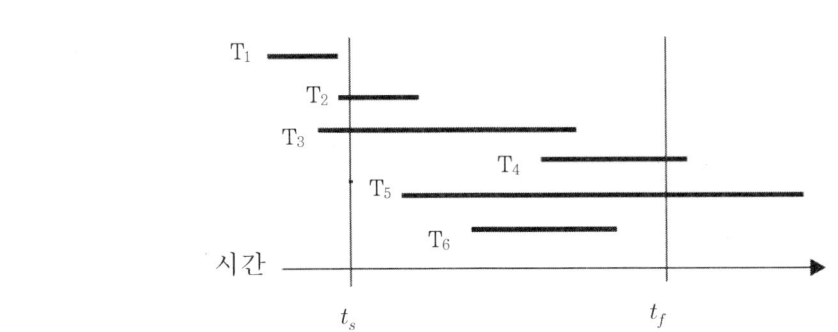

T_1, T_2, T_3, T_4, T_5, T_6 선분은 각각 해당 트랜잭션의 시작과 끝 시점을, t_s는 검사점(checkpoint)이 이
루어진 시점을, t_f는 장애(failure)가 발생한 시점을 의미한다.

	제외	재실행	실행취소
①	T_1	T_2, T_3	T_4, T_5, T_6
②	T_1	T_2, T_3, T_6	T_4, T_5
③	T_2, T_3	T_1, T_6	T_4, T_5
④	T_4, T_5	T_6	T_1, T_2, T_3

> **ADVICE** 트랜잭션 : 하나의 작업을 수행하기 위해 필요한 데이터베이스 연산들을 모아 놓은 것
>
> • 트랜잭션 제어 명령어
>   - Commit : 트랜잭션 작업 내용을 실제 데이터베이스에 저장
>   - Rollback : 트랜잭션 작업 내용을 취소함
> • 검사점(Check Point) : 트랜잭션 실행 중 특정 단계에서 재실행 할 수 있도록 갱신 내용이나 시스템에 대한 상황
>   등에 관한 정보와 함께 검사점을 로그에 보관.
> • 트랜잭션 복구 : 데이터베이스를 장애 발생 이전의 일관된 상태로 복원 하는 것
> • 복구 연산
>   - 실행취소(UNDO) : 해당 트랜잭션이 정상적으로 종료 될수 없을 경우 트랜잭션이 변경한 페이지들을 원상복구
>   - 재실행(REDO) : 이미 Commit 한 트랜잭션의 수정을 다시 반영하여 복구하는 작업

제외	재실행	실행취소
T_1	T_2, T_3, T_6	T_4, T_5
검사점이 이루어진 시점이 t_s이므로 이전에 작업이 완료된 T_1은 제외된다.	T_2, T_3, T_6은 t_f(장애)가 발생하기 이전에 commit이 되었으므로 재실행한다.	T_4, T_5는 t_f(장애) 이전에 commit이 되지 못하고 수행 중이므로 실행을 취소한다.

5 다음 워크시트에서 수식 =VLOOKUP(LARGE(C4:C11,3), C4:F11, 4, 0)에 의해 표시될 수 있는 결과로 옳은 것은?

	A	B	C	D	E	F
1			2021년 1월 판매현황 분석			
2						
3	상품명	판매단가	초과/부족수량	목표수량	판매수량	판매금액
4	공기청정기	150	10	100	110	16,500
5	김치냉장고	85	13	15	28	2,380
6	드럼세탁기	90	-5	35	30	2,700
7	스마트TV	150	13	45	58	8,700
8	의류건조기	230	5	20	25	5,750
9	인덕션오븐	120	20	30	50	6,000
10	무선청소기	70	8	30	38	2,660
11	식기세척기	150	-10	40	30	4,500

① 58

② 2,380

③ 8,700

④ 16,500

6 UML의 클래스 다이어그램에서 클래스 사이의 관계에 대한 설명으로 옳지 <u>않은</u> 것은?

① 일반화(generalization) 관계는 일반화한 부모 클래스와 실체화한 자식 클래스 간의 상속 관계를 나타낸다.

② 연관(association) 관계에서 다중성(multiplicity)은 관계 사이에 개입하는 클래스의 인스턴스 개수를 의미한다.

③ 의존(dependency) 관계는 한 클래스가 다른 클래스를 참조하는 것으로 지역변수, 매개변수 등을 일시적으로 사용하는 관계이다.

④ 집합(aggregation) 관계는 강한 전체와 부분의 클래스 관계이므로 전체 객체가 소멸되면 부분 객체도 소멸된다.

> **ADVICE** ④ 복합(composition) 관계는 강한 전체와 부분의 클래스 관계이므로 전체 객체가 소멸되면 부분 객체도 소멸된다.
> UML(Unified Modeling Language) : 의사소통이 원활하게 이루어지도록 표준화한 대표적인 객체지향 모델링 언어
> 집합관계 : 하나의 사물이 다른 사물에 포함되어 있는 관계

7 다음에서 설명하는 소프트웨어 아키텍처의 유형으로 옳은 것은?

- 사용자 인터페이스를 시스템의 비즈니스 로직 부분과 분리하는 구조
- 결합도(coupling)를 낮추기 위한 소프트웨어 아키텍처 패턴 구조
- 디자인 패턴 중 옵서버(observer) 패턴에 해당하는 구조

① 클라이언트-서버(client-server) 아키텍처

② 브로커(broker) 아키텍처

③ MVC(Model-View-Controller) 아키텍처

④ 계층형(layered) 아키텍처

> **ADVICE** ③ MVC(Model-View-Controller) 아키텍처 : 모델, 뷰, 제어구조라는 세 가지 다른 서브시스템으로 구성
> - 모델(Model) : 데이터를 보관하며 해당 패턴의 핵심기능
> - 뷰(View) : 사용자에게 정보를 표시함
> - 제어구조(Controller) : 사용자로부터 요청을 입력받아 처리.
> ① 클라이언트-서버(client-server) 아키텍처 : 하나의 서버와 다수의 클라이언트로 구성
> ② 브로커(broker) 아키텍처 : 분리된 컴포넌트들로 이루어진 분산시스템에서 사용, 컴포넌트들은 원격서비스 실행을 통해 상호작용함
> ④ 계층형(layered) 아키텍처 : 시스템을 각 계층으로 구분하여 구성함
> ※ 소프트웨어 아키텍처 : 소프트웨어를 여러 요소로 분해하고 그 요소들 사이의 관계를 정의하여 시스템을 구조화하여 파악하게 만드는 설계

Answer 6.④ 7.③

8 다음 C 프로그램의 실행 결과로 옳은 것은?

```
#include <stdio.h>

void main(void) {
    int a = 1, b = 2, c = 3;
    {
        int b = 4, c = 5;
        a = b;
        {
            int c;
            c = b;
        }
        printf( "%d %d %d\n" , a, b, c);
    }
}
```

① 1 2 3   ② 1 4 5
③ 4 2 3   ④ 4 4 5

```
#include <stdio.h>

void main(void) {
int a = 1, b = 2, c = 3;//(변수선언 및 초기화)
{

    int b = 4, c = 5; //(변수선언 및 초기화)
            a = b;//1번 범위안에 변수a가 없으므로 2번 범위의 변수a
            에 4를 삽입
            {
            int c;//변수선언
            c = b;//변수c에 4를 삽입
            }//범위안의 변수 c 소멸
    }
}
```

1

2

9 클라우드 서버에 저장된 데이터 용량이 1024PB(Peta Byte)일 때 이 데이터와 동일한 크기의 저장 용량으로 옳지 <u>않은</u> 것은? (단, 1KB는 1024Byte)

① 1024^{-1}ZB(Zetta Byte)
② 1024^{2}TB(Tera Byte)
③ 1024^{-3}YB(Yotta Byte)
④ 1024^{4}MB(Mega Byte)

>ADVICE

KB	MB	GB	TB	PB	EB	ZB	YB
1024Byte	1024KB	1024MB	1024GB	1024TB	1024PB	1024EB	1024ZB
2^{10}	2^{20}	2^{30}	2^{40}	2^{50}	2^{60}	2^{70}	2^{80}

③ 1024^{-3}YB(Yotta Byte) → PB
① 1024^{-1}ZB(Zetta Byte) → EB
② 1024^{2}TB(Tera Byte) → EB
④ 1024^{4}MB(Mega Byte) → EB

10 유비쿼터스 컴퓨팅 기술에 대한 설명으로 옳지 <u>않은</u> 것은?

① 노매딕 컴퓨팅(nomadic computing)은 사용자가 모든 장소에서 사용자 인증 없이 다양한 정보기기로 동일한 데이터에 접근하는 기술이다.
② 엑조틱 컴퓨팅(exotic computing)은 스스로 생각하여 현실세계와 가상세계를 연계하는 컴퓨팅을 실현해 주는 기술이다.
③ 감지 컴퓨팅(sentient computing)은 센서가 사용자의 상황을 인식하여 사용자가 필요한 정보를 제공해 주는 기술이다.
④ 임베디드 컴퓨팅(embedded computing)은 사물에 마이크로칩을 장착하여 서비스 기능을 내장하는 컴퓨팅 기술이다.

>ADVICE 유비쿼터스 컴퓨팅 : 언제, 어디서나, 누구나 상호접속의 컴퓨팅이 이루어지는 것을 의미.
① 노매딕 컴퓨팅(nomadic computing)은 어떠한 장소에서건 이미 다양한 정보기기가 편재되어 있어 사용자가 정보기기를 굳이 휴대할 필요가 없는 환경
• 사용자는 장소와 상관없이 일정한 사용자 인증을 거쳐 다양한 정보기기를 이용하여 동일한 데이터에 접근하여 사용할 수 있다.

Answer 9.③ 10.①

11 하나의 컴퓨터 시스템에서 여러 개의 어플리케이션(application)들이 함께 주기억장치에 적재되어 하나의 CPU 자원을 번갈아 사용하는 형태로 수행되게 하는 기법으로 옳은 것은?

① 다중프로그래밍(multi-programming)
② 다중프로세싱(multi-processing)
③ 병렬처리(parallel processing)
④ 분산처리(distributed processing)

> **ADVICE** ① 다중프로그래밍(multi-programming) : 두 개 이상의 프로그램을 주기억장치에 기억시키고, 중앙처리장치(CPU)를 번갈아 사용하는 처리기법
> ② 다중프로세싱(multi-processing) : 두 개 이상의 처리기를 사용하여 여러 작업을 동시에 처리하는 방식
> ③ 병렬처리(parallel processing) : 여러 개의 처리장치를 사용하여 입출력이나 연산 등 여러 가지 작업을 동시에 처리하는 일
> ④ 분산처리(distributed processing)) : 여러 개의 컴퓨터들에 의해 작업들을 나누어 처리하여 그 내용이나 결과를 통신망을 통해 상호 교환 되도록 연결 되어 있는 것

12 컴퓨터 시스템의 주기억장치 및 보조기억장치에 대한 설명으로 옳지 <u>않은</u> 것은?

① RAM은 휘발성(volatile) 기억장치이며 HDD 및 SSD는 비휘발성(non-volatile) 기억장치이다.
② RAM의 경우, HDD나 SSD 등의 보조기억장치에 비해 상대적으로 접근 속도가 빠르다.
③ SSD에서는 일반적으로 특정 위치의 데이터를 읽는 데 소요되는 시간이 같은 위치에 데이터를 쓰는 데 소요되는 시간보다 더 오래 걸린다.
④ SSD의 경우, 일반적으로 HDD보다 가볍고 접근 속도가 빠르며 전력 소모가 적다.

> **ADVICE** SSD(Solid State Drive) : 반도체 기억소자를 사용한 저장장치로 하드디스크를 대신할 대안으로 제시 됨. 하드디스크에 비해 속도가 빠르고 기계적 지연이나 실패율, 발열소음 적음

13 주기억장치와 CPU 캐시 기억장치만으로 구성된 시스템에서 다음과 같이 기억장치 접근 시간이 주어질 때 이 시스템의 캐시 적중률(hit ratio)로 옳은 것은?

> • 주기억장치 접근 시간 : T_m=80ns
> • CPU 캐시 기억장치 접근 시간 : T_c=10ns
> • 기억장치 평균 접근 시간(expected memory access time) : T_a=17ns

① 80% ② 85%

③ 90% ④ 95%

> **ADVICE** 적중률 : 중앙처리장치(CPU)의 기억장치에 대한 전체 요청 수에 대하여 적중한 수를 퍼센트로 표현한 것(실패할 확률/miss ratio : 1 - hit ratio)
>
> $$적중률 = \frac{적중수}{전체 메모리 참조횟수}$$
>
> ※ 평균메모리 접근시간 = 적중률 * 캐시메모리접근시간 + (1 - 적중률) * 주기억장치접근시간
>
> → 적중률 = A
> 17ns = A × 10ns + (1-A) * 80ns
> 17ns = 10ns × A + (1-A) * 80ns
> 17ns = 10ns × A + 80ns - 80ns × A
> 17ns = 80ns -70 × A
> 17ns = - 80ns = -70 × A
> -63 = -70 × A
> -63 / -70 = A
> 0.9 = A
> A = 0.9 * 100 → 적중률을 구하는 것이므로 × 100을 한다.
> A = 90%

Answer 13.③

14 다음 표에서 보인 4개의 프로세스들을 시간 할당량(time quantum)이 5인 라운드로빈(round-robin) 스케줄링 기법으로 실행시켰을 때 평균 반환 시간으로 옳은 것은?

프로세스	도착 시간	실행 시간
P1	0	10
P2	1	15
P3	3	6
P4	6	9

(단, 반환 시간이란 프로세스가 도착하는 시점부터 실행을 종료할 때까지 소요된 시간을 의미한다. 또한, 이들 4개의 프로세스들은 I/O 없이 CPU만을 사용한다고 가정하며, 문맥교환(context switching)에 소요되는 시간은 무시한다.)

① 24.0 ② 29.0
③ 29.75 ④ 30.25

>**ADVICE** 라운드로빈(round-robin) 스케줄링 기법 : 프로세스들 사이에 우선순위를 두지 않고 순차적 시간단위로 주기억장치(CPU)를 할당하는 방식으로 선점형 스케줄링의 하나이다.

프로세스	P1	P2	P3	P1	P4	P2	P3	P4	P2
시간할당량	5	5	5	5	5	5	1	4	5
남은작업량	5	10	1	0	4	5	0	0	0
대기시간		4	7	10	14	15	15	6	5

• 대기시간 총합 / 프로세스의 수 = 평균대기시간
  → (4 + 7 + 10 + 14 + 15 + 15 + 6 + 5) / 4 = 19
• 실행시간 총합 / 프로세스의 수 = 평균실행시간
  → (10 + 15 + 6 + 9) / 4 = 10
• 평균대기시간 + 평균실행시간 = 평균반환시간
  → 19 + 10 = 29

Answer 14.②

15 LRU(Least Recently Used) 교체 기법을 사용하는 요구 페이징(demand paging) 시스템에서 3개의 페이지 프레임(page frame)을 할당받은 프로세스가 다음과 같은 순서로 페이지에 접근했을 때 발생하는 페이지 부재(page fault) 횟수로 옳은 것은? (단, 할당된 페이지 프레임들은 초기에 모두 비어 있다고 가정한다.)

페이지 참조 순서(page reference string) :
1, 2, 3, 1, 2, 3, 1, 2, 3, 1, 2, 3, 4, 5, 6, 7, 4, 5, 6, 7, 4, 5, 6, 7

① 7번
② 10번
③ 14번
④ 15번

〉ADVICE LRU : 최근에 가장 오랫동안 사용하지 않은 페이지를 교체하는 기법

요구 페이지	1	2	3	1	2	3	1	2	3	1	2	3	4	5	6	7	4	5	6	7	4	5	6	7
페이지 프레임	1	1	1	1	1	1	1	1	1	1	1	1	4	4	4	7	7	7	6	6	6	5	5	5
		2	2	2	2	2	2	2	2	2	2	2	2	5	5	5	4	4	4	7	7	7	6	6
			3	3	3	3	3	3	3	3	3	3	3	3	6	6	6	5	5	5	4	4	4	7
페이지 부재	○	○	○	×	×	×	×	×	×	×	×	×	○	○	○	○	○	○	○	○	○	○	○	○

16 인터넷에서 사용하는 IPv6에 대한 설명으로 옳지 **않은** 것은?

① 패킷 헤더의 체크섬(checksum)을 통해 데이터 무결성 검증 기능을 지원한다.
② QoS(Quality of Service) 보장을 위해 흐름 레이블링(flow labeling) 기능을 지원한다.
③ IPv6의 주소 체계는 16비트씩 8개 부분, 총 128비트로 구성되어 있다.
④ IPv6 주소 표현에서 연속된 0에 대한 생략을 위한 :: 표기는 1번만 가능하다.

〉ADVICE IPv6 : 32비트 주소체계인 IPv4를 128비트 주소체계로 확장한 IP주소체계

IPv4	IPv6
32비트	128비트
8비트씩 4부분으로 10진수 표기	16비트씩 8부분으로 16진수 표기
A, B, C, D클래스 단위의 비순차적 할당	네트워크 규모, 단말 수에 다른 순차적 할당
유니, 멀티, 브로드캐스트	유니, 멀티, 애니캐스트

17 다음 정수를 왼쪽부터 순서대로 삽입하여 이진 탐색 트리(binary search tree)를 구성했을 때 단말 노드(leaf node)를 모두 나열한 것은?

44, 36, 62, 3, 16, 51, 75, 68, 49, 85, 57

① 16, 49, 51, 57, 85
② 16, 49, 57, 68, 85
③ 49, 51, 57, 68, 85
④ 49, 57, 68, 75, 85

❯ADVICE 이진 탐색 트리 … 이진탐색이 항상 동작하도록 구현하여 탐색 속도를 극대화 시킨 자료구조. 탐색을 할 때 찾고자 하는 값이 부모노드보다 작을 경우, 루트 노드의 왼쪽 자식은 자신보다 작은 값, 오른쪽 자식은 큰값으로 이루어져 있는 트리로 데이터 저장 규칙을 통해 특정 데이터의 위치를 찾는데 효율적이다.
• 루트노드 : 트리의 맨 위에 있는 노드
• 단말노드 : 자식이 없는 노드

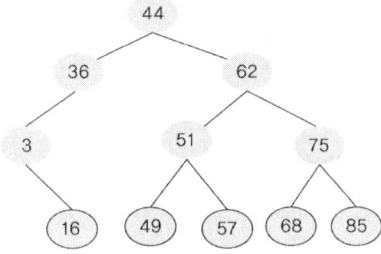

단말노드 = 16, 49, 57, 68, 85

18 다음 과정을 통해 수행되는 정렬 알고리즘의 특징으로 옳지 <u>않은</u> 것은?

초기값	15	9	8	1	4
1단계	9	15	8	1	4
2단계	8	9	15	1	4
3단계	1	8	9	15	4
4단계	1	4	8	9	15

① 최악의 경우에 시간 복잡도는 $O(n^2)$이다.
② 원소 수가 적거나 거의 정렬된 경우에 효과적이다.
③ 선택정렬(selection sort)에 비해 비교연산 횟수가 같거나 적다.
④ 정렬 대상의 크기만큼 추가 공간이 필요하다.

> **ADVICE** 삽입정렬
> • 삽입을 이용하여 정렬하는 알고리즘으로 앞에 정렬된 리스트와 값을 비교하여 자신의 위치를 삽입함으로써 정렬
> • 수행 시간의 차수는 $o(n^2)$이다.
> • 삽입정렬은 정렬시에 정렬 대상의 크기 만큼 추가 공간이 필요하지 않다.

19 SET(Secure Electronic Transaction)에 대한 설명으로 옳지 <u>않은</u> 것은?

① 프라이버시 보호를 위해 이중서명 프로토콜을 사용한다.
② 카드 소지자는 전자 지갑 소프트웨어가 필요하다.
③ 인증기관(Certification Authority)이 필요하다.
④ SSL(Secure Socket Layer)에 비해 고속으로 동작한다.

> **ADVICE** SET(Secure Electronic Transaction)
> • 인터넷에서 신용카드로 안전하게 결제할 수 있게 하는 규격
> • VISA와 MASTER 카드사에서 개발된 신용카드 기반 전자상거래의 대표적 프로토콜이다.

20 「개인정보 보호법」의 개인정보 보호 원칙으로 옳은 것의 총 개수는?

ㄱ 개인정보처리자는 개인정보의 처리 목적에 필요한 범위에서 개인정보의 정확성, 완전성 및 최신성이 보장되도록 하여야 한다.

ㄴ 개인정보처리자는 개인정보의 처리 목적에 필요한 범위에서 적합하게 개인정보를 처리하여야 하며, 그 목적 외의 용도로 활용 하고자 하는 경우 개인정보 보호책임자의 동의를 받아야 한다.

ㄷ 개인정보처리자는 개인정보 처리방법 등 개인정보의 처리에 관한 사항은 비공개하여야 하며, 열람청구권 등 정보주체의 권리를 보장하여야 한다.

ㄹ 개인정보처리자는 개인정보를 가명 또는 익명으로 처리하여도 개인정보 수집목적을 달성할 수 있는 경우 가명처리가 가능한 경우에는 가명에 의하여, 가명처리로 목적을 달성할 수 없는 경우에는 익명에 의하여 처리될 수 있도록 하여야 한다.

---

① 1개
② 2개
③ 3개
④ 4개

> **ADVICE** ㄴ 개인정보처리자는 개인정보의 처리 목적에 필요한 범위에서 적합하게 개인정보를 처리하여야 하며, 그 목적 외의 용도로 활용하여서는 아니 된다〈개인정보보호법 제3조 제2항〉.

ㄷ 개인정보처리자는 제30조에 따른 개인정보 처리방침 등 개인정보의 처리에 관한 사항을 공개하여야 하며, 열람청구권 등 정보주체의 권리를 보장하여야 한다〈개인정보보호법 제3조 제5항〉.

ㄹ 개인정보처리자는 개인정보를 익명 또는 가명으로 처리하여도 개인정보 수집목적을 달성할 수 있는 경우 익명처리가 가능한 경우에는 익명에 의하여, 익명처리로 목적을 달성할 수 없는 경우에는 가명에 의하여 처리될 수 있도록 하여야 한다〈개인정보보호법 제3조 제7항〉.

Answer 20.①

21 다음 글에서 밑줄 친 부분이 문법상 옳지 <u>않은</u> 것은?

A successful team completes its task, maintains good social relations, and promotes its members' personal and professional development. All three of these factors are important for ① <u>defining</u> team success. To perform effectively, a team requires the right types of people, a task ② <u>what</u> is suitable for teamwork, good internal group processes, and a supportive organizational context. Group members need both an appropriate set of task skills and the interpersonal skills to work as a team. Although teams can perform a wide variety of ③ <u>tasks</u>, appropriate team tasks require that members' work be integrated into the final products. The group process should maintain good social relations. Finally, the organizational context needs ④ <u>to support</u> the team by promoting cooperation, providing resources, and rewarding success.

❯**ADVICE** ② a task what is→a task that is. 명사 뒤에서 명사를 꾸며주는 말이 오므로 that이 들어가야 한다.
「성공적인 팀은 임무를 완수하고, 좋은 사회적 관계를 유지하며, 구성원들의 개인적이고 전문적인 발전을 촉진한다. 이 세 가지 요소는 모두 팀 성공을 규정하는 데 중요하다. 팀이 효과적으로 수행되기 위해서는 적절한 유형의 인력, 팀워크에 적합한 업무, 좋은 내부 그룹 프로세스, 그리고 지원적인 조직 환경이 필요하다. 그룹 구성원들은 팀으로 일하기 위해 적절한 업무 능력과 대인관계 기술을 모두 필요로 한다. 팀이 다양한 작업을 수행할 수 있지만 적절한 팀 작업은 구성원의 작업이 최종 산출물에 통합될 것을 요구한다. 그룹 과정은 좋은 사회적 관계를 유지해야 한다. 마지막으로, 조직적 맥락은 협력을 증진하고, 자원을 제공하고, 성공을 보상함으로써 팀을 지원할 필요가 있다.」

22 다음 글의 빈칸 (A), (B)에 들어갈 말로 가장 적절한 것은?

In one experiment, participants were asked to read formal emails and rate them based on warmth and competence. Some of the messages contained a smiley face. The results showed users who sent formal emails with smiley faces only saw a small rating _____(A)_____ in warmth, but a decline in competence. Although smiley faces may help convey a positive tone in written messages, their _____(B)_____ effects on first impressions of competence may outweigh these benefits. A separate experiment had participants read an email from a new employee to an unfamiliar administrative assistant. One was about a business meeting, while another was related to a social gathering. The study found participants rated the formal messages with smiley faces lower in competence than the emails with just text. In the case of the informal messages, competence ratings were about the same.

	(A)	(B)
①	decrease	positive
②	decrease	adverse
③	increase	positive
④	increase	adverse

> **ADVICE** decrease 감소하다 positive 긍정적인 adverse 부정적인 increase 증가하다
> 「한 실험에서, 참가자들은 공식적인 이메일을 읽고 따뜻함과 능력에 기초하여 그것들을 평가하도록 요청 받았다. 일부 메시지에는 웃는 얼굴이 담겨 있었다. 그 결과 웃는 얼굴로 격식을 차린 이메일을 보낸 이용자들의 온기는 소폭 상승했을 뿐 역량은 감소한 것으로 나타났다. 비록 웃는 얼굴이 서면 메시지에서 긍정적인 어조를 전달하는데 도움을 줄 수 있지만, 역량의 첫인상에 미치는 부정적인 영향은 이러한 이점보다 더 클 수 있다. 다른 실험에서는 참가자들이 신입사원이 익숙하지 않은 행정보조에게 보낸 이메일을 읽게 했다. 하나는 비즈니스 미팅에 관한 것이고, 다른 하나는 친목 모임과 관련된 것이었다. 이 연구는 참가자들이 웃는 얼굴의 공식적인 메시지를 단지 텍스트만 있는 이메일보다 더 역량이 낮다고 평가한 것을 발견했다. 격식 없는 메시지의 경우 역량평가가 거의 비슷했다.」

우편일반

1 우편물의 외부표시(기재) 사항에 대한 설명으로 옳은 것은?

① 통상우편물 요금감액을 받기 위해서는 집배코드별로 구분하여 제출해야 한다.

② 집배코드는 도착 집중국 3자리, 배달국 2자리, 집배팀 2자리, 집배구 2자리로 구성되어 있다.

③ 우체국과 협의되지 않은 우편요금 표시인영은 표기할 수 없으나, 개인정보보호 법령에 따른 주민등록번호는 기재할 수 있다.

④ 집배코드란 우편물 구분을 편리하게 할 수 있도록 만든 일종의 코드로서, 문자로 기재된 수취인의 주소 정보를 일정한 기준에 따라 숫자로 변환한 것이다.

> **ADVICE** ② 집배코드는 총 9자리로 도착집중국 2자리, 배달국 3자리, 집배팀 2자리, 집배구 2자리로 구성되어 있다.
> ③ 우체국과 협의되지 않은 우편요금 표시인영은 표시할 수 없으며, 개인정보보호 법령에 따른 주민등록번호 등 고유식별정보도 기재할 수 없다.
> ④ 집배코드는 우편물의 구분·운송·배달에 필요한 구분정보를 가독성이 높은 단순한 문자와 숫자로 표기한 것이다.

2 방문접수소포(우체국소포)에 대한 설명으로 옳은 것은?

① 인터넷우체국을 이용하여 방문접수 신청은 가능하나, 요금수취인 부담(요금 착불) 신청은 불가하다.

② 초소형 특정요금은 월 평균 10,000통 이상 발송업체 중 초소형 물량이 80% 이상인 경우에 적용이 가능하다.

③ 연합체 발송계약이란 계약자가 주계약 우체국을 지정하여 이용 계약을 체결하고 여러 우편관서에서 별도의 계약 없이 계약 소포를 발송하는 것이다.

④ 한시적 발송계약은 3개월 이내에 한시적으로 계약소포를 발송하는 것이다.

> **ADVICE** ① 요금수취인부담(요금 착불)도 가능하다.
> ② 월 평균 10,000통 이상 발송 업체 중 초소형 물량이 90% 이상인 경우 적용 가능하다.
> ③ 상가나 시장 또는 농장 등 일정한 장소에 유사사업을 목적으로 연합되어 있는 법인, 임의단체의 회원들이 1개의 우편관서와 계약을 체결하고 한 장소에 집하하여 계약소포를 발송하는 것이다.

Answer 1.① 2.④

3 선택등기 서비스에 대한 설명으로 옳은 것은?

① 취급대상은 2kg(특급 취급 시 30kg) 이하 통상우편물이다.
② 전자우편, 익일특급, 계약등기, 발송 후 배달증명 부가취급이 가능하나, 우편함에 배달이 완료된 경우에는 발송 후 배달증명 청구를 할 수 없다.
③ 배달기한은 접수한 다음 날부터 4일 이내이다.
④ 손실 또는 망실일 때 최대 5만 원까지 손해배상을 제공하나, 배달이 완료된 후에 발생한 손실 또는 망실은 손해배상 대상에서 제외한다.

> **ADVICE** ① 6kg까지 통상우편물(특급 취급 시 30kg 가능)이다.
> ③ 배달기한은 접수한 다음 날부터 3일 이내이다.
> ④ 손실, 분실에 한하여 최대 10만 원까지 손해배상을 제공하며, 배달완료(우편함 등) 후에 발생된 손실, 분실은 손해배상 대상에서 제외한다.

4 선납 라벨 서비스에 대한 설명으로 옳은 것을 모두 고른 것은?

> ㉠ 사용권장기간 경과로 인쇄 상태가 불량하거나 라벨지 일부 훼손으로 사용이 어려운 경우 동일한 발행번호와 금액으로 재출력이 가능하다.
> ㉡ 훼손 정도가 심각하여 판매정보의 식별이 불가능한 경우 동일한 발행번호와 금액으로 재출력이 가능하다.
> ㉢ 우편물 접수 시 우편요금보다 라벨 금액이 많은 경우 잉여 금액에 대해 환불이 가능하다.
> ㉣. 구매 당일에 한해 판매우체국에서만 환불 처리가 가능하다.

① ㉠, ㉡
② ㉠, ㉣
③ ㉡, ㉢
④ ㉢, ㉣

> **ADVICE** ㉡ 선납라벨 훼손 정도가 심각하여 판매정보(발행번호, 바코드 등)의 식별이 불가능한 경우에는 재출력(교환)이 불가하다.
> ㉢ 우편물 접수 시 우편요금 보다 라벨금액이 많은 경우 잉여금액에 대한 환불은 불가하다.

5 내용증명 우편물에 대한 설명으로 옳은 것은?

① 문서 이외의 물건도 그 자체 단독으로 내용증명의 대상이 될 수 있다.

② 내용문서의 크기가 A4 용지 규격보다 큰 것은 발송할 수 없다.

③ 다수인이 연명으로 발송하는 내용문서의 경우 다수 발송인 중 1인의 이름, 주소를 우편물의 봉투에 기록한다.

④ 발송인이 재증명을 청구한 경우 문서 1통마다 재증명 청구 당시 내용증명 취급수수료 전액을 징수한다.

〉**ADVICE** ① 내용증명의 대상은 문서에 한정하며 문서 이외의 물건(예:우표류, 유가증권, 사진, 설계도 등)은 그 자체 단독으로 내용증명의 취급대상이 될 수 없다.

② 내용문서의 크기가 A4 용지 규격 보다 큰 것은 A4 용지의 크기로 접어서 총 매수를 계산하고, A4 용지보다 작은 것은 이를 A4 용지로 보아 매수를 계산한다.

④ 재증명 당시 내용증명 취급수수료의 반액을 재증명 문서 1통마다 각각 징수한다.

6 국내우편서비스에 대한 설명으로 옳은 것을 모두 고른 것은?

> ㉠ 모사전송(팩스) 우편은 우편취급국을 포함한 모든 우체국에서 신청이 가능하다.
> ㉡ 나만의 우표 홍보형 신청 시에는 기본 이미지 1종 외에 큰 이미지 1종을 무상으로 제공한다.
> ㉢ 고객이 고객맞춤형 엽서를 교환 요청한 때에는 교환금액을 수납한 후 액면 금액에 해당하는 우표, 엽서, 항공서간으로 교환해 준다.
> ㉣ 우체국 축하카드 발송 시 50만 원 한도 내에서 문화상품권을 함께 발송할 수 있다.

① ㉠, ㉢

② ㉠, ㉣

③ ㉡, ㉢

④ ㉡, ㉣

〉**ADVICE** ㉠ 모사전송(팩스) 우편은 우정사업본부장이 지정 고시하는 우체국에서만 취급할 수 있다.

㉣ 우체국 축하카드 발송 시 20만 원 한도 내에서 문화상품권을 함께 발송할 수 있다

7 국내우편 요금별납 및 요금후납 우편물에 대한 설명으로 옳지 않은 것은?

① 관할 지방우정청장이 요금별납 우편물을 접수할 수 있도록 정한 우체국이나 우편취급국에서 이용이 가능하다.

② 요금별납 우편물에는 원칙적으로 우편날짜도장을 찍지 않는다.

③ 최초 요금후납 계약일부터 체납하지 않고 4년간 성실히 납부한 사람은 담보금 50% 면제 대상이다.

④ 모든 요금후납 계약자는 요금후납 계약국 변경 신청제도를 이용할 수 있다.

>**ADVICE** ③ 최초 후납계약일부터 체납하지 않고 4년간 성실히 납부한 사람은 전액 면제 대상이다.

8 다음 설명 중 서적우편물로 요금감액을 받을 수 없는 것의 총 개수는?

ㄱ 표지를 제외한 쪽수가 40쪽이며 책자 형태로 인쇄된 것

ㄴ 우편엽서, 지로용지가 각각 1장씩 동봉된 것

ㄷ 본지, 부록을 포함한 우편물 1통의 무게가 1kg인 것

ㄹ 상품의 선전 및 광고가 전 지면의 20%인 것

---

① 1개

② 2개

③ 3개

④ 4개

>**ADVICE** ㄱ 표지를 제외한 쪽수가 48쪽 이상인 책자의 형태로 인쇄된 것

ㄷ 본지, 부록, 호외 등을 포함한 우편물 1통의 총 무게는 1,200g을 초과할 수 없으며, 본지 외 내용물의 무게가 본지의 무게를 초과해서는 안 된다.

9 우편사서함 사용계약에 대한 설명으로 ( )에 들어갈 말로 옳게 짝지어진 것은?

> • 사서함 신청을 받은 우체국장은 국가기관, 지방자치단체, 일일 배달 예정물량이 (㉠)통 이상인 다량 이용자, 우편물 배달 주소지가 사서함 설치 우체국의 관할구역인 신청자 순서로 우선적으로 계약할 수 있다.
> • 최근 3개월간 계속하여 사서함에 배달된 우편물의 총 수량이 월(㉡)통에 미달한 경우, 사서함 사용계약을 해지할 수 있다.
> • 사서함을 운영하고 있는 관서의 우체국장은 연(㉢)회 이상 운영 실태를 점검하고 사용계약 해지 대상자 등을 정비하여야 한다.

	㉠	㉡	㉢
①	50	30	1
②	100	50	1
③	50	50	2
④	100	30	2

>**ADVICE** ㉠ 사서함 신청을 받은 우체국장은 국가기관, 지방자치단체, 일일 배달 예정물량이 100통 이상인 다량이용자, 우편물 배달 주소지가 사서함 설치 우체국의 관할구역인 신청자 순서로 우선적으로 계약할 수 있다.
> ㉡ 최근 3개월간 계속하여 사서함에 배달된 우편물의 총 수량이 월 30통에 미달한 경우, 사서함 사용계약을 해지할 수 있다.
> ㉢ 사서함을 운영하고 있는 관서의 우체국장은 연 2회 이상 운영 실태를 점검하고 사용계약 해지 대상자 등을 정비하여야 한다.

10 우편물 운송용기의 종류와 용도에 대한 설명으로 옳지 않은 것은?

① 우편운반대(팔레트) : 소포 등 규격화된 우편물 담기와 운반
② 소형우편상자 : 소형통상우편물 담기
③ 대형우편상자 : 얇은 대형통상우편물 담기
④ 특수우편자루 : 부가취급우편물 담기

>**ADVICE** ③ 대형우편상자 : 두꺼운 대형통상우편물 적재

Answer 9.④ 10.③

11 손해배상 및 이용자 실비지급에 대한 설명으로 옳은 것은?

① 설·추석 등 특수한 기간에 우편물이 대량으로 늘어나 늦게 배달되는 경우에도 지연배달로 인한 손해배상 대상이 된다.

② D(우편물 접수일)+1일 20시 이후 배달된 당일배달 우편물은 국내특급수수료만 손해배상 한다.

③ EMS 우편물의 종·추적조사나 손해배상을 청구한 때, 3일 이상 지연 응대한 경우에는 무료발송권(1회 3만 원권)을 이용자 실비로 지급한다.

④ 이용자실비를 지급받기 위해서는 사유가 발생한 다음 날부터 15일 이내에 해당 우체국에 신고해야 한다.

> ADVICE
> ① 설·추석 등 특수한 기간에 우편물이 대량으로 늘어나 늦게 배달되는 경우는 지연 배달로 보지 않는다.
> ② D(우편물 접수일)+1일 20시 이후 배달된 당일배달 우편물은 우편요금과 국내특급수수료를 손해배상 한다.
> ④ 이용자실비를 지급받기 위해서는 사유가 발생한 날부터 15일 이내에 해당 우체국에 신고해야 한다.

12 우편물 운송 용어에 대한 설명으로 옳은 것의 총 개수는?

> ㉠ 감편 : 우편물 감소로 운송편의 톤급을 하향 조정(예:4.5톤→2.5톤)
> ㉡ 거리연장 : 운송구간에 추가로 수수국을 연장하여 운행함
> ㉢ 구간 : 정해진 운송구간을 운송형태별(교환, 수집, 배집 등)로 운행함
> ㉣ 배집 : 우편집중국 등에서 배달할 우편물을 배달국으로 보내는 운송형태
---

① 1개

② 2개

③ 3개

④ 4개

> ADVICE
> ㉠ 감편 : 우편물의 발송량이 적어 정기편을 운행하지 아니함
>   감차 : 우편물 감소로 운송편의 톤급을 하향 조정
> ㉢ 구간 : 최초 발송국에서 최종 도착 국까지의 운송경로
>   감편 : 정해진 운송구간을 운송행태별(교환, 수집, 배분 등)로 운행함
> ㉣ 배집 : 배분과 수집이 통합된 운송형태
>   배분 : 우편집중국 등에서 배달할 우편물을 배달국으로 보내는 운송형태

Answer 11.③ 12.①

13 우편물 발착업무에 대한 설명으로 옳지 않은 것은?

① 발착업무의 처리과정은 분류·정리, 구분, 발송, 도착 작업으로 구성되어 있다.

② 분류·정리작업은 구분이 완료된 우편물을 보내기 위한 송달증 생성, 체결, 우편물 적재 등의 작업이다.

③ 주소와 우편번호 주위에 다른 문자가 표시된 우편물은 기계 구분이 불가능한 우편물이다.

④ 소포우편물을 우편운반차에 적재할 때는 수취인 주소가 기재된 앞면이 위쪽으로 향하도록 적재한다.

>ADVICE ② 분류·정리작업은 우편물을 우편물 종류별로 구분하는 작업으로 구분 작업을 쉽게 하기 위하여 기계구분 우편물과 수구분 우편물로 분류하여 구분 기계에 넣을 수 있도록 정리하는 등의 작업이다.

14 다음 설명에 해당하는 국제우편 업무 관련 국제연합체는?

- 2002년 아시아·태평양 연안 지역 6개 국가로 결성, 2021년 12월 현재 한국 포함 11개 국가로 구성
- 공동으로 구축한 단일 네트워크 기반 및 'The Power to Deliver'라는 슬로건 하에 활동

① Universal Postal Union
② Asian Pacific Postal Union
③ World Logistics Organization
④ Kahala Posts Group

>ADVICE ① 1868년 북부독일연방의 우정청장인 하인리히 본 스테판이 문명국가 사이에 우편연합(Postal Union of civilized Countries)의 구성을 제안
② 한국과 필리핀이 공동 제의하여 1961년 1월 23일 마닐라에서 한국, 태국, 대만, 필리핀 4개국이 협약에 서명함으로써 창설

15 국제우편물의 종류별 접수에 관한 설명으로 옳은 것은?

① 우편자루배달 인쇄물의 등기취급은 미국, 캐나다 등 북미권역과 유럽, 아시아 등 만국우편연합 회원국가 간 발송에 제한이 없다.

② 시각장애인이나 공인된 시각장애인 기관에서 발송하는 공무를 위한 모든 우편물은 시각장애인용우편물로 취급 가능하다.

③ 소형포장물은 현실적이고 개인적인 통신문의 서류 동봉이 가능하며, 내용품의 탈락을 방지하기 위하여 단단히 밀봉하여야 한다.

④ 보험소포의 보험가액은 'Insured Value-words 보험가액-문자'칸과 'Figures 숫자' 칸에 영문과 아라비아 숫자로 원화(KRW)단위로 기재한다.

> **ADVICE** ① 일반으로는 어느 나라든지 보낼 수 있으나, 등기는 취급하는 나라가 제한된다.
> ※ 미국, 캐나다는 우편자루배달인쇄물 등기 미취급(2021.12.현재)
> ② 시각장애인이나 공인된 시각장애인 기관에서 발송하는 공무를 위한 일정한 우편물은 시각장애인용 우편물로 취급 가능하다.
> ③ 소형포장물을 봉할 때에 특별 조건이 필요한 것은 아니나, 내용품 검사를 위하여 이를 쉽게 열어볼 수 있도록 하여야 한다.

16 국제우편물 사전통관정보제공에 대한 설명으로 옳지 않은 것은?

① 우리나라의 HS코드는 10자리이며, 그중 앞자리 6개 숫자는 국제공통 분류에 해당한다.

② 우편취급국을 포함한 전국 모든 우체국이 적용 대상 관서이다.

③ 대상우편물은 EMS(비서류), 항공소포, 소형포장물, K-Packet으로 한정하며, 포스트넷 입력은 숫자 이외의 문자는 모두 영문으로 입력하여야 한다.

④ 대상국가는 2024년 1월 현재 UPU 회원국가 중 우리나라와 우편물을 교환하는 국가이다.

> **ADVICE** ③ 사전통관정보제공 대상우편물은 비서류(국제소포우편물, K-Packet, EMS[비서류], 한중 해상특송우편물), EMS(서류), 소형포장물이다.

17 국제소포우편물 접수 시 기표지(운송장) 작성에 대한 설명으로 옳지 않은 것은?

① 도착국가에서 배달불능 시, 발송인이 우편물을 돌려받지 않길 원할 경우 '□ Treat as abandoned 포기'를 선택하여 ∨ 또는 × 표시한다.

② 항공우편물의 Actual weight 실중량, Volume weight 부피중량, 요금, 접수우체국명/접수일자 등을 접수 담당자가 정확하게 기재한다.

③ 중량기재 시 보통소포는 100g 단위로 절상하고, 보험소포는 10g 단위로 절상하여야 한다.

④ 보험소포의 보험가액을 잘못 기재한 경우 1회에 한하여 정정이 가능하나, 이후에 잘못 기재한 경우는 기표지를 새로 작성하여야 한다.

>ADVICE ④ 보험가액을 잘못 기재한 경우 지우거나 수정하지 말고 주소기표지(운송장)를 다시 작성하도록 발송인에게 요구하여야 한다.

18 국제우편 K-Packet에 대한 설명으로 옳은 것은?

① 국제우편규정에 따라 우정사업본부장이 고시한 전자상거래용 국제우편서비스이다.

② EMS와 같은 경쟁서비스이며 고객맞춤형 국제우편서비스로서 평균송달기간은 5~6일이다.

③ 'L'로 시작하는 우편물번호를 사용하며, 1회 배달 성공률 향상을 위해 해외우정당국과 제휴하여 발송인 서명 없이 배달하기로 약정한 국제우편서비스이다.

④ 제휴(서비스)국가는 우정사업본부장이 고시하여 정한다.

>ADVICE ① 국제우편규정에 따라 과학기술정보통신부장관이 고시한 전자상거래용 국제우편서비스이다.
② EMS와 같은 경쟁서비스이며 고객맞춤형 국제우편서비스로서 평균송달기간은 7~10일이다.
③ 'L'로 시작하는 우편물번호를 사용하며, 1회 배달 성공률 향상을 위해 해외우정당국과 제휴하여 수취인 서명 없이 배달하기로 약정한 국제우편서비스이다.

Answer 17.④ 18.④

19 국제우편 스마트 접수에 대한 설명으로 옳지 않은 것은?

① 접수대상 우편물은 EMS, 국제소포, 등기소형포장물이다.
② 국제우편 스마트 접수 우편물에 대해서는 우편물 종별에 관계없이 스마트 접수 요금할인이 5% 적용된다.
③ 국제우편 스마트 접수 우편물 중 대상우편물에 따라 방문(픽업)접수가 가능한 우편물과 그렇지 못한 우편물이 있다.
④ 국제우편 접수채널의 다양화를 통해 이용고객의 편의증진 및 접수창구요원의 접수부담 경감에 기여한다.

>**ADVICE** ② EMS(EMS프리미엄), 등기소형포장물의 경우 요금할인이 5% 적용된다.

20 국제회신우표권(IRC)에 대한 설명으로 옳은 것의 총 개수는?

> ⊙ 수취인의 회신요금 부담 없이 외국으로부터 회답을 받는 제도이다.
> ⓒ 만국우편연합 총회가 개최되는 매 4년마다 총회 개최지명으로 발행한다.
> ⓒ 만국우편연합 관리이사회(CA)에서 발행하며 각 회원국에서 판매한다.
> ⓓ 현재 필요한 상태에 있지 않으면서 다량구매를 요구하는 경우, 판매제한과 거절사유에 해당된다.
> ⓜ 국제회신우표권 판매 시 교환개시일 안내를 철저히 해야 한다.
> ⓑ 우리나라에서는 1,450원에 판매하고, 교환은 850원에 해당하는 우표류와 교환한다.

① 3개
② 4개
③ 5개
④ 6개

>**ADVICE** ② 국제회신우표권(IRC)은 수취인에게 회신요금의 부담을 지우지 아니하고 외국으로부터 회답을 받는데 편리한 제도이다. UPU 총회가 개최되는 매 4년마다 총회 개최지명으로 국제회신우표권을 발행하며(4년마다 디자인 변경) 국제회신우표권의 유효기간은 앞면 우측과 뒷면 하단에 표시한다. 만국우편연합 국제사무국에서 발행하며 각 회원국에서 판매. 국제회신우표권 1장은 그 나라에서 외국으로 발송되는 항공보통서장 최저 요금의 우표와 교환한다.

02 예금일반

1 **금융시장의 기능에 대한 설명으로 옳지 않은 것은?**

① 소비 주체인 가계 부문에 적절한 자산운용 및 차입 기회를 제공하여 자신의 시간선호에 맞게 소비 시기를 선택할 수 있게 함으로써 소비자 효용을 증진시킨다.

② 유동성이 높은 금융자산일수록 현금 전환 과정에서의 예상 손실 보상액에 해당하는 유동성 프리미엄도 높다.

③ 차입자의 재무 건전성을 제고하기 위해 시장참가자는 당해 차입 자가 발행한 주식 또는 채권 가격 등의 시장선호를 활용하여 감시 기능을 수행한다.

④ 금융시장이 발달할수록 금융자산 가격에 반영되는 정보의 범위가 확대되고 정보의 전파속도도 빨라지는 것이 일반적이다.

〉ADVICE ② 금융시장이 발달하면 투자자들이 필요한 경우 시장에 보유자산을 매각하여 자금을 회수하는 것이 용이해져 금융자산의 유동성이 높아지고 유동성 프리미엄이 낮아져 자금 수요자의 차입비용도 줄어들게 된다.

2 **〈보기〉에서 장내 파생상품에 대한 설명으로 옳은 것을 모두 고른 것은?**

〈보기〉

㉠ 주가지수옵션 매수자의 이익은 옵션 프리미엄에 한정되고 손실은 무한정인 반면, 매도자의 손실은 옵션 프리미엄에 한정되고 이익은 무한정이다.

㉡ 풋옵션의 매도자는 장래의 일정 시점 또는 일정 기간 내에 특정 기초자산을 정해진 가격으로 매도할 수 있는 권리를 가진다.

㉢ 옵션 계약에서는 계약이행의 선택권을 갖는 계약자가 의무만을 지는 상대방에게 자신이 유리한 조건을 갖는 데 대한 대가를 지불하고 계약을 체결하게 된다.

㉣ 계약 내용이 표준화되어 있고 공식적인 거래소를 통해 매매되는 선물거래에는 헤징(hedging) 기능, 현물시장의 유동성 확대기여, 장래의 가격정보 제공 기능 등이 있다.

① ㉠, ㉡   ② ㉠, ㉢

③ ㉡, ㉣   ④ ㉢, ㉣

〉ADVICE ㉠ 주가지수옵션 매수자의 손실은 프리미엄으로 한정되는 반면 이익은 기초자산가격에 비례하여 증가하고, 주가지수옵션 매도자의 이익은 프리미엄에 국한되는 반면 손실은 제한이 없다.

㉡ 풋옵션 매도자는 매수자가 권리를 행사할 경우에 장래의 일정 시점 또는 일정 기간 내에 기초자산을 매입할 의무를 진다.

Answer 1.② 2.④

3 〈보기〉에서 증권투자 또는 증권분석에 대한 설명으로 옳은 것을 모두 고른 것은?

〈보기〉

㉠ 무상증자와 주식배당은 주주들의 보유 주식 수가 늘어나고, 주주의 실질 재산에는 변동이 없다는 점에서 유사하다.
㉡ 전환사채(CB)나 신주인수권부사채(BW)는 보유자에게 유리한 선택권이 주어지기 때문에 다른 조건이 동일하다면 일반사채에 비해 높은 금리로 발행된다.
㉢ 우선주와 채권은 회사경영에 대한 의결권이 없고, 법인이 우선주 배당금 또는 채권 이자 지급 시 비용처리를 할 수 없다는 공통점이 있다.
㉣ 이자보상배율이 높으면 이자 비용을 충당하기에 충분한 영업 이익이 있다는 뜻이고 이자보상배율이 1보다 작다면 기업이 심각한 재무적 곤경에 처해 있다고 볼 수 있다.

① ㉠, ㉢
② ㉠, ㉣
③ ㉡, ㉢
④ ㉡, ㉣

〉ADVICE ㉡ 전환사채는 보유자가 자신에게 유리할 때만 전환권을 행사하여 추가적인 수익을 꾀할 수 있는 선택권이 주어지기 때문에 다른 조건이 동일하다면 일반사채에 비해 낮은 금리로 발행된다. 신주인수권부사채는 보유자에게 유리한 선택권이 주어지기 때문에 다른 조건이 같다면 일반사채에 비해 낮은 금리로 발행된다.
㉢ 우선주 배당금 지급시 법인 비용처리 불가하다는 사실은 우선주와 채권의 차이점에 해당한다.

4 현행 상속제도에 대한 설명으로 옳은 것은?

① 상속은 사망한 시점이 아니라 사망한 사실이 가족관계등록부에 기재된 시점에서 개시된다.
② 피상속인에게 어머니, 배우자, 2명의 자녀, 2명의 손자녀가 있을 경우 배우자의 상속분은 1.5/3.5이다.
③ 친양자입양제도에 따라 2008년 1월 1일 이후에 입양된 친양자는 친생부모 및 양부모의 재산을 모두 상속받을 수 있다.
④ 유언의 방식 중 공정증서 또는 자필증서에 의한 경우에는 가정 법원의 유언검인심판서를 징구하여 유언의 적법성 여부를 확인하여야 한다.

〉ADVICE ① 상속은 사망한 시점에서 개시되며 사망한 사실이 가족관계등록부에 기재된 시점에서 개시되는 것은 아니다〈민법 제 997조〉.
③ 2008.1.1.부터 시행된 친양자입양 제도에 따라 입양된 친양자는 친생부모와의 친족관계 및 상속관계가 모두 종료되므로 생가부모의 예금을 상속하지는 못한다.
④ 유언의 방식 중 공정증서 또는 법원의 검인을 받은 구수증서에 의한 것이 아닌 경우에는 가정법원의 유언검인심판서를 징구하여 유언의 적법성 여부를 확인하여야 한다.

Answer 3.② 4.②

5 〈보기〉에서 체크카드에 대한 설명으로 옳은 것을 모두 고른 것은?

〈보기〉
㉠ 우체국 법인용 체크카드에는 지역화폐카드, Biz플러스 등이 있다.
㉡ 우체국 체크카드의 발급대상은 개인카드의 경우 우체국 수시 입출식 통장을 보유한 만 12세 이상의 개인이다.
㉢ 고객의 신용등급에 따라 소액의 신용공여가 부여된 하이브리드형 카드를 발급받아 이용할 수 있다.
㉣ 증권사나 종합금융회사의 MMF를 결제계좌로 하는 체크카드도 발급이 가능하다.

① ㉠, ㉡
② ㉠, ㉣
③ ㉡, ㉢
④ ㉢, ㉣

>ADVICE ㉠ 우체국 법인용 체크카드에는 성공파트너, e-나라도움, 정부구매, Biz플러스가 있다.
㉣ 증권사나 종금사의 CMA를 결제계좌로 하는 체크카드의 발급도 가능하다.

6 우체국금융에 대한 설명으로 옳은 것은?

① 1905년부터 우편저금, 우편환과 우편보험을 실시하였다.
② 1982년 12월 제정된 「우체국예금·보험에 관한 법률」에 의거하여 1983년 1월부터 금융사업이 재개되었다.
③ 우체국의 금융업무에는 우체국예금, 우체국보험, 주택청약저축, 신탁, 펀드판매 등이 있다.
④ 우체국예금의 타인자본에는 예금을 통한 예수부채와 채권의 발행 등을 통한 차입부채가 있다.

>ADVICE ① 1905년 우편저금과 우편환, 1929년 우편보험을 실시하였다.
③ 우체국의 금융 업무는 우체국예금, 우체국보험, 우편환·대체, 외국환업무, 체크카드, 펀드판매, 전자금융서비스 등이 있다.
④ 타인자본에는 예금을 통한 예수부채만 있고, 은행채의 발행 등을 통한 차입 혹은 금융기관 등으로 부터의 차입을 통한 차입부채는 없다.

7 〈보기〉에서 우체국 예금상품에 대한 설명으로 옳은 것은 모두 몇 개인가?

〈보기〉

㉠ 우체국 희망지킴이통장 : 기초생활보장, 기초(노령)연금, 장애인연금, 장애(아동)수당 등의 기초생활 수급권 보호를 위한 압류방지전용통장

㉡ 이웃사랑정기예금 : 사회 소외계층과 사랑나눔 실천자 및 읍·면 단위 지역에 거주하는 농어촌 지역 주민의 경제생활 지원을 위한 공익형 정기예금

㉢ 우체국 편리한 e정기예금 : 만 50세 이상 중년층 고객을 위한 우대이율 및 세무, 보험 등 부가서비스를 제공하는 정기예금

㉣ 우체국 다드림적금 : 주거래 고객 확보 및 혜택 제공을 목적으로 각종 이체 실적 보유 고객, 우체국 예금 우수고객, 장기거래 등 주거래 이용 실적이 많을수록 우대 혜택이 커지는 자유적립식 예금

---

① 1개
② 2개
③ 3개
④ 4개

>ADVICE ㉠ 우체국 행복지킴이통장에 관한 설명이다.

㉢ 가입대상은 실명의 개인으로 보너스입금, 비상금 출금, 자동 재예치, 만기 자동해지 서비스로 편리한 목돈 활용이 가능한 디지털전용 정기예금

8 다음의 (   )에서 제공하는 주요 서비스 내용으로 옳은 것은?

> (   )은/는 우체국 특화서비스인 우편환기반 경조금 송금서비스와 핀테크를 접목시킨 간편결제 및 간편
> 송금 서비스를 제공하는 우체국예금 모바일뱅킹 서비스 앱이다.

① 수신자의 휴대전화 번호만 알면 경조금 및 경조카드를 보낼 수 있다.
② 전체 메뉴를 영어모드로 전환하는 서비스를 제공한다.
③ SWIFT, 국제환 서비스로 해외송금이 가능하다.
④ 증명서 신청 및 발급 등 전자문서지갑 기능을 제공한다.

>**ADVICE** 우체국페이에 관한 설명이다.

※ 우체국페이 주요 서비스

구분		주요서비스
간편결제	우편결제	바코드를 통하여 우체국 우편창구에서 결제
	제로페이	QR코드를 활용하여 제로페이 가맹점에서 상품 및 서비스 결제 *소상공인, 소기업 등 한국간편결제진흥원이 모집한 가맹점
	포인트 결제	바코드를 통하여 우체국 통합멤버십 포인트로 오프라인결제 *생활밀접형 가맹점(카페, 편의점 등)에서 이용 가능
간편송금(이체)	계좌번호 송금	별도 인증 없이 간편인증(핀번호, 생체-지문 등, 패턴)으로 바로 송금
	전화번호 송금	수신자의 계좌번호를 몰라도 전화번호로 바로 송금
	경조송금	전화번호 송금에 온라인 경조사 카드(결혼, 상조 등)와 메시지 첨부
생활금융	모임서비스	통장 잔액 및 입출금 내역이 다수에게 공유되는 모임 회비 관리 서비스
	더치페이	모임 등에서 결제한 내역을 지정하여 다수와 나눠 내기 정산 제공
	경조금배달	지정한 수신자에게 집배원이 현물(현금, 현금증서)과 경조카드 배달
잇다머니		우체국 통합멤버십 포인트 조회 · 충전 · 선물 · 캐시백 서비스 제공

9 금융실명거래 시 실명확인 방법에 대한 설명으로 옳지 않은 것은?

① 금융회사 본부의 비영업부서 근무직원이라도 실명확인 관련 업무를 처리하도록 지시받은 경우에는 실명확인을 할 수 있다.
② 금융회사의 임·직원이 아닌 대출모집인이나 보험모집인 등 업무 수탁자는 실명확인을 할 수 없다.
③ 대리인을 통하여 계좌개설을 할 경우 본인 및 대리인 모두의 실명 확인증표와 본인의 인감증명서가 첨부된 위임장을 제시받아 실명 확인을 하되 본인의 실명확인증표는 사본으로도 가능하다.
④ 재예치 계좌를 개설할 때에는 기존 계좌 개설 당시에 고객으로부터 징구하여 보관 중인 실명확인증표 사본을 재사용할 수 있다.

Answer   8.① 9.④

④ 계좌개설시(신규 및 재예치)마다 실명확인증표 원본에 의하여 실명을 확인하여 거래원장, 거래신청서, 계약서 등에 "실명확인필"을 표시하고 확인자가 날인 또는 서명(동시에 다수의 계좌를 개설하는 경우 기실명확인된 실명확인증표 재사용 가능)

10 〈보기〉에서 자금세탁방지제도에 대한 설명으로 옳은 것을 모두 고른 것은?

〈보기〉
㉠ 금융감독원은 금융기관 등으로부터 자금세탁관련 의심거래를 수집·분석하여 불법거래, 자금세탁행위 또는 공중협박 자금 조달행위와 관련된다고 판단되는 금융거래 자료를 법 집행기관에 제공한다.
㉡ 고객확인제도는 금융회사가 고객과 거래 시 자금세탁행위 등의 우려가 있는 경우 실제 당사자 여부 및 금융거래 목적을 확인하는 제도로, 금융실명제가 포함하지 않고 있는 사항을 보완하는 차원에서 「금융실명거래 및 비밀보장에 관한 법률」을 개정하고 이 제도를 도입하였다.
㉢ 고액현금거래보고제도는 1거래일 동안 1천만 원 이상의 현금을 입금하거나 출금한 경우 거래자의 신원과 거래일시, 거래금액 등 객관적 사실을 전산으로 자동 보고하는 것이다.
㉣ 2010년 6월 30일부터 의심거래보고 기준금액이 2천만 원에서 1천만 원으로 하향 조정되고, 2013년 8월 13일부터 의심거래 보고 기준금액이 삭제됨에 따라 의심기래보고 건수는 크게 증가되고 있는 추세이다.

① ㉠, ㉡
② ㉠, ㉣
③ ㉡, ㉢
④ ㉢, ㉣

㉠ 금융정보분석원은 금융기관 등으로부터 자금세탁 관련 의심거래를 수집·분석하여 불법거래, 자금세탁행위 또는 공중협박자금조달행위와 관련된다고 판단되는 금융거래 자료를 법 집행기관에 제공한다.
㉡ 고객확인제도란 금융회사가 고객과 거래 시 고객의 실지명의(성명, 실명번호) 이외에 주소, 연락처, 실제 소유자 등을 확인하고, 자금세탁 행위 등의 우려가 있는 경우 금융거래 목적 및 자금의 원천 등을 추가로 확인하는 제도이다. 금융실명제가 포함하지 않고 있는 사항을 보완하는 차원에서 「특정금융정보법」에 근거를 두고 2006년 1월 18일부터 이 제도를 도입하였다.

Answer 10.④

1 〈보기〉에서 생명보험계약 관계자에 대한 설명으로 옳은 것을 모두 고른 것은?

〈보기〉

㉠ 보험계약자와 피보험자는 1인 또는 다수 모두 가능하다.
㉡ 피보험자와 보험계약자가 각각 다른 사람일 경우 '타인을 위한 보험'이라고 한다.
㉢ 보험계약자가 보험계약 시 보험수익자를 지정하지 않은 경우 생존보험금 발생 시 보험수익자는 피보험자이다.
㉣ 보험중개사는 독립적으로 보험계약 체결을 중개하는 자로 계약 체결권, 고지수령권, 보험료 수령권에 대한 권한이 없다.

① ㉠, ㉡
② ㉠, ㉣
③ ㉡, ㉢
④ ㉢, ㉣

〉ADVICE ㉡ 보험수익자와 보험계약자가 동일한 경우 '자기를 위한 보험', 양자가 각각 다른 사람일 경우 '타인을 위한 보험'이라 한다.
㉢ 계약자가 보험계약 시 보험수익자를 지정하지 않은 경우 생존보험금 발생 시 보험수익자는 보험계약자이다.

2 우체국보험적립금에 대한 설명으로 옳지 않은 것은?

① 과학기술정보통신부장관이 운용 · 관리한다.
② 보험계약자를 위한 대출제도 운영에 사용된다.
③ 「우체국예금 · 보험에 관한 법률」에 근거를 두고 있다.
④ 순보험료, 운용수익 및 회계의 세입 · 세출 결산상 잉여금으로 조성한다.

〉ADVICE ③ 「우체국보험특별회계법 제4조」에 근거를 두고 있다.

3 〈보기〉에서 월적립식 저축성보험의 보험차익 비과세 요건에 대한 설명으로 옳은 것은 모두 몇 개인가?

> 〈보기〉
> ㉠ 최초 납입일로부터 납입기간이 5년 이상인 월적립식 보험계약
> ㉡ 최초로 보험료를 납입한 날부터 만기일 또는 중도해지일까지의 기간이 10년 이상
> ㉢ 2017년 4월 1일 이후 가입한 보험계약에 한하여 보험계약자 1명당 매월 납입하는 보험료 합계액이 250만 원 이하
> ㉣ 최초 납입일로부터 매월 납입하는 기본보험료가 균등(최초계약 기본보험료의 1배 이내로 기본보험료를 증액하는 경우 포함)하고 기본보험료의 선납기간이 6개월 이내

① 1개
② 2개
③ 3개
④ 4개

⟩ADVICE ㉢ 계약자 1명당 매월 납입 보험료 합계액이 150만 원이하 ('17년 4월 1일부터 가입한 보험 계약에 한해 적용)

4 우체국 보험상품별 보장개시일에 대한 설명으로 옳은 것은? [기출변형]

① 무배당 우체국당뇨안심보험 2504의 당뇨보장개시일은 계약일 (부활일)부터 그날을 포함하여 180일이 지난 날의 다음날이다.
② 무배당 우체국치매요양간병보험 2504의 치매보장개시일은 질병으로 인하여 치매상태가 발생한 경우, 계약일(부활일)부터 그날을 포함하여 1년이 지난 날의 다음날이다.
③ 무배당 우체국암케어보험 2504의 피보험자 나이가 10세인 경우, 암보장개시일은 계약일(부활일)부터 그날을 포함하여 90일이 지난 날의 다음날이다.
④ 무배당 우체국간병비보험 2504의 장기요양상태 보장개시일은 재해를 직접적인 원인으로 장기요양상태가 발생한 경우, 계약일(부활일)부터 그날을 포함하여 180일이 지난 날의 다음날이다.

⟩ADVICE ① 당뇨보장개시일은 계약일(부활일)부터 그 날을 포함하여 1년이 지난 날의 다음 날로 함
③ 암보장개시일은 계약일(부활일)부터 그 날을 포함하여 90일이 지난 날의 다음 날로 함(피보험자 나이가 15세 미만인 경우 암보장개시일은 계약일(부활일)로 함)
④ 장기요양상태 보장개시일은 계약일(부활일)부터 그 날을 포함하여 180일이 지난 날의 다음날로 함. 단, 재해를 직접적인 원인으로 장기요양상태가 발생한 경우 장기요양상태 보장개시일은 계약일(부활일)로 함

Answer 3.③ 4.②

5 우체국 연금보험상품에 대한 설명으로 옳은 것은?

① 무배당 우체국연금저축보험(이전형) 2504는 기본보험료가 일시납일 경우에는 납입한도액이 없다.

② 어깨동무연금보험 2504는 장애인전용연금보험으로 55세부터 연금 수령이 가능하다.

③ 우체국연금보험 2504는 연간 400만 원 한도 내에서 납입한 보험료에 대해 세액공제 혜택을 제공한다.

④ 우체국연금저축보험 2504는 계약일 이후 1개월이 지난 후부터 연금 개시나이 계약해당일까지 보험료 추가납입이 가능하다.

> ADVICE ④ 추가납입보험료는 계약일 이후 1개월이 지난 후부터 (연금개시나이-1)세 계약해당일까지 납입 가능

6 무배당 우체국급여실손의료비보험(갱신형) 2504에 대한 설명으로 옳은 것은?

① 보장내용 변경주기는 3년이며, 종신까지 재가입이 가능하다.

② 최초계약 가입나이는 0세부터 60세까지이며, 임신 23주 이내의 태아도 가입이 가능하다.

③ 갱신 직전 '무사고 할인판정기간' 동안 보험금 지급 실적이 없는 경우, 갱신일부터 차기 보험기간 1년 동안 보험료의 5%를 할인해 준다.

④ 비급여실손의료비특약의 갱신보험료는 갱신 직전 '요율상대도 판정기간' 동안의 비급여특약에 따른 보험금 지급 실적을 고려하여 영업보험료에 할인·할증요율을 적용한다.

> ADVICE ① 보장내용 변경주기는 5년이며, 종신까지 재가입이 가능하다.
> ③ 갱신 직전 '무사고 할인판정기간' 동안 보험금 지급 실적이 없는 경우, 갱신일부터 차기 보험기간 1년 동안 보험료의 10%를 할인해 준다.
> ④ 갱신 직전 '요율상대도 판정기간' 동안의 비급여특약에 따른 보험금 지급 실적을 고려하여 보험료 갱신시 순보험료(비급여특약의 순보험료 총액을 대상)에 요율 상대도(할인·할증요율)를 적용한다.

Answer   5.①   6.②

7 〈보기〉에서 우체국보험 청약서비스에 대한 설명으로 옳은 것을 모두 고른 것은?

〈보기〉

ⓐ 보험계약자가 성인인 계약에 한해서 태블릿청약 이용이 가능하다.
ⓑ 타인계약 또는 미성년자(만 19세 미만자) 계약도 전자청약이 가능하다.
ⓒ 전자청약과 태블릿청약을 이용하는 고객에게는 제2회 이후 보험료 자동이체 시 0.5%의 할인이 적용된다.
ⓓ 전자청약은 가입설계서를 발행한 계약으로 전자청약 전환을 신청한 계약에 한하며, 가입설계일로부터 10일(비영업일 제외)이내에만 가능하다.

① ⓐ, ⓒ
② ⓐ, ⓓ
③ ⓑ, ⓒ
④ ⓑ, ⓓ

> **ADVICE** ⓑ 타인계약, 미성년자 계약 등은 전자청약이 불가하다.
> ⓓ 전자청약이 가능한 계약은 가입설계서를 발행한 계약으로 전자청약 전환을 신청한 계약에 한하며, 가입 설계일로부터 10일(비영업일 포함)이내에 한하여 전자청약을 할 수 있다.

8 우체국보험 환급금 대출에 대한 설명으로 옳은 것은?

① 보험계약자는 계약상태의 유효 또는 실효 여부에 관계없이 대출 받을 수 있다.
② 무배당 파워적립보험 2504는 해약환급금의 최대 80% 이내에서 1만 원 단위로 대출이 가능하다.
③ 즉시연금보험 및 우체국연금보험 1종은 해약환급금의 최대 85% 이내에서 1만 원 단위로 대출이 가능하다.
④ 무배당 우체국하나로OK건강종신보험 2402는 해약환급금의 최대 95% 이내에서 1천 원 단위로 대출이 가능하다.

> **ADVICE** ① 대출자격은 유효한 보험계약을 보유하고 있는 우체국보험 계약자로 한다.
> ②④ 환급금대출의 대출금액은 해약환급금의 95% 이내에서 1만 원 단위로 하며 보험 종류 및 채널별 세부한도는 아래 표와 같다.

구분	대출금액
1	저축성(꿈나무 제외) 및 연금보험(일부상품 제외) : 해약환급금의 95% 이내
2	보장성보험, 즉시연금보험 및 우체국연금보험 1종 : 해약환급금의 85% 이내(단, 실손보험은 80% 이내)
3	교육보험 : 해약환급금의 80% 이내

9 〈보기〉에서 우체국보험 보험료 납입에 대한 설명으로 옳은 것은 모두 몇 개인가?

> 〈보기〉
> ㉠ 보험료의 납입기간에 따라 전기납, 단기납, 일시납으로 분류된다.
> ㉡ 보험료 자동이체 약정은 유지 중인 계약에 한해서 처리가 가능하며, 보험계약자 본인에게만 신청 · 변경 권한이 있다.
> ㉢ 계속보험료 실시간이체는 자동이체 약정 여부에 관계없이 처리가 가능하며, 계약상태가 정상인 계약만 가능하다.
> ㉣ 보험료의 자동대출납입기간은 최초 자동대출납입일부터 1년을 한도로 하며, 그 이후의 기간은 보험계약자의 별도 의사표시가 없으면 자동 연장된다.

① 1개
② 2개
③ 3개
④ 4개

〉ADVICE ㉠ 보험료의 납입기간에 따라 전기납, 단기납으로 분류된다.
 ㉡ 자동이체 약정은 유지중인 계약에 한해서 처리가 가능하며, 관계법령 〈전자금융거래법 제15조(추심이체의 출금 동의)〉에 따라 예금주 본인에게만 신청 · 변경 권한이 있다.
 ㉣ 보험료의 자동대출납입 기간은 최초 자동대출납입일부터 1년을 한도로 하며 그 이후의 기간에 대한 보험료의 자동대출 납입을 위해서는 재신청을 하여야 한다.

10 보험계약에 대한 설명으로 옳은 것은?

① 고지의무자는 보험계약자, 피보험자 및 보험수익자이다.
② 보험계약자는 보험가입증서(보험증권)를 받은 날부터 30일 이내에 청약을 철회할 수 있다.
③ 보험자는 계약을 체결한 날부터 2년이 지난 경우에는 고지의무 위반으로 인한 계약해지를 할 수 없다.
④ 보험자는 보험계약이 성립하고 보험계약자가 보험료의 전부 또는 최초의 보험료를 지급한 때에는 지체없이 보험가입증서(보험증권)를 작성하여 보험계약자에게 교부하여야 한다.

〉ADVICE ① 보험수익자는 고지의 의무가 부여되지 않는다.
 ② 보험계약자는 보험가입증서(보험증권)를 받은 날부터 15일 이내에 그 청약을 철회할 수 있다.
 ③ 보험자는 계약을 체결한 날부터 3년이 지난 경우에는 고지의무 위반으로 인한 계약해지를 할 수 없다.

Answer   9.① 10.④

컴퓨터일반[기초영어 포함]

1 다음 가중치 그래프에서 최소 비용 신장 트리(minimum cost spanning tree)의 가중치 합은?

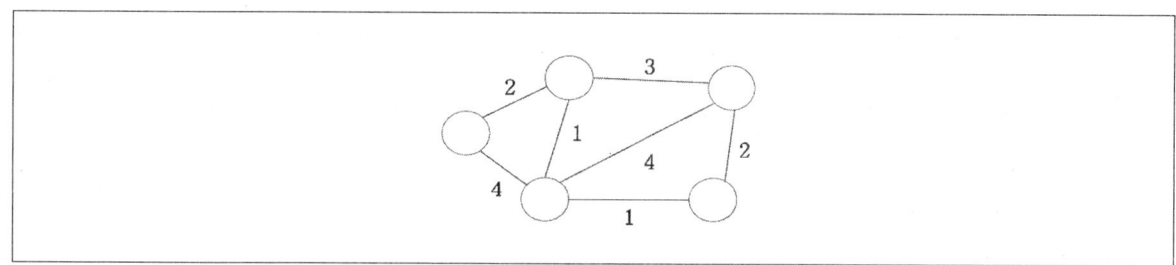

① 4

② 6

③ 13

④ 17

>**ADVICE** 최소 비용 신장 트리(minimum cost spanning tree)

　㉠ 가중치를 가지는 간선들이 있는 그래프에서 모든 정점을 가장 적은 비용의 간선으로 연결하는 신장트리

　㉡ 최소 신장트리의 구성에 사용되는 알고리즘으로 크루스칼 알고리즘과 프림 알고리즘 두가지 방법이 사용

　㉢ 사이클이 포함되어서는 안되며 간선들의 가중치 합이 최소가 되어야 하고, N개의 정점을 가지는 그래프에서 반드시 N-1개의 간선을 사용

　→5-1 = 4, 4개의 간선을 선택하며 가장 비용이 작은 순서로 1, 1, 2, 2를 선택하여 가중치의 합은 6이 된다.

Answer 1.②

2 다음은 정렬 알고리즘을 이용해 초기 단계의 데이터를 완료 단계의 데이터로 정렬하는 과정을 보여 준다. 이 과정에 사용된 정렬 알고리즘으로 적절한 것은?

단계	데이터					
초기	534	821	436	773	348	512
1	821	512	773	534	436	348
2	512	821	534	436	348	773
완료	348	436	512	534	773	821

① 기수(radix) 정렬　　　　　　　　　② 버블(bubble) 정렬
③ 삽입(insert ion) 정렬　　　　　　　④ 선택(selection) 정렬

▶**ADVICE** 기수정렬 알고리즘으로 초기단계 데이터에서 정렬된 후 1의자리의 수부터 십의자리, 백의자리까지 정렬

알고리즘	설명	시간복잡도
기수(radix) 정렬	낮은 자릿수부터 비교하여 완성하는 정렬 비교 연산을 하지 않으며 정렬 속도가 빠른 편이지만 데이터 전체 크기에 기수 테이블의 크기만 한 메모리가 더 필요한 단점	$O(N)$
버블(bubble) 정렬	옆에 있는 데이터와 비교하여 더 작은 값을 앞으로 보내는 정렬	$O(N^2)$
삽입(insert ion) 정렬	데이터를 순서대로 뽑아서 적절한 위치를 찾아 삽입함으로써 완성하는 정렬	$O(N^2)$
선택(selection) 정렬	처음부터 끝까지 살펴가면서 최솟값을 찾고, 그걸 계속 앞으로 보내 값들이 정해진 위치에 쌓이게 하여 정렬하는 방식	$O(N^2)$

3 노드의 수가 60개인 이진 트리의 최대 높이에서 최소 높이를 뺀 값은?

① 53　　　　　　　　　　　　　　　② 54
③ 55　　　　　　　　　　　　　　　④ 56

▶**ADVICE** • 이진트리
• 모든 노드가 2개의 서브트리를 가지고 있는 트리
• 노드 : 트리의 구성요소
• 높이(h) : 트리의 최대 레벨
• 최대높이 = 노드의 수 = 60
• 최소높이 = $\log_2(60+1)$ = 6
　60-6=54

4 〈보기〉에서 TCP에 대한 설명으로 옳은 것을 모두 고른 것은?

〈보기〉

　㉠ RTT(Round Trip Time) 측정이 필요하다.

　㉡ 하나의 TCP 연결로 양방향 데이터 전달이 가능하다.

　㉢ 라우터 혼잡을 피하기 위해 흐름 제어(flow control)를 수행 한다.

　㉣ TCP 헤더(옵션 제외)에 데이터의 길이 정보를 나타내는 길이 필드(length field)가 존재한다.

　㉤ 순서(sequence) 번호와 확인(acknowledgement) 번호를 사용 한다.

---

①　㉠, ㉢

②　㉠, ㉡, ㉣

③　㉠, ㉡, ㉤

④　㉡, ㉢, ㉤

>ADVICE TCP(Transmission Control Protocol)

　IP 프로토콜 위에서 연결형 서비스를 지원하는 전송계층 프로토콜

　• 연결형 서비스 제공

　• 전이중 방식의 양방향 가상 회선 제공

　• 신뢰성 있는 데이터 전송 보장

　• RTT(Round Trip Time)

　• 평균왕복시간 측정

　㉢ 혼잡제어

　　라우터가 패킷을 처리할 수 있는 속도보다 많은 패킷을 수시하는 경우 라우터는 패킷을 손실하게 되고 송신측에서는 패킷을 재전송 하게 되는데 이러한 과정의 연속으로 데이터의 손실이나 지연이 발생

　㉣ 헤더 길이

　　Head Length(=데이터 오프셋): TCP 헤더의 크기, TCP 헤더의 길이를 나타내는 4비트 필드

Answer 　4.③

5 이메일 서비스에서 사용되는 프로토콜로 적절하지 않은 것은?

① DNS

② HTTP

③ RTP

④ TCP

>**ADVICE** RTP(Real–time Transport Protocol)

※ 실시간 전송 프로토콜이라고 하며 IP 네트워크 상에서 오디오와 비디오를 전달하기 위한 통신 프로토콜|

프로토콜	설명
DNS (domain name system)	네트워크에서 도메인이나 호스트 이름을 숫자로 된 IP 주소로 해석해주는 TCP/IP 네트워크 서비스
HTTP (HyperText Transfer Protocol)	웹 서버와 사용자의 인터넷 브라우저 사이에 문서를 전송하기 위해 사용되는 통신 규약
TCP (Transmission Control Protocol)	IP 프로토콜 위에서 연결형 서비스를 지원하는 전송계층 프로토콜

6 운영체제 유형에 대한 〈보기〉의 설명 중 옳은 것의 총 개수는?

〈보기〉

㉠ 다중 프로그래밍 시스템은 CPU가 유휴상태가 될 때, CPU 작업을 필요로 하는 여러 작업 중 한 작업이 CPU를 사용할 수 있도록 한다.

㉡ 다중 처리 시스템에서는 CPU 사이의 연결, 상호작업, 역할분담 등이 고려되어야 한다.

㉢ 시분할 시스템은 CPU가 비선점 스케줄링 방식으로 여러 개의 작업을 교대로 수행한다.

㉣ 실시간 처리 시스템은 작업 실행에 대한 시간제약 조건이 있으므로 선점 스케줄링 방식을 이용한다.

㉤ 다중 프로그래밍 시스템의 목적은 CPU 활용의 극대화에 있으며, 시분할 시스템은 응답시간의 최소화에 목적이 있다.

① 1개　　　　　　　　　　　② 2개

③ 3개　　　　　　　　　　　④ 4개

>**ADVICE** 선점형 기법

• 다른 프로세스가 점유 중인 CPU를 사용 가능

• CPU를 교대로 사용하는 과정에서 오버헤드가 발생하는 단점

• 빠른 응답이나 모바일, 대화식 시분할 시스템에 적합한 방식

Answer 5.③ 6.④

7 가상 메모리에 대한 〈보기〉의 설명 중 옳은 것을 모두 고른 것은?

〈보기〉

㉠ 인위적 연속성이란 프로세스의 가상주소 공간상의 연속적인 주소가 실제 기억장치에서도 연속성이 보장되어야 함을 의미한다.

㉡ 다중 프로그래밍 정도가 높은 경우, 프로세스가 프로그램 수행시간보다 페이지 교환시간에 더 많은 시간을 소요하고 있다면 스레싱(thrashing) 현상이 발생한 것이다.

㉢ 프로세스를 실행하는 동안 일부 페이지만 집중적으로 참조하는 경우를 지역성(locality)이라 하며, 배열 순회는 공간 지역성의 예이다.

㉣ 프로세스가 자주 참조하는 페이지의 집합을 작업 집합(working set)이라 하며, 작업 직합은 최초 한번 결정되면 그 이후부터는 변하지 않는다.

① ㉠, ㉡

② ㉠, ㉣

③ ㉡, ㉢

④ ㉡, ㉢, ㉣

)ADVICE 가상메모리 : 컴퓨터 시스템의 메모리 크기보다 더 큰 기억공간이 필요한 프로세스를 실행 할 수 있게 하는 방법

㉠ 인위적 연속성

가상주소 공간에서 연속인 주소가 실주소 공간에서도 연속일 필요는 없음.

㉡ 작업집합

자주 실행되는 페이지들의 집합

작업집합의 크기는 프로세스 실행중에도 언제든지 변할 수 있음.

8 운영체제 상의 프로세스(process)에 관한 설명으로 옳지 않은 것은?

① 프로세스의 영역 중 스택 영역은 동적 메모리 할당에 활용된다.
② 디스패치(dispatch)는 CPU 스케줄러가 준비 상태의 프로세스 중 하나를 골라 실행 상태로 바꾸는 작업을 말한다.
③ 프로세스 제어 블록(process control block)은 프로세스 식별자, 메모리 관련 정보, 프로세스가 사용했던 중간값을 포함한다.
④ 문맥교환(context switching)은 CPU를 점유하고 있는 프로세스를 CPU에서 내보내고 새로운 프로세스를 받아들이는 작업이다.

>**ADVICE** 프로세스 메모리 구조
　　㉠ 코드 영역 : 프로그램의 명령어들이 저장되는 공간
　　㉡ 데이터 영역 : 전역 변수와 정적 변수가 저장되는 공간
　　㉢ 힙 영역 : 동적 메모리 할당을 위한 공간
　　㉣ 스택 영역 : 스택 영역은 지역 변수, 매개 변수, 반환 주소 등이 저장되는 공간

9 조직의 내부나 외부에 분산된 여러 데이터 소스로부터 필요로 하는 데이터를 검색하여 수동 혹은 자동으로 수집하는 과정과 관련된 기술에 해당하지 않는 것은?

① ETL(Extraction, Transformation, Loading)
② 로그 수집기
③ 맵리듀스(MapReduce)
④ 크롤링(crawling)

>**ADVICE** ㉠ 맵리듀스(MapReduce) : 구글에서 대용량 데이터 처리를 분산 병렬 컴퓨팅에서 처리하기 위한 목적으로 제작하여 2004년 발표한 소프트웨어 프레임워크
　　㉡ ETL(Extraction, Transformation, Loading) : 다양한 소스의 데이터를 데이터 웨어하우스라고 부르는 대형 중앙 집중식 리포지토리에 결합하는 과정
　　㉢ 크롤링(crawling) : 온라인상에 있는 웹 페이지를 탐색하여 필요 정보를 서버로 가져 오는 기술
　　㉣ 로그 수집기 : 네트워크나 시스템 등에서 발생하는 로그 데이터를 수집하는 도구

Answer 8.① 9.③

10 데이터베이스 상의 병행제어를 위한 로킹(locking) 기법에 대한 〈보기〉의 설명 중 옳은 것의 총 개수는?

> 〈보기〉
> ㉠ 로크(lock)는 하나의 트랜잭션이 데이터를 접근하는 동안 다른 트랜잭션이 그 데이터를 접근할 수 없도록 제어하는 데 쓰인다.
> ㉡ 트랜잭션이 로크한 데이터에 대해서는 해당 트랜잭션이 종료되기 전에 해당 데이터에 대한 언로크(unlock)를 실행하여야 한다.
> ㉢ 로킹의 단위가 작아질수록 로크의 수가 많아서 관리가 복잡 해지지만 병행성 수준은 높아지는 장점이 있다.
> ㉣ 2단계 로킹 규약을 적용하면 트랜잭션의 직렬 가능성을 보장 할 수 있어서 교착상태 발생을 예방할 수 있다.

① 1개
② 2개
③ 3개
④ 4개

❯ADVICE ㉣ 2단계 로킹 규약을 적용하면 트랜잭션 스케줄의 직렬 가능성을 보장할 수 있지만 교착 상태(deadlock)가 발생할 수 있어 이에 대한 해결책이 필요하다

11 기계학습(machine learning)에 대한 설명으로 옳지 않은 것은?

① 강화학습은 기계가 환경과 상호작용하면서 시행착오 과정에서의 보상을 통해 학습을 수행한다.
② 기계학습 모델의 성능 기준으로 사용되는 F1 점수(score)는 정밀도(precision)와 검출률(recall)을 동시에 고려한 조화평균 값이다.
③ 치매환자의 뇌 영상 분류를 위해서 기존에 잘 만들어진 영상 분류모델에 새로운 종류의 뇌 영상 데이터를 확장하여 학습시키는 방법은 전이학습(transfer learning)의 예이다.
④ 비지도학습은 라벨(label) 정보를 포함하고 있는 훈련 데이터를 사용하며, 주가나 환율 변화, 유가 예측 등의 회귀(regression) 문제에 적용된다.

❯ADVICE ㉠ 기계학습(machine learning) : 인간의 학습 능력과 같은 기능을 컴퓨터에서 실현하고자 하는 기술 및 기법
㉡ 지도학습 : 신경망 학습에서 입력 데이터를 주고 데이터의 결과까지 같이 제공하여 학습시키는 학습과정으로 분류와 회귀가 목적인 경우에 이용

Answer　10.③　11.④

12 다음 E-R 다이어그램을 관계형 스키마로 올바르게 변환한 것은?(단, 속성명의 밑줄은 해당 속성이 기본 키임을 의미한다.)

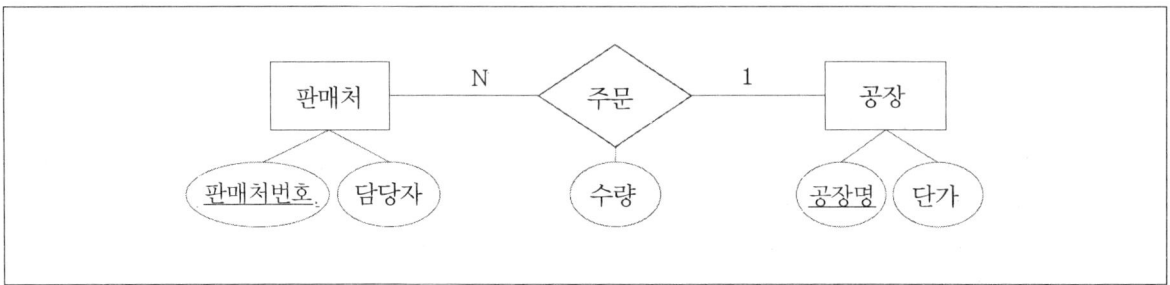

① 판매처(판매처번호, 담당자)공장(공장명, 단가, 판매처번호, 수량)

② 판매처(판매처번호, 담당자, 공장명, 수량)공장(공장명, 단가)

③ 판매처(판매처번호, 담당자)주문(판매처번호, 수량)공장(공장명, 단가)

④ 판매처(판매처번호, 담당자)주문(공장명, 수량)공장(공장명, 단가)

> **ADVICE** ① 일대다(1:n) 관계는 릴레이션으로 변환하지 않고 외래키로만 표현
> ② 기본키 : 행을 식별할 때 쓰는 고유키
> ③ 외래키 : 다른 테이블의 레코드를 참조하기 위한 키값
>   ㉠ 개체 릴레이션의 기본키를 n개체 릴레이션에 포함시켜 외래키로 지정하고, 관계의 속성들도 (n)개체 릴레이션에 포함.
>   ㉡ 주문 관계에 공장(1) : 판매처(n) 관계 이므로 (1)의 기본키를 (n), 릴레이션에 외래키로 추가하고 (1):(n) 관계이므로 설명속성인 수량을 (n)에 추가
>   ㉢ 주문에 대한 릴레이션을 설정, 외래키로 판매처번호와 공장명을 모두 포함시키며 기본키는 판매처번호로 지정.

13 기능점수에 대한 〈보기〉의 설명 중 옳은 것의 총 개수는?

〈보기〉

㉠ 소프트웨어가 사용자에게 제공하는 기능의 수를 수치로 정량화하여 소프트웨어의 규모를 산정하는 데 주로 사용한다.

㉡ 트랜잭션의 기능을 측정하기 위한 기준으로 내부입력, 내부출력, 내부조회가 있다.

㉢ 응용 패키지의 규모 산정, 소프트웨어의 품질 및 생산성 분석, 소프트웨어 개발과 유지보수를 위한 비용 및 소요자원 산정 등에 사용할 수 있다.

㉣ 기능점수 산출 시 적용되는 조정인자는 시스템의 특성을 반영하지 않는다.

---

① 1개
② 2개
③ 3개
④ 4개

>ADVICE ① 기능점수(function point) : 사용자에게 제공하는 정보시스템의 비즈니스 기능의 양을 표현하기 위한 측정 단위
② 소프트웨어의 기능 크기 측정을 계산하기 위해 기능함수 사용
③ 트랜잭션 기능 : 트랜잭션은 시스템이 실행하는 행동을 의미한다. 따라서, 기능 또는 프로세스 단위로 복잡도를 측정 외부입력, 외부출력, 외부조회
④ 기능점수 산출 시 적용되는 조정인자는 각 시스템마다 다른 특성을 반영하기 위해 사용하는 인자

14 소프트웨어 테스트에 대한 설명으로 옳지 않은 것은?

① 통합 테스트는 단위 테스트가 끝난 모듈들을 통합하여 모듈 간의 인터페이스 관련 오류가 있는지를 찾는 검사이다.

② 테스트의 목적은 소프트웨어 요구사항의 만족도 및 예상 결과와 실제 결과의 차이점을 파악함으로써 소프트웨어의 오류를 찾아내는 것이다.

③ 화이트 박스 테스트는 프로그램 원시 코드의 논리적 구조를 체계적으로 점검하며, 프로그램 구조에 의거하여 검사한다.

④ 블랙박스 테스트에는 기초 경로(basic path), 조건 기준(condition coverage), 루프(loop) 검사, 논리 위주(logic driven) 검사 등이 있다.

> ADVICE

테스트	설명	종류
화이트박스 테스트	원시코드의 논리적인 모든 경로를 테스트하여 테스트 케이스를 설계하는 방법 원시코드의 모든 문장을 한번 이상 실행함으로써 수행	기초 경로 검사 제어 구조 검사
블랙박스 테스트	각 기능이 완전히 작동되는 것을 입증하는 테스트 사용자의 요구사항 명세를 보며 구현된 기능을 테스트, 소프트웨어 인터페이스를 통해 실시	동치분할검사 경계값 분석 원인-효과 그래프 검사 오류 예측 검사 비교 검사

15 컴퓨터 메모리 용량이 8K×32Bit라 하면, MAR(Memory Address Register)과 MBR(Memory Buffer Register)은 각각 몇 비트 인가?

① MAR : 8 MBR : 32
② MAR : 32 MBR : 8
③ MAR : 13 MBR : 8
④ MAR : 13 MBR : 32

> ADVICE 메모리 용량 = 주소 개수(2^n) × 워드크기(m)
> - 메모리 용량이 8K×32Bit이므로 주소의 개수는 2^{13}($2^3 \times 2^{10}$) 주소 한 개의 크기는 32비트
> - MAR(Memory Address Register) : 프로그램 카운터(PC)에 저장된 명령어 주소가 시스템 주소 버스로 출력되기 전 일시적으로 저장되는 주소 레지스터
>   → 13비트
> - MBR(Memory Buffer Register) : 기억장치에 읽혀진 데이터 일시적 저장
>   → 32비트

16 RAID(Redundant Array of Inexpensive Disks)에 대한 설명으로 옳지 않은 것은?

① RAID 1은 디스크 미러링(disk mirroring) 방식으로, 디스크 오류 시 데이터 복구가 가능하지만 디스크 용량의 효율성이 떨어진다.

② RAID 3은 데이터를 비트 또는 바이트 단위로 여러 디스크에 분할 저장하는 방식으로, 디스크 접근 속도가 향상되지는 않지만 쓰기 동작 시 시간 지연이 발생하지 않는다.

③ RAID 4는 데이터를 블록 단위로 여러 디스크에 분할 저장하는 방식으로, 오류의 검출 및 정정을 위해 별도의 패리티 비트를 사용한다.

④ RAID 5는 패리티 블록들을 여러 디스크에 분산 저장하는 방식으로, 단일 오류 검출 및 정정이 가능하다.

> ADVICE

RAID 레벨	데이터 저장 방식
0	스트라이핑
1	미러링
2	비트 단위 패리티를 저장하는 전용 드라이브
3	바이트 단위 패리티를 저장
4	블록 단위 패리티를 저장
5	블록 단위 패리티를 순환적으로 배분하여 저장

17 프로그래밍 언어 번역 프로그램에 대한 설명으로 옳지 않은 것은?

① 인터프리터(interpreter)는 고급언어로 작성된 원시 프로그램을 함수 단위로 읽어 기계어로 번역하는 프로그램이다.

② 컴파일러(compiler)는 고급언어로 작성된 원시 프로그램을 기계어나 어셈블리어로 된 목적 프로그램으로 바꾸는 프로그램이다.

③ 어셈블러(assembler)는 어셈블리어로 작성된 원시 프로그램을 기계어로 번역하는 프로그램이다.

④ 프리프로세서(preprocessor)는 컴파일러가 컴파일을 수행하기 전에 원시 프로그램의 내용을 변경하는 것이다.

> ADVICE 인터프리터(interpreter) : 고급 언어로 작성된 원시코드 명령어들을 한번에 한 줄씩 읽어 들여서 실행하는 프로그래밍 언어의 소스 코드를 바로 실행하는 컴퓨터 프로그램

18 다음 워크시트의 [A6]셀과 [A7]셀에 아래와 같이 입력하였다. [A6]과 [A7]의 결과값을 순서대로 바르게 나타낸 것은?

> [A6] 셀 : =HLOOKUP(11, B1 : D5, 3)
> [A7] 셀 : VLOOKUP("나", A2 : D5, 4, TRUE)

	A	B	C	D
1		10	20	30
2	가	10원	50원	90원
3	나	20원	60원	100원
4	다	30원	70원	110원
5	라	40원	80원	120원

① 20원, 100원

② 20원, 120원

③ 60원, 100원

④ 60원, 120원

> ADVICE

	A	B	C	D
1		10	20	30
2	가	10원	50원	90원
3	나	20원	60원	100원
4	다	30원	70원	110원
5	라	40원	80원	120원
6	20원			
7	100원			

=HLOOKUP(11, B1:D5, 3)

=HLOOKUP(찾을값, 참조범위, 행번호, 일치여부)

  비교값이 데이터 표의 위쪽에 있을 때 지정한 행수를 위에서 아래로 조사하려면 HLOOKUP을 사용

  A6 = 20원

= VLOOKUP("나", A2:D5, 4, TRUE)

  비교값이 찾으려는 데이터의 왼쪽 열에 있으면 VLOOKUP을 사용

= VLOOKUP(찾을값, 참조범위, 열번호, 일치여부)

  A7 = 100원

Answer 18.①

19 다음 글에서 밑줄 친 부분이 문법상 옳지 않은 것은?

> The major source of anger is frustration. If one wants to go somewhere, perform some act, or ① <u>obtain</u> something and is prevented, we say that person is frustrated. One of the basic tenets ② <u>is</u> that frustration tends to arouse aggressive feelings. The behavioral effects of frustration were demonstrated in a classic study. Children were shown a room full of attractive toys but were not allowed to enter it. They stood outside looking at the toys, wanting to play with them, but were unable to reach them. After they had waited for some time, they were allowed to play with them. Other children were given the toys without first ③ <u>being</u> prevented from playing with them. The children who had been frustrated smashed the toys on the floor, threw them against the wall, and generally behaved very ④ <u>destructive</u>.

⟩ ADVICE 화의 주요 근원은 좌절이다. 만약 누군가 어딘가를 가고 싶거나, 어떤 행동을 하고 싶거나, 아니면 뭔가를 얻고 싶고, 저지당하면, 우리는 그 사람이 좌절됐다고 말한다. 주 원리 중 하나는 좌절은 공격적인 감정을 불러일으키는 경향이 있다는 것이다. 좌절의 행동적 영향력은 전형적인 연구에서 증명되었다. 아이들에게 매력적인 장난감으로 가득 찬 방을 보여주었지만, 들어가는 것은 허락되지 않았다. 그들은 그것들을 가지고 놀기를 원하며, 장난감을 보면서 밖에 서 있었지만, 그것들에 닿을 수는 없었다. 그들이 한동안 기다린 후에, 그것들을 가지고 놀도록 허락되었다. 다른 아이들은 장난감을 가지고 놀도록 먼저 저지당하지 않고, 장난감을 받았다. 좌절된 아이들은 바닥에 있는 장난감을 때려 부수고, 그것들을 벽에 던지고, 일반적으로 매우 파괴적으로 행동했다.

① 앞에 동사 go, perform과 병력 형태로 동사원형 obtain이 올바르다.
② 주어가 one이므로 단수 동사 is가 올바르다.
③ 전치사 without의 목적어 형태로 동명사가 왔으며, '저지당하는'의 수동의 의미이므로 being이 올바르다.
④ 동사 behave를 수식하므로 부사 destructively가 와야 한다.

frustration : 좌절 / obtain : 얻다, 획득하다 / tenet : 주의, 원리, 교의 / aggressive : 공격적인 / attractive : 매력적인 / smash : 때려 부수다 / destructive : 파괴적인

Answer　19.④

20 다음 글의 빈칸 (A), (B)에 들어갈 말로 가장 적절한 것은?

> Related to the question of revealing persuasive intent is the question of whether a speaker should state conclusions clearly or leave them implied for the audience to discover. Intuitively, we recognize that individuals may more readily embrace their own conclusions than they do those offered by others. For example, psychiatrists prefer to let their patients discover the causes of their mental condition for themselves rather than tell them ___(A)___. Consequently, speakers may think it wise to merely imply their claims and let listeners draw their own conclusions, especially when source credibility is not high. Such a strategy is dangerous, however, particularly if the audience lacks intelligence or is highly opinionated, because they may draw an incorrect conclusion or distort the speaker's point. The safer approach is to state conclusions ___(B)___.

	(A)	(B)
①	directly	explicitly
②	directly	implicitly
③	indirectly	explicitly
④	indirectly	implicitly

> **ADVICE** 화자가 결론을 명확하게 언급해야 할지, 청중이 찾도록 그것들을 암시적으로 남겨놓아야 할지에 대한 문제는 설득력 있는 의도를 드러내는 것에 대한 문제와 관련이 있다. 직감적으로, 개인들이 타인에 의해서 제공되는 것들보다 그들 자신의 결론을 더 쉽게 받아들일 수 있다는 것을 우리는 인정한다. 예를 들어, 정신과 의사들은 환자들에게 직접적으로 그들의 정신질환의 원인을 이야기하기보다는 환자들 스스로 그것들을 발견하는 것을 더 선호한다. 결과적으로, 화자들은 특히 출처에 대한 신뢰성이 높지 않을 때, 그들의 주장을 단순히 암시하고, 청자들이 그들 자신의 결론을 끌어내는 것이 더 현명하다고 생각한다. 그러나, 특히 청중이 지식이 부족하거나 매우 고집이 세다면, 그러한 전략은 위험하다. 왜냐하면 그들은 부정확한 결론을 끌어내거나 화자의 요점을 왜곡할 수도 있기 때문이다. 안전한 접근법은 결론을 명확하게 언급하는 것이다.
> ① 직접적으로 - 명확하게
> ② 직접적으로 - 암묵적으로
> ③ 간접적으로 - 명확하게
> ④ 간접적으로 - 암묵적으로
>
> persuasive : 설득력 있는 / intent : 의도 / conclusion : 결론 / imply : 암시하다 / audience : 청중, 관객 / intuitively : 직감적으로 / embrace : 받아들이다, 껴안다 / psychiatrist : 정신과 의사 / claim : 주장, 요구, 청구 / credibility : 신뢰성 / strategy : 전략 / opinionated : 고집이 센

Answer   20.①

01 우편일반

1 국내 요금수취인부담 우편물에 대한 설명으로 옳지 않은 것은?

① 요금수취인부담 이용계약의 해지 이후 발송 유효기간 내에 발송 된 우편물은 발송인에게 반환한다.

② 우편요금은 부가취급 수수료를 포함한 금액의 110%이며, 합계 금액에 원 단위가 있을 경우에는 절사한다.

③ 국가기관, 지방자치단체 또는 정부투자기관은 계약일로부터 2년을 초과하여 발송 유효기간을 정할 수 있다.

④ 배달우체국장(계약등기와 등기소포는 접수우체국장)과의 계약을 통해 그 우편요금을 발송인에게 부담시키지 않고 수취인 자신이 부담하는 제도이다.

〉**ADVICE** ① 계약의 해지 후 발송 유효기간 내에 발송된 요금수취인부담 우편물은 수취인에게 배달한다.

2 국내통상우편물의 규격요건 및 외부표시(기재) 사항에 대한 설명으로 옳은 것은?

① 여섯자리 우편번호 작성란이 인쇄된 봉투를 이용한 통상우편물은 모두 규격외로 취급한다.

② 무게가 50g이고 누르지 않은 자연 상태에서 두께가 10mm인 경우에는 규격외로 취급한다.

③ 봉투의 세로 크기가 최소 140mm, 최대 235mm(허용오차 ±5mm인 경우에는 규격으로 취급한다.

④ 봉투의 모양이 직사각형 형태로 재질은 종이이며 색깔이 검은색인 경우에는 규격외로 취급한다.

〉**ADVICE** ① 여섯자리 우편번호 작성란이 인쇄(2019년 10월 이전)된 봉투를 이용한 통상우편물은 우편번호 숫자를 왼쪽 칸부터 한 칸에 하나씩 차례대로 기입하고 마지막 칸은 공란으로 두는 경우 규격요건을 충족한다.

③ 봉투의 세로 크기가 최소 90mm 최대130mm (허용 오차 ±5mm)인 경우에는 규격으로 취급한다.

④ 색깔이 검은색인 경우 권장요건 위반이므로 규격외로 취급하지 않는다.

Answer 1.① 2.②

3 민원우편 서비스에 대한 설명으로 옳지 않은 것은?

① 우정사업본부에서 발행한 민원우편 취급용 봉투(발송용, 회송용)를 사용하여야 한다.
② 회송용 민원우편물은 우체국 취급담당자가 인장 또는 자필서명하여 봉함하여야 한다.
③ 민원발급 수수료와 회송할 때의 민원발급 수수료 잔액을 현금으로 우편물에 봉입하여 발송할 수 있다.
④ 발송인은 민원우편 회송용 취급요금(50g규격요금+등기취급 수수료+익일특급수수료)을 접수 시에 선납하여야 한다.

〉**ADVICE** ② 회송용 민원우편물의 봉함은 민원발급기관의 취급담당자(우체국 취급담당자가 아님)가 인장(지장) 또는 서명(자필)을 날인하여 봉함하여야 하며, 수수료 잔액 등 내용품 확인에 대하여는 우체국 담당자는 참관하지 않는다.

4 〈보기〉에서 국내우편물 배달기한에 대한 설명으로 옳은 것을 모두 고른 것은?

〈보기〉
㉠ 익일특급우편물의 배달기한은 접수한 다음날까지이다.
㉡ 관보규정에 따른 관보는 배달기한 적용의 예외 대상이다.
㉢ 등기통상과 등기 소포우편물의 배달기한은 접수한 다음날까지이다.
㉣ 교통 여건 등으로 인해 우편물 운송이 특별히 어려운 곳은 관할 우편집중국장이 별도로 배달기한을 정하여 공고한다.

① ㉠, ㉡
② ㉢, ㉣
③ ㉠, ㉡, ㉢
④ ㉠, ㉡, ㉣

〉**ADVICE** ㉢ 등기통상의 배달기한은 접수한 다음날부터 3일 이내이다.
㉣ 교통 여건 등으로 인해 우편물 운송이 특별히 어려운 곳은 관할 지방우정청장이 별도로 배달기한을 정하여 공고한다.

5 국내소포우편물에 대한 설명으로 옳은 것은?

① 가로, 세로, 높이를 합하여 35cm 미만인 소형포장우편물은 소포 우편물로 구분하여 취급한다.
② 일반소포우편물은 우표납부로 우편요금 결제가 가능하며 반송 시 반송수수료를 징수하지 않는다.
③ 최소용적은 평면의 크기가 길이 14cm 너비 9cm 이상, 원통형으로 된 것은 직경의 2배와 길이를 합하여 23cm이다.
④ 고객이 등기소포우편물 1개의 접수정보를 사전에 제공하고 우체국 창구에서 요금즉납으로 결제한 경우, 우편요금의 3%를 감액 받는다.

> **ADVICE** ① 가로, 세로, 높이를 합하여 35cm 미만인 소형포장우편물은 통상우편물로 구분하여 취급한다.
> ② 일반소포우편물은 우표첩부로 우편요금 결제가 가능하며 반송 시 반송수수료를 징수하지 않는다.
> ③ 최소 용적
>   ㉠ 가로·세로·높이 세 변을 합하여 35cm(단, 가로는 17cm 이상, 세로는 12cm 이상)
>   ㉡ 원통형은 "지름의 2배"와 길이를 합하여 35cm(단, 지름은 3.5cm 이상, 길이는 17cm 이상)

6 〈보기〉에서 보험취급우편물에 대한 설명으로 옳은 것을 모두 고른 것은?

〈보기〉
㉠ 통화등기로 취급할 수 있는 대상은 강제 통용력이 있는 국내 통화에 한정한다.
㉡ 외화등기는 전국 우체국에서 익일특급 배달 불가능 지역을 제외하고 접수가 가능하다.
㉢ 물품등기의 물품 가액은 발송인이 정하며, 취급 담당자는 가액 판단에 관여할 필요가 없다.
㉣ 안심소포의 가액은 300만 원 이하의 물건에 한정하여 취급하며, 취급한도액을 초과하는 물품은 어떤 경우에도 취급할 수 없다.
㉤ 사용된 유가증권류, 기프트카드 등에 대하여 보험취급을 원하는 경우, 유가증권등기로 취급할 수 없으나 물품등기로는 접수가 가능하다.

---

① ㉠, ㉡, ㉢
② ㉡, ㉣, ㉤
③ ㉠, ㉢, ㉣
④ ㉠, ㉢, ㉤

> **ADVICE** ㉡ 외화등기는 계약에 따라 지정된 우체국에서만 접수 가능하다.
> ㉣ 안심소포의 가액은 10만 원 이상 300만 원 이하의 물건에 한정하여 취급한다. 단, 취급한도액을 초과한 것은 취급할 수 없으나 발송인이 취급한도액까지만 기록하기로 하고 취급을 요구할 때에는 취급할 수 있다.

7 국내우편요금 감액제도 중 환부불필요 감액을 받기 위한 1회 발송 최소 우편물 수량으로 옳지 않은 것은?

① 요금별납 서적우편물 2천통　　　　② 요금후납 다량우편물 1천통
③ 요금별납 상품광고우편물 2천통　　④ 요금후납 상품광고우편물 1천통

> ADVICE　환부불필요 감액 대상
　　　　ⓐ 다량우편물 요금별납 2천통
　　　　ⓑ 요금후납 1천통
　　　　ⓒ 상품광고우편물 요금별납 2천통
　　　　ⓓ 요금후납 1천통

8 국내우편물의 지연배달에 따른 손해배상 범위 및 금액으로 옳은 것은?

① 준등기 : D+3일 배달분부터 우편요금
② 등기통상 : D+5일 배달분부터 우편요금과 등기취급수수료
③ 등기소포 : D+3일 배달분부터 우편요금
④ 익일특급 : D+1일 배달분부터 우편요금과 국내특급수수료

> ADVICE　① 지연배달 시 손해배상하지 않음
　　　　③ D+3일 배달분부터 우편요금 및 등기취급수수료
　　　　④ D+3일 배달분부터 우편요금 및 국내특급수수료

9 국내 계약등기우편물의 부가취급 서비스에 대한 설명으로 옳지 않은 것은?

① 우편주소 정보제공은 수취인의 동의를 받아 발송인에게 바뀐 우편 주소 정보를 제공하는 서비스로 부가취급수수료는 1,000원이다.
② 착불배달 맞춤형 계약등기우편물이 반송되는 경우, 착불요금을 제외한 우편요금(등기취급수수료 포함)과 반송수수료를 징수한다.
③ 회신우편의 취급대상은 발송인이 사전에 배달과 회신에 대한사항을 계약관서와 협의하여 정한 계약등기우편물로 부가취급 수수료는 1,500원이다.
④ 반송수수료 사전납부 우편물 접수 시 우편요금 반송률(최초 1년은 등기우편물 반환율에 0.5% 가산)을 적용한 반송수수료를 합산하여 납부한다.

> ADVICE　② 착불배달 맞춤형 계약등기가 반송되는 경우, 착불수수료를 제외한 우편요금(등기취급수수료 포함)만 징수한다.

Answer　7.① 8.② 9.②

10 운송용기(운반차)에 적재할 우편물이 여러 종류일 경우, 순서에 맞게 나열한 것은?

① 일반소포 → 일반통상 → 등기소포 → 등기통상 → 중계우편물
② 일반소포 → 등기소포 → 일반통상 → 등기통상 → 중계우편물
③ 중계우편물 → 일반소포 → 일반통상 → 등기소포 → 등기통상
④ 중계우편물 → 일반소포 → 등기소포 → 일반통상 → 등기통상

>ADVICE ② 여러 형태의 우편물을 함께 넣을 때에는 작업을 쉽게 하기 위하여 일반소포 → 등기소포 → 일반통상 → 등기통상 → 중계우편물의 순으로 적재한다.

11 우편물을 기계구분 우편물과 수구분 우편물로 분류할 경우, 기계 구분할 수 없는 우편물은?

① 우편번호 앞쪽에 '(우)'라고 표시한 경우
② 주소와 우편번호를 적정한 위치에 선명하게 인쇄한 경우
③ 봉함된 상태이고 내용물의 글씨가 봉투에 비치지 않는 경우
④ 봉투 색상이 흰색이고 표면이 울퉁불퉁하지 않고 균일한 경우

>ADVICE 기계구분 불가능우편물
    ㉠ 주소와 우편번호를 기재하지 않은 우편물
    ㉡ 주소와 우편번호의 기록위치가 적정하지 않은 우편물
    ㉢ 주소와 우편번호를 손 글씨로 흘려 쓴 우편물
    ㉣ 주소와 우편번호 주위에 다른 문자가 표시된 우편물
    ㉤ 주소와 우편번호 문자 선명도가 낮은 우편물
    ㉥ 우편물 표면이 고르지 아니한 우편물 (도장, 동전, 병 딸개 등을 넣은 우편물)
    ㉦ 봉투 색상이 짙은 우편물
    ㉧ 봉투의 끝부분이 접혀있거나 봉함되지 아니한 우편물
    ㉨ 스테이플러, 핀 등으로 봉투를 봉함한 우편물
    ㉩ 내용물의 글씨가 봉투에 비치는 우편물
    ㉪ 둥근 소포, 쌀자루, 취약소포 등

Answer   10.② 11.①

12 운송용기의 개봉작업에 대한 설명으로 옳지 않은 것은?

① 인계·인수가 끝난 우편물은 등기우편, 익일특급 순으로 개봉하여 처리해야 한다.

② 부가취급 우편물을 담은 운송용기를 개봉할 때 책임자나 책임자가 지정하는 사람이 참관해야 한다.

③ 부가취급 우편물을 담은 운송용기를 개봉할 때 담당자는 송달증의 기록 명세와 우편물의 등기번호 및 통수에 이상이 없는지 확인해야 한다.

④ 개봉이 끝난 운송용기는 운송용기 관리지침에 따르고, 우편자루는 뒤집어서 남은 우편물이 없는지 확인해야 한다.

> **ADVICE** ① 인계·인수가 끝난 우편물은 익일특급 등기우편물, 그 외 등기우편물 순으로 개봉하여 처리한다.

13 〈보기〉에서 등기취급 우편물의 정당 수령인을 모두 고른 것은?

〈보기〉
㉠ 우편물 표면에 기재된 주소지에서 만난 동거인
㉡ 대리수령인으로 지정되어 우편관서에 등록된 사람
㉢ 우편물 표면에 기재된 주소지(회사)에서 만난 같은 직장 근무자
㉣ 수취인과 같은 집배구에 있고 발송인의 배달동의를 받은 무인 우편물 보관함

① ㉠, ㉢

② ㉠, ㉣

③ ㉠, ㉡, ㉢

④ ㉡, ㉢, ㉣

> **ADVICE** ㉣ 수취인과 같은 집배구에 있고 수취인의 배달동의를 받은 무인우편물보관함

14 〈보기〉의 조건을 모두 충족하는 국제우편물 취급우체국은?

〈보기〉
㉠ 국제우편물의 접수와 배달 업무를 수행
㉡ 국제우편물을 직접 외국으로 발송하고, 외국에서 오는 우편물을 받는 업무를 수행
㉢ 관세청장이 지정한 우체국으로 세관공무원이 주재하거나 파견되어 국제우편물의 수출입에 관한 세관검사를 실시

---

① 중부권광역우편물류센터
② 인천해상교환우체국
③ 부산국제우편물류센터
④ 국제우편물류센터

> **ADVICE** ① 국제우편물의 접수와 배달 업무를 수행한다.
> ② 국제우편물을 직접 외국으로 발송하고, 외국에서 오는 우편물을 받는 업무를 수행한다.
> ③ 관세청장이 지정한 우체국으로 세관공무원이 주재하거나 파견되어 국제우편물의 수출입에 관한 세관검사를 실시한다.

15 〈보기〉에서 국제우편 인쇄물로 접수가 가능한 것의 총 개수는?

〈보기〉
㉠ 서적   ㉡ 정기간행물
㉢ CD   ㉣ 비디오테이프
㉤ OCR   ㉥ 포장박스
㉦ 봉인한 서류   ㉧ 홍보용 팸플릿
㉨ 잡지   ㉩ 상업광고물
㉪ 달력

---

① 4개
② 5개
③ 6개
④ 7개

> **ADVICE** 인쇄물 접수 물품
> ① 접수 가능 물품 : 서적, 정기간행물, 홍보용 팸플릿, 잡지, 상업광고물, 달력, 사진, 명함, 도면 등
> ② 접수 불가 물품 : CD, 비디오테이프, OCR, 포장박스, 봉인한 서류
>   ㉠ 종이, 판지 등의 인쇄물 형태로 정보 전달의 내용이 포함된 인쇄물에 한함
>   ㉡ 종이류로 제작된 포토카드는 인쇄물로 취급이 가능하나 플라스틱, 알루미늄 등을 활용하여 제작한 것은 인쇄물 적용 불가

Answer 14.④ 15.③

16 국제우편 소형포장물에 대한 설명으로 옳지 않은 것은?

① 내용품 검사를 위해 쉽게 열어볼 수 있도록 봉하여야 한다.

② 우편물의 내부 또는 외부에 상품송장(Invoice)을 첨부할 수 있다.

③ 내용품 가격이 300SDR 이하인 경우 CN22, 300SDR을 초과할 경우에는 CN23을 첨부한다.

④ 국제통상우편물에 속하며, 과학기술정보통신부장관이 필요하다고 인정하여 고시하는 우편물이다.

> **ADVICE** ④ 국제우편물은 통상우편물, 소포우편물, 특급우편물(EMS) 그 밖에 과학기술정보통신부장관이 필요하다고 인정하여 고시하는 우편물이다.

17 〈보기〉에서 사전통관정보제공에 따른 필수 통관정보항목의 총 개수는?

〈보기〉

㉠ 발송인 성명, 상세주소, 우편번호	㉡ 발송인 전화번호
㉢ 발송인 이메일	㉣ 수취인 성명, 상세주소, 우편번호
㉤ 수취인 전화번호	㉥ 수취인 이메일
㉦ 내용품유형	㉧ 내용품명
㉨ HS Code	㉩ 순중량
㉪ 개수	㉫ 생산지
㉭ 가격	

① 9개

② 10개

③ 11개

④ 12개

> **ADVICE** 통관정보 제공 데이터 항목

발송인	등록구분	수취인	등록구분	내용품	등록구분
성명	필수	성명	필수	내용품유형	필수
상세주소	필수	상세주소	필수	내용품명	필수
우편번호	필수	우편번호	필수	순중량	필수
전화번호	필수	전화번호	선택	생산지	필수
Email	선택	Email	선택	HSCode	필수
				개수	필수
				가격	필수

18 〈보기〉의 국제특급우편물(EMS) 보험취급 수수료 계산으로 옳은 것은?

〈보기〉

ㄱ 도착국 : 일본
ㄴ 중량 : 12kg
ㄷ 우편요금 : 67,000원
ㄹ 물품가(보험가) : 120,000원

---

① 최초 114,300원까지 2,800원 + 500원
② 최초 114,500원까지 2,800원 + 500원
③ 최초 114,300원까지 2,800원 + 550원
④ 최초 114,500원까지 2,800원 + 550원

> **ADVICE** 보험가액 최초 65.34 SDR 또는 최초 114,300원까지 : 2,800원
> 보험가액 65.34 SDR 또는 114,300원 추가마다 : 550원 추가

---

19 〈보기〉의 국제우편물이 일부 훼손된 경우, 손해배상 금액 계산으로 옳은 것은?

〈보기〉

ㄱ 보통소포우편물(항공)
ㄴ 중량 : 10kg
ㄷ 우편요금 : 52,000원
ㄹ 물품가 : 300,000원

---

① 52,500원 + 70,800원 금액 범위 내(123,300원)의 실손해액
② 52,500원 + 78,700원 금액 범위 내(131,200원)의 실손해액
③ 70,000원 + 70,800원 금액 범위 내(140,800원)의 실손해액
④ 70,000원 + 78,700원 금액 범위 내(148,700원)의 실손해액

> **ADVICE** ④ 보통소포우편물이 일부 분실, 도난 또는 일부 훼손된 경우, 70,000원에 1Kg당 7,870원을 합산한 금액 범위
> 내의 실손해액을 배상한다.
> 금액 범위 내=70,000원+10kg×7,870원(=78,700원)=148,700원

20 국제우편 요금감액제도에 대한 설명으로 옳지 않은 것은?

① 국제특급 요금감액은 계약특급, 수시특급, 일괄특급으로 나눌 수 있다.
② 특별감액의 장기이용고객 조건에 해당할 경우, 3%의 요금감액률을 적용한다.
③ 계약국제특급의 18% 이상 감액률은 우정사업본부장의 승인 후 적용한다.
④ 발송비용절감 요금감액은 EMS, EMS프리미엄, K-Packet, 소형 포장물, 한·중해상특송우편물에 대해서 적용한다.

> **ADVICE** 장기이용고객의 특별 감액
> ① 계약기간이 1년을 초과하고 직전 계약기간 동안의 이용금액이 600만 원 이상인 경우 : 1%p 이하
> ② 계약기간이 3년을 초과하고 직전 계약기간 동안의 이용금액이 1억 원 이상인 경우 : 2%p 이하
> ㉠ 감액조건의 금액은 고시된 요금(EMS 프리미엄은 요금표)기준이며, 일괄계약 이용고객은 제외
> ㉡ 직전 계약기간 중 6월 이상 이용실적이 있는 경우에 적용

02 예금일반

1 예금의 입금과 지급에 대한 설명으로 옳지 않은 것은?

① 금융회사는 예금청구서의 금액·비밀번호·청구일자 등이 정정된 경우, 반드시 정정인을 받거나 새로운 전표를 작성하도록 하여야 한다.
② 직원이 입금조작을 잘못하여 착오계좌에 입금한 경우, 금융회사는 착오계좌 예금주의 동의와 관계없이 취소 처리하고 정당계좌에 입금할 수 있다.
③ 금융회사는 실제로 받은 금액보다 과다한 금액으로 통장 등을 발행한 경우, 실제로 입금한 금액에 한하여 예금계약이 성립하므로 예금주의 계좌에서 초과입금액을 인출하면 된다.
④ 송금인이 착오송금한 경우, 송금인은 금융회사를 통해 수취인에게 반환 요청할 수 있고, 반환이 거절된 경우에는 반환거절일로부터 1년 이내 예금보험공사에 반환지원 신청을 할 수 있다.

> **ADVICE** ④ 착오송금시 먼저 금융회사를 통해 수취인에게 반환을 요청하여야 하며, 미반환된 경우 (금융회사의 반환청구절차 결과 '반환거절' 또는 일부반환 종결)에만 예금보험공사에 반환지원 신청 가능하다. 신청가능기간은 착오송금일로부터 1년 이내이다.

2 다음 ㈎~㈐는 우체국예금·보험에 관한 법률 및 동법 시행규칙에 대한 설명이다. 밑줄 친 ( ) 안에 들어갈 내용으로 옳은 것은?

㈎ 잔액이 1만 원 미만으로서 1년 이상 계속하여 거래가 없을 때 거래중지계좌에 편입할 수 있으며, 거래중지계좌에의 편입은 매년 ( )회 한다.

㈏ 저축성예금의 예금자로서 우정사업본부장이 정하는 기간 이상 월부금을 납입하거나 우정사업본부장이 정하는 기간 이상 예치한 자는 예입액의 ( )퍼센트의 범위에서 만기 전에 지급을 청구 할 수 있다.

㈐ 체신관서는 예금자가 ( )년간 예금을 하지 아니하거나 예금의 지급, 이자의 기입, 인감 변경, 예금통장(예금증서를 포함한다)의 재발급신청 등을 하지 아니한 경우에는 과학기술정보통신부령으로 정하는 바에 따라 그 예금의 지급청구나 그 밖에 예금의 처분에 필요한 신청을 할 것을 최고(催告)하여야 한다.

	㈎	㈏	㈐
①	1	80	5
②	2	90	5
③	1	80	10
④	2	90	10

>ADVICE ㈎ 거래중지계좌에의 편입은 매년 2회 한다.

㈏ 저축성예금의 예금자로서 우정사업본부장이 정하는 기간 이상 월부금을 납입하거나 우정사업본부장이 정하는 기간 이상 예치한 자는 예금액의 90퍼센트의 범위에서 만기 전에 지급을 청구할 수 있다.

㈐ 체신관서는 예금자가 10년간 예금의 예입·지급, 이자의 기입, 인감 변경 또는 통장 등의 재발급신청 등을 하지 아니한 경우에는 법에 따라 10년이 경과한 날이 해당 연도의 상반기일 때에는 10년이 경과한 날부터 해당 연도 10월 말까지, 하반기일 때에는 10년이 경과한 날부터 그 다음 해의 4월 말까지 해당 예금자에게 그 예금의 지급청구나 그 밖에 예금의 처분에 필요한 신청을 하도록 최고(催告)하여야 한다.

Answer 2.④

3 다음은 상속 가계도를 나타낸 것이다. C의 사망(그 외는 생존하고 있는 것으로 본다)으로 인한 상속에 대한 설명으로 옳은 것은?

① C의 사망 당시 G가 상속결격자였다면 상속인은 총 3명이다.
② C가 정기적금 적립기간 중에 사망한 경우, E는 F와 G의 동의 만으로도 C의 적금계약을 승계할 수 있다.
③ C가 사망 당시 유언으로 전 재산 9억 원을 사회단체에 기부하여 공동상속인 모두가 유류분 반환 청구를 한다면 E의 유류분 금액은 1억 원이다.
④ 합유설에 의하면 C의 사망 당시 F가 행방불명인 경우 F의 상속분을 제외한 나머지 상속분은 각 공동상속인 요청에 따라 분할하여 지급 할 수 있다.

> **ADVICE** ① C의 사망 당시 G가 상속결격자였다면 상속인은 총 4명이다.
② C가 정기적금 적립기간 중에 사망한 경우, E는 D, F, G의 동의를 받아야 C의 적금계약을 승계할 수 있다.
④ 공유설에 의하면 C의 사망 당시 F가 행방불명인 경우 F의 상속분을 제외한 나머지 상속분은 각 공동상속인 요청에 따라 분할하여 지급할 수 있다.

Answer 3.③

4 채권에 대한 설명으로 옳지 않은 것은?

① 채권은 정부, 지방자치단체, 금융회사 또는 신용도가 높은 주식회사 등이 발행하므로 채무 불이행 위험이 상대적으로 낮다.

② 전환사채는 발행회사가 보유 중인 타 회사의 주식을 보유하게 되는 반면 교환사채는 발행회사의 주식을 보유하게 된다는 점에서 차이가 있다.

③ 우리나라에서 주로 발행되는 주가지수연계채권(원금보장형)은 투자금액의 대부분을 일반 채권에 투자하고 나머지를 파생상품(주로 옵션)에 투자하는 방식으로 운용된다.

④ 첨가소화채권은 주택 또는 자동차를 구입하거나 부동산을 담보로 대출을 받을 때 의무적으로 매수해야 하는 채권으로 정부나 지방자치단체 등이 공공사업추진을 위한 재원을 조달하려는 목적으로 발행하는 채권이다.

> **ADVICE** ② 전환사채의 경우에는 전환을 통해 발행회사의 주식을 보유하게 되는 반면에 교환사채의 경우는 발행회사가 보유 중인 타 회사의 주식을 보유하게 된다는 점에서 차이가 있다.

5 〈보기〉에서 CD/ATM 서비스에 대한 설명으로 옳은 것을 모두 고른 것은?

<hr>

〈보기〉

㉠ "우체국 스마트 ATM"은 기존 ATM 서비스뿐만 아니라 계좌개설, 체크카드 및 보안매체 발급, 비밀번호 변경 등이 가능하다.

㉡ CD/ATM 계좌이체는 최근 1년간 영업점 창구를 통한 현금 입·출금 실적이 없는 고객에 한하여 1일 및 1회 이체한도를 각각 70만 원으로 축소하고 있다.

㉢ CD/ATM 서비스를 이용하기 위해서는 현금카드나 신용·체크카드 등이 있어야 하지만 최근 기술발달로 휴대폰, 바코드, 생체인식으로도 이용할 수 있으며 이용매체가 없어도 CD/ATM 서비스 이용이 가능하다.

㉣ 보이스피싱 피해 방지를 위해 수취계좌 기준 1회 100만 원 이상 이체금액에 대해 CD/ATM에서 인출 시 입금된 시점부터 10분 후 인출 및 이체가 가능하도록 하는 지연인출제도가 시행되고 있다.

<hr>

① ㉠, ㉢

② ㉡, ㉣

③ ㉠, ㉡, ㉢

④ ㉠, ㉢, ㉣

> **ADVICE** ㉡ 최근 1년간 CD/ATM을 통한 계좌이체 실적이 없는 고객에 한하여 1일 및 1회 이체한도를 각각 70만 원으로 축소하고 있다.
>
> ㉣ 보이스피싱 피해 방지를 위해 수취계좌 기준 1회 100만원 이상 이체금액에 대해 CD/ATM에서 인출 시 입금된 시점부터 30분 후 인출 및 이체가 가능하도록 하는 지연인출제도가 시행되고 있다.

Answer 4.② 5.①

6 우체국예금 상품에 대한 설명으로 옳은 것은?

① 우체국 생활든든 통장은 산업재해 보험급여 수급권자의 보험급여에 한해 입금이 가능한 수시입출식 예금이다.

② 우체국 가치모아적금은 예금주에게 매주 알림저축 서비스를 통해 편리하게 목돈 모으기가 가능한 적립식 예금이다.

③ 이웃사랑정기예금은 종이통장 미발행, 친환경 활동 및 기부참여시 우대혜택을 제공하는 ESG 연계 정기예금이다.

④ 우체국 편리한e정기예금은 보너스 입금, 비상금 출금, 자동 재예치, 만기 자동해지 서비스로 편리한 목돈 활용이 가능한 디지털전용 정기예금이다.

》**ADVICE** ① 우체국 생활든든통장은 50세 이상 실명의 개인으로 50세 이상 고객의 기초연금, 급여, 용돈 수령 및 체크카드 이용 시 금융 수수료 면제, 우체국 보험료 자동이체 또는 공과금 자동이체 시 캐시 백, 창구소포 할인쿠폰 등 다양한 서비스를 제공하는 시니어 특화 입출금이 자유로운 예금이다.

② 우체국 가치모아적금은 실명의 개인으로 여행자금, 모임회비 등 목돈 마련을 위해 여럿이 함께 저축 할수록 우대혜택이 커지고 다양한 우대 서비스를 제공하는 적립식 예금이다. 예금주에게 매월 자동이체 저축현황을 알려주는 자동이체 알림 서비스, 모임추천번호에 등록한 인원 현황을 알려주는 모임적금 알림 서비스, 고객이 통장 명칭을 자유로이 선정 할 수 있는 통장별칭 서비스 등 다양한 우대서비스 제공한다.

③ 이웃사랑정기예금은 국민기초생활수급자, 장애인, 한부모가족, 소년소녀가정, 조손가정, 다문화가정 등 사회 소외계층과 장기기증희망등록자, 골수기증희망등록자, 헌혈자, 입양자 등 사랑나눔 실천자 및 농어촌 지역(읍·면 단위 지역 거주자) 주민의 경제생활 지원을 위한 공익형 정기예금이다.

7 우체국 체크카드에 대한 설명으로 옳은 것은?

① 법인용 체크카드의 현금 입출금 기능은 법인, 임의단체에 한하여 선택 가능하다.

② 개인 체크카드 발급대상은 우체국 거치식예금 통장을 보유한 만12세 이상의 개인이다.

③ 위탁업체를 통하여 발급받은 경우, 고객이 카드 수령 후 우체국을 직접 방문하여 사용 등록하여야만 효력이 발생한다.

④ 우체국 체크카드는 일반적인 직불 전자지급 수단에 의한 지불결제, 현금카드 기능 외에도 상품별 특성에 따라 다양한 기능 추가 및 발급 형태의 선택이 가능하다.

》**ADVICE** ① 법인용 체크카드의 현금 입출금 기능은 개인사업자에 한하여 선택 가능하다.

② 우체국 체크카드 발급대상은 12세 이상이며, 소액신용 및 후불교통 기능이 부여되어 있는 하이브리드 체크카드의 가입 연령은 18세 이상이다.

③ 위탁업체를 통하여 후 발급 받은 경우에는 카드 수령 후 회원 본인이 우체국 창구 방문, 인터넷 뱅킹, 우체국뱅킹, ARS을 통하여 사용 등록하여야 효력이 발생한다.

Answer　　6.④　7.④

8 〈보기〉에서 우체국 외국환 업무에 대한 설명으로 옳은 것을 모두 고른 것은?

〈보기〉

㉠ 외화배달 서비스 이용 시 외화 수령일은 신청일로부터 3 영업일에서 10 영업일 이내로 지정할 수 있다.

㉡ 머니그램(MoneyGram)은 송금 후 약 10분 뒤에 송금번호(REF.NO)만으로 수취가 가능한 특급해외 송금 서비스이다.

㉢ 외화환전 예약서비스는 인터넷뱅킹·스마트뱅킹에서 신청 후 모든 우체국 또는 제휴은행 일부 지점 에서 현물을 수령할 수 있다.

㉣ 우체국은 하나은행과 업무 제휴하여 하나은행 SWIFT 망을 통해전 세계 금융기관을 대상으로 해외 송금 서비스를 운영하고 있다.

---

① ㉠, ㉡

② ㉠, ㉣

③ ㉡, ㉢

④ ㉢, ㉣

> **ADVICE** ㉢ 우체국 창구 방문 신청 또는 인터넷뱅킹·스마트뱅킹을 이용하여 환전 거래와 대금 지급을 완료하고, 원하는 수령일자(환전예약 신청 당일 수령은 불가) 및 장소를 선택하여 지정한 날짜에 외화실물을 직접 수령하는 서비스이다. 수령 장소는 고객이 지정한 일부 환전업무 취급 우체국 및 우정사업본부와 환전업무 관련 제휴된 하나 은행 지점(환전소)에서 수령할 수 있다.
>
> ㉣ 우체국은 신한은행과 제휴하여 신한은행 SWIFT망을 통해 전 세계금융기관을 대상으로 해외송금 서비스를 운영 하고 있다.

9 〈보기〉에서 금융거래 비밀보장에 대한 설명으로 옳은 것을 모두 고른 것은?

〈보기〉

㉠ 금융거래정보제공 관련 서류의 보관기간은 정보제공일로부터 5년간이다.

㉡ 통보유예기간이 종료되면 즉시 명의인에게 정보제공사실과 통보유예 사유 등을 통보하여야 한다.

㉢ 과세자료의 제공, 금융회사 내부 또는 금융회사 상호 간에 정보를 제공한 경우에는 그 내용을 기록·관리하여야 한다.

㉣ 금융회사가 금융거래정보 등을 제공한 경우에는 정보 등을 제공한 날로부터 10일 이내에 명의인에게 서면으로 제공사실을 통보하여야 한다.

① ㉠, ㉡

② ㉠, ㉣

③ ㉡, ㉢

④ ㉢, ㉣

〉ADVICE ㉡ 통보유예기간이 종료되면 종료일로부터 10일 이내에 명의인에게 정보제공사실과 통보유예 사유 등을 통보해야 한다.

㉢ 과세자료의 제공, 금융회사 내부 또는 금융회사 상호간의 정보제공의 경우에는 기록·관리의무가 면제된다.

10 예금자보호에 대한 설명으로 옳지 않은 것은?

① 정부, 지방자치단체(국·공립학교 포함), 한국은행, 금융감독원, 예금보험공사, 부보금융회사의 예금은 보호대상에서 제외한다.

② 주택청약저축, 주택청약종합저축 상품은 보호금융상품이며, 주택청약예금, 주택청약부금은 비보호금융상품이다.

③ 보호금액 1억 원은 예금의 종류별 또는 지점별 보호금액이 아니라 동일한 금융회사 내에서 예금자 1인이 보호받을 수 있는 총 금액이다.

④ 예금보험공사로부터 보호받지 못한 나머지 예금은 파산한 금융회사가 선순위채권을 변제하고 남는 재산이 있는 경우 이를 다른 채권자들과 함께 채권액에 비례하여 분배받는다.

〉ADVICE ② 주택 청약예금, 주택청약부금도 보호금융상품이다.

1 〈보기〉에서 보험계약의 요소에 대한 설명으로 옳은 것의 총 개수는?

> 〈보기〉
> ㉠ 보험목적물은 보험사고 발생의 객체로 보험자가 배상하여야 할 범위와 한계를 정해준다.
> ㉡ 보험기간은 보험에 의한 보장이 제공되는 기간으로 위험기간 또는 책임기간이라고도 하며 보험자의 책임은 보험을 승낙함으로써 개시된다.
> ㉢ 보험사고란 보험에 담보된 재산 또는 생명이나 신체에 관하여 보험자가 보험금 지급을 약속한 사고가 발생하는 것이다.
> ㉣ 보험료는 보험사고에 의한 보장을 받기 위하여 계약자가 보험자에게 지급하여야 할 금액이다.

① 1개
② 2개
③ 3개
④ 4개

> ▶ADVICE ㉡ 보험에 의한 보장이 제공되는 기간으로 상법에서는 보험자의 책임을 최초의 보험료를 지급 받은 때로부터 개시한다고 규정되어 있다.
>
> ㉢ 보험사고란 보험에 담보된 재산 또는 생명이나 신체에 관하여 불확정한 사고 즉 위험이 발생하는 것을 말하며 보험금지급사유라고도 한다.
>
> ㉣ 보험사고가 발생할 경우 보험자가 지급하는 금액을 보험금이라고 하며, 보험자의 보험금 지급에 대한 반대급부로서 보험계약자가 보험자에게 내는 금액을 보험료라고 한다.

Answer 1.③

2 〈보기〉에서 우체국보험 언더라이팅(청약심사)에 대한 설명으로 옳은 것을 모두 고른 것은?

〈보기〉

㉠ 언더라이팅(청약심사)은 일반적으로 보험사의 "위험의 선택" 업무로서 위험평가의 체계화된 기법을 말한다.

㉡ 보험판매 과정에서 계약 선택의 기준이 되는 위험 중 환경적 위험은 피보험자의 직업 및 업무내용, 운전여부, 취미활동, 음주 및 흡연여부, 피보험자와 수익자의 관계 등이다.

㉢ 체신관서는 피보험자의 신체적·환경적·도덕적 위험 등을 종합적으로 평가하여 정상인수, 조건부인수, 거절 등의 합리적 인수조건을 결정하는 언더라이팅(청약심사)을 하게 된다.

㉣ 계약적부조사는 적부조사자가 계약자를 직접 면담하여 계약 적부조사서상의 주요 확인사항을 중심으로 확인하는 제도이다.

① ㉠, ㉡

② ㉠, ㉢

③ ㉡, ㉣

④ ㉢, ㉣

>ADVICE ㉡ 환경적 위험의 대표적인 항목으로는 피보험자의 직업, 운전 차량의 종류, 흡연, 음주, 취미생활, 부업활동, 거주지 위험 등이 있다.

㉣ 계약적부조사란 적부조사자가 피보험자를 직접 면담 또는 전화를 활용하여 적부 주요 확인사항을 중심으로 확인하며, 계약적부조사서상에 주요 확인사항 등을 기재하고 피보험자 가 최종 확인하는 제도이다.

3 보장성보험료의 세액공제에 대한 설명으로 옳은 것은?

① 근로소득이 없는 연금소득 거주자도 세액공제 대상이다.

② 보장성보험을 해지할 경우, 이미 세액공제 받은 보험료는 기타 소득세로 과세된다.

③ 보험료를 미리 납부했을 경우, 그 보험료는 실제 납부일이 속하는 과세기간에 세액공제가 가능하다.

④ 장애인전용보장성보험의 경우, 납입한 보험료(100만 원 한도)의 12%에 해당하는 금액을 해당 과세기간의 종합소득산출세액에서 공제한다.

>ADVICE ① 세액공제 대상을 근로소득자로 제한하고 있어 연금소득자 또는 개인사업자 등은 보장성 보험에 가입하더라도 세액공제를 받을 수 없다.

② 과세 기간 중 보장성보험을 해지할 경우 해지 시점까지 납입한 보험료에 대해 세액공제가 가능하며 이미 세액공제 받은 보험료에 대한 추징 또한 없다.

④ 장애인전용 보험전환특약을 부가한 보장성 보험의 경우 과세기간 납입 보험료(1년 100만 원 한도)의 15%에 해당 되는 금액을 종합소득산출세액에서 공제받을 수 있다.

Answer 2.② 3.③

4 우체국보험상품에 대한 설명으로 옳은 것은?

① 무배당 청소년꿈보험 2504는 체신관서가 공익재원으로 보험료를 50% 지원하는 상품이다.
② 무배당 우체국예금제휴보험 2504는 체신관서가 공익재원으로 보험료를 80% 지원하는 상품이다.
③ 무배당 우체국나르미안전보험 2504는 체신관서가 공익재원으로 보험료를 50% 지원하는 상품이다.
④ 무배당 만원의행복보험 2504는 성별·나이에 상관없이 체신관서가 공익재원으로 보험료 1만 원(1년 만기 기준)을 지원하는 상품이다.

> **ADVICE** ① 무배당 청소년꿈보험 2504는 공익보험으로 특정 피보험자 범위에 해당하는 청소년에게 무료로 보험가입 혜택을 주어 학자금을 지급하는 교육보험이다.
> ② 무배당 우체국예금제휴보험 2504는 특정 우체국 예·적금 상품 가입 시 무료로 가입이 가능한 보험이다.
> ④ 무배당 만원의행복보험 2504는 차상위계층 이하 저소득층을 위한 공익형 상해보험으로, 성별·나이에 상관없이 보험료 1만 원(1년 만기 기준), 1회 납입 1만 원(1년 만기 기준) 초과 보험료는 체신관서가 공익자금으로 지원한다.

5 〈보기〉에서 우체국보험 제도성특약에 대한 설명으로 옳은 것의 총 개수는?

〈보기〉

㉠ 장애인전용보험전환특약 2007의 대상계약은 전환대상상품의 피보험자 또는 수익자가 소득세법상 장애인인 계약이다.
㉡ 지정대리청구서비스특약 2109에서 지정대리 청구인은 피보험자의 가족관계등록부상의 배우자 또는 4촌 이내의 친족이다.
㉢ 지정대리청구서비스특약 2109의 대상계약은 계약자, 피보험자 및 수익자(사망 시 수익자 제외)가 모두 동일한 계약이다.
㉣ 이륜자동차 운전 및 탑승중 재해부담보특약 2109의 가입대상은 이륜자동차 운전자 및 소유자이며, 관리하는 경우는 포함되지 않는다.

---

① 1개   ② 2개
③ 3개   ④ 4개

> **ADVICE** ㉡ 지정대리청구서비스특약 2109에서 지정대리 청구인은 피보험자의 가족관계등록부상의 배우자 또는 3촌 이내의 친족이다.
> ㉣ 이륜자동차 운전 및 탑승중 재해부담보특약 2109의 가입대상은 이륜자동차 운전자이며, 소유 및 관리하는 경우도 포함된다.

Answer 4.③ 5.②

6 우체국보험상품에 대한 설명으로 옳은 것은?

① 무배당 알찬전환특약 2504의 일시납 보험료는 전환전 계약의 만기보험금과 배당금의 합계액이다.

② 무배당 에버리치상해보험 2504는 보험 만기일 1개월 전부터 만기일 전일까지 무배당 알찬전환특약 2504로 가입 신청이 가능하다.

③ 무배당 파워적립보험 2504는 기본보험료 20만 원 초과금액에 대해 수수료를 인하함으로써 수익률을 증대한 상품이다.

④ 무배당 우체국온라인저축보험 2504는 계약일 이후 1년이 지난 후부터 보험기간 중에 보험년도 기준 연 12회에 한하여 적립 금액의 일부를 인출할 수 있다.

> **ADVICE** ② 무배당 에버리치상해보험 2504는 교통사고나 각종 재해로 인한 장해, 수술 또는 골절 시 치료비용 체계적으로 보장하며, 한번 가입으로 90세까지 보장 및 휴일재해 사망보장 한다.
> ③ 무배당 파워적립보험 2504는 기본보험료 30만 원 초과금액에 대해 수수료를 인하함으로써 수익률을 증대한 상품이다.
> ④ 무배당 우체국온라인저축보험 2504는 가입 1개월 유지 후 언제든지 해약해도 납입보험료의 100% 이상을 보장하는 신개념 저축보험이다.

7 우체국보험상품에 대한 설명으로 옳지 않은 것은? [기출변형]

① 무배당 우체국더간편건강보험(갱신형) 2504는 2가지 건강관련 간편고지로 가입이 가능한 상품이다.

② 무배당 우체국든든한건강종신보험 2506에 보험가입금액 2,500만 원을 가입하는 경우, 주계약 보험료에 대해서 고액계약 보험료 할인을 받을 수 있다.

③ 무배당 우체국치매요양간병보험 2509의 해약환급금 50% 지급형에 가입한 경우, 보험기간 중 계약이 해지될 경우에는 표준형 해약 환급금의 50%를 해약환급금으로 지급받는다.

④ 무배당 우체국실속정기보험 2504 2종(간편가입)에 가입 후 계약일부터 3개월 이내에 1종(일반가입)으로 가입을 희망하는 경우, 일반계약 심사를 통하여 1종(일반가입)에 청약할 수 있다.

> **ADVICE** ③ 무배당 우체국든든한건강종신보험 2506의 해약환급금 50% 지급형에 가입한 경우, 계약이 보험료 납입기간 중 해지될 경우의 해약환급금은 2종(표준형) 예정해약환급금의 50%에 해당하는 금액에 플러스적립금을 더한 금액으로 한다.

8 우체국보험의 효력상실 및 부활에 대한 설명으로 옳지 않은 것은?

① 보험료의 납입연체로 인한 해지계약이 해약환급금을 받지 않은 경우, 계약자는 해지된 날부터 3년 이내에 계약의 부활을 청약 할 수 있다.

② 보험료 납입이 연체 중인 경우, 납입최고는 유예기간이 끝나기 15일 이전까지 서면(등기우편 등) 등으로 이루어진다.

③ 체신관서가 부활을 승낙한 경우, 계약자는 부활을 청약한 날까지의 연체된 보험료에 약관에서 정한 이자를 더하여 납입하여야 한다.

④ 보험료 납입 유예기간은 해당 월분 보험료의 납입기일부터 납입 기일이 속하는 달의 다음 달의 말일까지이며, 유예기간의 마지막 날이 영업일이 아닌 때에는 그 다음 날로 한다.

> **ADVICE** ④ 보험료 납입 유예기간은 해당 월분 보험료의 납입기일부터 납입기일이 속하는 달의 다음 다음 달의 말일까지로 한다. 다만, 유예기간이 끝나는 날이 비영업일인 때는 익 영업일까지이며, 해지(효력상실)되는 날은 휴일 여부와 관계없다.

9 우체국보험의 보험금 지급청구에 대한 설명으로 옳은 것은?

① 보험금청구권은 지급사유 발생일로부터 2년간 행사하지 않으면 소멸된다.

② 체신관서는 보험금 청구서류를 접수한 날부터 10일 이내에 보험금을 지급하여야 한다.

③ 소송제기, 분쟁조정신청, 수사기관의 조사, 해외에서 발생한 보험사고에 대한 조사는 보험금 지급 예정일 30일 초과사유에 해당된다.

④ 사망보험금 선지급제도는 피보험자의 남은 생존기간이 6개월 이내인 경우 사망보험금액의 60%를 선지급사망보험금으로 수익자에게 지급하는 제도이다.

> **ADVICE** ① 보험금청구권은 지급사유 발생일로부터 3년간 행사하지 않으면 소멸된다.
> ② 체신관서가 보험금 청구서류를 접수한 때에는 접수증을 교부하고 휴대전화 문자메시지 또는 전자우편 등으로도 송부하며, 그 서류를 접수한 날부터 3영업일 이내에 보험금을 지급하거나 보험료 납입을 면제한다. 다만, 보험금 지급사유 또는 보험료 납입면제 사유의 조사나 확인이 필요한 때에는 접수 후 10영업일 이내에 보험금을 지급하거나 보험료 납입을 면제한다.
> ④ 피보험자의 남은 생존기간이 6개월 이내라고 판단한 경우에 체신관서가 정한 방법에 따라 사망보험금액의 60%를 선지급사망보험금으로 피보험자에게 지급하는 제도이다.

Answer 8.④ 9.③

10 우체국보험 재무건전성 관리에 대한 설명으로 옳은 것은?

① 우체국보험은 자본의 적정성 유지를 위하여 지급여력비율을 반기별로 산출·관리하여야 한다.

② 과학기술정보통신부장관은 우체국보험사업에 대한 건전성을 유지하고 관리하기 위하여 필요한 경우에는 금융위원회에 검사를 요청할 수 있다.

③ 우정사업본부장은 지급여력비율이 150% 미만인 경우로서 보험 계약자에게 보험금을 지급하지 못할 우려가 있다고 판단되는 경우에는 경영개선계획을 수립·시행하여야 한다.

④ 우정사업본부장은 자산건전성 분류 대상 자산에 해당하는 보유 자산에 대해 건전성을 5단계로 분류하여야 하며 "고정", "회수의문" 또는 "추정손실"로 분류된 자산을 조기에 상각하여야 한다.

> **ADVICE** ① 우체국보험은 자본의 적정성 유지를 위하여 지급여력비율을 분기별로 산출·관리하여야 한다.
> ③ 우정사업본부장은 우체국보험의 지급여력비율이 100% 미만인 경우로서 보험계약자에게 보험금을 지급하지 못할 우려가 있다고 판단되는 경우에는 경영개선계획을 수립·시행하여야 한다.
> ④ 우정사업본부장은 자산건전성 분류 대상 자산에 해당하는 보유자산에 대해 건전성을 "정상", "요주의", "고정", "회수의문", "추정손실"의 5단계로 분류하여야 한다. 또한, "회수의문" 또는 "추정손실"로 분류된 자산(이하 "부실자산"이라 함)을 조기에 상각하여 자산의 건전성을 확보하여야 한다.

Answer 10.②

컴퓨터일반[기초영어 포함]

1 엑셀 시트를 이용한 수식의 결과값으로 옳은 것의 총 개수는?

수식	결과
=FACT(5)	15
=INT(-3.14)	-3
=MOD(3, 4)	1
=POWER(3, 3)	27
=PRODUCT(3, 6, 2)	36

① 2개
② 3개
③ 4개
④ 5개

>ADVICE = FACT(5) : 120
= INT(-3.14)는 : -4
= MOD(3, 4) : 3
= POWER(3, 3) : 3^3 = 27
= PRODUCT(3, 6,2) : 3*6*2 = 36

Answer 1.①

2 자료구조가 정수형으로 이루어진 스택이며, 초기에는 빈 스택이라고 할 때, 빈칸 ㉠~㉢의 내용으로 모두 옳은 것은? (단, top()은 스택의 최상위 원소값을 출력하는 연산이다.)

연산	출력	스택 내용
push(7)	–	(7)
push(4)	–	(7, 4)
push(1)	–	(7, 4, 1)
pop( )	–	㉠
㉡	–	(7)
top( )	㉢	(7)
push(5)	–	(7, 5)

① (7, 4)   push()   1
② (4, 1)   push(7)   1
③ (7, 4)   pop()   7
④ (4, 1)   pop(7)   7

❯**ADVICE** 스택(Stack)

나중에 들어온 것이 먼저 나간다는 LIFO 방식

push : 스택에 데이터를 넣는 것

pop : 스택에서 값을 빼는 것

top : 현재 스택 포인터

push가 될때 마다 스택 포인터가 하나씩 증가되고 pop이 될때 마다 스택 포인터가 하나씩 감소.

㉠ (7, 4, 1)에서 pop()을 하면 1을 감소하고 (7, 4)가 남는다.

㉡ 스택의 값이 이므로 (7, 4)에서 pop()을 해서 가 감소되므로 (7)이 남는다.

㉢ 스택의 값 (7)에서 top()을 하면 (7)이 출력된다.

3 다음은 정렬 알고리즘을 이용해 초기 단계의 데이터를 완료 단계의 데이터로 정렬하는 과정을 보여 준다. 이 과정에 사용된 정렬 알고리즘으로 옳은 것은?

6	4	9	2	3	8	초기단계

4	6	2	3	8	9	

4	2	3	6	8	9	

…(중략)…

2	3	4	6	8	8	완료 단계

① 퀵(quick) 정렬
② 기수(radix) 정렬
③ 버블(bubble) 정렬
④ 합병(merge) 정렬

❯**ADVICE** 초기단계 후 서로 이웃한 데이터들을 비교하며 가장 큰 데이터를 가장 뒤로 보내며 정렬하는 방식으로 버블징렬 방식이다.
　① 퀵(quick) 정렬 : 기준키를 기준으로 작거나 같은 값을 지닌 데이터는 앞으로, 큰 값을 지닌 데이터는 뒤로 가도록 하여 작은 값을 갖는 데이터와 큰 값을 갖는 데이터로 분리해가며 정렬하는 방법
　② 기수(radix) 정렬 : 기수 별로 비교 없이 수치자료의 정렬을 위한 방법으로, 숫자의 각 자릿수를 기준으로 정렬하는 알고리즘
　④ 합병(merge) 정렬 : 교 기반 정렬 알고리즘으로 분할정복 알고리즘

Answer 　3.③

4 〈보기〉에서 해시 함수(hash function)의 충돌 해결 방안으로 옳은 것의 총 개수는?

〈보기〉

㉠ 별도 체이닝(separate chaining)
㉡ 오픈 어드레싱(open addressing)
㉢ 선형 검사(linear probing)
㉣ 이중 해싱(double hashing)

① 1개   ② 2개
③ 3개   ④ 4개

> **ADVICE** －개방주소 방식 : 해시 테이블에서 충돌이 발생했을 때 이를 해결하는 방법
> － 충돌해결방법
> 　개방 주소 방식 : 선형, 이차조사, 이중해싱, 체이닝

5 다음은 위상 정렬의 예이다. 위상 순서로 옳은 것은?

과목 코드	과목명	선수과목
11	전산개론	없음
12	이산수학	없음
13	자바	11
14	알고리즘	11, 12, 13
15	수치해석	12
16	캡스톤디자인	13, 14, 15

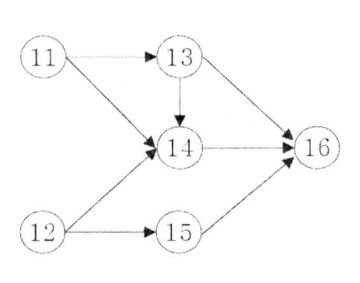

① 11, 12, 14, 13, 15, 16   ② 12, 11, 13, 14, 15, 16
③ 13, 11, 14, 12, 15, 16   ④ 14, 13, 12, 15, 11, 16

> **ADVICE** 위상정렬(topological sorting) : 정렬 알고리즘의 일종으로, 순서가 정해져 있는 일련의 작업을 차례대로 수행해야
> 할 때 사용
> 예) 특정 학과의 수강 신청 커리큘럼을 보면, 선수 과목이 있고 해당 과목을 이수하고 다음 과목을 신청할 수 있음

Answer   4.④   5.②

6 다음 CPM(Critical Path Method) 네트워크에 나타난 임계 경로(critical path)의 전체 소요 기간으로 옳은 것은?

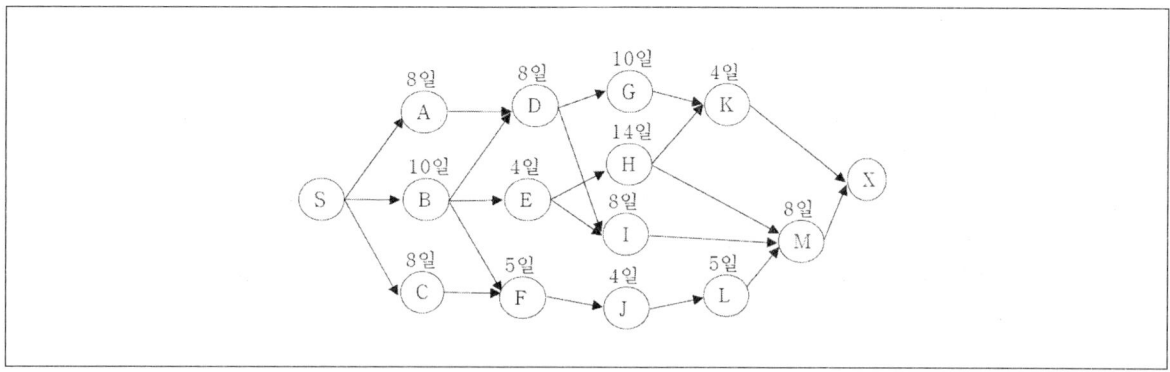

① 30일
② 32일
③ 34일
④ 36일

> **ADVICE** CPM(Critical Path Method) 네트워크 : 프로젝트내 모든 작업을 끝낼 수 있는 작업경로(최장 거리)

7 OpenAI가 개발한 생성형 인공지능 기반의 대화형 서비스는?

① LSTM
② ResNET
③ ChatGPT
④ Deep Fake

> **ADVICE** ChatGPT는 OpenAI가 개발한 프로토타입 대화형 인공지능 챗봇
> ① LSTM : 순환 신경망 기법의 하나로 장단기 메모리를 위해 사용
> ② ResNET : 2015년 ILSVRC에서 1위를 차지한 바 있는 CNN 모델로 딥러닝에 비해 예측 정확도가 높다
> ④ Deep Fake : 특정 인물의 얼굴 등을 인공지능 기술을 이용해 특정 영상에 합성한 편집물

Answer 6.④ 7.③

8 〈보기〉에서 디자인 패턴에 대한 설명으로 옳은 것의 총 개수는?

〈보기〉

㉠ 디자인 패턴은 유사한 문제를 해결하기 위하여 각 문제 유형별로 적합한 설계를 일반화하여 정리해 놓은 것이다.

㉡ 싱글턴(singleton) 패턴은 특정 클래스의 객체가 오직 하나만 존재하도록 보장하여 객체가 불필요하게 여러 개 만들어질 필요가 없는 경우에 주로 사용한다.

㉢ 메멘토(memento) 패턴은 한 객체의 상태가 변경되었을 때 의존 관계에 있는 다른 객체들에게 이를 자동으로 통지 하도록 하는 패턴이다.

㉣ 데코레이터(decorator) 패턴은 기존에 구현된 클래스의 기능 확장을 위하여 상속을 활용하는 설계 방안을 제공한다.

---

① 1개 ② 2개

③ 3개 ④ 4개

> **ADVICE** – 메멘토 패턴(memento pattern) : 객체를 이전 상태로 되돌릴 수 있는 기능을 제공하는 소프트웨어 디자인 패턴
> – 데코레이터 패턴(decorator pattern) : 객체에 동적으로 기능을 추가할 수 있도록 해주는 구조적인 디자인 패턴으로 원래의 기능을 수정하지 않고 새로운 기능을 추가
> – 옵저버 패턴(observer pattern) : 한 객체의 상태가 변경되었을 때 의존 관계에 있는 다른 객체들에게 이를 자동으로 통지 하도록 하는 패턴

9 다음과 같이 '인사'로 시작하는 모든 부서에 속한 직원들의 봉급을 10% 올리고자 SQL문을 작성하였다. ㉠과 ㉡의 내용으로 옳은 것은?

```
UPDATE 직원
SET 봉급 = 봉급*1.1
WHERE 부서번호 ___㉠___ ( SELECT 부서번호
                        FROM 부서
                        WHERE 부서명 ___㉡___ '인사%' )
```

	㉠	㉡
①	IN	LIKE
②	EXISTS	HAVING
③	AMONG	LIKE
④	AS	HAVING

> **ADVICE** UPDATE 쿼리
> 기존에 존재하는 테이블 내의 기존 레코드(행)을 수정할 수 있는 쿼리
> in : 목록 안에 있는 경우
> like : 패턴과 일치하는 경우
> (like 인사 '% : 인사로 시작하는 단어를 검색)

10 다음 E-R다이어그램을 관계형 스키마로 올바르게 변환한 것은?(단, 속성명의 밑줄은 해당 속성이 기본 키임을 의미한다.)

① 학생(학번, 이름)
　　등록(성적)
　　과목(과목번호, 과목명)
② 학생(학번, 이름)
　　등록(과목번호, 성적)
　　과목(과목번호, 과목명, 성적)
③ 학생(학번, 이름)
　　등록(학번, 성적)
　　과목(과목번호, 과목명)
④ 학생(학번, 이름)
　　등록(학번, 과목번호, 성적)
　　과목(과목번호, 과목명)

>ADVICE N:M 관계인 "등록"의 경우 학생테이블의 학번속성과 과목테이블의 과목번호를 모두 포함하여서 기본키를 구성

11 CPU 스케줄링 기법에 대한 설명으로 옳지 않은 것은?

① 라운드 로빈(Round-Robin) 스케줄링 기법은 선점 방식의 스케줄링 기법이다.
② HRN(Highest Response ratio Next) 스케줄링 기법은 우선순위에 대기 시간(waiting time)을 고려하여 기아(starvation) 문제를 해결한다.
③ 다단계 큐 스케줄링 기법은 프로세스들을 위한 준비 큐를 다수 개로 구분하며, 각 준비 큐는 자신만의 스케줄링 알고리즘을 별도로 가질 수 있다.
④ 우선순위 스케줄링 기법은 항상 선점 방식으로 구현되기 때문에 특정 프로세스에 대하여 무한대기 또는 기아(starvation) 현상 발생의 위험이 있다.

>ADVICE 우선순위 스케줄링 기법 : 가장 높은 우선순위의 프로세스에게 먼저 중앙처리장치를 할당하는 방법(우선순위 스케줄링은 선점 또는 비선점이 존재)

Answer 10.④ 11.④

12 교착상태(deadlock)와 은행원 알고리즘(banker's algorithm)에 대한 설명으로 옳은 것은?

① 교착상태는 불안전한 상태(unsafe state)에 속한다.

② 은행원 알고리즘은 교착상태 회복(recovery) 알고리즘이다.

③ 불안전한 상태(unsafe state)는 항상 교착상태로 빠지게 된다.

④ 은행원 알고리즘은 불안전한 상태(unsafe state)에서 교착상태로 전이되는 것을 거부한다.

> **ADVICE** – 교착상태(deadlock) : 프로세스가 자원을 얻지 못하고 상대방의 자원을 요구하면서 기다리는 상태
> – 은행원 알고리즘(banker's algorithm) : 교착상태가 생기지 않도록 회피하는 방법

안전상태	불안전 상태
각 프로세스가 요구한 만큼 차례차례 필요한 자원을 할당할 수 있는 상태	각 프로세스가 요구한 자원만큼 할당할 수 없는 상태

13 하드웨어적으로 인터럽트를 요구한 장치를 찾는 기법으로, 인터럽트 선을 공유하면서 인터럽트를 발생시키는 모든 장치를 직렬로 연결하여 연결 순서에 따라 우선순위가 결정되는 방식으로 옳은 것은?

① 소프트웨어 폴링(polling) 방식

② 데이지 체인(daisy chain) 방식

③ 인터럽트 벡터(interrupt vector) 방식

④ 다수 인터럽트 선(multiple interrupt lines) 방식

> **ADVICE** 인터럽트를 요구한 장치를 찾는 방법
> ① 소프트웨어 폴링(polling) 방식 : CPU가 모든 입출력 모듈에 접속된 TEST I/O 선을 이용하여 인터럽트를 요구한 장치를 검사하는 방식
> ② 데이지 체인(daisy chain) 방식 : 모든 입출력 모듈이 하나의 인터럽트 요구성을 공유, 입출력 모듈의 인터럽트 확인 신호 선이 데이지 체인 형태로 연결(우선순위가 낮은 장치가 서비스를 받지 못하거나 아주 오래 기다리는 일이 발생할 가능성이 존재함)
> ③ 인터럽트 벡터(interrupt vector) 방식 : CPU에 있는 인터럽트 레지스터의 각 비트에 고유 회선을 연결하는 방식
> ④ 다수 인터럽트 선(multiple interrupt lines) 방식 : 각 입출력 모듈과 CPU 사이에 별도의 인터럽트 요구 선과 인터럽트 확인 선을 접속하는 방식

14 음수와 양수를 동시에 표현하는 2진수의 표현 방법에는 부호-크기(sign-magnitude) 방식, 1의 보수 방식, 2의 보수 방식이 있다. 다음은 10진수의 양수와 음수를 3비트의 2진수로 나타낸 표이다. ㉠~㉢에 들어갈 방식을 순서대로 나열한 것은?

10진 정수	㉠	㉡	㉢
3	011	011	011
2	010	010	010
1	001	001	001
0	000	000	000
−0	100	111	−
−1	101	110	111
−2	110	101	110
−3	111	100	101
−4	−	−	100

	㉠	㉡	㉢
①	1의 보수	2의 보수	부호-크기
②	2의 보수	1의 보수	부호-크기
③	부호-크기	1의 보수	2의 보수
④	부호-크기	2의 보수	1의 보수

> **ADVICE** – 부호-크기(sign-magnitude) 방식
> n비트로 표현되는 부호화 크기 방식에서는 최상위 1비트를 부호 비트로 사용하여, 0이면 양의 정수, 1이면 음의 정수
> 부호-크기 : −0이 100
> – 1의 보수 방식
> 1의 보수 방식의 기본 아이디어는 양의 정수에 대한 보수로서 음의 정수를 표현하는 것
> 양의 정수에 대한 표현은 부호화-크기 방식에서의 표현과 동일한 형태로 표현
> 1의 보수 : −0이 111
> – 2의 보수 방식
> 2의 보수 방식에서는 음의 정수는 우선 1의 보수 방식으로 계산하고 그 결과에 1을 더해서 표현

Answer 14.③

15 IP주소가 117.17.23.253/27인 호스트에 대한 설명으로 옳은 것은?

① 이 주소의 네트워크 주소는 117.17.23.0이다.
② 이 주소의 서브넷 마스크는 255.255.255.224이다.
③ 이 주소는 클래스 기반의 주소지정으로 C클래스 주소이다.
④ 이 주소가 포함된 네트워크에서 사용될 수 있는 IP주소는 254개 이다.

> **ADVICE** 117.17.23.253/27에서 왼쪽 2비트를 1로 표현하고 오른쪽 5비트를 0으로 서브넷 마스크를 표현→
255.255.255.224

– IP주소

컴퓨터(호스트, host)를 구별하는데 사용되는 고유한 값으로 네트워크 주소와 호스트 주소로 구성

A Class	0.0.0.0~127.255.255.255 서브넷 마스크 : 255.0.0.0. 국가/대형 통신망에 사용
B Class	128.0.0.0~127.191.255.255 서브넷 마스크 : 255.255.0.0. 중대형 통신망에 사용
C Class	192.0.0.0~223.255.255.255 서브넷 마스크 : 255.255.255.0. 소규모 통신망에 사용
D Class	224.0.0.0~239.255.255.255 멀티캐스트 통신망에 사용

16 〈보기〉에서 설명하고 있는 HTTP 프로토콜 메소드로 옳은 것은?

> 〈보기〉
> ㉠ 서버로 정보를 보내는 데 사용한다.
> ㉡ 대량의 데이터를 전송할 때 사용한다.
> ㉢ 보내는 데이터가 URL을 통해 노출되지 않기 때문에 최소한의 보안성을 가진다.

① GET
② POST
③ HEAD
④ CONNECT

>**ADVICE** −POST 메소드
　　주로 새로운 리소스를 생성(create)할 때 사용
　−POST 메소드 요청의 특징
　　URL에 데이터가 포함되지 않아 외부에 노출되지 않는다.
　　메시지 본문에 데이터를 포함한다.
　　바이너리 및 대용량 데이터 전송이 가능하다.
　−HTTP 프로토콜 메소드
　① GET : 조회
　② POST : 등록
　③ HEAD : 서버 리소스의 헤더
　④ CONNECT : 프록시 동작의 터널 접속을 변경

17 〈보기〉는 대칭형 암호알고리즘이다. 이 중 국내에서 개발된 암호 알고리즘을 모두 고른 것은?

〈보기〉

ⓐ AES   ⓑ ARIA
ⓒ IDEA   ⓓ LEA
ⓔ RC5   ⓕ SEED

---

① ㉠, ㉡, ㉢
② ㉠, ㉢, ㉤
③ ㉡, ㉣, ㉥
④ ㉣, ㉤, ㉥

>ADVICE ㉠ AES : 미국 NIST에서 개발
㉡ ARIA : 국내
㉢ IDEA : 스위스의 라이와 메시가 개발
㉣ LEA : 국내
㉤ RC5 : 미국의 Rivest가 개발
㉥ SEED : 국내

18 〈보기〉는 서비스거부(DoS : Denial of Service) 공격 방법이다. 이 중 ICMP 프로토콜을 이용한 공격 방법으로 옳은 것의 총 개수는?

〈보기〉

㉠ 랜드 공격(land attack)

㉡ SYN 플로딩 공격(SYN flooding attack)

㉢ 티어드롭 공격(teardrop attack)

㉣ HTTP GET 플로딩 공격(HTTP GET flooding attack)

㉤ 스머프 공격(smurf attack)

㉥ 죽음의 핑 공격(ping of death attack)

---

① 2개

② 3개

③ 4개

④ 5개

>**ADVICE** ㉠ 랜드 공격(land attack)

　　　송신자와 수신자의 IP주소 및 포트 번호를 똑같이 보내서, 계속 되돌아 오도록 만드는 공격

㉡ SYN 플로딩 공격(SYN flooding attack)

　　　과도한 TCP의 SYN 연결 요청으로 시스템 과부하를 일으켜서 서비스를 중단 시키는 공격

㉢ 티어드롭 공격(teardrop attack)

　　　분할된 패킷의 오프셋을 임의로 조작하여 다시 조립할수 없도록 만드는 공격

㉣ HTTP GET 플로딩 공격(HTTP GET flooding attack)

　　　HTTP Get 요청을 지속적으로 호출하여 서버 과부하를 유도하는 공격

㉤ 스머프 공격(smurf attack)

　　　ICMP와 다이렉트 브로드캐스트를 이용한 공격

㉥ 죽음의 핑 공격(ping of death attack)

　　　시스템을 파괴하는 데 가장 흔히 쓰인 초기의 DoS공격으로 네트워크에서 패킷을 전송하기 적당한 크기로 잘라서 보내는 특성을 이용한 공격

19 다음 글의 빈칸에 들어갈 말로 가장 적절한 것은?

> Speaking two languages rather than just one has obvious practical benefits in an increasingly globalized world. However, in recent years, scientists have begun to demonstrate that the advantages of speaking more than one language are even more fundamental than the ability to converse with a wider range of people. Being _____, it turns out, makes you smarter. It can have a profound effect on your brain, improving cognitive skills that are not related to language and even shielding against dementia in old age.

① scientific
② talkative
③ bilingual
④ practical

> **ADVICE** 한 언어보다 두 언어로 말하는 것은 점차 세계화가 되고 있는 세상에서 분명한 실용적인 이점을 가지고 있다. 그러나, 최근에 과학자들은 한 언어 이상으로 말하는 이점이 다양한 사람들과 대화하는 능력보다 훨씬 더 중요하다는 점을 증명하기 시작했다. 이중언어라는 점이 당신을 더 똑똑하게 만든다는 것이 밝혀졌다. 그것은 너의 뇌에 심오한 효과를 가질 수 있고, 언어와 관련이 없는 인지능력을 향상시키고, 노년에 치매를 막을 수 있다.
>
> ① 과학적인   ② 수다스러운   ③ 이중언어의   ④ 실용적인, 실질적인
>
> obvious : 명백한 / demonstrate : 증명하다, 설명하다 / fundamenta l : 근본적인, 중요한 / profound : 심오한, 깊은 / cognitive : 인식의, 인지의 / shield : 보호하다, 막다 / dementia : 치매

20 다음 글의 빈칸 (A), (B)에 들어갈 말로 가장 적절한 것은?

The physical benefits of team sports are well-documented. Exercise is essential for maintaining a healthy weight, improving cardiovascular health, and reducing the risk of chronic diseases like heart disease, diabetes, and cancer. And what better way to exercise than by playing a sport you enjoy? When you're having fun, you're more ___(A)___ to stick with it and that's when the real benefits start to show. In addition to the general health benefits of exercise, team sports also offer specific physical benefits. For example, playing soccer can help improve your balance and coordination, while basketball can help increase your vertical jump. And if you're looking to improve your ___(B)___, there's no better way to do it than by playing a sport that requires you to run around for an extended period.

	(A)	(B)
①	liable	courage
②	likely	resistance
③	liable	resistance
④	likely	endurance

> **ADVICE** 단체 스포츠의 신체적 이점은 충분히 입증되어 있다. 운동은 체중을 유지하고, 심장혈관의 건강을 향상시키며, 심장병, 당뇨, 암과 같은 만성 질병의 위험을 줄이는 데 필수적이다. 그리고 당신이 즐기는 스포츠를 하는 것보다 운동하기에 더 좋은 방법은 무엇일까? 당신이 재미를 느낄 때, 당신은 그것을 더 <u>고수할 것</u>이고, 그것이 바로 진정한 이점이 보여지기 시작하는 때이다. 운동의 일반적인 건강 이점 이외에도, 단체 스포츠는 또한 특정한 신체적 이점을 제공한다. 예를 들어, 축구를 하는 것은 당신의 균형과 조정능력을 향상시킬 수 있고, 반면에 농구는 당신의 수직 점프 능력을 증가시키는 데 도움이 될 수 있다. 그리고 만약 당신이 당신의 <u>지구력</u>을 향상시키기 위해 방법을 찾는다면, 당신이 장기적인 기간 동안 달리도록 요구하는 스포츠를 하는 것보다 그것을 하기에 더 좋은 방법은 없다.
> ① ~할 것 같은, 하기 쉬운 - 용기
> ② ~할 것 같은, 하기 쉬운 - 저항
> ③ ~할 것 같은, 하기 쉬운 - 저항
> ④ ~할 것 같은, 하기 쉬운 - 지구력, 인내
>
> well-documented : 충분히 입증되는 / cardiovascular : 심장 혈관의 / chronic : 만성의 / diabetes : 당뇨병 / stick with : ~을 계속하다 / coordination : 조정, 협조 / vertical : 수직의 / extended : 확장된, 장기의

Answer   20.④

01 우편일반

1 내용증명 우편물에 대한 설명으로 옳은 것은?

① 내용문서의 원본과 관계없는 물건을 함께 봉입할 수 없다.
② 내용문서의 원본과 등본은 양면을 사용하여 작성할 수 없다.
③ 발송인은 반드시 내용문서 원본 1통과 등본 2통을 제출하여야 한다.
④ 내용문서가 2장 이상인 경우, 내용문서의 원본 및 등본의 글자를 훼손하지 않도록 발송인의 인장으로 간인한다.

> **ADVICE** ② 내용문서의 원본과 등본의 작성은 양면을 사용하여 작성할 수 있으며, 양면에 내용을 기록한 경우에는 2매로 계산한다.
> ③ 내용증명의 발송인은 내용문서의 원본과 그 등본 2통을 제출하여야 한다. 단, 발송인에게 등본이 필요하지 않은 경우에는 등본 1통만 제출이 가능하며, 이 경우 우체국 보관 등본 여백에 "발송인 등본 교부 않음"이라고 표시해야 한다.
> ④ 내용문서의 원본이나 등본의 수량이 2장 이상일 때에는 내용문서의 원본 및 등본의 글자를 훼손하지 않도록 빈 여백에 우편날짜도장으로 간인하거나, 천공기로 간인하여야 한다.

2 우체국 꽃배달 서비스에 대한 설명으로 옳지 않은 것은?

① 배달 결과는 공급업체에서 직접 입력한다.
② 꽃송이의 부족으로 교환을 요구할 경우에는 상품 교환 조치를 한다.
③ 공급업체는 상품을 발송할 때 반드시 우체국 꽃배달 태그를 함께 보내야 한다.
④ 배달 중 공급업체의 잘못으로 상품에 결함이 생기면 접수우체국에서 모든 비용을 부담한다.

> **ADVICE** ④ 상품을 수취인에게 배달하는 중에 공급업체의 잘못으로 상품에 결함이 생기면 모든 비용은 공급업체에서 부담한다. 소비자가 교환이나 환불을 요구할 때에는 즉시 보상해야 한다.

Answer 1.① 2.④

3 〈보기〉에서 서신독점 예외 대상인 것을 모두 고른 것은?

〈보기〉

㉠ 타인에게 보내는 중량 300g의 서신

㉡ 화물에 첨부하는 봉하지 아니한 송장

㉢ 국가기관에서 발송하는 등기취급 서신

㉣ 기본통상우편요금의 10배를 넘는 서신

㉤ 「여신전문금융업법」 제2조 제3호에 해당하는 신용카드

---

① ㉠, ㉡   ② ㉠, ㉢

③ ㉡, ㉣, ㉤   ④ ㉢, ㉣, ㉤

> **ADVICE** ㉠㉢ 타인을 위한 서신의 송달행위를 업(業)으로 하거나 자기의 조직 또는 계통을 이용하여 타인의 서신을 전달하는 행위가 금지됨은 물론 그러한 행위를 하는 자에게 서신의 송달을 위탁하는 행위도 금지된다. 단, 중량이 350그램을 넘거나 기본통상우편요금의 10배를 넘는 서신은 위탁이 가능하지만 국가기관이나 지방자치단체에서 발송 하는 등기취급 서신은 위탁이 불가하다.
>
> ※ 서신독점 예외 대상
> • 「신문 등의 진흥에 관한 법률」에 따른 신문
> • 「잡지 등 정기간행물의 진흥에 관한 법률」에 따른 정기간행물
> • 다음 각 목의 요건을 모두 충족하는 서적
> – 표지를 제외한 48쪽 이상인 책자의 형태로 인쇄·제본되었을 것
> – 발행인·출판사나 인쇄소의 명칭 중 어느 하나가 표시되어 발행되었을 것
> – 쪽수가 표시되어 발행되었을 것
> • 상품의 가격·기능·특성 등을 문자·사진·그림으로 인쇄한 16쪽 이상(표지를 포함 한다)인 책자 형태의 상품 안내서
> • 화물에 첨부하는 봉하지 아니한 첨부서류 또는 송장
> • 외국과 주고받는 국제서류
> • 국내에서 회사의 본점과 지점 간 또는 지점 상호 간에 수발하는 우편물로써 발송 후 12시간 이내에 배달이 요구되는 상업용 서류
> • 「여신전문금융업법」에 해당하는 신용카드

Answer 3.③

4 준등기 우편물에 대한 설명으로 옳지 않은 것은?

① 대상은 200g 이하의 국내 통상우편물이며 배달기한은 접수한 다음 날부터 3일 이내이다.
② 반송 시 등기 우편물로 처리되어 반송 수수료는 등기통상우편요금이 적용된다.
③ 접수 시부터 수취함 투함까지 배달 결과에 대한 종적조회가 가능하다.
④ 배달완료된 후 발생한 손실·분실에 대한 손해는 배상하지 않는다.

》ADVICE ② 반송 시 일반 우편물로 처리되며, 수수료는 없다.

5 인터넷 우표에 대한 설명으로 옳지 않은 것은?

① 국제우편물과 소포우편물은 이용대상이 아니다.
② 정가 판매한 인터넷 우표는 우표류 교환 대상에서 제외된다.
③ 고객의 편의를 위하여 수취인 주소 없이 단독으로 사용이 가능하다.
④ 구매 후 출력하지 않은 인터넷 우표에 한정하여 구매 취소가 가능하다.

》ADVICE ③ 인터넷 우표는 고객편의 제고와 위조, 변조를 방지하기 위하여 단독으로 사용할 수 없으며 수취인 주소가 함께 있어야 한다.

6 나만의 우표 서비스에 대한 설명으로 옳은 것은?

① 기본형은 고객 이미지 1종이 기본이며 홍보형 및 시트형은 기본 종수(1종) 외에 큰 이미지 1종을 무상으로 제공한다.
② 전국의 우체국(별정우체국, 우편취급국 제외), 인터넷우체국, 우체국 모바일 앱에서 접수가 가능하다.
③ 지적재산권자로부터 받은 사용허가서를 신청 고객으로부터 제출받아 2년 동안 보관한다.
④ 접수담당자는 신청서에 우편날짜도장으로 날인하여 원본은 우체국에 3년 동안 보관한다.

》ADVICE ② 전국 우체국(별정우체국, 우편취급국 포함), 인터넷우체국, 모바일 앱, (재)한국우편 사업진흥원 및 접수위탁기관에서 접수할 수 있다.
③ 지적재산권자로부터 받은 사용허가서를 신청 고객으로부터 제출받아 5년 동안 보관한다.
④ 접수담당자는 신청서에 우편날짜도장으로 날인하여 원본은 우체국에 1년 동안 보관한다.

7 〈보기〉에서 요금별납 우편물에 대한 설명으로 옳은 것을 모두 고른 것은?

> 〈보기〉
> ㉠ 취급할 수 있는 최저수량은 통상우편물과 소포우편물이 다르다.
> ㉡ 창구업무 취급시간 내에 우편창구에서 접수하는 것이 원칙이다.
> ㉢ 요금별납 고무인은 담당자가 수량을 정확히 파악해서 보관, 사용한다.
> ㉣ 1개월간 발송 예정인 우편 요금액의 2배에 해당하는 금액을 담보금으로 제공받는다.
> ㉤ 우편물의 종별, 중량, 우편요금 등이 같고 동일인이 동시에 발송하는 우편물이어야 한다.

① ㉠, ㉣
② ㉡, ㉤
③ ㉠, ㉢, ㉤
④ ㉡, ㉢, ㉣

》ADVICE ㉠ 10통 이상의 통상우편물이나 소포우편물 발송 시 이용이 가능하다.
㉢ 요금별납 고무인은 책임자(5급 이상 관서 : 과장, 6급 이하 관서 : 국장)가 수량을 정확히 파악해서 보관해야 하며, 담당자는 책임자에게 필요할 때마다 받아서 사용한다.
㉣ 요금후납 우편물에 관한 설명이다.

Answer 6.① 7.②

8 우편요금 감액제도에 대한 설명으로 옳은 것은?

① 대리점, 영업사원, 보급대행인, 개인 등이 발송하는 정기간행물은 감액대상이다.

② 종류와 규격이 같은 서적 우편물은 상품의 선전 및 광고가 전 지면의 10%를 초과하는 경우, 감액 대상에서 제외된다.

③ 20kg을 초과한 소포 1개를 2개로 분할(1개의 무게는 10kg을 초과할 것)하여 접수한 등기소포 우편물은 1,000원이 감액된다.

④ 1회에 10통 이상 발송하는 요금별납 또는 요금후납 일반등기 통상우편물은 접수방법 감액과 접수 물량 감액을 동시에 적용 받는다.

> **ADVICE**　① 계약당사자가 아닌 대리점, 영업사원, 개인 등이 발송하는 정기간행물은 감액대상에서 제외한다.
> 　③ 20kg을 초과한 소포 1개를 2개로 분할(1개의 무게는 10kg을 초과할 것)하여 접수한 등기소포 우편물은 2,000 원이 감액된다.
> 　④ 선택등기만 접수방법 감액 및 접수물량 감액을 동시 적용 받는다.

9 우편사서함 사용계약에 대한 설명으로 옳지 않은 것은?

① 계약 해지 시 열쇠는 반납할 필요가 없다.

② 법인, 공공기관 등 단체의 우편물 수령인은 5명까지 등록이 가능하다.

③ 배달된 우편물을 정당한 사유 없이 30일 이상 수령하지 않을 경우, 계약을 해지할 수 있다.

④ 우체국장은 연 1회 이상 운영 실태를 점검하고 사용계약 해지 대상자 등을 정비하여야 한다.

> **ADVICE**　④ 사서함을 운영하고 있는 관서의 우체국장은 연 2회 이상 운영 실태를 점검하고 사용계약 해지 대상자 등을 정비하여야 한다.

10 집배코드에 대한 설명으로 옳지 않은 것은?

① 우편물의 구분·운송·배달에 필요한 구분정보를 가독성이 높은 단순 문자와 숫자로 표기한 것이다.

② 도착집중국 2자리, 배달국 3자리, 집배팀 2자리, 집배구 2자리로 이루어져 있다.

③ 도착집중국 약호의 첫 자리는 경인청 우편집중국의 경우 'B'로 시작한다.

④ 배달국 번호의 마지막 자리는 청번호를 의미한다.

> **ADVICE**　④ 배달국 번호의 첫 자리가 청번호를 의미한다.

11 〈보기〉의 '우선취급' 표시 규격에서 옳은 것을 모두 고른 것은?

① ㉠, ㉡, ㉣

② ㉠, ㉢, ㉣

③ ㉡, ㉤, ㉥

④ ㉢, ㉤, ㉥

>ADVICE ㉠ 테두리 색상 : 붉은색

㉢ 글씨 크기 : 32

㉣ 글씨 색상 : 붉은색

12 유가증권 등기우편물의 취급에 대한 설명으로 옳지 않은 것은?

① 취급한도액은 10원 이상 2천만 원 이하이다.

② 이미 사용된 유가증권류, 기프트카드 등의 보험취급을 원할 경우, 유가증권 등기우편물 접수가 가능하다.

③ 배달 시에는 수취인에게 겉봉을 열게 한 후, 표기된 유가증권 증서류명, 금액, 내용을 서로 비교하여 확인한다.

④ 관공서, 회사 등에 유가증권 등기우편물이 포함된 다량의 등기 우편물 배달 시 상호 대조 및 확인 없이 일괄배달되지 않도록 유의한다.

>ADVICE ② 사용된 유가증권류, 기프트카드 등에 대하여 보험취급을 원할 경우 유가증권등기로 취급할 수 없으나 물품등기로는 접수가 가능하다.

13 우체통에서 수집한 우편물의 처리에 대한 내용으로 〈보기〉의 (   )에 들어갈 말을 바르게 짝지은 것은?

〈보기〉

(가) 수집해온 우편물을 소인 작업에 편리하도록 종류와 형태별로 분류한 후에 우표나 요금인 면을 바르게 간추려 (   )에 날짜도장을 찍는다.

(나) 국제우편물에는 국제날짜도장을 찍으며, 항공우편물은 (   )(으)로, 선편우편물은 부산국제우체국으로 발송한다.

(다) 부가취급에 해당하는 우표를 붙인 우편물은 (   ) 표시 후 우편창구에서 접수 처리한다.

	(가)	(나)	(다)
①	우표 면	국제우편물류센터	'취급 중 발견'
②	우표 면	인천해상교환우체국	'취급 중 발견'
③	수취인 성명	국제우편물류센터	'우선취급'
④	수취인 성명	인천해상교환우체국	'우선취급'

> **ADVICE** (가) 수집하여온 우편물은 소인 작업에 편리하도록 종류와 형태별로 분류하여 우표나 요금인 면을 바르게 간추려 우표 면에 날짜도장을 찍는다.
>
> (나) 국제우편물은 국제날짜도장을 찍으며, 항공우편물은 국제우편물류센터로, 선편우편물은 부산국제우체국으로 발송한다.
>
> (다) 부가취급에 해당하는 우표를 붙인 우편물은 '취급 중 발견' 표시 후 우편창구에서 접수 처리한다.

Answer   13.①

14 국제우편 보험취급(Insured)에 대한 설명으로 옳은 것은?

① 우편취급국을 제외한 모든 우체국에서 취급이 가능하다.
② 보험취급한 통상우편물을 등기보험서장(Insured Letter)이라 한다.
③ 중요서류, 유가증권 등 부피가 작은 귀중품은 보험소포로 접수를 권유한다.
④ 국제우편물 발송조건(포스트넷·인터넷우체국)에서 취급국가 및 보험가액 최저한도액을 확인하여 접수한다.

>ADVICE ① 우편취급국을 포함한 모든 우체국에서 취급이 가능하다.
③ 신중하게 취급하기 위해 중요 서류, 유가증권 등 부피가 작은 귀중품은 등기보험서장으로 접수를 권유한다.
④ 국제우편물 발송조건(포스트넷·인터넷우체국)에서 취급국가 및 보험가액 최고한도액을 확인하여 접수한다.

15 다음의 우정당국들이 가입한 국제연합체에 대한 설명으로 옳은 것은?

① 국제특송 시장에서의 주도권 확보 및 EMS 경쟁력 향상을 목적으로 결성되었으며, 사무국은 태국에 소재하고 있다.
② 연합체의 역할 확대를 위해 최근 K-Packet 등 여러 상품을 주력 우편 상품으로 취급하고 있다.
③ 슬로건은 'The Passion to Deliver'이다.
④ 약속한 날짜보다 하루라도 지연 배달될 경우, 우편요금을 배상해 주는 고품질 서비스를 운영한다.

>ADVICE ④ EMS 배달보장 서비스에 해당한다. EMS 배달보장 서비스는 카할라우정연합체 국가로 발송하는 EMS에 대해 배달보장일자를 고객에게 제공하며, 제공한 배달예정일보다 하루라도 지연 배달된 경우 우편요금을 배상해 주는 고품질 서비스이다. 한국, 일본, 미국, 중국, 호주, 홍콩, 영국, 스페인, 프랑스, 태국, 캐나다 등 11개국이 실시하고 있다.

Answer 14.② 15.④

16 국제소포에 대한 설명으로 옳은 것은?

① 접수검사 시 중계국가와 우리나라의 소포 교환 여부, 접수 중지 여부를 확인한다.
② 보통소포의 경우에는 기록 취급하지 않으나 등기취급을 부가할 경우, 기록 취급이 가능하다.
③ 발송인이 작성 제출한 주소기표지(운송장)에는 도착 국가명, 중량, 요금 등을 접수담당자가 기재한다.
④ 항공소포는 실중량(Actual weight) 산정을 위해 우편물의 가로(cm), 세로(cm), 높이(cm)를 주소기표지(운송장)에 기재 한다.

> **ADVICE** ① 접수검사 시 도착국가와 우리나라의 소포 교환 여부, 접수 중지 여부를 확인한다.
> ② 국제소포는 모두 기록 취급하는 우편물로 발송(운송)수단에 따라 항공소포(Air Parcel)와 선편소포(Surface Parcel)로 구분한다.
> ④ 실제중량과 부피중량 중 더 큰 중량의 요금을 적용하여 우편요금 계산한다.

17 〈보기〉의 특별송달 우편물 배달 사례에 맞는 송달방법을 바르게 짝지은 것은?

〈보기〉
(가) 우편물 표면에 기록된 주소지에서 수취인 본인에게 송달하였다.
(나) 수취인이 정당한 사유없이 수령을 거부하여 송달장소에 우편물을 두고 왔다.
(다) 우편물에 표기된 주소지가 아닌 우체국 창구에서 수취인 본인에게 송달하였다.
(라) 우편물에 표기된 주소지를 방문하였으나 수취인이 외출 중이라 그 동거인에게 송달하였다.

	(가)	(나)	(다)	(라)
①	교부송달	유치송달	조우송달	보충송달
②	교부송달	보충송달	유치송달	조우송달
③	보충송달	조우송달	교부송달	유치송달
④	보충송달	유치송달	교부송달	조우송달

> **ADVICE** (가) 교부송달은 우편물 표면에 기록된 주소지에서 수취인이나 이에 준하는 사람에게 배달하는 경우를 말한다.
> (나) 유치송달은 수취인 본인이나 그 사무원, 고용인, 동거인(보충송달이 가능한 사람)이 정당한 사유 없이 수령을 거부할 경우 송달장소에 특별송달우편물을 두고 오는 경우를 말한다.
> (다) 조우송달은 수취인 본인에 한정하며, 신분증으로 본인 여부를 확인한 후 자필서명을 받고 배달하되, 배달장소를 배달특이사항란에 기록한다.
> (라) 보충송달은 우편물에 표기된 주소지에서 수취인을 만나지 못하여 배달할 수 없을 때 그 사무원, 고용인, 동거인 등에게 배달하는 것으로 수취인을 대신할 수 있는 사람에게 배달하는 경우를 말한다.

18 국제우편 사전 통관정보 제공 제도에 대한 설명으로 옳지 않은 것은?

① 대상국가가 UPU 회원국 전체로 확대되었으며, 반드시 도착국가 세관의 승인 완료(AC : Assessment Complete)를 받은 경우에만 운송수단 탑재 및 발송이 가능하다.

② 우편물에 부착하는 주소기표지(운송장) 및 세관신고서의 작성 언어는 영어이며 포스트넷에 숫자 이외의 문자는 모두 영문으로 입력한다.

③ 대상 우편물은 국제소포우편물, K-Packet, EMS(서류·비서류), 한중해상특송우편물, 소형포장물이다.

④ 우편취급국을 포함한 모든 우체국에서 실시 중이다.

> **ADVICE** ① 대상국가는 UPU 회원국가 중 우리나라와 우편물을 교환하는 국가이다.

구분	국가(30)						
유럽(27)	그리스	네덜란드	덴마크	독일	라트비아	루마니아	룩셈부르크
	리투아니아	몰타	벨기에	불가리아	스웨덴	스페인	슬로바키아
	슬로베니아	아일랜드	에스토니아	오스트리아	이탈리아	체코	크로아티아
	키프로스	포르투갈	폴란드	프랑스	핀란드	헝가리	
기타(3)	노르웨이	리히텐슈타인	스위스				

19 미국행 식품 우편물의 FDA(Food & Drug Administration) 신고에 대한 설명으로 옳지 않은 것은?

① 항공 및 선편우편물 모두에 대하여 적용한다.

② 사전신고는 '면제', '유예', '해당'으로 구분된다.

③ FDA 인터넷 사이트에서 계정을 먼저 개설한 후 인터넷, 우편, 전화 등을 통해 신고한다.

④ 미국의 「공공보건 안전 및 바이오 테러리즘 대응 법률」에 따라 미국으로 식품반입 시 FDA에 사전신고해야 한다.

> **ADVICE** ③ 해당 사이트에 계정을 먼저 개설한 후, 사전 신고 등록한다. 우편 및 전화 등에 의한 신고는 불가능하다.

296 ▮ 계리직 기출문제

20 국제우편 소형포장물에 대한 설명으로 옳은 것은?

① 우편물에 굵은 글씨로 소형포장물을 나타내는 'Small parcel' 또는 'Petit paquet'를 표시한다.
② 우편물의 내부나 외부에 발송인과 수취인 사이에 교환되는 통신문에 관한 참고 사항을 기재할 수 있다.
③ 등기소형포장물의 경우, 고객이 편리하게 국제우편스마트접수를 이용할 수 있으나 이에 따른 요금 할인은 없다.
④ 세관신고서는 내용품의 가격에 따라 300SDR을 기준으로 CN22 또는 CN23을 이용하며, 우정사업본부 고시에 의해 1SDR은 현재 1,450원이다.

> **ADVICE** ① 주소기록이면 좌측 상단이나 발송인 주소·성명기록란 아래에 굵은 글씨로 소형포 장물을 나타내는 'Small packet' 또는 'Petit paquet'를 표시한다.
> ③ 등기소형포장물의 경우, 고객이 편리하게 국제우편스마트접수를 이용할 수 있으며, 5% 할인받을 수 있다.
> ④ 세관신고서는 내용품 가격에 따라 300SDR 이하인 경우는 CN22를, 300SDR을 초과하는 경우는 CN23을 이용하며, 1SDR은 현재 1,749원이다.

 예금일반

1 〈보기〉에서 기준금리에 대한 설명으로 옳은 것을 모두 고른 것은?

> 〈보기〉
> ㉠ 시중에 풀린 돈의 양을 조절하기 위해 금융통화위원회의 의결을 거쳐 결정하는 정책금리이다.
> ㉡ 기준금리 변경은 예금, 대출 금리 등에 영향을 주지만 부동산, 외환 등 자산가격에는 영향을 미치지 않는다.
> ㉢ 통상적으로 경기 침체 양상을 보이면 기준금리를 인하하고 경기 과열 양상을 보이면 기준금리를 인상한다.
> ㉣ 일반적으로 기준금리를 인하하면 물가가 하락하고 기준금리를 인상하면 물가가 상승한다.

① ㉠, ㉡   ② ㉠, ㉢
③ ㉡, ㉣   ④ ㉢, ㉣

> **ADVICE** ㉡ 기준금리의 변경은 장·단기 시장금리, 예금 및 대출 금리 등에 영향을 주거나 주식·채권·부동산·외환 등 자산 가격에 영향을 줌으로써 실물경제 및 물가를 변동시키는 원인이 된다.
> ㉣ 기준금리를 내리면 시중에 돈이 풀려 가계나 기업은 투자처를 찾게 되고, 또 은행 차입비용이 내려가 소비와 투자가 활성화돼 침체된 경기가 회복되고 물가가 상승한다.

Answer 20.② / 1.②

2 〈보기〉의 ( )에 들어갈 내용을 바르게 짝지은 것은?

〈보기〉

(개) 외화가 국내로 유입되면 환율이 ( )한다.

(내) 환율 상승은 원화 ( )(이)라고도 한다.

(대) 우리나라는 ( )으로 환율을 표시하고 있다.

	(개)	(내)	(대)
①	상승	평가절상	자국통화표시법
②	하락	평가절하	자국통화표시법
③	하락	평가절하	외국통화표시법
④	상승	평가절상	외국통화표시법

》ADVICE (개) 수출이 늘어나거나 외국인 관광객이 증가하는 등 경상수지 흑자가 늘어나면 외화의 공급이 증가하므로 환율은 하락하게 된다.

(내) 환율 상승은 우리 돈의 가치가 외화에 비해 상대적으로 떨어진다는 것을 의미하며, 원화 약세, 원화 평가절하라고도 한다.

(대) 우리나라는 '미화 1달러에 몇 원'식으로 외국 화폐 1단위에 상응하는 원화 가치를 환율로 표시하는 자국통화표시법을 사용하고 있다.

Answer　2.②

3 〈보기〉에서 저축상품에 대한 설명으로 옳은 것을 모두 고른 것은?

> 〈보기〉
> ㉠ 시장금리부 수시입출식예금(MMDA)은 어음관리계좌(CMA) 및 단기금융상품펀드(MMF)와 경쟁하는 실적배당 상품이다.
> ㉡ 종합금융회사의 어음관리계좌(CMA)는 예금자보호가 되지만 증권회사의 어음관리계좌(CMA)는 예금자보호가 되지 않는다.
> ㉢ 양도성예금증서는 정기예금에 양도성을 부여한 금융상품으로 중도해지가 되지 않으므로 만기 전에 현금화가 불가능하다.
> ㉣ 실세금리연동형 정기예금은 시장실세금리를 반영하여 적용금리를 변경하는 정기예금으로 금리 상승기 목돈 운용에 적합하다.

① ㉠, ㉢
② ㉠, ㉣
③ ㉡, ㉢
④ ㉡, ㉣

> ▶ADVICE ㉠ 단기금융상품펀드에 관한 설명이다. 시장금리부 수시입출식예금은 고객이 우체국이나 은행에 맡긴 자금을 단기 금융상품에 투자해 얻은 이익을 이자로 지급하는 구조로 되어 있어 시장실세금리에 의한 고금리가 적용되고 입출금이 자유로우며 각종 이체 및 결제기능이 가능한 단기상품이다.
> ㉢ 정기예금에 양도성을 부여한 특수한 형태의 금융상품으로 은행이 무기명 할인식으로 발행하여 거액의 부동자금을 운용하는 수단으로 자주 활용된다. 중도해지가 불가능하며 만기 전에 현금화하고자 할 경우에는 증권회사 등 유통시장에서 매각할 수 있다.

4 투자의 위험(risk)에 대한 설명으로 옳지 않은 것은?

① 투자에서의 위험은 미래에 받게 되는 수익이 불확실성에 노출되는 정도를 의미하며 부정적 상황 외 긍정적 가능성도 포함된다.
② 분산투자를 통해서 위험의 크기를 줄일 수 없는 부분을 분산불가능 위험 또는 비체계적 위험이라고 한다.
③ 투자 레버리지 공식에 따르면 총 투자액 1천만 원 중 5백만 원이 자기 자본일 경우, 레버리지는 2배가 된다.
④ 투자의 기대수익률은 리스크가 없는 상태에서의 수익률인 무위험 수익률과 리스크에 대한 보상으로 증가하는 기대수익률인 리스크 프리미엄을 합한 값과 같다.

> ▶ADVICE ② 분산투자를 통해서 위험을 줄일 수 있는 부분은 분산가능 위험 또는 비체계적 위험이라 하고 분산투자로도 그 크기를 줄일 수 없는 부분은 분산불가능 위험 또는 체계적 위험이라고 한다.

Answer 3.④ 4.②

5 〈보기〉와 같은 조건일 때 단리 계산과 복리 계산에 대한 설명으로 옳지 않은 것은?

〈보기〉		
현재 원금	총 투자 기간	이자율
1,000,000원	5년	연 5%

① 단리 계산 시 5년 후의 원리금은 1,250,000원이 된다.
② 복리 계산 시 5년 후의 원리금 계산식은 1,000,000원 $\times (1+0.05)^5$이다.
③ 총 투자 기간 중 처음 1년 거치기간에 대한 단리 계산과 복리계산 결과의 원리금은 동일하지 않다.
④ 복리 계산 시 '72의 법칙'에 따라 10년 소요 기간 동안 현재 원금의 2배가 되려면 〈보기〉의 이자율보다 연 2.2%p가 더 높아야 한다.

>ADVICE 단리 계산 : $1,000,000 \times 1 + (0.04 \times 1) = 1,040,000$
복리 계산 : $1,000,000 \times (1+0.04)^1 = 1,040,000$

6 주식투자와 채권투자에 대한 설명으로 옳은 것은?

① 유상증자는 기업의 자기 자본이 확대되기 때문에 기업의 재무구조를 개선하고 타인 자본에 대한 의존도를 낮춘다.
② 우선주는 배당이나 잔여재산분배에 있어 사채권자보다 우선순위가 높은 주식을 말하며 의결권이 제한되는 특징이 있다.
③ 교환사채는 회사채의 형태로 발행되지만 일정 기간이 경과된 후 보유자의 청구에 의하여 발행 회사의 주식으로 교환할 수 있다.
④ 주식 분할은 현금 대신 주식으로 배당을 실시하여 이익을 자본으로 전입하는 것을 의미하며 기업이 재무적으로 어렵거나 현금을 아껴야 할 필요가 있을 때 이루어진다.

>ADVICE ② 우선주는 배당이나 잔여재산분배에 있어서 사채권자보다는 우선순위가 낮으나 보통주 주주보다는 우선권이 있는 주식을 말한다.
③ 교환사채란 회사채의 형태로 발행되지만 일정기간이 경과된 후 보유자의 청구에 의하여 발행회사가 보유 중인 다른 주식으로의 교환을 청구할 수 있는 권리가 부여된 사채이다.
④ 주식배당처럼 주식분할도 분할 이전에 비해 더 많은 주식을 소유하지만 현금배당 대신에 지급되는 것이 아니며 보다 많은 투자자들에게 그 기업의 주식을 매수할 수 있게 하기 위해 주식의 시장가격을 낮추고자 할 때 발생한다. 주식분할을 액면분할이라고도 한다.

Answer 5.③ 6.①

7 〈보기〉에서 우체국 금융의 업무 범위에 해당하는 것의 총 개수는?

> 〈보기〉
> ㉠ 체크카드
> ㉡ 펀드판매
> ㉢ 증권계좌개설
> ㉣ 전자금융서비스
> ㉤ 우편환·대체
> ㉥ 신탁

① 2개
② 3개
③ 4개
④ 5개

> **ADVICE** ④ 우체국에서 취급하는 금융 관련 업무로는 우편환, 우편대체, 체크카드, 집합투자증권(펀드) 판매, 외국환, 전자 금융 업무가 있다.

8 예금채권의 양도에 대한 설명으로 옳지 않은 것은?

① 기명식예금은 지명채권이므로 원칙적으로 그 양도성이 인정된다.
② 예금주가 양도금지특약을 위반하여 예금을 다른 사람에게 양도한 경우, 그 양도는 무효이다.
③ 은행(우체국)양도승낙서는 예금채권에 대해 권리가 경합한 때 누가 우선하는가를 결정하는 기준이 된다.
④ 실무상 양도인인 예금주가 예금양도 통지만을 하는 경우, 당사자 사이에는 유효하나 그 양도로 은행(우체국)에 대항할 수는 없다.

> **ADVICE** ③ 제3자에게 예금양도로써 대항하기 위해서는 은행(우체국)의 승낙서에 확정일자를 받아 두어야 한다. 이는 예금 채권에 대해 권리가 경합한 때에 누가 우선하는가를 결정하는 기준이 되는 것으로 제3자와의 관계에서 확정일자를 받지 않았으면 채권의 양수로 대항할 수 없으며, 확정일자를 받았으면 대항요건을 갖춘 시기의 앞뒤에 따라 그 우열관계가 결정된다.

9 〈보기〉에서 「금융실명거래 및 비밀보장에 관한 법률」에 대한 설명으로 옳은 것을 모두 고른 것은?

〈보기〉
㉠ 금융회사 등은 명의인의 서면상의 동의를 받아 명의인 외의 자에게 거래정보 등을 제공한 경우, 사용 목적은 기록·관리해야 할 대상이 아니다.
㉡ 금융회사 직원이 금융거래 비밀보장 의무위반행위를 한 경우, 3천만 원 이하의 과태료를 부과한다.
㉢ 특정인의 금융거래 사실 또는 금융거래정보를 식별할 수 없는 자료라도 비밀보장 대상이 된다.
㉣ 금융회사 업무 종사자는 본인이 취급하는 업무에 의하여 직접적 또는 간접적으로 금융거래 정보를 알게 된 경우에 비밀보장 의무가 있다.

① ㉠, ㉢   ② ㉠, ㉣
③ ㉡, ㉣   ④ ㉢, ㉣

>ADVICE ㉡ 금융회사의 직원이 불법 차명거래 알선·중개 행위를 하거나 금융거래 비밀보장의무 위반행위를 한 경우에는 5년 이하의 징역 또는 5천만 원 이하의 벌금에 처한다.
㉢ 비밀보장의 대상이 되는 금융거래정보 또는 자료란 특정인의 금융거래사실(누가 어느 금융회사 등 어느 점포와 금융거래를 하고 있다는 사실)과 금융회사가 보유하고 있는 금융거래 내용을 기록·관리하고 있는 모든 장표·전산기록 등의 원본·사본(금융거래자료) 및 그 기록으로부터 알게 된 것(금융거래정보), 당해 정보만으로 명의인의 정보 등을 직접 알 수 없으나 다른 정보와 용이하게 결합하여 식별할 수 있는 것을 말한다.

10 제한능력자에 대한 설명으로 옳지 않은 것은?

① 민법 제13조에 따르면 가정법원은 피한정후견인이 한정후견인의 동의를 받아야 하는 행위의 범위를 정할 수 있다.
② 4촌 이내의 친족도 피한정후견인이 한정후견인의 동의를 받아야만 할 수 있는 행위의 범위변경을 가정법원에 청구할 수 있다.
③ 피한정후견인은 질병, 노령, 장애 등의 사유로 인한 정신적 제약으로 사무를 처리할 능력이 부족하여 한정후견개시 심판을 받은 자이다.
④ 원칙적으로 행위능력이 없는 미성년자·피성년후견인·피한정후견인은 단독으로 유효한 법률 행위를 하는 것이 제한된 제한능력자이다.

>ADVICE ④ 제한능력자는 단독으로 유효한 법률 행위를 하는 것이 제한되는 자로서 이에는 미성년자·피성년후견인·피한정후견인이 있다. 그러나 미성년자와 피성년후견인은 행위능력이 없지만 피한정후견인은 행위능력이 있다.

11 자금세탁방지제도에 대한 설명으로 옳지 않은 것은?

① 이 제도는 「국제조세조정에 관한 법률」에 따라 금융거래 상대방의 금융정보 교환 의무, 인적 사항 확인 절차, 과태료 규정 등을 정의 하고 있다.

② 의심거래보고(STR)를 허위로 하는 경우, 1년 이하의 징역 또는 1천만 원 이하의 벌금에 처한다.

③ 고객확인제도(CDD)는 금융회사가 고객과 거래 시 고객의 실지명의(성명, 실명번호) 이외에 주소, 연락처, 실제 소유자 등을 확인하는 제도이다.

④ 강화된 고객확인제도(EDD)는 차등화된 고객 확인을 실시하여 고객의 실지명의(성명, 실명번호) 및 CDD 확인 이외에 금융거래 목적·거래자금의 원천 등까지 추가로 확인하는 제도이다.

> **ADVICE** ① 자금세탁방지제도란 국내·국제적으로 이루어지는 불법자금의 세탁을 적발·예방하기 위한 법적·제도적 장치로서 사법제도, 금융제도, 국제협력을 연계하는 종합 관리시스템을 의미한다. 자금세탁(Money Laundering)의 개념은 일반적으로 "자금의 위법한 출처를 숨겨 적법한 것처럼 위장하는 과정"을 의미하며, 각국의 법령이나 학자들의 연구목적에 따라 구체적인 개념은 다양하게 정의되고 있다. 우리나라의 경우 "불법재산의 취득·처분사실을 가장하거나 그 재산을 은닉하는 행위 및 탈세목적으로 재산의 취득·처분사실을 가장하거나 그 재산을 은닉하는 행위"로 규정(「특정 금융거래정보의 보고 및 이용 등에 관한 법률」 제2조 제4호 및 5호, 「범죄수익은닉의 규제 및 처벌 등에 관한 법률」 제3조 참조)하고 있다.

12 우체국 적립식 예금에 대한 설명으로 옳지 않은 것은?

① 달달하이(high) 적금은 1개월 또는 2개월의 초단기로 가입하는 스마트뱅킹 전용 적립식 예금으로 가입대상은 실명의 개인이다.

② 우체국 마미든든 적금은 우체국 수시입출식 예금에서 월 30만 원 이상 이 적금으로 자동이체약정을 할 경우, 부가서비스로 우체국쇼핑 할인쿠폰을 제공한다.

③ 우체국 아이LOVE적금은 가입 고객을 대상으로 우체국 주니어보험 무료가입, 통장명 자유 선정, 자동 재예치 등의 부가서비스를 제공 한다.

④ 2040+α 자유적금은 여행 자금, 모임회비 등 목돈 마련을 위해 여럿이 함께 자유롭게 저축할수록 다양한 우대 서비스를 제공하는 적립식 예금이다.

> **ADVICE** ④ 우체국 가치모아적금은 실명의 개인으로 여행자금, 모임회비 등 목돈 마련을 위해 여럿이 함께 저축할수록 우대 혜택이 커지고 다양한 우대 서비스를 제공하는 적립식 예금이다.

13 다음 밑줄 친 내용에 대한 설명으로 옳은 것은?

〈보기〉

금융소비자보호법은 개별업법에서 일부 금융상품에 한정하여 적용하고 있는 <u>금융상품 6대 판매원칙</u>을 모든 금융상품으로 확대하여 적용하였다.

---

① 예금성 상품의 경우, 수익률 등 변동 가능성이 없는 상품에 한정하여 적합성의 원칙이 적용된다.
② 적정성의 원칙에 따르면 소비자에게 부적합한 금융상품 계약체결의 권유를 금지하여야 한다.
③ 소비자가 설명을 요청하는 경우뿐만 아니라 계약체결을 권유할 경우에도 상품의 중요사항을 설명하여야 한다.
④ 소비자가 오인할 우려가 있는 허위사실 등을 알리는 행위를 금지하는 것은 불공정 영업행위 금지에 해당한다.

> **ADVICE** 금융상품 6대 판매원칙
> ㉠ 적합성의 원칙 : 소비자의 재산상황, 금융상품 취득·처분 경험 등의 정보를 파악하고 이에 비추어 부적합한 금융상품 계약체결의 권유를 금지
> ㉡ 적정성의 원칙 : 소비자가 자발적으로 구매하려는 금융상품이 소비자의 재산상황 투자 경험, 신용 및 변제계획 등에 비추어 부적정할 경우 이를 고지하고 확인
> ㉢ 설명의무 : 계약체결을 권유하거나 소비자가 설명을 요청하는 경우 상품의 중요사항을 설명
> ㉣ 불공정영업행위 금지 : 판매업자등이 금융상품 판매 시 우월적 지위를 이용하여 소비자의 권익을 침해하는 행위 금지
> ㉤ 부당권유행위 금지 : 금융상품 계약체결 권유 시 소비자가 오인할 우려가 있는 허위 사실 등을 알리는 행위를 금지
> ㉥ 허위·과장광고 금지 : 금융상품 또는 판매업자등의 업무에 관한 광고 시 필수 포함사항 및 금지행위 등

Answer 13.③

14 다음 우체국 금융직원 중 가장 적절히 예금업무 처리를 한 직원으로 옳은 것은?

① 연선 : 고객이 방금 실수로 다른 계좌에 송금했다고 해서 즉시 예금보험공사에 반환지원 신청을 하시라고 안내했어.
② 승재 : 고객이 대여금고를 약정하러 왔었는데 계속적 금융거래가 아니라서 고객확인제도(CDD)에서 말하는 고객 확인을 하지는 않았어.
③ 명은 : 고객이 전화로 기업인터넷뱅킹서비스를 인터넷뱅킹으로 가입 가능한지 물어봤는데 무조건 우체국 방문신청해야 한다고 안내했어.
④ 민경 : 대리인(乙)이 우체국에 와서 본인(甲)의 신분증 사본으로 계좌 개설이 가능한지 물어보길래 사본으로는 불가능하다고 했어.

> **ADVICE** ① 착오송금 반환지원은 예금보험공사 홈페이지 내 착오송금 반환지원 사이트에 접속하여 온라인 신청 또는 예금보험공사 본사 상담센터에 방문 신청해야 한다.
> ② 금융기관은 계좌의 신규개설이나 1천만 원(미화 1만 불) 이상의 일회성 금융거래 시 고객의 신원을 확인한다. 대여금고 약정도 계좌의 신규개설에 해당하므로, 거래금액에 상관없이 고객확인의무를 수행하여야 한다.
> ④ 대리인을 통하여 계좌개설을 할 경우 인감증명서가 첨부된 위임장을 징구하여야 한다. 본인 및 대리인 모두의 실명확인증표와 첨부된 위임장의 진위여부 확인을 위한 인감증명서 및 본인서명사실확인서를 제시받아 실명확인한다. 이 경우 본인의 실명확인증표는 사본으로도 가능하다.

15 〈보기〉에서 우체국 예금상품에 대한 설명으로 옳은 것을 모두 고른 것은?

> 〈보기〉
> ㉠ 저축예금은 개인과 법인 고객을 대상으로 하는 입출금이 자유로운 예금이다.
> ㉡ 듬뿍우대저축예금은 개인고객을 대상으로 예치 금액별로 차등 금리를 적용하는 개인 MMDA 상품이다.
> ㉢ 우체국 청년미래든든통장은 가입대상이 18세부터 30세까지 실명의 개인이며 대학생·사회초년생 등에게 다양한 혜택을 제공한다.
> ㉣ 우체국 생활든든통장은 가입대상이 50세 이상 실명의 개인이며 시니어 특화예금이다.

① ㉠, ㉡   ② ㉠, ㉢
③ ㉡, ㉣   ④ ㉢, ㉣

> **ADVICE** ㉠ 저축예금은 개인고객을 대상으로, 보통예금처럼 예치금액, 예치기간 등에 아무런 제한이 없고 입출금이 자유로우면서도 보통예금보다 높은 이자를 받을 수 있는 예금이다. 가계우대성 금융상품으로 가계의 여유자금을 초단기로 예치하거나 입출금이 빈번한 자금을 운용하기에 적합하다.
> ㉢ 우체국 청년미래든든통장은 18세 이상~35세 이하 실명의 개인으로 대학생·취업준비생·사회초년생의 안정적인 사회 진출 지원을 위해 금리우대, 수수료 면제, 창구소포 할인쿠폰 등 다양한 혜택을 제공하는 입출금이 자유로운 예금이다.

Answer 14.③ 15.③

16 〈보기〉에서 「우체국 예금거래 기본약관」에 대한 설명으로 옳은 것의 총 개수는?

〈보기〉

㉠ 이 약관은 국민의 저축 의욕을 북돋우고 국민 경제생활의 안정과 공공복리의 증진에 이바지함을 목적으로 한다.

㉡ 예금이율을 변경할 때에는 예금이율 변경시행일 1개월 전에 그 내용을 우체국과 인터넷 홈페이지에 게시하여야 한다.

㉢ 법령의 개정이나 제도의 개선 등으로 긴급히 약관을 변경할 때에는 즉시 이를 게시 또는 공고하여야 한다.

㉣ 예금이율을 변경한 때에 거치식·적립식예금은 계약 당시의 이율을 적용하되, 변동금리가 적용되는 예금은 금리를 변경한 다음 날로부터 변경이율을 적용한다.

---

① 1개
② 2개
③ 3개
④ 4개

> **ADVICE** ㉠ 이 예금거래 기본약관(이하 '이 약관'이라 한다)은 우체국과 예금주가 서로 믿음을 바탕으로 예금거래를 빠르고 틀림없이 처리하는 한편, 서로의 이해관계를 합리적으로 조정하기 위하여 기본적이고 일반적인 사항을 정한 것이다. 우체국은 이 약관을 창구에 놓아두고, 예금주는 영업시간 중 언제든지 이 약관을 볼 수 있고 또한 그 교부를 청구할 수 있다.

㉡ 우체국은 예금종류별 이율표를 창구 또는 인터넷 홈페이지에 비치·게시하고, 이율을 바꾼 때는 그 바꾼 내용을 창구 또는 인터넷 홈페이지에 1개월 동안 게시한다.

㉣ 이율을 바꾼 때에는 입출금이 자유로운 예금은 바꾼 날로부터 바꾼 이율을 적용하며, 거치식·적립식예금은 계약 당시의 이율을 적용함을 원칙으로 하되, 변동금리가 적용되는 예금은 금리를 바꾼 날로부터 바꾼 이율을 적용한다.

17 우체국 공익형 예금상품에 대한 설명으로 옳지 않은 것은?

① 우체국 새출발자유적금의 새출발 행복 패키지는 기초생활수급자, 근로장려금수급자, 장애수당수급자에게 우대금리를 제공하는 공익형 적립식 예금이다.

② 우체국 국민연금안심통장은 가입대상이 실명의 개인이며 국민연금 수급권자의 연금수급 권리를 보호하기 위한 압류 방지 전용 통장이다.

③ 우체국 건설하나로통장의 가입대상은 자격 확인 증빙서류를 통해 건설업 종사자임을 알 수 있는 실명의 개인 또는 개인사업자이다.

④ 우체국 장병내일준비적금은 국군 병사의 군 복무 중 목돈 마련을 지원하고 금융 실적에 따라 우대금리를 제공하는 적립식 예금이다.

>ADVICE ① 가입대상은 새출발자유적금 패키지 구분별로 아래 표에서 정하는 대상자로 구분하며 사회 소외계층 및 농어촌 고객의 생활 안정과 사랑 나눔실천(헌혈자, 장기기증자 등), 국민 행복 실현을 위해 우대금리 등의 금융혜택을 적극 지원하는 공익형 적립식 예금이다.

패키지구분	새출발 희망	새출발 행복
가입대상자	기초생활수급자, 근로장려금수급자, 장애인연금·장애수당·장애아동수당수급자, 한부모가족지원보호대상자, 소년소녀가장, 북한이탈주민, 결혼이민자	헌혈자, 입양자, 장기·골수기증자, 다자녀가정, 부모봉양자, 농어촌읍면단위거주자, 개인신용평점 상위92%초과개인, 협동조합종사자, 소상공인

18 우체국 금융의 제휴 서비스에 대한 설명으로 옳지 않은 것은?

① 우체국은 신용카드사와 업무제휴를 통해 제휴 체크카드를 발급하고 있으며 심사기준으로 별도의 자격 기준을 부여하고 있다.

② 우체국은 증권·선물회사와 업무제휴 계약을 체결하여 전국 우체국 창구에서 고객의 증권·선물 계좌개설을 대행하고 있다.

③ 우체국과 민간은행은 업무제휴를 맺어 제휴 은행 고객이 전국 우체국 창구에서 타행환 거래방식이 아닌 자행 거래방식으로 입·출금 거래를 할 수 있다.

④ 우체국은 카드·캐피탈 회사 등과 개별 이용약정을 통해 전국 우체국에서 CMS 입금 업무를 대행한다.

>ADVICE ① 우체국은 신용카드사와의 업무제휴를 통해 우체국예금의 현금카드와 체크카드 기능이 결합된 제휴 체크카드를 발급하거나 우체국예금의 현금카드와 신용카드 기능이 포함된 제휴 신용카드 상품을 출시함으로써 국민들의 카드이용 편의를 도모하고 있다.

19 〈보기〉에서 설명하는 우체국 거치식 예금을 바르게 짝지은 것은?

> 〈보기〉
>
> (가) 가입기간(연, 월, 일 단위) 및 이자 지급방식(만기일시지급식, 월이자지급식)을 자유롭게 선택할 수 있는 고객맞춤형 정기예금이다.
>
> (나) 가입대상은 실명의 개인으로 인터넷뱅킹, 스마트뱅킹을 통해 가입이 가능한 온라인 전용 상품이며 온라인 예·적금 가입, 자동이체 약정, 체크카드 이용 실적에 따라 우대금리를 제공하는 정기예금이다.

	(가)	(나)
①	이웃사랑정기예금	e-Postbank정기예금
②	이웃사랑정기예금	우체국 편리한 e정기예금
③	챔피언정기예금	e-Postbank정기예금
④	챔피언정기예금	우체국 편리한 e정기예금

>ADVICE (가) 가입대상은 우체국 창구를 통해 가입하는 경우 가입대상에 제한이 없고, 인터넷뱅킹·스마트뱅킹을 통해 가입 경우에는 실명의 개인이며 가입기간(연, 월, 일 단위 가입) 및 이자 지급방식 (만기일시지급식, 월이자지급식)을 자유롭게 선택할 수 있는 고객맞춤형 정기 예금이다.
>
> (나) 가입대상은 실명의 개인으로 인터넷뱅킹, 스마트뱅킹 또는 우체국 창구를 통해 가입하고 별도의 통장 발행 없이 전자금융 채널(인터넷뱅킹, 스마트뱅킹, 폰뱅킹, 자동화기기)을 통해 거래하는 입출금이 자유로운 예금이다.

20 우체국 체크카드에 대한 설명으로 옳은 것은?

① 법인용 체크카드의 기본 사용한도는 일 1천만 원, 월 2천만 원이며, 최대 사용한도는 일 5천만 원, 월 3억 원이다.

② 법인용 체크카드의 발급대상은 일반법인, 개인사업자, 고유번호 또는 납세번호가 있는 단체(임의단체)이다.

③ 개이득 체크카드는 음식점·대형마트 5%, 약국·골프 10%, 영화·숙박 15% 할인 등 생활형 실속 혜택을 제공한다.

④ 행복한 체크카드는 환경부 인증 친환경 카드로 디지털콘텐츠 서비스 이용 시 최대 20% 캐시백 제공 등 다양한 혜택이 있다.

>ADVICE ① 법인용 체크카드의 기본 사용한도는 일 600만 원, 월 2천만 원이며, 최대 사용한도는 일 1억 원, 월 3억 원이다.
>
> ③ 개이득 체크카드는 전 가맹점 0.3%, OTT·패션·멤버십 30% 할인 및 디자인 특화 카드이다.
>
> ④ 행복한 체크카드는 병·의원, 약국, 학원, 마트, 문화 10% 캐시백, 우편서비스 12% 캐시백 등 의료 혜택 특화 카드이다.

03   보험일반

1 생명보험 상품의 종류에 대한 설명으로 옳지 않은 것은?

① 종신보험은 보험기간을 미리 정해놓고 피보험자가 그 기간 내에 사망 시 보험금을 지급한다.
② 보장성보험은 만기 시 환급되는 금액이 없거나 이미 납입한 보험료보다 적거나 같다.
③ 생사혼합보험(양로보험)에는 사망보험의 보장기능과 생존보험의 저축기능이 결합되어 있다.
④ 변액보험은 보험계약자가 납입한 보험료로 특별계정을 통한 기금을 조성한 후 주식, 채권 등에 투자하여 발생한 이익을 보험금 또는 배당으로 지급한다.

》ADVICE ① 종신보험은 보험기간을 정하지 않고 피보험자가 일생을 통하여 언제든지 사망했을 때 보험금을 지급하는 보험이다.

2 보험료를 계산하는 방식에 대한 설명으로 옳지 않은 것은?

① 3이원방식은 예정위험률, 예정이율, 예정사업비율을 기초로 하여 계산하는 방식이다.
② 현금흐름방식은 3이원방식을 포함한 다양한 가격 요소를 반영하여 보험료를 산출하는 방식이다.
③ 보험자는 적립보험료의 기대수익을 사전에 예상하여 일정 비율로 보험료를 할인해 주는데, 이 할인율이 높아지면 보험료는 올라간다.
④ 보험자는 보험사고가 발생할 확률을 대수의 법칙에 의해 미리 예측하여 보험료 계산에 적용하는데, 예정사망률이 높아지면 사망보험의 보험료는 올라간다.

》ADVICE ③ 보험자는 장래의 보험금 지급에 대비하여 보험계약자가 납입한 보험료를 적립·운용(運用)하게 되며 이에 따라 적립 보험료는 시간이 흐르면서 이자와 운용 수익이 발생하게 된다. 이러한 기대 수익을 사전에 예상하여 일정 비율로 보험료를 할인해주는 할인율을 예정이율이라고 한다. 예정이율이 낮아지면 보험료는 올라가고 예정이율이 높아지면 보험료는 내려간다.

Answer   1.①   2.③

3 〈보기〉에서 언더라이팅(청약심사)의 수행 절차를 바르게 나열한 것은?

〈보기〉

ⓐ 계약적부 확인
ⓑ 사고 및 사망조사
ⓒ 모집조직에 의한 선택
ⓓ 건강진단에 의한 선택
ⓔ 언더라이팅 부서에 의한 선택

---

① ㉢ → ㉣ → ㉤ → ㉠ → ㉡
② ㉢ → ㉤ → ㉣ → ㉡ → ㉠
③ ㉣ → ㉢ → ㉤ → ㉠ → ㉡
④ ㉣ → ㉢ → ㉤ → ㉡ → ㉠

>ADVICE 언더라이팅의 절차
　　　ⓐ 모집조직에 의한 선택
　　　ⓑ 건강진단에 의한 선택
　　　ⓒ 언더라이팅 부서에 의한 선택
　　　ⓓ 계약적부확인
　　　ⓔ 사고 및 사망조사

4 보험업법상 보험을 모집할 수 있는 자에 대한 설명으로 옳지 않은 것은?

① 보험중개사는 독립적으로 보험계약의 체결을 중개한다.
② 대표이사를 포함한 보험회사의 임직원은 보험모집이 가능하다.
③ 보험대리점은 보험회사를 위하여 보험계약의 체결을 대리한다.
④ 보험설계사는 보험회사, 보험대리점 또는 보험중개사에 소속되어 보험계약의 체결을 중개한다.

>ADVICE 보험모집의 자격
　　　ⓐ 보험설계사 : 보험회사, 보험대리점 또는 보험중개사에 소속되어 보험계약 체결을 중개하는 자
　　　ⓑ 보험대리점 : 보험회사를 위하여 보험계약의 체결을 대리하는 자
　　　ⓒ 보험중개사 : 독립적으로 보험계약의 체결을 중개하는 자
　　　ⓓ 보험회사의 임직원(대표이사, 사외이사, 감사 및 감사위원은 제외)

5 제3보험에 대한 설명으로 옳은 것은?

① 생명보험으로서 제3보험은 실손보상을 원칙으로 한다.

② 생명보험사가 제3보험업을 겸영하는 경우, 제3보험에 부가하는 질병사망 특약 보험금액 한도는 개인당 2억 원 이내이다.

③ 보험회사가 생명보험업에 해당하는 보험종목의 일부에 관하여 허가를 받은 경우에는 제3보험업에 대해서도 허가를 받은 것으로 본다.

④ 위험보장을 목적으로 사람의 질병 · 상해 또는 이에 따른 간병에 관하여 금전 및 그 밖의 급여를 지급할 것을 약속하고 대가를 수수하는 계약이다.

> **ADVICE** ① 제3보험의 경우 생명보험의 약정된 정액보상적 특성과 손해보험의 실손보상적 특성을 모두 가지는 보험을 의미하게 된다. 사람의 신체에 대한 보험의 성격에 따라 분류하면 생명보험이라할 수 있으나, 비용손해와 의료비 등 실손 부분에 대해 보상한다고 분류하게 되면 손해보험으로 볼 수 있다.
> ② 손해보험회사에서 판매하는 질병사망 특약의 보험기간은 80세 만기, 보험금액 한도는 개인당 2억 원 이내로 부가할 수 있으며, 만기시 지급하는 환급금이 납입보험료 합계액 범위 내여야 하는 요건이 충족하는 경우 겸영이 가능하다.
> ③ 보험회사가 생명보험업이나 손해 보험업에 해당하는 전 종목에 관하여 허가를 받았을 때는 제3보험업에 대해서도 허가를 받은 것으로 본다.

6 보험계약에 대한 설명으로 옳은 것은?

① 보험계약의 실효는 계약이 처음에는 유효하게 성립되었으나 계약이후 특정 원인이 발생하여 계약의 효력이 계약시점으로 소급되어 없어지는 것이다.

② 고지의무는 청약서에서 질문한 사항에 대해 보험자에게 사실대로 알리는 것으로, 계약 청약 시에만 이행하고 부활 시에는 이행하지 않는다.

③ 보험가입증서(보험증권)는 보험계약의 성립 및 그 내용에 관한 증거로서 보험가입증서(보험증권)의 교부는 보험계약의 성립요건이다.

④ 보험계약자 또는 피보험자나 보험수익자는 보험사고의 발생을 안 때에는 지체없이 이를 보험자에게 통지해야 한다.

> **ADVICE** ① 보험계약의 실효란 특정 원인이 발행하여 계약의 효력이 장래 소멸되는 것을 말한다. 취소의 경우 계약시점으로 소급되어 없어지는 데 반해 실효는 장래에 대해서만 효력을 가진다.
> ② 보험계약자 또는 피보험자는 청약시 청약서에서 질문한 사항에 대해 보험자에게 사실대로 알려야 하는데, 이를 고지의무라 한다. 고지의무는 계약 청약시 뿐 아니라 부활시에도 이행하여야 한다.
> ③ 보험가입증서(보험증권)는 계약 성립한 후 보험계약 당사자간의 계약 내용을 나타낼 뿐 계약의 성립요건은 아니다.

Answer   5.④ 6.④

7 우체국보험과 민영보험에 대한 설명으로 옳은 것은?

① 우체국보험은 변액보험, 퇴직연금, 손해보험을 취급할 수 없다.

② 민영보험은 감사원, 금융위원회, 금융감독원의 관리 감독을 받는다.

③ 우체국보험과 민영보험은 보험 종류별 계약보험금 한도액에 제한이 없다.

④ 우체국보험과 민영보험은 예금자보호법에 따라 원금과 소정이자를 합산하여 가입자 1인당 최고 5천만 원까지 보호된다.

> **ADVICE** ② 민영보험은 금융위원회, 금융감독원의 관리 감독을 받는다.
> ③ 우체국 보험은 사망시 4,000만 원, 연금 연 900만 원의 제한이 있다.
> ④ 우체국 보험은 국가가 전액 보장하며, 민영 보험은 동일 금융기관내에서 1인당 최고 1억 원까지 보호된다.

8 우체국보험 공익사업에 대한 설명으로 옳은 것은?

① 2000년 9월에 우체국공익재단을 설립하여 국영보험으로서 공익적 역할을 수행하고 있다.

② 공익사업의 범위와 그 재원 조성 등에 관하여 필요한 사항은 과학기술정보통신부령으로 정한다.

③ 우체국공익재단은 저소득 장애인 우체국 암보험 지원과 같이 보험가입자의 의료복지 증진에 한하여 공익사업을 발굴해 지원하고 있다.

④ 공익준비금은 전 회계연도 적립금 결산에 따른 이익잉여금의 0.05% 이내, 그린보너스저축보험 전년도 책임준비금의 5% 이내에서 재원을 마련하고 있다.

> **ADVICE** ① 2013년 9월 '우체국공익재단'을 설립하였고, 다양한 사회공헌 활동과 공익사업 추진을 현재도 진행하고 있다.
> ③ 우체국공익재단은 전문적이고 체계적인 사회공헌활동의 추진을 위해 매년 공익사업 계획을 수립하고 운영하고 있다.
> ④ 우체국보험의 공익준비금은 전 회계연도 적립금 이익잉여금의 5% 이내, 그린보너스저축보험 전년도 책임준비금의 0.05% 이내(친환경사업 활용)에서 재원을 마련하고 있다.

Answer　7.① 8.②

9 금융회사에서 발생할 수 있는 리스크(risk)의 종류 중 〈보기〉의 (   )에 들어갈 내용을 바르게 짝지은 것은?

〈보기〉

(가) (   )리스크는 예상하지 못한 손해율 증가 등으로 손실이 발생할 리스크이다.

(나) (   )리스크는 주가, 이자율, 환율 등 시장가격의 변동에 따른 자산가치 변화로 손실이 발생할 리스크이다.

(다) (   )리스크는 자금의 조달, 운영기간의 불일치, 예기치 않은 자금 유출 등으로 지급불능상태에 직면할 리스크이다.

	(가)	(나)	(다)
①	보험	시장	유동성
②	보험	금리	신용
③	운영	금리	유동성
④	운영	시장	신용

> **ADVICE** 리스크의 종류

리스크유형		내용
재무리스크	시장리스크	시장가격(주가, 이자율, 환율 등)의 변동에 따른 자산가치 변화로 손실이 발생할 리스크
	신용리스크	채무자의 부도, 거래 상대방의 채무불이행 등으로 인하여 손실이 발생할 리스크
	금리리스크	금리 변동에 따른 순자산가치의 하락 등으로 재무상태에 부정적인 영향을 미칠 리스크
	유동성리스크	자금의 조달, 운영기간의 불일치, 예기치 않은 자금 유출 등으로 지급불능상태에 직면할 리스크
	보험리스크	예상하지 못한 손해율 증가 등으로 손실이 발생할 리스크
비재무리스크	운영리스크	부적절하거나 잘못된 내부의 업무 절차, 인력 및 시스템 또는 외부의 사건 등으로 인하여 손실이 발생할 리스크

Answer   9.①

10 〈보기〉에서 우체국보험 모집자 자격요건에 대한 설명으로 옳은 것의 총 개수는?

〈보기〉

㉠ 금융업무 담당자를 제외한 신규임용일로부터 3년 이하인 직원은 보험모집을 제한한다.

㉡ 직원 중 보험모집을 희망하는 자는 우정인재개발원장이 실시하는 보험모집 희망자 사이버교육과정을 이수하고 우체국장이 실시하는 보험 관련 집합교육을 20시간 이상 이수할 경우, 보험모집 자격이 부여된다.

㉢ 우체국FC(Financial Consultant)로 선정될 수 있는 국내 거주 외국인은 출입국관리법상 국내거주권(F-2) 또는 동반비자(F-3), 재외동포(F-4), 영주자격(F-5), 결혼이민(F-6)이 인정된 자이다.

㉣ 「우체국예금·보험에 관한 법률」 및 보험업법에 따라 벌금 이상의 형을 선고받고 그 집행이 종료되거나 집행이 면제된 날부터 2년이 경과되지 아니한 자는 우체국FC 등록이 제한된다.

① 1개
② 2개
③ 3개
④ 4개

〉**ADVICE** ㉢ 국내 거주 외국인을 FC 대상자로 선정하고자 할 때에는 우리말을 바르게 이해하고 어휘를 정확하게 구사할 수 있으며, 「출입국관리법상」 국내거주권(F-2) 또는 재외동포(F-4), 영주자격(F-5), 결혼이민(F-6)이 인정된 자이어야 한다.

11 계속보험료 실시간이체에 대한 설명으로 옳지 않은 것은?

① 계약상태가 정상인 계약만 가능하다.
② 대상 보험료는 당월분 보험료, 1·2연체 보험료, 선납보험료이다.
③ 수금 방법이 자동이체인 계약은 실시간이체 출금계좌와 자동이체 약정계좌가 달라도 자동이체 할인이 적용된다.
④ 고객 요청 시 즉시 보험계약자의 계좌 또는 보험료 자동이체 계좌에서 현금을 인출하여 보험료를 납부하는 제도이다.

〉**ADVICE** ② 대상 보험료는 1·2연체 보험료 및 당월분 보험료이며, 선납보험료는 납입이 불가하다.

12 〈보기〉에서 우체국보험 보험료의 할인 및 납입 면제에 대한 설명으로 옳은 것을 모두 고른 것은?

〈보기〉

㉠ 보험료 납입 면제 시 선납보험료는 해당 보험금에 합산하여 지급하고, 미경과 보험료는 해당 보험금에서 제외한 후 지급한다.

㉡ 납입 면제 사유가 발생한 날이 해당 월의 계약응당일 이후일 경우, 당월분 보험료는 납입해야 한다.

㉢ 실손의료비보험의 피보험자가 의료급여 수급권자 자격상실 시에는 자격을 상실한 날부터 할인되지 않은 영업보험료를 납입해야 한다.

㉣ 금리변동형 상품 및 (개인)연금저축 상품을 포함한 보험계약은 향후의 보험료를 3개월분(2021.9.12. 이전 계약은 1개월분)이상 미리 납입하는 경우, 선납할인이 적용된다.

---

① ㉠, ㉢

② ㉠, ㉣

③ ㉡, ㉢

④ ㉡, ㉣

> **ADVICE** ㉠ 납입면제 사유가 발생한 날이 해당 월의 계약응당일 이후일 경우 당월분 보험료는 납입해야 하며, 선납보험료 및 미경과 보험료가 있는 계약은 해당보험금에 합산하여 지급하고, 미납보험료, 대출원리금이 있을 경우에는 이를 공제 후 지급한다.
> ㉣ 금리변동형 상품 및 (개인)연금저축 상품과 계약응당일 이후(당일 포함) 납입 시 차회분 보험료는 선납할인 적용에서 제외된다.

13 무배당 우체국대한민국엄마보험 2504에 대한 설명으로 옳은 것은?

① 과학기술정보통신부장관이 보험료의 50%를 납입한다.

② 무배당 임신질환진단특약 2504는 임신 24주 이내 임신부가 가입 가능하다.

③ 무배당 임신질환진단특약 2504의 실제 보험기간은 계약일로부터 10개월이다.

④ 보험기간 중 계약 해지 등의 사유로 발생한 해약환급금은 과학기술정보통신부장관에게 귀속된다.

> **ADVICE** ① 보험료의 전부를 공동 보험계약자인 과학기술정보통신부장관이 납입한다.
> ② 대상은 17~45세의 임신 22주 이내 임신부와 태아로 병력이나 건강 상태와 관계없이 가입할 수 있다.
> ③ 보험료는 전액 무료이며, 한 번 가입 시 번거로운 갱신 절차 없이도 10년 만기 시까지 자동 보장된다.

Answer   12.③ 13.④

14 〈보기〉의 내용을 모두 충족하는 보험상품으로 옳은 것은? [기출변형]

〈보기〉

• 주계약에 1종(보장강화형)이 있다.

• 주계약의 보험기간은 80세, 90세, 100세 만기이다.

• '국민체력100' 체력 인증 시 보험료 지원 혜택이 있다.

• 입원 첫날부터 보장한다.

---

① 무배당 우체국통합건강보험 2504
② 무배당 우체국New건강클리닉보험 2509
③ 무배당 우체국뇌심케어보험 2506
④ 무배당 우체국하나로OK건강종신보험 2402

>ADVICE 무배당 우체국뇌심케어보험 2506

㉠ 뇌심혈관질환을 예방, 진단, 치료, 회복까지 발병 전단계에 걸쳐 종합적으로 보장하고, 비갱신형으로 설계 하여 보험료 인상없이 최대 100세까지 집중보장(주계약 및 특약(비갱신형))

㉡ 뇌심혈관질환의 진단보험금을 중증도에 따라 최대 6천 만원까지 단계적으로 설계하고, 수술 난이도에따라 관혈 · 비관혈수술 보험금 차등지급

㉢ 입원 첫날부터 보장하고, 입원 및 통원 병원별 보장 차등

㉣ 다양한 특약을 선택하여 추가 진단비, 입원, 수술, 통원, 후유장해, 검사비, 치료비, 합병증까지 보장

㉤ 고객기반 설계가 가능하도록 중증부터 경증질환까지 보장을 강화한 1종(보장강화형)과 기본 보장하는 형태의 2종(기본보장형)으로 이원화

㉥ 주계약 및 특약(비갱신형)의 보험기간을 80 · 90 · 100세만기로 다양화

㉦ 납입면제 : 보험료 납입 면제로 부담을 낮추고 안정적인 보장제공

㉧ "국민체력100" 체력 인증시 보험료 지원혜택 제공

㉨ 세제혜택 : 근로소득자는 납입보험료(연간 100만원 한도)에 대하여 12% 세액공제

Answer 14.③

15 〈보기〉의 (   )에 들어갈 내용을 바르게 짝지은 것은?

〈보기〉

⑺ 무배당 우체국온라인정기보험 2504는 주계약 보험가입금액 4천만 원에 가입하는 경우, 주계약 보험료의 (   )%를 할인하여 준다.

⑻ 무배당 우체국온라인치매간병보험 2504는 중증치매상태로 최종 진단 확정되고, 최종 진단 확정된 날을 최초로 하여 (   )년 동안 매년 최종 진단 확정일에 살아 있을 때 중증치매진단간병자금을 지급한다.

⑼ 무배당 우체국간병비보험 2504는 장기요양상태 보장개시일 이후에 최초로 장기요양 1등급 또는 2등급으로 진단 확정되고, 진단 확정된 날을 최초로 하여 (   )년 동안 매년 진단 확정일에 살아 있을 때 장기요양(1~2등급)진단간병자금을 지급한다.

	⑺	⑻	⑼
①	2	1	15
②	3	15	10
③	2	15	10
④	3	10	15

>ADVICE ⑺ 무배당 우체국온라인정기보험 2504는 주계약 보험가입금액 4천만 원에 가입하는 경우, 주계약 보험료의 3%를 할인하여 준다.

⑻ 무배당 우체국온라인치매간병보험 2504는 중증치매상태로 최종 진단 확정되고, 최종 진단 확정된 날을 최초로 하여 15년 동안 매년 최종 진단 확정일에 살아 있을 때 중증치매진단간병자금을 지급한다.

⑼ 무배당 우체국간병비보험 2504는 장기요양상태 보장개시일 이후에 최초로 장기요양 1등급 또는 2등급으로 진단 확정되고, 진단 확정된 날을 최초로 하여 10년 동안 매년 진단 확정일에 살아 있을 때 장기요양(1~2등급)진단간병자금을 지급한다.

Answer 15.②

16 우체국보험상품에 대한 설명으로 옳지 않은 것은? [기출변형]

① 무배당 우체국더든든한자녀지킴이보험 2504 2종(든든형)은 최대 100세까지 보장이 가능하다.
② 무배당 우체국더간편건강보험(갱신형) 2504는 건강 관련 2가지의 간편고지로 가입이 가능하다.
③ 무배당 win-win단체플랜보험 2504는 피보험자가 3인 이상 단체로 가입할 경우, 보험료 할인 혜택이 있다.
④ 무배당 우체국든든한건강종신보험 2506은 3대 질병 진단보험금 지급사유가 발생한 경우, 사망보험금 100%를 선지급한다.

>**ADVICE** 무배당 win-win단체플랜보험 보험료 할인

피보험자수	5인~20인	21인~100인	101인 이상
할인율	1.0%	1.5%	2.0%

17 〈보기〉에서 우체국보험상품에 대한 설명으로 옳은 것의 총 개수는?

〈보기〉
㉠ 무배당 어깨동무보험 2504는 장애인전용보장성보험료의 세액공제 혜택이 있다.
㉡ 무배당 그린보너스저축보험플러스 2504는 장애인전용보험 전환특약 2007을 부가할 수 있다.
㉢ 무배당 우체국급여실손의료비보험(갱신형) 2504는 주계약의 경우, 질병형만 가입이 가능하다.
㉣ 무배당 우체국온라인정기보험 2504는 주계약 보험가입금액이 2천만 원 이상인 경우, 주계약 보험료를 할인하여 준다.

① 1개
② 2개
③ 3개
④ 4개

>**ADVICE** ㉡ 무배당 그린보너스저축보험플러스 2504는 지정대리청구서비스특약 2109을 부가할 수 있다.
㉢ 무배당 우체국급여실손의료비보험(갱신형) 2504는 주계약의 경우, 종합형, 질병형, 상해형 가입이 가능하다.

Answer 16.③ 17.②

18 우체국 저축성보험상품에 대한 설명으로 옳은 것은?

① 무배당 파워적립보험 2504는 주계약 상품유형에 일반형과 비과세 종합저축이 있다.
② 무배당 알찬전환특약 2504는 납입기간이 일시납으로 보험기간은 3년부터이다.
③ 무배당 그린보너스저축보험플러스 2504는 만기 유지 시 전체 보험기간 동안 보너스금리를 제공한다.
④ 무배당 우체국온라인저축보험 2504는 가입 1개월 유지 후 언제든지 해약해도 해약환급금이 납입 보험료의 100% 이상이다.

> **ADVICE** ① 무배당 파워적립보험 2504는 주계약 상품유형에 만기목돈형과 이자지급형이 있다.
> ② 무배당 알찬전환특약 2504는 납입기간이 일시납으로 보험기간은 2년부터이다.
> ③ 무배당 그린보너스저축보험플러스 2504는 만기 유지 시 계약일부터 최초 1년간 보너스금리 추가 제공한다.

19 우체국 연금보험상품에 대한 설명으로 옳은 것은?

① 어깨동무연금보험 2504는 30세부터 연금수령이 가능하다.
② 우체국연금저축보험 2504는 납입주기를 월납과 일시납 중에서 선택할 수 있다.
③ 무배당 우체국온라인연금저축보험 2504는 계약일 이후 1년이 지난 후부터 '연금개시나이-1세'까지 추가납입이 가능하다.
④ 무배당 우체국연금저축보험(이전형) 2504는 납입주기가 월납인 경우, 보험료를 추가로 납입할 수 있는 제도가 있다.

> **ADVICE** ① 어깨동무연금보험 2504는 20세부터 연금수령이 가능하다.
> ② 우체국연금저축보험 2504는 기본보험료는 월납으로, 추가보험료는 수시납으로 납부 가능하다.
> ③ 무배당 우체국온라인연금저축보험 2504는 계약일 이후 1개월이 지난 후부터 '연금개시나이-1세'까지 추가납입이 가능하다.

20 우체국연금보험 2504에 대한 설명으로 옳지 않은 것은?

① 가입나이는 0세부터 '연금개시나이-5세'까지이다.
② 연금지급 형태에는 종신연금형, 확정기간연금형, 더블연금형이 있다.
③ 관련 세법에서 정하는 요건에 부합하는 경우, 이자소득 비과세 혜택을 받을 수 있다.
④ 월납 계약으로 기본보험료가 30만 원을 초과하는 경우, 초과금액에 대해서는 고액계약 적립금액을 받을 수 있다.

> **ADVICE** ② 연금지급 형태에는 재해장해보험금, 종신연금형, 확정기간연금형이 있다.

Answer　18.④　19.④　20.②

1 다음 워크시트에서 D3셀에 수식 '=IF(OR(B3〈1%,C3〉=500), "합격", "재작업")'을 삽입하고 D4셀과 D5셀에 D3셀의 채우기 핸들을 이용하여 드래그했을 때 D3:D5셀의 출력 결괏값은?

	A	B	C	D
1		공정별 작업 현황		
2	공정	오차율	생산량	판정
3	A	1.05%	495	
4	B	1.10%	510	
5	C	0.90%	537	

① 합격, 재작업, 합격
② 재작업, 합격, 합격
③ 재작업, 재작업, 합격
④ 합격, 재작업, 재작업

> ADVICE

	A	B	C	D
1		공정별 작업현황		
2	공정	오차율	생산량	판정
3	A	1.05%	495	재작업
4	B	1.10%	510	합격
5	C	0.90%	537	합격

판정[D3]셀에 '=IF(OR(B3〈1%,C3〉=500),"합격","재작업")'
오차율[B3]이 1%보다 작거나, 생산량[C3]이 500보다 크거나 같은 값에 대해 '합격', 둘 중에 하나라도 충족하지 않으면 '재작업'을 반환하면 [D3] 재작업, [D4] 합격, [D5] 합격 결과가 나옴.

Answer 1.②

2 〈보기〉에서 블랙박스 테스트의 종류로 옳은 것을 모두 고른 것은?

〈보기〉

㉠ 비교검사(comparison testing)

㉡ 조건 커버리지(condition coverage)

㉢ 문장 커버리지(statement coverage)

㉣ 경곗값 분석(boundary value analysis)

---

① ㉠, ㉡

② ㉠, ㉢

③ ㉠, ㉣

④ ㉡, ㉣

>ADVICE 화이트박스 테스트 종류

① 구문(문장) 커버리지(Statement Coverage)
- 프로그램 내 모든 명령문을 적어도 한 번 실행하도록 테스트
- 문장 실행 개수를 기준으로 측정

② 결정(선택, 분기) 커버리지(Decision Coverage)
- 각 분기의 결정 포인트 내의 전체 조건식이 참(True)과 거짓(False)을 모두 만족하도록 테스트.
- 분기 및 조건 테스트 포함.

③ 조건 커버리지(Condition Coverage)
- 각 분기의 개별 조건이 참과 거짓의 결과를 각각 한 번씩 내도록 테스트
- 구문 커버리지 포함

④ 조건/결정 커버리지(Condition/Decision Coverage)
- 조건 커버리지와 결정 커버리지를 결합한 테스트로, 개별 조건식뿐만 아니라 전체 조건식도 테스트

⑤ 변경 조건/결정 커버리지(Modified Condition/Decision Coverage)
- 개별 조건식이 다른 조건식에 영향을 주지 않고 독립적으로 테스트되도록 함
- 조건/결정 커버리지를 강화한 형태

⑥ 다중 조건 커버리지(Multiple Condition Coverage)
- 결정 조건 내 모든 개별 조건식의 모든 가능한 조합을 100% 테스트

⑦ 기본 경로 커버리지(Base Path Coverage)
- 프로그램의 모든 가능한 경로를 테스트

⑧ 제어 흐름 테스트(Control Flow Testing)
- 프로그램의 제어 흐름 구조를 그래프 형태로 나타내어 테스트

⑨ 데이터 흐름 테스트(Data Flow Testing)
- 제어 흐름 그래프에 데이터 사용 상황을 추가하여 테스트

⑩ 루프 테스트(Loop Testing)
- 프로그램의 반복(루프) 구조를 중점적으로 테스트

Answer 2.③

3 〈보기〉의 테이블(COURSE, STUDENT, ENROLL)을 참조하여 과목 번호 'C413'에 등록하지 않은 학생의 이름을 검색하려고 한다. 〈SQL문 결괏값〉을 도출하기 위한 SQL문으로 옳은 것은?

①	②
SELECT Sname FROM STUDENT WHERE Sno NOT IN 　　(SELECT Sno 　　　FROM ENROLL 　　　WHERE Cno = 'C413');	SELECT Sname FROM STUDENT WHERE Sno NOT IN 　　(SELECT Cno 　　　FROM ENROLL 　　　WHERE Cno = 'C413');
③	④
SELECT Sname FROM STUDENT WHERE Sno NOT EXISTS 　　(SELECT Sno 　　　FROM ENROLL 　　　WHERE Cno = 'C413');	SELECT Sname FROM STUDENT WHERE Sno NOT EXISTS 　　(SELECT Cno 　　　FROM ENROLL 　　　WHERE Cno = 'C413');

ADVICE 서브 쿼리(subquery) … 쿼리 안에 포함되는 또 다른 쿼리로 조인하지 않은 상태에서 다른 테이블과 일치하는 행을 찾거나, 조인 결과를 다시 조인할 때 사용

• 특징
– 반드시 소괄호로 감싸 사용한다.
– 주 쿼리를 실행하기 전에 1번만 실행된다.
– 비교 연산자에 서브 쿼리를 사용하는 경우 서브 쿼리를 오른쪽에 기술해야 한다.
– 내부에는 정렬 구문인 ORDER BY문을 사용할 수 없다.
• WHERE 문에 사용
– WHERE 문에 사용하는 서브 쿼리를 중첩 서브 쿼리(nested subquery)라고 하며 조건문의 일부로 사용
– 서브 쿼리는 또 다른 SELECT 문을 사용한 결과를 주 쿼리의 조건값으로 사용합니다.
• 조건
– 비교 연산자와 함께 사용할 때는 반드시 서브 쿼리의 반환 결과가 1건 이하
– 반환 결과가 2건 이상인 경우에는 비교 연산자가 아닌 다중 행 연산자 사용
• SQL의 서브쿼리 NOT IN
– NOT IN : 데이트베이스 작업을 할 때 특정 조건을 만족하지 않는 데이터를 추출
– IN : 조건에 만족하는 row를 찾는 것
– EXISTS : EXISTS이하 절이 true인지 아닌지를 체크
– 차이점 : Null 값을 처리하는 부분에서 발생

NOT IN	NOT EXISTS
Null 값이 WHERE 절의 조건을 만족하더라도 결과에서 제외	NOT IN과 달리 Null 값을 가진 Row들도 결과에 포함된다. 이는 연결 고리 값이 Null 값을 가질 때 NOT IN은 조인 연산을 하지 않기 때문에 결과에서 제외되며 NOT EXISTS는 EXISTS 이하의 절이 False를 리턴하고 거기에 대한 NOT이므로 true가 되어 결과에 포함된다.

Answer 3.①

4 트랜잭션의 특성(ACID)에 대한 설명으로 옳지 않은 것은?

① 지속성(durability) : 트랜잭션이 실행을 성공적으로 완료하면 결과는 영속적이다.
② 일관성(consistency) : 트랜잭션이 실행을 성공적으로 완료하면 언제나 일관성 있는 데이터베이스 상태로 변환한다.
③ 원자성(atomicity) : 트랜잭션은 전체 또는 일부 실행만으로도 트랜잭션의 기능을 갖는다.
④ 고립성(isolation) : 트랜잭션 실행 중에 있는 연산의 중간 결과는 다른 트랜잭션이 접근할 수 없다.

> **ADVICE** 원자성(atomicity) … 시스템에서 한 트랜잭션의 연산들이 모두 완료되거나, 반대로 전혀 실행되지 않는 성질을 말한다.

5 〈보기〉에서 전자우편에 대한 설명으로 옳은 것을 모두 고른 것은?

> 〈보기〉
> ㉠ 전자우편을 보낼 때 사용되는 일반적인 프로토콜은 POP3이다.
> ㉡ SMTP 프로토콜은 TCP/IP 계층의 네트워크 계층에 포함된 서비스이다.
> ㉢ 전자우편을 보낼 때 사용되는 일반적인 프로토콜은 SMTP(Simple Mail Transfer Protocol)이다.
> ㉣ 전자우편은 Web 기반 전자우편과 POP3(Post Office Protocol, Version 3)를 사용하는 전자우편으로 나눌 수 있다.

① ㉠, ㉡
② ㉠, ㉣
③ ㉡, ㉢
④ ㉢, ㉣

> **ADVICE** ㉠ POP3는 메일 서버에서 사용자 컴퓨터로 수신하는 프로토콜이다.
> ㉡ SMTP는 TCP/IP 응용계층에 해당한다.
> ※ 전자우편 프로토콜 종류
> • SMTP(송신) : 컴퓨터에서 다른 사람 계정으로 송신
> • IMAP(수신) : 이메일을 받기 위한 프로토콜
> • POP3(수신) : 메일 서버에서 사용자 컴퓨터로 수신
> • MIME(송신) : 멀티미디어 전자우편을 위한 표준, 멀티미디어 데이터를 ASCⅡ 형식으로 변환할 필요 없이 인터넷 전자 우편으로 송신하기 위한 SMTP의 확장 규격(메일 송신 프로토콜)

6 〈보기〉에서 소프트웨어 생명 주기 모형에 대한 설명으로 옳은 것의 총 개수는?

> 〈보기〉
> ㉠ 폭포수 모형은 각 단계를 완전히 수행한 뒤 다음 단계로 진행하는 방식으로, 개발 적용 사례가 많다.
> ㉡ 프로토타입 모형은 실제 개발될 소프트웨어 일부분을 개발하여 사용자의 요구사항을 미리 파악하기 위한 모형이다.
> ㉢ 나선형 모형은 폭포수 모형과 프로토타입 모형의 장점을 수용하여 위험 분석 단계를 추가한 진화적 개발 모형이다.
> ㉣ 애자일 모형은 프로세스와 도구 중심이 아닌 개발과정의 소통을 중요하게 생각하는 소프트웨어 개발 방법론으로 반복적인 개발을 통한 잦은 출시를 목표로 한다.

① 1개
② 2개
③ 3개
④ 4개

> ADVICE
> • 폭포수 모형(waterfall model) : 순차적 실행 모형으로, 각 단계를 완료한 후에 다음 단계로 넘어가는 모형
> • 프로토타입 모형(prototype model) : 사용자의 요구 사항을 정확히 파악하기 위해 지속적으로 견본을 만들어 수정 보완하면서 최종 소프트웨어를 만들어가는 모델
> • 나선형 모형(spiral model) : 폭포수 모형과 프로토타입 모형의 장점에 위험 분석 기능을 추가한 모형
> • 애자일 모형(Agile Model) : 어느 특정 개발 방법론이 아니라 좋은 것을 빠르고 낭비 없게 만들기 위해 고객과의 소통에 초점을 맞춘 방법론을 통칭함

7 운영체제 유형에 대한 설명으로 옳지 않은 것은?

① 다중 프로그래밍은 여러 개의 프로그램을 주기억장치에 동시에 저장하고 하나의 CPU로 실행하는 방식이다.
② 분산 처리 시스템은 여러 사용자가 하나의 컴퓨터를 동시에 이용할 수 있도록 하기 위해 CPU 운영 시간을 잘게 쪼개어서 처리 시간을 여러 사용자에게 공평하게 제공하는 방식이다.
③ 실시간 시스템은 정해진 시간 내에 응답하는 시스템 방식으로 예약 시스템, 은행 업무 처리 서비스 등에 활용하는 방식이다.
④ 대화 처리 시스템은 여러 사용자가 컴퓨터와 직접 대화하면서 처리하는 방식으로 사용자 위주의 처리 방식이다.

> ADVICE 분산 처리 시스템(Distributed Processing System) … 하나의 업무를 처리하기 위해 여러 대의 컴퓨터가 동작하는 시스템

Answer 6.④ 7.②

8 〈보기〉에서 인터럽트의 우선순위를 바르게 나열한 것은?

〈보기〉

ㄱ 외부 신호
ㄴ 전원 이상
ㄷ 기계 착오
ㄹ 입출력
ㅁ 명령의 잘못 사용
ㅂ 슈퍼 바이저 호출(SVC)

① ㄱ → ㄴ → ㄷ → ㄹ → ㅂ → ㅁ
② ㄱ → ㄷ → ㄴ → ㅁ → ㄹ → ㅂ
③ ㄴ → ㄱ → ㄷ → ㄹ → ㅂ → ㅁ
④ ㄴ → ㄷ → ㄱ → ㄹ → ㅁ → ㅂ

>ADVICE 인터럽트 우선순위
① 전원 공급의 이상
② CPU의 기계적인 오류
③ 외부 신호에 의한 인터럽트
④ 입출력 전송 요청 및 전송 완료, 전송 오류
⑤ 프로그램 검사 인터럽트
⑥ 수퍼바이저 호출(SVC 인터럽트)

9 클라우드 서비스 모델 중 설명이 옳지 않은 것은?

① SaaS(Software as a Service)는 클라우드에 구성된 소프트웨어를 이용하는 서비스로 사용자는 인프라와 플랫폼 상에서 개발 작업을 수행하고 사용해야 한다.
② IaaS(Infrastructure as a Service)는 네트워크, 서버와 같은 자원을 이용해 사용자 스스로 미들웨어, 소프트웨어 등을 설치해서 이용하는 서비스이다.
③ CaaS(Container as a Service)는 사용자가 컨테이너 및 클러스터를 구동하기 위한 IT 리소스 기술로 애플리케이션 실행에 필요한 라이브러리, 바이너리, 구성파일 등의 환경을 제공하는 서비스이다.
④ PaaS(Platform as a Service)는 클라우드의 미들웨어를 이용해 소프트웨어 개발 환경을 구성할 수 있는 방식으로 플랫폼의 라이선스, 자원관리, 보안 이슈, 버전 업그레이드 등의 서비스를 제공받을 수 있다.

>ADVICE SaaS(Software as a Service) … 서비스로서의 소프트웨어는 클라우드 애플리케이션과 기본 IT 인프라 및 플랫폼을 인터넷 브라우저를 통해 최종 사용자에게 제공하는 클라우드 컴퓨팅 형태

Answer 8.④ 9.①

10 현재 운영되고 있는 정보보호 및 개인정보보호 관리체계(Personal Information & Information Security Management System)에 대한 설명으로 옳지 않은 것은?

① 한국인터넷진흥원에서 제도운영 및 인증품질 관리, 인증심사원 양성, 금융 분야를 포함하여 인증 심사를 진행하고 있다.

② 보호대책 요구사항은 인적 보안, 외부자 보안, 물리보안, 접근통제, 암호화 적용, 사고예방 및 대응 등의 내용으로 구성되어 있다.

③ ISMS-P 인증 심사를 받는 기관은 기관의 개인정보를 취급하는 모든 서비스에 대해 개인정보를 식별하고 흐름도 또는 흐름표를 작성해야 한다.

④ 정보보호 및 개인정보보호 관리체계는 침해위협에 효과적으로 대응하고 기관의 부담을 최소화하기 위하여 ISMS-P로 통합해 운영하고 있다.

》ADVICE ① 한국인터넷진흥원에서 제도운영 및 인증품질 관리 인증심사원 양성 및 자격관리를 포함하여 인증 심사를 진행하고 있다. 그리고 금융보안원에서 금융분야 인증심사, 금융분야 인증서 발급을 진행하고 있다.

※ ISMS-P 인증 추진 체계

11 〈보기〉에서 블록체인과 관련한 설명으로 옳은 것의 총 개수는?

〈보기〉

㉠ 비트코인 반감기는 5년이다.

㉡ 블록체인의 첫 번째 블록은 제네시스 블록(genesis block)이다.

㉢ 작업증명(Proof of Work)은 계산 능력으로 해결해야 하는 문제를 의미한다.

㉣ 하드포크는 채굴 소프트웨어를 업그레이드하여 네트워크를 바꾸는 것으로 블록체인의 대표 기업이 결정한다.

---

① 1개   ② 2개

③ 3개   ④ 4개

> ADVICE • 블록체인 : 기록이나 거래를 담고 있는 탈중앙화된 공개 장부의 일종
> • 비트코인 반감기 : 채굴 보상이 약 4년마다 절반으로 줄어드는 현상
> • 작업증명(Proof of Work) : 새로운 블록(block)을 블록체인(blockchain)에 추가하는 작업을 완료했음을 증명하는 합의 알고리즘
> • 제네시스 블록(genesis block) : 블록체인 상에 있는 첫 번째 블록
> • 하드포크(Hard Fork) : 블록체인 프로토콜이 어느 한 시점에서 급격하게 변경되는 것을 뜻한다.

12 플래시 메모리(Flash Memory)에 대한 설명으로 옳지 않은 것은?

① 자기디스크(magnetic disk)보다 읽기 속도가 빠르다.
② 메모리 어드레싱이 아닌 섹터 어드레싱을 한다.
③ 메모리 셀을 NAND 플래시는 수평으로, NOR 플래시는 수직으로 배열한다.
④ 메모리 칩의 정보를 유지하는데 전력이 필요 없는 비휘발성 메모리이다.

>ADVICE 플래시 메모리(Flash Memory) … 전원이 끊겨도 저장된 정보가 지워지지 않는 비휘발성 기억장치

전자회로 형태	NAND 플래시(데이터 저장형)	NOR 플래시(코드 저장형)
메모리 배열	직렬(수직)	병렬(수평)
읽기	느림	빠름
쓰기	빠름	느림
용도	USB, SSD, 메모리	임베디드 시스템 펌웨어 저장
장·단점	고용량, 블록단위 삭제	직접접근 가능 비용 높음
가격	저가	고가
특징	좁은 면적에 많은 셀을 만들 수 있도록 되어 있음	용량은 작으나 읽기 속도가 빨라 휴대폰처럼 동작 중심의 핵심 데이터 저장하는데 주로 사용

Answer 12.③

13 침입탐지시스템(Intrusion Detection System)의 동작 단계에 대한 설명으로 옳지 않은 것은?

① 데이터 필터링과 축약 단계에서는 효과적인 필터링을 위해 데이터 수집 규칙을 설정하는 작업이 필요하다.

② 데이터 수집 단계에서는 데이터의 소스에 따라서 호스트 기반 IDS와 네트워크 기반 IDS로 나뉘며 상호 보완적으로 사용된다.

③ 보고 및 대응 단계에서는 침입자의 공격에 대응하여 역추적하기도 하고, 침입자가 시스템이나 네트워크를 사용하지 못하도록 하는 능동적인 기능이 추가되기도 한다.

④ 침입탐지 단계에서는 다양한 탐지 방법이 있는데 이상탐지 (anomaly detection)는 이미 발견된 공격 패턴을 미리 입력해 두었다가 매칭되는 패턴이 발견되면 공격으로 판단하는 기법이다.

> ADVICE

이상탐지 (Anomaly Detection, 행위기반 침입탐지)	오용탐지 (Misuse Detection, 지식기반 침입탐지)
• 사용자 행위를 분석한 후 정상행위에서 벗어난 경우를 찾아 침입을 탐지 • 장점 : 오탐률이 낮다. • 단점 : 데이터베이스에 없는 침입행위는 탐지가 불가능	• 알려진 침입행위를 침입으로 탐지하고 정해진 모델과 일치하는 경우 침입으로 간주, 즉 모든 공격행위를 DB화해서 막아내겠다는 방식 • 장점 : 침입행위에 대한 데이터베이스 관리가 불필요 하고, Zero Day Attack 등 알려지지 않은 취약점 공격 방어 가능 • 단점 : 오탐률이 높음

Answer 13.④

14 다음 대화에서 빈칸에 들어갈 말로 가장 적절한 것은?

A : Excuse me. I'd like to send this parcel to Los Angeles, USA.
B : Okay. What's in it?
A : Just some clothes and snacks.
B : Did you put any fragile items in it?
A : No. How long will it take to LA?
B : The airmail usually takes about 5-7 days, and it takes about two weeks by ship. (   )
A : Then I'll go with the second one.

---

① What's the recipient's name?
② How much does it weigh?
③ Which one do you prefer?
④ What's your mailing address?

> **ADVICE** ③ 어떤 것을 더 선호하나요?
> ① 수신자의 이름이 무엇인가요?
> ② 무게가 얼마나 나가나요?
> ④ 당신의 발송 주소는 무엇인가요?
> 「A : 실례합니다. 이 소포를 미국 로스앤젤레스로 보내고 싶어요.
> B : 네, 안에 뭐가 들어 있나요?
> A : 그냥 옷이랑 간식이요.
> B : 깨지기 쉬운 물건을 넣으셨나요?
> A : 아니요. 로스앤젤레스까지 얼마나 걸리나요?
> B : 항공 우편은 보통 5~7일 정도 걸리고, 배편은 약 2주 정도 걸립니다.
> A : 그럼, 두 번째 걸로 할게요.」

Answer   14.③

15 다음 대화에서 빈칸에 들어갈 말로 가장 적절한 것은?

A : Good morning. How can I help you today?

B : Hi. I received a notification saying that I have a registered mail waiting for me.

A : I see. _____

B : Here's my driver's license.

A : Okay. Bear with me while I look for your mail. I'll be right back.

B : Sure. No problem.

---

① Can I wait in line?

② May I see your identification?

③ Should I send a registered mail?

④ Why don't you send the notification?

> **ADVICE** ② 신분증을 보여주시겠어요?
>
> ① 제가 줄을 서도 되나요?
>
> ③ 제가 등기 우편을 보내야 하나요?
>
> ④ 왜 알림을 보내지 않으셨나요?
>
> 「A : 좋은 아침입니다. 오늘 무엇을 도와드릴까요?
>
> B : 안녕하세요. 제가 등록 우편이 도착했다는 알림을 받았어요.
>
> A : 알겠습니다. _____
>
> B : 여기 제 운전면허증입니다.
>
> A : 네, 잠시 기다려 주시면 우편을 찾아오겠습니다. 금방 돌아올게요.」

16 빈칸에 들어갈 말로 적절하지 않은 것은?

> I'm glad to announce that we are releasing a new stamp to _____ the first president of the Korea Post, Yeongsik Hong.

① look down at
② bring to light
③ pay tribute to
④ honor the memory of

> **ADVICE** "대한민국 우정국의 초대 대통령인 홍영식 선생을 기념하기 위해 새로운 우표를 발행하게 되었음을 기쁘게 알립니다." 문장과 어울리는 말이 들어가야 한다. 기념과 존경의 의미를 가지는 표현이 적절하다.
> ① look down at 멸시하다, 깔보다
> ② bring to light 세상에 알리다, 주목하게 하다
> ③ pay tribute to ~에게 경의를 표하다
> ④ honor the memory of ~을 추모하다, 기억을 기리다
> 「대한민국 우정국의 초대 대통령인 홍영식 선생을 기념하기 위해 새로운 우표를 발행하게 되었음을 기쁘게 알립니다.」

17 빈칸에 들어갈 말로 가장 적절한 것은?

> Perishable items are materials that can deteriorate in the mail such as food, plants, etc. Permissible perishable items are sent at the mailer's own risk. These items must be specially packaged and delivered before they begin to_____.

① turn out
② build up
③ put away
④ waste away

> **ADVICE** ④ waste away 쇠약해지다, 부패하다
> ① turn out 결과적으로 ~이 되다
> ② build up 축적되다, 증가하다
> ③ put away 치우다, 저장하다
> 「부패성 물품은 음식, 식물 등과 같이 우편 과정에서 변질될 수 있는 물질을 의미한다. 허용된 부패성 물품은 발송인의 책임 하에 발송된다. 이러한 물품은 특별히 포장되고 변질되기 전에 배송되어야 한다.」

18 다음 글의 목적으로 가장 적절한 것은?

Dear Valued Customer,

We regret to inform you of the temporary closure of the Bluff Park branch of the U.S. bank at 762 Shades Mountain Plaza, effective from August 3 to September 1. This decision stems from the safety concern regarding a pervasive leakage problem in that building. Customers who use the Bluff Park branch are being directed to the branch at 1809 Riverchase Drive instead. Hours there are 9 a.m. to 6 p.m. Monday through Friday. Customers may call 1800ASKBANK or visit the website — www.usbank.com — for locations of additional nearby branches and approved banking service providers.
Thank you for your continued support and patronage.
Warm regards,

---

① 은행 상품을 홍보하려고
② 새로운 은행 지점을 소개하려고
③ 은행 홈페이지 주소를 안내하려고
④ 은행 지점의 일시적 이용 중지를 공지하려고

> **ADVICE** ④ Bluff Park 지점의 임시 폐쇄에 관한 안내에 대한 것으로 건물의 누수 문제가 언급되었으며, 고객들에게 다른 지점을 이용하도록 안내하고 있다. 글의 목적은 고객들에게 특정 지점의 일시적인 운영 중단과 대체 지점에 대해 알리는 것이다.

「존경하는 고객님께,
Bluff Park 지점(주소 : 762 Shades Mountain Plaza)이 8월 3일부터 9월 1일까지 일시적으로 폐쇄됨을 알려드리게 되어 유감스럽게 생각합니다. 이번 결정은 해당 건물에서 발생한 심각한 누수 문제로 인한 안전 우려 때문입니다. Bluff Park 지점을 이용하시는 고객님들께서는 대신 1809 Riverchase Drive에 위치한 지점을 이용해 주시길 부탁드립니다. 해당 지점의 영업 시간은 월요일부터 금요일까지 오전 9시부터 오후 6시까지입니다.
추가로 인근 지점의 위치나 승인된 은행 서비스 제공업체에 대한 정보를 원하시는 고객님께서는 1800-ASKBANK으로 전화하시거나 www.usbank.com 웹사이트를 방문해 주시기 바랍니다.
항상 저희 은행을 이용해 주셔서 감사합니다.
감사의 마음을 담아,」

Answer 18.④

19 밑줄 친 부분이 문법상 옳지 않은 것은?

The Korea Post announced that phishing emails impersonating the post office ① <u>are increasing</u> rapidly, and caution is needed. According to the analysis data, most phishing emails are related to parcel delivery, and induce users ② <u>to make</u> payments in the name of shipping fees, storage fees, fines, etc. through links included in emails. However, the post office never asks for payment through email. In the case of cash on delivery parcels, the recipient pays in advance through the postoffice app or the Internet post office website or pays a cash on delivery fee ③ <u>who</u> the postman delivers the mail. The Korea Post advised that you ④ <u>should</u> never respond to requests in the name of payment of shipping or return fees.

❯❯**ADVICE** ③ who가 아니라 when이 들어가야 옳다.

「대한민국 우정국은 우체국을 사칭한 피싱 이메일이 빠르게 증가하고 있으니 주의가 필요하다고 발표했다.
분석 자료에 따르면, 대부분의 피싱 이메일은 택배 배송과 관련이 있으며, 이메일에 포함된 링크를 통해 사용자들에게 배송비, 보관료, 벌금 등의 명목으로 결제를 유도한다. 그러나 우체국은 이메일을 통해 결제를 요청하지 않는다.
대금 상환 방식(COD) 택배의 경우, 수취인은 우체국 앱 또는 인터넷 우체국 웹사이트를 통해 사전에 결제하거나 또는 우편배달원이 우편물을 배달할 때 대금 상환 수수료를 지불한다.
대한민국 우정국은 배송비나 반송비 지불 요청에 절대 응하지 말아야 한다고 권고한다.」

20 밑줄 친 (A), (B)에 들어갈 말로 가장 적절한 것은?

In order to modify the revenue structure for postal business, the outdated financial system has been completely ____(A)____, and an advanced system using emerging technologies such as big data and AI were instituted in its place. This allows customers to manage MyDatabased asset and get consultation and signup both in person and online, improving customer service. In addition, userfriendly service screen and content, 24hour chatbot service, etc. are provided. Offering integrated customer information service, big dataand AIbased product recommendations and insurance reviews, paperless digital services, and various functions of financial terminals has been proven to be beneficial for the users. The new scalable Cloudbased infrastructure allows aroundtheclock all year around 24/7 support system whichh ____(B)____ business interruptions, and it is expected to ultimately increase efficiency and convenience in the long run.

	(A)	(B)
①	overhauled	minimizes
②	subsided	disregards
③	overhauled	underrates
④	subsided	exaggerates

> **ADVICE** (A) "구식 금융 시스템이 완전히 (A) 되었다"라는 문맥에서, overhauled(철저히 개편되다)가 적합하다.
(B) "24시간 지원 시스템이 비즈니스 중단을 (B)"라는 문맥에서, minimizes(최소화하다)가 적합하다.
② subsided(진정되다), disregards(무시하다)
③ underrates(과소평가하다)
④ exaggerates(과장하다)
「우편 사업의 수익 구조를 개편하기 위해, 구식 금융 시스템이 완전히 (A) 되었고, 빅데이터와 인공지능(AI) 같은 최신 기술을 활용한 첨단 시스템이 그 자리를 대신했다. 이 시스템을 통해 고객은 MyDatabase 기반 자산을 관리하고, 대면 및 온라인 상담과 가입을 할 수 있어 고객 서비스가 개선된다. 또한, 사용자 친화적인 서비스 화면과 콘텐츠, 24시간 챗봇 서비스 등이 제공된다. 통합 고객 정보 서비스, 빅데이터와 AI 기반 상품 추천 및 보험 검토, 종이 없는 디지털 서비스, 금융 단말기의 다양한 기능 제공은 사용자에게 유익한 것으로 입증되었습니다. 새로운 확장 가능한 클라우드 기반 인프라는 연중무휴 24/7 지원 시스템을 가능하게 하여 (B) 비즈니스 중단을 줄인다. 그리고 이는 궁극적으로 장기적으로 효율성과 편의성을 증가시킬 것으로 예상된다.」

01 우편일반

1 등기통상 우편물에 대한 설명으로 옳지 않은 것은?

① 준등기 우편물이 우편집중국으로 발송된 이후에 반환청구될 경우, 반환청구수수료는 일반통상 기본 우편요금을 적용한다.

② 민원우편을 신청하는 발송인이 회송할 때의 취급요금(50g 규격우편요금 + 등기취급수수료 + 익일 특급수수료)을 선납한다.

③ 동문내용증명 우편물의 취급수수료는 수취인 수 1명 초과마다 내용문서 매수와 관계없이 내용문서 최초 1매의 반값으로 계산한다.

④ 수취인에게 배달되지 못하고 발송인에게 반송된 착불배달 일반형 계약등기 우편물은 발송인에게 착불수수료를 제외한 우편요금(등기취급수수료 포함)과 반송수수료를 징수한다.

> **ADVICE** ③ 동문내용증명의 경우 수취인 수 1명 초과마다 내용문서 매수와 관계없이 내용문서 최초 1매의 금액으로 계산한다.

2 배달증명 서비스에 대한 설명으로 옳은 것은?

① 인터넷우체국의 '발송 후 배달증명' 신청은 배달완료일 다음 날부터 가능하다.

② 선택등기 우편물이 무인우편함에 배달된 경우에는 '발송 후 배달증명' 청구가 가능하다.

③ 배달증명 우편물은 수취인이 부재인 경우에는 지정된 대리수령인에게 배달이 가능하다.

④ '발송 시 배달증명'을 청구하면 배달증명서 송달요금은 5g 등기통상 우편요금을 적용한다.

> **ADVICE** ① 인터넷우체국의 '발송 후 배달증명' 신청은 배달완료일 D+2일부터 신청이 가능하다.
> ④ 배달증명서 송달요금은 5g 일반통상 우편요금을 적용한다.

3 우편엽서의 규격요건에 대한 설명으로 옳지 않은 것은?

① 세로 크기가 125mm인 경우, 규격 외로 취급한다.
② 문자, 도안 표시에 발광, 형광, 인광 물질은 사용할 수 없다.
③ 50g까지 규격 외 사제엽서는 450원의 우편요금을 적용한다.
④ 가로 크기가 155mm이고 중량이 2g인 경우, 규격 외로 취급한다.

》ADVICE ① 세로 크기가 120mm인 경우, 규격 외로 취급한다.
※ 위반 시 규격외 취급

요건		내용
① 크기	세로(D) 가로(W)	최소90mm, 최대 120mm (허용 오차 ±5mm)
		최소 140mm, 최대 170mm (허용 오차 ±5mm)
② 형식		직사각형 형태 별도 봉투로 봉함하지 않은 형태
③ 무게		최소 2g, 최대 5g(다만, 세로 크기가 110mm를 넘거나 가로 크기가 153mm를 넘는 경우에는 최소 4g, 최대 5g)
④ 재질		종이
⑤ 우편번호 기재		수취인 주소와 우편번호(국가기초구역 체계로 개편된 5자리 우편번호)를 정확히 기재해야 하며, 일체의 가려짐 및 겹침이 없어야 함 수취인 우편번호 여백규격 및 위치 • 여백규격 : 상·하·좌·우에 4mm 이상 여백 • 위치 : ⑦의 공백 공간 밖, 주소·성명 등 기재사항 보다 아래쪽 및 수취인 기재영역 좌우 너비 안쪽의 범위에 위치 ※ 해당 영역에는 우편번호 외에 다른 사항 표시 불가 우편번호 작성란을 인쇄하는 경우에는 5개의 칸으로 구성하여야 함 ※ 단, 여섯자리 우편번호 작성란이 인쇄(2019년 10월이전)된 봉투를 이용한 통상우편물은 우편번호 숫자를 왼쪽 칸부터 한 칸에 하나씩 차례대로 기입하고 마지막 칸은 공란으로 두어야 함
⑥ 표면 및 내용물		문자·도안 표시에 발광·형광·인광물질 사용 및 기계판독률을 떨어뜨릴 수 있는 배경 인쇄 불가 특정부분 튀어나옴·눌러찍기·돋아내기·구멍뚫기 등이 없이 균일해야 함 ※ 종이·수입인지 등을 완전히 밀착하여 붙인 경우나 점자 기록은 허용
⑦ 기계 처리를 위한 공백 공간 * 허용 오차 ±5mm		앞면 : 오른쪽 끝에서 140mm × 밑면에서 17mm, 우편번호 오른쪽 끝에서 20mm

4 특별송달 우편물에 대한 설명으로 옳지 않은 것은?

① 등기취급하는 통상우편물에 한하여 취급할 수 있다.
② 우편송달통지서는 일반통상 기본우편요금을 기준으로 한다.
③ 첨부된 우편송달통지서 용지의 무게는 우편물의 무게에 합산 한다.
④ 발송인은 우편물이 배달되기 전에 수취인의 주소 변경청구가 가능하다.

> **ADVICE** ④ 특별송달, 내용증명, 선거우편, 외화현금배달우편물, 냉장·냉동 보관이 필요한 우편물은 수취인 주소 변경청구가 불가능하다.

5 우체국쇼핑 서비스에 대한 설명으로 옳은 것은?

① 우체국쇼핑 상품 설명서는 소포우편물에 동봉할 수 없다.
② '꽃배달'은 우체국 집배원이 수취인에게 배달하는 서비스이다.
③ '꽃배달' 신청인이 배달 하루 전 주문을 취소할 경우, 전액을 환불받을 수 있다.
④ '전통시장'은 출하 시기의 농수산 신선식품, 소포장 가공식품, 친환경식품을 적기에 판매하는 서비스이다.

> **ADVICE** ① 소포우편물에는 원칙적으로 서신을 넣을 수 없으나 물건과 관련이 있는 납품서, 영수증, 설명서, 감사인사 메모 등은 함께 보낼 수 있다.
> ② 우체국이나 인터넷을 이용하여 꽃배달 신청을 할 경우 전국의 업체에서 지정한 시간에 수취인에게 직접 배달하는 서비스이다.
> ④ 대형 유통업체의 상권 확대로 어려워진 전통시장 소상인들의 판로 확보를 위 해 전국의 전통시장 상품을 인터넷몰에서 판매하는 서비스이다.

6 전자우편 서비스에 대한 설명으로 옳은 것은?

① 동봉서비스로 접수된 동봉물은 위탁제작센터로 발송하되 무료 등기소포우편물로 30kg까지 가능하다.

② 동봉서비스(B5규격) 이용 시 봉함식(소형)에는 최대 6장, 봉함식(대형)에는 최대 20장까지 동봉 가능하다.

③ 봉함식(대형)에 내용문 없이 동봉물 3장만 발송할 경우, 기본 1장은 해당 규격 흑백 이용수수료(90원)를 적용한다.

④ 접착식 전자우편은 봉투 없이 제작 발송되며 흑백(B5규격)양면인 경우, 전자우편 이용수수료(80원)를 적용한다.

> ADVICE ① 동봉서비스로 접수된 동봉물은 최선편으로 위탁제작센터가 지정한 제작센터로 무료 등기 소포우편물(무게 20kg까지)로 발송한다.
> ② 동봉서비스(A4규격만 취급 가능) 이용 시 규격봉투(소형)에는 최대 6장, 대형봉투에는 최대 20장까지 동봉가능하다.
> ③ 봉함식(대형)에 내용문 없이 동봉물 3장만 발송할 경우, 기본 1장은 해당 규격 흑백 이용수수료(130원)를 적용한다.

7 요금후납 계약을 위한 담보금에 대한 설명으로 옳은 것만을 모두 고르면?

> ㉠ 최초 후납계약일부터 요금체납 없이 2년간 성실히 요금을 납부한 사람은 담보금 전액 면제 대상이다.
> ㉡ 계약우체국장은 우편요금 체납을 이유로 면제 취소를 받은 사람에 대해서 담보금 면제 혜택을 3년간 금지할 수 있다.
> ㉢ 담보금 50% 면제 대상이 담보금 제공을 면제받은 후 2년 이내에 요금납부를 2회 체납한 경우, 담보금 제공 면제가 취소된다.
> ㉣ 우체국소포 계약자는 담보금 제공을 면제받은 후 요금을 최근 1년 이내에 3회 이상 체납한 경우, 담보금 제공 면제가 취소된다.

① ㉠, ㉡   ② ㉠, ㉣

③ ㉡, ㉢   ④ ㉢, ㉣

> ADVICE ㉠ 최초 계약한 날부터 체납하지 않고 2년간 성실히 납부한 사람은 담보금 1/2 면제 대상이다.
> ㉡ 계약우체국장은 체납을 이유로 면제 취소를 받은 사람에 대해서 담보금 면제 혜택을 2년간 금지할 수 있다.

Answer 6.④ 7.④

8 감액요건을 충족한 우편물 중 우편요금 기본 감액률이 가장 낮은 것은?

① 1회에 3만 통 발송하는 요금후납 동일지역 상품광고우편물
② 1회에 15만 통 발송하는 요금별납 타지역 다량우편물
③ 1회에 5,000통 발송하는 요금후납 주간신문(등록)
④ 1회에 100통 발송하는 요금별납 서적우편물

> **ADVICE** ① 1%
> ② 1.5%
> ③ 59%
> ④ 40%

9 손실보상 제도에 대한 설명으로 옳은 것만을 모두 고르면?

> ㉠ 조력자의 경우에는 일반노무비, 교통비, 도움에 소요된 실비를 청구할 수 있다.
> ㉡ 우편관서의 고의나 과실을 요건으로 청구인이 입은 재산적 손실을 보상하는 제도이다.
> ㉢ 우체국장은 손실보상청구서의 내용을 심사하여 청구인에게 손실보상금을 현금 일시불로 지급한다.
> ㉣ 우편물을 발송한 날부터 1년 이내에 청구해야 하며, 손실 보상결정에 불복하는 사람은 그 통지를 받은 날부터 3개월 이내에 소송을 제기할 수 있다.

① ㉠
② ㉠, ㉡
③ ㉢, ㉣
④ ㉠, ㉢, ㉣

> **ADVICE** ㉡ 손해배상제도에 대한 설명이다.
> ㉢ 청구서와 의견서를 받은 지방우정청장은 그 내용을 심사하여 청구내용이 정당하지 아니 하다고 인정하는 때에는 그 사유서를 청구인에게 보내고, 청구내용이 정당하다고 인정 하는 때에는 청구한 보수나 손실 보상금을 청구인에게 지급하여야 한다. 보수와 손실보상금액은 현금으로 일시불로 지급해야 한다.
> ㉣ 그 사실이 있었던 날부터 1년 이내에 청구하여야 하며, 보수 또는 손실보상의 결정에 대하여 불복하는 사람은 그 통지를 받은 날부터 3개월 이내에 소송을 제기할 수 있다.

10 국제특급우편물(EMS)의 운송과 배달에 대한 설명으로 옳은 것은?

① 수취인 주소가 무인우체국으로 되어 있다면 무인우체국의 배달함에 배달할 수 있다.

② 도서지역 등 배달이 곤란한 지역이 아닌 경우, 국내등기소포 우편물 배달의 예에 따라 처리한다.

③ 국명표 바코드에서 '서비스 종류'를 표시하는 번호는 EMS 프리미엄과 동일한 숫자를 사용한다.

④ 발송할 우편물량이 많아 1편의 운송편으로 일시에 발송할 수 없을 경우, 국제특급우편물(EMS)을 최우선으로 발송한다.

》ADVICE ① 국제우편물(국제통상 · 국제등기 · 국제소포 · EMS 등)은 무인 우체국 서비스 제외 우편물이다.

② 외국에서 국내 배달우체국에 도착한 국제특급우편물은 국내익일특급우편물의 예에 따라 배달한다.

③ 국명표 바코드에서 '서비스 종류'를 표시하는 번호는 8이다. EMS프리미엄 번호는 9이다.

11 우편물 수집 및 처리 업무를 바르게 수행한 사례만을 모두 고르면?

> ㉠ 우편창구 직원이 국전(우체국 앞) 우체통에 투함된 우편물을 수거하고 시스템에 물량을 등록하였다.
> ㉡ 선편을 통해 해외로 발송하는 우편물이 발견되어, 우표면에 국제날짜도장을 찍은 후 국제우편물류센터로 발송하였다.
> ㉢ 붙어 있는 우표의 액면가가 해당 일반우편요금보다 부족한 우편물이 발견되어, 우표면에 우편날짜도장을 찍어 발송인에게 반환하였다.
> ㉣ 표면에 '등기'라고 표시된 우편물이 발견되었지만, 등기취급 수수료에 미달되는 금액의 우표가 붙어 있어 일반우편물로 취급하였다.

① ㉠, ㉡

② ㉠, ㉣

③ ㉡, ㉢

④ ㉢, ㉣

》ADVICE ㉡ 국제우편물은 국제날짜도장을 찍으며, 항공우편물은 국제우편물류센터로, 선편우편물은 부산국제우체국으로 발송한다.

㉢ 수집우편물 중 우표를 붙이지 않은 경우(요금미납 우편물)와 우편물 표면에 붙여진 우표의 액면가격이 해당 일반우편요금보다 부족한 우편물(요금부족 우편물)이 발견되면 반환사유를 적고 우편날짜도장을 날인한 부전지를 그 우편물에 붙여 발송인에게 반환한다.

Answer 10.④ 11.②

12 다음 설명에 모두 해당하는 우편서비스에 대한 설명으로 옳지 않은 것은?

- 우편물의 접수에서 배달 전(前) 단계까지는 등기우편으로 취급함
- 등기우편으로 취급되는 단계까지만 손해배상함
- 우편수취함에 투함하여 배달을 완료함
- 등기번호의 첫째 자리가 '5'로 시작함

---

① 우편수취함에 투함하여 배달을 완료하므로 그 결과를 PDA로 등록할 필요가 없다.
② 고객이 희망하거나 긴급한 경우라도 접수 시 국내특급(익일 특급)을 부가할 수 없다.
③ 반송할 경우에는 일반통상우편 취급방법에 따라 처리하며 반송 취급수수료를 징수하지 않는다.
④ 접수부터 배달증을 생성할 때까지 발생한 손해에 대해서만 배상하며 그 한도는 최대 5만 원이다.

> **ADVICE** 준등기 우편에 관한 설명이다. 집배원이 배달결과를 PDA에 등록하면 배달결과 알림 문자가 자동으로 발송인에게 전송하며, 접수 시 발송인이 '통합알림'을 신청한 경우에는 배달완료일 다음날(최대 D+4일)에 발송인에게 배달결과 를 함께 전송한다.

13 K-Packet 서비스에 대한 설명으로 옳은 것은?

① 내용품이 고가일 경우에는 보험 취급이 가능하다.
② 우편물 접수 시 내용품의 생산지를 필수로 입력한다.
③ 실중량이 3kg, 부피중량이 4kg일 경우에는 부피중량의 요금으로 접수한다.
④ 미국행 K-Packet은 상대국가에서 제공하는 종추적 정보, 행방조사 청구가 가능하다.

> **ADVICE** ① EMS프리미엄 접수에 대한 설명이다.
> ③ 제한무게는 2kg이다.
> ④ 미국행 K-Packet은 상대국가에서 제공하는 종추적 정보 외의 행방조사, 손해배상 등 기타 청구는 할 수 없다.

14 다음 법령에서 (가)~(라)에 들어가는 수를 모두 더한 것으로 옳은 것은?

「우편법」 제37조의2(고층건물의 우편수취함 설치)

(가) 층 이상의 고층건물로서 그 전부 또는 일부를 주택·사무소 또는 사업소로 사용하는 건축물에는 대통령령으로 정하는 바에 따라 우편수취함을 설치하여야 한다.

「우편법 시행규칙」 제131조(고층건물우편수취함의 설치)

영 제50조 제1항의 규정에 의한 고층건물의 우편수취함(이하 "고층건물우편수취함"이라 한다)은 건물구조상 한 곳에 그 전부를 설치하기가 곤란한 경우에는 (나) 층이하의 위치에 (다) 개소이내로 분리하여 설치할 수 있다. 다만, 고층건물우편수취함 설치대상 건축물로서 그 (라) 층 출입구, 관리사무실 또는 수위실등(출입구 근처에 있는 것에 한한다)에 우편물 접수처가 있어 우편물을 배달할 수 있는 경우에는 고층건물우편수취함을 설치하지 아니할 수 있다.

① 8   ② 9

③ 10   ④ 11

> **ADVICE** (가) 3층 이상의 고층건물로서 그 전부 또는 일부를 주택·사무소 또는 사업소로 사용하는 건축물에는 대통령령으로 정하는 바에 따라 우편수취함을 설치하여야 한다.
> 영 제50조제1항의 규정에 의한 고층건물의 우편수취함(이하 "고층건물우편수취함"이라 한다)은 건물구조상 한 곳에 그 전부를 설치하기가 곤란한 경우에는 (나) 3층 이하의 위치에 (다) 3개소이내로 분리하여 설치할 수 있다. 다만, 고층건물우편수취함 설치대상 건축물로 서 그 (라) 1층 출입구, 관리사무실 또는 수위실등(출입구 근처에 있는 것에 한한다)에 우편물 접수처가 있어 우편물을 배달할 수 있는 경우에는 고층건물우편수취함을 설치하지 아니할 수 있다.

15 EMS프리미엄 서비스에 대한 설명으로 옳은 것은?

① 30kg 초과 70kg 이하의 고중량 우편물 배송 부가서비스는 전국 우체국(우편취급국 포함)에서 접수 가능하다.

② 비서류 접수 시 우편물의 실중량이 5,500g이고 가로 10㎝, 세로 20㎝, 높이 30㎝이면 체적중량의 요금을 적용한다.

③ 부가서비스 중 수출신고서 발급 및 통관 대행은 부가 요금이 무료이며, 전국 우체국(우편취급국 포함)에서 접수 가능하다.

④ 우편물의 도착국가에서 발생한 관세 및 세금을 발송인이 지불하는 부가서비스는 전국 우체국(우편취급국 포함)에서 접수 가능하다.

> **ADVICE** ① 30kg 초과 70kg 이하의 고중량 우편물 배송 부가서비스는 전국 총괄우체국 (5급국 이상)에서 접수 가능하다.
> ② 비서류 접수 시 우편물의 체적중량과 무게(저울)중량 중 두 가지를 비교하여 높은 중량을 적용한다.
> ④ 우편물의 도착국가에서 발생한 관세 및 세금을 발송인이 지불하는 부가서비스는 전국 총괄우체국 (5급국 이상)에서 접수 가능하다.

16 국제회신우표권(IRC)에 대한 설명으로 옳은 것은?

① 우표류에 속하므로 우리나라에서는 20장 초과 시 할인하여 판매한다.

② 국제회신우표권을 교환해 줄 때에는 오른쪽 해당란에 국제날짜 도장을 날인한다.

③ 현재 우리나라는 이스탄불 국제회신우표권을 850원에 해당하는 우표류와 교환해 준다.

④ 우표류와 교환을 마친 국제회신우표권은 '반납 및 인수증'을 첨부하여 국제우편물류센터로 반납한다.

> **ADVICE** ① 20장 초과 판매를 요구할 때에는 구체적인 사용 목적을 확인한 후 판매하는 등 판매수량을 합리적으로 제한한다.
> ③ 국제회신우표권을 교환하여 줄 때에는 반드시 진위 여부를 검사(UPU의 문자가 선명하게 인쇄되었는지 등)하여야 하며, 오른쪽 해당란에 국제날짜도장을 날인한다.
> ④ 우표류와 교환을 마친 국제회신우표권은 포스트넷에 '반납 및 인수증(청구 및 송증)'을 등록(첨부)하고 우정사업조달센터로 반납한다.

Answer   15.③ 16.②

17 국제특급우편물(EMS)의 접수와 취급에 관한 설명으로 옳은 것만을 모두 고르면?

> ㉠ 비계약 고객이 국제우편스마트접수를 이용하여 1회에 2통의 우편물을 방문접수 신청할 경우, 방문접수 수수료 5,000원을 납부해야 한다.
> ㉡ 발송우체국은 발송인이 원화(KRW)로 기재한 보험가액을 특별인출권 (SDR)으로 환산하여 기표지(운송장) 해당란에 작성한다.
> ㉢ 노르웨이로 비서류 발송 시 도착국가 세관으로부터 승인 완료 (AC)를 받은 후 발송해야 한다.
> ㉣ 우편물이 도착국가에서 배달불능으로 반송되어 돌아온 경우, 반송 취급료는 무료이다.

① ㉠, ㉡
② ㉠, ㉢
③ ㉡, ㉣
④ ㉢, ㉣

>**ADVICE** ㉠ EMS 방문접수 수수료(계약고객 제외)는 1회 방문 1통 당 3,000원, 추가 1통 당 1,000원(최대 5,000원)이다.
> ㉡ 보험소포우편물의 접수에 관한 내용이다.

18 국제우편 요금에 관한 설명으로 옳지 않은 것은?

① 요금체계는 구성 내용에 따라 국내 취급비, 도착국까지의 운송요금, 도착국 내에서의 취급비로 구분한다.
② 요금은 만국우편협약에서 정한 범위 안에서 과학기술정보통신부장관이 결정한다.
③ 우편물 종별에 따라 선편요금과 항공요금으로 구분한다.
④ 선편우편물은 실중량으로 우편요금을 계산한다.

>**ADVICE** ③ 운송편별에 따라 선편요금과 항공요금으로 구분한다. 우편물종별에 따라 통상우편물, 소포우편물, EMS(국제특급), K-Packet, 한중해상특송의 요금 등으로 구분하며, 부가취급에 따른 부가취급수수료가 있다. 구성내용에 따라 국내취급비, 도착국까지의 운송요금과 도착국내에서의 취급비로 구분한다.

19 만국우편연합(UPU)에 관한 설명으로 옳은 것만을 모두 고르면?

> ㉠ 제21차 UPU 총회는 1995년 서울에서 개최되었다.
> ㉡ 연합의 상설기관인 관리이사회는 연합업무의 수행, 지원, 연락, 통보 및 협의 기관으로 기능한다.
> ㉢ 기준화폐는 국제통화기금(IMF)의 국제준비통화인 특별인출권(SDR)을 사용한다(1SDR = 1,749원).
> ㉣ 공용어는 프랑스어이며, 회의와 문서 발간을 위하여 프랑스어, 영어, 스페인어, 독일어, 포르투갈어, 러시아어, 중국어, 아랍어를 함께 사용한다.

① ㉠, ㉡
② ㉠, ㉢
③ ㉡, ㉣
④ ㉢, ㉣

>ADVICE ㉠ 1994년 8월 22일부터 9월 14일까지 제21차 UPU 총회를 서울에서 성공리에 개최하였다.
> ㉡ 관리이사회는 우편에 관한 정부정책 및 감사 등과 관련된 사안을 담당한다.

20 한중해상특송 우편물에 관한 설명으로 옳은 것만을 모두 고르면?

> ㉠ 사전 통관정보 제공 대상 우편물이다.
> ㉡ 국제우편스마트접수 대상 우편물이다.
> ㉢ 우체국과 계약한 고객이 이용할 수 있는 전자상거래 전용 서비스이다.
> ㉣ 부산항-위해(威海, Weihai)항 간 운항하는 여객선 및 화물선을 활용한다.

① ㉠, ㉢
② ㉡, ㉣
③ ㉠, ㉡, ㉢
④ ㉠, ㉢, ㉣

>ADVICE ㉡ e-Shipping을 이용하는 고객에 한하여 이용 가능하다.
> ㉣ 인천-위해(威海, Weihai)간 운항하는 여객선 및 화물선을 활용한다.

02 **예금일반**

1 실질금리가 가장 높은 국가는?

국가	물가상승률(연, %)	1년 만기 정기예금 금리(명목금리 연, %)
A	−3.0	3.0
B	−2.0	2.0
C	3.0	2.0
D	4.0	1.0

① A ② B
③ C ④ D

>**ADVICE** 실질금리 = 명목금리 − 물가상승률
  A 국가 : 3−(−3)=6
  B 국가 : 2−(−2)=4
  C 국가 : 2−3=−1
  D 국가 : 2−4=−2

2 저축상품에 대한 설명으로 옳은 것만을 모두 고르면?

> ㉠ 시장금리부 수시입출금식예금(MMDA)은 시장실세금리가 적용되는 실적배당 상품이다.
> ㉡ 단기금융상품펀드(MMF)는 입출금은 자유롭게 할 수 있지만, 이체 및 결제는 할 수 없다.
> ㉢ 정기예탁금은 거치식 예금상품으로 우체국, 은행, 상호금융, 신용협동조합이 취급한다.
> ㉣ 양도성예금증서(CD)는 만기 후에 이자 없이 액면금액만 지급하며 예금자보호 대상에서 제외된다.

① ㉠, ㉢ ② ㉠, ㉣
③ ㉡, ㉢ ④ ㉡, ㉣

>**ADVICE** ㉠ 고객이 우체국이나 은행에 맡긴 자금을 단기금융상품에 투자해 얻은 이익을 이자로 지급하는 구조로 되어 있어 시장실세금리에 의한 고금리가 적용되고 입출금이 자유로우며 각종 이체 및 결제기능이 가능한 단기상품이다.
  ㉢ 은행의 정기예금과 유사한 상품으로 상호금융, 새마을금고, 신용협동조합 등 신용협동기 구들이 취급하고 있는 상품이다. 조합원·준조합원 또는 회원 등이 가입할 수 있으며, 은행권보다 상대적으로 높은 금리를 지급하므로 일반 서민들의 목돈 운용에 적합한 저축수단이다.

Answer 1.① 2.④

3 펀드의 운용 구조에서 (가)~(라)에 해당하는 회사에 대한 설명으로 옳은 것만을 모두 고르면?

○ ㉠ (가)는 펀드 판매 대금을 별도 관리하는 역할을 한다.
○ ㉡ (나)는 펀드를 설정하고 운용하는 역할을 한다.
○ ㉢ (다)는 펀드 기준가격을 산정하는 역할을 한다.
○ ㉣ (라)는 수익증권 발행 업무 등의 역할을 한다.

① ㉠, ㉡   ② ㉠, ㉣
③ ㉡, ㉢   ④ ㉢, ㉣

》ADVICE (가) 자산보관, 수탁회사

(나) 자산운용회사

(다) 일반사무관리회사

(라) 판매회사

㉣ 은행, 보험사, 증권회사 등은 투자자에게 펀드 투자를 권유하고 투자계약을 체결하는 펀드판매회사로서의 역할을 수행한다.

※ 계약형펀드의 운용 구조

4 다음 설명에 맞는 채권이 옳게 짝지어진 것은?

> (가) 특별법에 의하여 설립된 금융회사가 발행하는 채권으로 특정한 금융회사의 중요한 자금 조달 수단 중 하나이다.
>
> (나) 채권 발행 당시에 비해 금리가 하락한 경우에 발행 회사가 기존 고금리 채권을 상환하고 저금리 채권을 새로 발행할 목적으로 활용되는 채권이다.

	(가)	(나)
①	특수채	조기상환권부채권(callable bond)
②	특수채	조기변제요구권부채권(puttable bond)
③	금융채	조기상환권부채권(callable bond)
④	금융채	조기변제요구권부채권(puttable bond)

>ADVICE • 특수채 : 특별한 법률에 의해서 설립된 기관이 특별법에 의하여 발행하는 채권으로서 공채와 사채의 성격을 모두 지니고 있으며 정부가 원리금의 지급을 보증하는 것이 일반적이어서 안정성과 수익성이 비교적 높다. 한국전력채권, 지하철공사채권, 토지주택채권, 도로공사채권, 예금보험공사채권, 증권금융채권 등이 있다.
> • 조기변제요구권 : 채권자가 발행회사에게 채권의 매입을 요구할 수 있는 권리이다.

5 기업 재무비율 분석 및 주가배수 평가에 관한 설명으로 옳지 않은 것은?

① 유동성지표는 기업이 보유 자산을 얼마나 잘 활용하고 있는가를 보여주는 지표로, '자산회전율= $\dfrac{영업이익}{총자산}$ '으로 측정할 수 있다.

② 주가장부가치비율(PBR)은 시장가치의 주가를 장부가치의 주당 순자산으로 나눈 비율이다.

③ 현재 수익은 작아도 성장성이 높은 산업은 일반적으로 주가 이익비율(PER)이 높게 형성되는 경향이 있다.

④ 자기자본이익률(ROE)은 주주의 몫인 자기 자본을 얼마나 효율적으로 활용하여 이익을 창출하였는지 보여주는 지표이다.

>ADVICE ① 유동성지표는 기업이 부담하고 있는 단기부채를 충분하게 상환할 수 있는 능력을 살펴보는 지표로 1년 이내에 만기가 돌아오는 유동부채 대비 현금성이 있는 유동자산의 비율로 측정된다.

6 우체국 금융에 대한 설명으로 옳지 않은 것은?

① 우편 서비스의 지속적인 운영을 위해 우체국 금융 사업에서 발생한 수익의 일부를 우편사업에 지원하고 있다.

② 「우정사업 운영에 관한 특례법」에 의거 통신사업특별회계를 우편사업 · 예금사업 · 보험사업 특별회계로 분리하였다.

③ 우체국 예금의 타인 자본에는 예금을 통한 예수 부채 및 다른 금융 기관으로부터의 차입을 통한 차입 부채가 있다.

④ 우체국 금융의 사업상 이익 발생 시 이익금 중 일부를 국가재정으로 귀속하고 있으며 공적자금상환기금으로도 출연하고 있다.

> **ADVICE** ③ 타인자본에는 예금을 통한 예수부채만 있고, 은행채의 발행 등을 통한 차입 혹은 금융기 관 등으로부터의 차입을 통한 차입부채는 없다.

7 예금압류에 대한 설명으로 옳은 것만을 모두 고르면?

> ㉠ 예금에 대한 압류가 있는 경우, 은행(우체국)은 그 압류의 사실을 예금주에게 통지할 법적 의무가 있다.
> ㉡ 압류 예금에 질권이 설정되어 있는 경우, 은행(우체국)은 질권자에게도 압류 사실을 통지할 필요가 있다.
> ㉢ 추심명령은 예금채권의 추심권을 제3채무자에게 부여하여 직접 추심을 이행할 수 있도록 하는 집행법원의 명령을 말한다.
> ㉣ 예금주에게 여러 종류의 예금이 여러 계좌로 있는 경우, 집행채권의 총액보다 예금총액이 하회한다면 압류명령은 효력이 없다고 본다.

① ㉡

② ㉠, ㉢

③ ㉡, ㉣

④ ㉡, ㉢, ㉣

> **ADVICE** ㉠ 예금에 대한 압류가 있는 경우에 은행(우체국)이 그 압류의 사실을 예금주에게 통지해 줄 법적인 의무는 없다.
> ㉢ 추심명령이란 집행채무자(예금주)가 제3채무자(우체국)에 대하여 가지는 예금채권의 추심 권을 압류채권자에게 부여하여 그가 직접 제3채무자에게 이행의 청구를 할 수 있도록 하는 집행법원의 명령을 말한다.
> ㉣ 실제의 예금액이 기재된 예금액보다 적을 때에는 실제의 예금액 전액에 압류의 효력이 미치고, 그 반대이면 기재된 예금액에 한하여 압류의 효력이 미친다.

Answer   6.③   7.①

8 내부통제에 대한 설명으로 옳지 않은 것은?

① 조직이 추구하는 최종목표를 달성하기 위한 과정으로 금융회사 내 모든 구성원에 의해 수행되는 일련의 통제 활동이다.

② 준법의 목적, 보고의 목적, 운영의 목적을 각각의 부서가 달성함으로써 전체 조직의 목표를 달성하도록 하는 수단이다.

③ 내부통제기준을 마련할 때에는 임직원의 금융관계법령 위반행위 등을 방지하기 위한 절차나 기준이 포함되어야 한다.

④ 내부통제 구성요소 중 모니터링은 조직이 직면하고 있는 리스크를 업무별·종류별로 인식하고 정기적으로 측정·분석하는 것이다.

>ADVICE ④ 리스크평가는 조직이 직면하고 있는 리스크를 종류별·업무별로 인식하고 측정, 분석하는 것이다. 모니터링은 내부통제의 모든 과정은 모니터링하며 지속적으로 수정 및 보완하는 것이다.

9 예금자 보호에 대한 설명으로 옳지 않은 것은?

① 금융회사가 파산 등으로 고객의 예금을 지급하지 못하게 될 경우를 방지하기 위해 우리나라는 「예금자보호법」을 제정하여 고객의 예금을 보호하고 있다.

② 우체국은 예금보험공사의 보호 대상은 아니지만, 「우체국예금·보험에 관한 법률」제4조에 의거하여 예금(이자 포함) 전액을 보호한다.

③ 예금을 대신 지급할 재원이 금융회사가 납부한 예금 보험료만으로 부족할 경우, 예금보험공사가 직접 채권을 발행하는 등의 방법으로 재원을 조성한다.

④ 파산한 금융회사의 예금자가 해당 금융회사에 예금 및 대출이 있는 경우, 예금은 보호금액한도 내에서 전액 보호받고, 대출금은 차후 예금보험공사에 상환해야 한다.

>ADVICE ④ 파산한 금융회사의 예금자가 해 당 금융회사에 대출이 있는 경우에는 예금에서 대출금을 먼저 상환(상계)시키고 남은 예금을 기준으로 보호한다.

10 다음 A의 기준으로 표기한 상속 가계도로 볼 때 A의 사망으로 인한 상속에 대한 설명으로 옳은 것은? (단, C는 A의 사망 전에 이미 사망하였고, D는 A의 사망 후 즉시 상속을 포기하였다. 그 외는 생존하고 있는 것으로 본다)

▶ A의 상속 금액: 5억 원(우체국 정기예금)

① E와 F의 상속비율과 상속재산은 동일하다.
② 공동상속인 중 대습으로 상속받는 상속인은 총 3명이다.
③ D가 즉시 상속을 포기함으로써 공동상속인은 총 6명이다.
④ D의 상속 포기로 F와 K는 유류분을 청구할 수 있는 권리가 있다.

>ADVICE ② A의 사망 전에 이미 사망하였으므로 C는 상속인이 될 수 없다. C의 직계비속 및 배우자가 대습상속을 받을 수 있다. 따라서 E, G, H는 대습상속인이다.
① E는 대습상속인으로 상속권이 있지만, F는 D의 상속포기로 인해 대습상속인이 아니므로 상속권이 없다. 따라서 상속비율과 상속재산이 동일할 수 없다.
③ 공동상속인은 B, E, G, H로 총 4명이다.
④ F와 K는 상속인이 아니므로 유류분을 청구할 권리가 없다.

11 자금세탁방지제도에 대한 설명으로 옳은 것은?

① 금융회사는 강화된 고객확인의무로 거래실적에 따라 고객 등급을 평가하고, 그 등급에 따른 차등화된 고객확인을 실시하고 있다.

② 금융회사 등은 금융거래에서 수수한 재산이 범죄수익이라고 알게 되어 관할 수사기관에 신고한 경우에도 금융정보분석원에 의심거래보고를 하여야 한다.

③ 금융회사 등은 고객이 고액현금거래보고를 회피할 목적으로 금액을 분할하여 금융거래를 한다고 의심되는 합당한 근거가 있는 경우에도 고액현금거래보고를 하여야 한다.

④ 고객확인제도는 금융회사 입장에서 자신의 고객이 누구인지 정확히 알고, 범죄자에게는 금융서비스를 제공하지 않도록 하는 정책이라 하여 고객보호정책이라고도 한다.

)**ADVICE** ① 강화된 고객확인의무에 관한 설명이다.
③ 고액현금거래보고제도에 관한 설명이다.
④ 고객확인제도에 관한 설명이다.

12 다음 내용에 대한 설명으로 옳지 않은 것은?

> 채권의 준점유자란 예금 통장을 소지하고, 그에 찍힌 인영과 동일한 인장 및 비밀번호에 의해 예금을 청구하는 자로 채권의 준점유자에 대한 변제는 변제자가 선의이며 과실이 없는 때에 효력(변제자 면책)이 있다.

① 채권의 준점유자에게 선의·무과실로 예금을 지급했다면, 그 청구자가 진정한 권리자인지 여부와 관계없이 그 지급은 유효하다.

② 변제자의 선의란 채권의 준점유자에게 변제 수령의 권한이 없음을 알지 못하고, 적극적으로 수령 권한이 있다고 믿는 것이다.

③ 예금 통장·증서 및 신고인감 등을 절취하여 예금주의 대리인임을 주장해 예금을 지급 받은 자는 채권의 준점유자로 볼 수 없다.

④ 채권의 준점유자에 대한 변제는 민법의 이론을 구체화하여 「예금거래기본약관」제16조(면책)에서 명확히 규정하고 있다.

)**ADVICE** ③ 예금통장·증서를 소지하고 신고인감 등을 절취하여 예금주의 대리인임을 주장하며 예금을 지급받은 자도 채권의 준점유자에 대한 변제규정의 취지가 선의의 변제자를 보호하기 위한 규정이므로 채권의 준점유자로 볼 수 있다.

13 「금융실명거래 및 비밀보장에 관한 법률」에 대한 설명으로 옳은 것은?

① 금융회사 등은 거래자의 실지명의로 금융거래를 해야 하며, "실지명의"란 주민등록표상의 명의, 사업자등록증상의 명의, 그 밖에 대통령령으로 정하는 명의를 말한다.

② 실명이 확인된 계좌에 보유하고 있는 금융자산은 명의자의 소유로 확정된다.

③ 금융회사 등에 종사하는 자는 명의인의 동의를 받지 아니하고 거래 정보 등의 제공을 요구받은 경우, 그 내용을 금융감독원에 신고해야 할 의무가 있다.

④ 거래 정보 등의 요구자가 공정한 사법절차 진행을 방해할 우려가 있는 명백한 사유로 정보제공 사실 통보를 1년간 유예 요청하면, 금융회사는 1년 동안 명의자에게 통보를 유예하여야 한다.

> **ADVICE** ② 실명이 확인된 계좌에 보유하고 있는 금융자산은 명의자의 소유로 추정한다.
> ③ 금융사 등에 종사하는 자는 명의인의 서면상의 요구나 동의를 받지 아니하고는 그 금융거래의 내용에 대한 정보 또는 자료를 타인에게 제공하거나 누설하여서는 아니 되며, 누구든지 금융사등에 종사하는 자에게 거래정보 등의 제공을 요구하여서는 아니 된다.
> ④ 금융사등은 통보 대상 거래정보등의 요구자로부터 다음의 하나에 해당하는 사유로 통보의 유예를 서면으로 요청받은 경우에는 제1항에도 불구하고 유예요청기간(제2호 또는 제3호의 사유로 요청을 받은 경우로서 그 유예요청기간이 6개월 이상인 경우에는 6개월) 동안 통보를 유예하여야 한다.
> • 해당 통보가 사람의 생명이나 신체의 안전을 위협할 우려가 있는 경우
> • 해당 통보가 증거 인멸, 증인 위협 등 공정한 사법절차의 진행을 방해할 우려가 명백한 경우
> • 해당 통보가 · 조사 등의 행정절차의 진행을 방해하거나 과도하게 지연시킬 우려가 명백한 경우

14 다음 금융직원 갑~병의 예금업무 처리 내용의 근거로 A~F를 바르게 연결한 것은?

> 갑 : 고객이 통장을 분실했다고 재발행 요청을 하셔서 수수료를 받고 통장을 재발행 했어.
>
> 을 : 고객에게 불법 차명거래가 금지된다는 사실을 설명하고, 고객이 그 내용을 이해하였음을 서명으로 확인받았어.
>
> 병 : 고객의 계좌를 신규로 개설할 때 고객 본인이 아닌 타인을 위한 거래라고 의심되어 실제 소유자를 새로 파악했어.

> A. 금융실명법   B. 우체국예금 · 보험에 관한 법률
>
> C. 금융소비자보호법   D. 입출금이 자유로운 예금약관
>
> E. 특정금융정보법   F. 국제조세조정에 관한 법률

	(갑)	(을)	(병)
①	B	C	A
②	B	A	E
③	C	A	F
④	D	F	E

> **ADVICE** B. 우체국금융은 「우체국예금 · 보험에 관한 법률」을 근거로 우체국으로 하여금 간편하고 신뢰 가는 예금 · 보험 사업을 운영하게 함으로써 금융의 대중화를 통하여 국민의 저축 의욕 을 북돋우고, 보험의 보편화를 통하여 재해의 위험에 공동으로 대처하게 함으로써 국민 경제생활의 안정과 공공복리의 증진 임무를 수행하고 있다.
>
> A. 「금융실명거래 및 비밀보장에 관한 법률」은 불법재산의 은닉, 자금세탁행위(조세포탈 등), 공중협박자금조달행위, 강제집행의 면탈 또는 그 밖의 탈법행위를 목적으로 하는 차명거래를 금지하고 있다. 금융회사 종사자는 불법 차명거래를 알선 · 중개하는 행위를 금지하고, 금융회사 종사자에게 거래자를 대상으로 불법 차명거래가 금지된다는 사실을 설명해야 하며, 설명한 내용을 거래자가 이해하였음을 서명, 기명날인, 녹취 등의 방법으로 확인받아야 한다.
>
> E. 2014년 5월 「특정금융정보법」 개정을 통해 국제기준에 따른 실제 소유자의 정의와 고객확인업무 수행 시 실제 소유자를 확인하도록 의무사항이 추가되었다.

15 우체국 예금상품에 대한 설명으로 옳지 않은 것은?

① '우체국 국민연금안심통장'은 실명의 개인이 가입 대상이며 예금 평균 잔액이 30만 원 이상인 경우에 우대이율을 제공한다.

② '기업든든MMDA통장'은 법인, 고유번호증을 부여받은 단체, 사업자등록증을 가진 개인사업자 등에게 예치 금액별로 차등 금리를 제공한다.

③ '우체국 다드림통장' 베이직 패키지는 실명의 개인, 개인사업자, 법인, 단체, 금융기관이 가입 대상이며 공과금 자동이체 약정이 되어 있는 경우에 우대이율을 제공한다.

④ '우체국 건설하나로 통장'은 건설업 종사자임을 확인할 수 있는 실명의 개인 또는 개인사업자가 가입 대상이며 '우체국 건설올패스카드'이용 고객을 우대한다.

> **ADVICE** 가입대상은 다드림통장 패키지 구분별로 아래 표에서 정하는 대상자로 구분하며 예금, 보험, 우편 등 우체국 이용 고객 모두에게 혜택을 제공하는 상품으로 거래 실적별 포인트 제공과 패키지별 우대금리 및 수수료 면제 등 다양한 우대서비스를 제공하는 우체국 대표 입출금이 자유로운 예금이다.

패키지	주니어	직장인	사업자	실버	베이직
가입대상자	19세 미만 실명의 개인	실명의개인	개인사업자, 법인, 단체 (금융기관제외)	50세 이상 실명의 개인	개인, 개인사업자, 법인, 단체 (금융기관제외)

16 우체국 거치식 예금에 대한 설명으로 옳지 않은 것은?

① '우체국 소상공인정기예금'은 실명의 개인 또는 개인사업자인 소상공인·소기업 대표자를 대상으로 서민자산 형성을 지원하는 공익형 정기예금이다.

② '초록별 사랑 정기예금'은 실명의 개인이 가입 대상이며 종이 통장 미발행, 친환경 활동 및 기부 참여 시 우대 혜택을 제공하는 정기예금이다.

③ 'e-Postbank정기예금'은 온라인 전용 상품으로 우체국 수시 입출식 예금에 자동이체 약정이 2건 이상 되어 있는 경우에 우대이율을 제공한다.

④ '2040+α 정기예금'은 인터넷뱅킹·스마트뱅킹을 통해 가입하는 경우에는 실명의 개인, 개인사업자가 가입 대상이며 우체국 우수 고객에게 우대이율을 제공한다.

> **ADVICE** ④ '2040+α 정기예금'의 가입대상은 우체국 창구를 통해 가입하는 경우 실명의 개인, 개인사업자, 단체, 법인(금융기관 제외)이고, 인터넷뱅킹·스마트뱅킹을 통해 가입 경우에는 실명의 개인이며 20~40대 직장인과 법인 등의 안정적 자금운용을 위해 급여이체 실적, 체크카드 이용 실적, 우체국예금, 보험, 우편 우수고객 등 일정 조건에 해당하는 경우 우대금리를 제공하는 정기예금이다.

17 우체국 적립식 예금에 대한 설명으로 옳은 것만을 모두 고르면?

> ㉠ '우체국 다드림적금'은 우체국예금 우수 고객에게 우대이율을 제공한다.
> ㉡ '2040$^{+\alpha}$ 자유적금'은 우체국예금 3년 이상 장기거래 고객에게 우대이율을 제공한다.
> ㉢ '달달하이(high) 적금'은 청년 고객(19세 이상 34세 이하)에게 우대이율을 제공한다.
> ㉣ '우체국 매일모아e적금'은 목표저축액을 설정하고 달성한 경우에 우대이율을 제공한다.

① ㉠, ㉡
② ㉠, ㉢
③ ㉡, ㉣
④ ㉢, ㉣

>**ADVICE** ㉡ 2040$^{+\alpha}$ 자유적금은 다음에서 정하는 조건을 충족하는 경우 최고 연 0.3%p의 우대이율을 제공한다.

우대조건	우대이율			
	개인	개인사업자	법인	단체
우체국 수시입출식 예금으로 우체국 급여성 이체 기준에 해당하는 실적이 있는 경우	0.1	–	–	–
카드(신용, 체크)가맹점 우체국 결제계좌 약정 및 이용 시	0.1	0.1	0.1	0.1
우체국 체크카드 월 평균 이용실적 해당 시 (개인, 단체 20만 원/개인사업자 30만 원/법인 100만 원)	0.1	0.1	0.1	0.1
월 50만 원 이상 우체국 수시입출식 예금에서 이 적금으로 만기까지 자동이체 시	0.1	0.1	0.1	0.1
우체국 예금, 보험, 우편 우수고객 또는 인터넷뱅킹 · 스마트 뱅킹으로 가입 시	0.1~0.15	0.1~0.15	0.1	0.1

> ㉣ 우체국 매일모아e적금은 매일 저축(자동이체) 및 매주 알림저축 서비스를 통해 소액으로 쉽고 편리하게 목돈 모으기가 가능한 디지털전용 적립식 예금이다.

18 우체국 해외송금 업무에 대한 설명으로 옳은 것은?

① 우체국은 신한은행과 제휴하여 신한은행 SWIFT 망을 통해 전 세계 수취인의 주소지로 SWIFT 해외송금을 하고 있다.

② Eurogiro 해외송금은 Eurogiro社의 네트워크를 사용하는 EDI(전자문서 교환) 방식의 국제금융 송금 서비스로 CD/ATM에서는 서비스 이용이 불가능하다.

③ 간편 해외송금은 소액해외송금업체인 ㈜와이어바알리社와의 제휴를 통해 제공하는 핀테크 해외송금으로 인터넷뱅킹에서는 서비스 이용이 불가능하다.

④ MoneyGram 특급송금은 미국 머니그램社와 제휴한 에이전트(Agent) 간의 네트워크 정보에 의해 자금을 송금·수취한 후 수취인의 계좌번호로 이체하는 서비스이다.

> **ADVICE** ① 우체국은 신한은행과 제휴하여 신한은행 SWIFT 망을 통해 전 세계 금융기관을 대상으로 해외송금 서비스를 운영하고 있다.
>
> ② 유럽지역 우체국 금융기관이 주체가 되어 설립한 Eurogiro社의 네트워크를 사용하는 EDI(전자문서 교환)방식의 국제금융 송금서비스로 우정사업자와 민간 금융기관이 회원으로 가입 후 회원 간 쌍무협정(Bilateral Agreement)을 통해 해외송금 업무를 수행한다. 계좌와 주소지 송금이 가능하다.
>
> ④ 미국 텍사스에 본사를 둔 머니그램社와 제휴한 Agent 간 네트워크 상 정보에 의해 자금 을 송금·수취하는 무계좌 거래로 송금 후 약 10분 뒤에 송금번호(REF.NO)만으로 수취가 가능한 특급해외송금 서비스이다.

19 우체국 체크카드에 대한 설명으로 옳은 것은?

① '우체국 영리한PLUS 체크카드'는 폐플라스틱을 재활용한 친환경 카드로 12세 이상 발급이 가능하며 선불교통 기능 선택이 가능하다.

② '우체국 브라보 체크카드'는 중장년 세대를 위한 카드로 해외 원화결제(DCC) 차단 서비스를 제공하며 선불교통 기능 선택이 가능하다.

③ '우체국 우리동네PLUS 체크카드'는 지역별 특성을 고려하여 특화 서비스를 제공하는 카드로 12세 이상 발급이 가능하며 후불교통 기능 선택이 가능하다.

④ '우체국 건설올패스카드'는 건설근로자가 출퇴근 기록을 남길 수 있는 기능과 체크카드 기능이 합쳐진 통합카드로 후불교통 기능 선택이 가능하다.

> **ADVICE** ② '우체국 브라보 체크카드'는 중장년 세대를 위한 카드로 해외 원화결제(DCC) 차단 서비스를 제공하며 선불교통 기능 선택이 불가능하다.
>
> ③ '우체국 우리동네 PLUS체크카드'는 지역별 특성을 고려하여 특화 서비스를 제공하는 카드로 12세 이상 발급이 가능하며 후불교통 기능 선택이 불가능하다.
>
> ④ '우체국 건설올패스카드'는 건설근로자가 출퇴근 기록을 남길 수 있는 기능과 체크카드 기능이 합쳐진 통합카드로 후불교통 기능 선택이 불가능하다.

Answer 18.③ 19.①

20 다음 고객이 가장 높은 우대이율을 받을 수 있는 우체국 예금상품은?

> - 나이 : 65세
> - 거주지 : 읍·면 단위 지역
> - 고객 등급 : 우체국예금 우수 고객
> - 우체국 체크카드 : 매월 30만 원 이상 사용
> - 자동이체 약정 : 공과금 3건, 우체국보험 보험료 납입 5건 약정
> - 공무원연금 : 매월 200만 원을 우체국 수시입출식 예금으로 수령

① 챔피언 정기예금
② 이웃사랑 정기예금
③ 시니어 싱글벙글 정기예금
④ 우체국 퇴직연금 정기예금

> **ADVICE** ③ 시니어 싱글벙글 정기예금의 경우, 50세 이상 고객인 경우 0.1%p, 최근 1년 이내 우체국 정기예금 가입, 유지, 해지가 없는 경우 0.1%p, 우체국 수시입출식 예금으로 연금 또는 급여이체 실적 우대 0.2%p, 총 0.4%p 우대를 받을 수 있다.
>
> ② 이웃사랑 정기예금의 경우 읍·면단위지역거주자가 1억 원 이하 거래하는 경우 0.2%p의 우대이율을 받을 수 있다.

Answer   20.③

03 보험일반

1 보험계약의 법적 성질에 대한 설명으로 옳은 것은?

① 보험계약에서 보험자의 보험금 지급의무는 우연한 사고의 발생을 전제로 하는 불요식계약이다.

② 보험계약자는 보험료 납부의무를 가지며, 보험자는 보험사고의 발생을 조건으로 보험금 지급의무를 가지는 낙성계약이다.

③ 보험자가 미리 마련한 정형화된 약관에 따라 계약을 체결하는 부합계약이며, 보험계약자는 약관을 승인하거나 거절하는 형식을 취한다.

④ 모든 계약은 신의성실의 원칙이 요구되며, 보험계약자에게 고지의무, 위험 변경·증가의 통지 의무 등의 규정을 지키도록하는 사행계약이다.

> **ADVICE** ① 보험계약은 보험계약에 대해 특별한 방식을 요구하지 않는 불요식계약이다.
> ② 보험계약에서 보험금 지급의 조건인 보험사고 발생은 장래의 우연한 사고에 달려 있으므로 도박과 마찬가지로 사행계약의 특성을 가진다.
> ④ 모든 계약은 신의성·신의성실의 원칙에 의해 체결되어야하며, 보험계약에서는 선의계약성 실현을 위해 고지의무, 위험변경·증가의 통지의무, 고의나 중과실 사고에 대한 보험자면책, 사기로 인한 초과보험 무효, 손해방지 의무, 보험자대위 등의 규정을 두고 있다.

2 「상법」상 보험의 종류에 대한 설명으로 옳은 것은?

① 인보험, 손해보험, 제3보험으로 분류한다.

② 생명보험은 보험사고로 인하여 발생한 피보험자의 생명이나 재산상의 손해를 대상으로 한다.

③ 질병보험은 피보험자의 질병에 관한 보험사고가 발생할 경우, 보험자가 약정한 보험금을 지급한다.

④ 보증보험은 피보험자가 보험기간 중의 사고로 인하여 제3자에게 배상할 책임을 지는 경우, 보험자가 이로 인한 손해를 보상할 것을 목적으로 한다.

> **ADVICE** ① 상법상 손해보험, 인보험으로 분류한다.
> ② 생명보험은 계약자의 사망 또는 일정 연령까지 생존 시 약정한 보험금을 지급하는 보험으로 노후의 생활비, 사망 후 유가족의 생활보호를 위한 자금 등을 마련하기 위해 이용한다.
> ④ 보증보험은 각종 거래에서 발생하는 신용위험을 감소시키기 위해 보험의 형식으로 하는 보증제도로서 보증보험 회사가 일정한 대가(보험료)를 받고 계약상의 채무이행 또는 법령상의 의무이행을 보증하는 특수한 형태의 보험 이다.

Answer 1.③ 2.③

3 보험소비자 보호에 대한 설명으로 옳지 않은 것은?

① 예금보험공사에서는 「예금자보호법」에 따라 개인이 가입한 보험계약, 보증보험계약, 재보험계약 등을 보호하고 있다.

② 과학기술정보통신부장관은 「우체국예금·보험에 관한 법률」에 따라 체신관서가 우체국보험소비자의 권리 보호를 위하여 준수 하여야 할 사항을 고시하여야 한다.

③ 보험금 대리청구인 지정제도는 보험계약자, 피보험자, 보험수익자가 모두 동일한 계약에서 보험계약자 스스로 보험금 청구가 현실적으로 어려운 경우를 대비하는 제도이다.

④ 「금융소비자 보호에 관한 법률」에 따라 금융상품판매업자 등은 일반금융소비자에게 보장성 상품의 계약 체결을 권유하는 경우, 보장성 상품의 내용, 보험료 및 위험보장의 범위 등을 설명하여야 한다.

ADVICE ① 개인이 가입한 보험계약, 퇴직보험, 변액보험계약 특약 및 최저보증금, 예금자 보호대상 금융상품으로 운용되는 확정기여형 퇴직연금제도 및 개인형 퇴직연금제도의 적립금, 원본이 보전되는 금전신탁 등은 보호받을 수 있지만, 보험계약자 및 보험료납부자가 법인인 보험계약, 보증보험계약, 재보험계약, 변액보험계약 주계약, 확정급여형 퇴직연금제도의 적립금 등은 보호받을 수 없다.

4 보험계약에 대한 설명으로 옳은 것은?

① 보험자가 보험약관의 교부·명시 의무를 위반한 경우, 보험 계약자는 보험계약이 성립한 날부터 6개월 이내에 보험계약을 취소할 수 있다.

② 보험자는 보험계약자로부터 보험의 청약과 함께 보험료를 받은 경우, 다른 약정이 없으면 30일 이내에 계약을 승낙 또는 거절하여야 한다.

③ 보험자는 보험사고 발생의 통지를 받은 후 지체없이 지급할 보험금액을 정하고, 그 정하여진 날부터 15일 이내에 보험금을 지급해야 한다.

④ 보험계약자는 보험가입증서(보험증권)를 받은 날부터 30일 이내에 청약을 철회할 수 있으나, 청약일로부터 90일이 초과한 계약은 청약을 철회할 수 없다.

ADVICE ① 보험자가 보험약관의 교부·명시의무에 위반한 경우 보험계약자는 보험계약이 성립한 날 부터 3개월 이내에 보험계약을 취소할 수 있다.

③ 보험자는 보험금액의 지급에 관하여 약정기간이 있는 경우에는 그 기간내에 약정기간이 없는 경우에는 제657조 제1항의 통지를 받은 후 지체없이 지급할 보험금액을 정하고 그 정하여진 날부터 10일내에 피보험자 또는 보험수익자에게 보험금액을 지급하여야 한다.

④ 보험계약자는 보험가입증서(보험증권)을 받은 날부터 15일 이내에 청약을 철회할 수 있다. 다만, 진단계약, 보험기간이 90일 이내인 계약 또는 전문금융소비자가 체결한 계약은 청약을 철회할 수 없으며, 청약일로부터 30일이 초과한 계약도 청약철회가 불가하다.

Answer 3.① 4.②

5 다음 보험료에 대한 설명으로 옳은 것은?

영업보험료	위험보험료	순보험료	부가보험료	저축보험료
10,000원	7,000원	8,000원	(가)	(나)

① 위험보험료는 사망보험금, 장해보험금 등의 지급 재원이 되는 보험료로 예정사업비율을 기초로 계산된다.

② 순보험료는 보상금 및 수당, 보험증서 발행 등에 사용되는 보험료를 포함한다.

③ 부가보험료는 보험회사가 보험계약을 체결, 유지 및 관리하기 위한 경비에 사용되는 보험료이며, (가)는 2,000원이다.

④ 저축보험료는 만기보험금, 중도보험금 등의 지급 재원이 되는 보험료이며, (나)는 3,000원이다.

> ADVICE ① 위험보험료는 사망보험금, 장해보험금 등 보험사고 발생시 보험금 지급 재원이 되는 보험료이다.
> ② 순보험료는 장래의 보험금 지급의 재원(財源)이 되는 보험료로 위험보험료와 저축보험료 로 분리할 수 있다.
> ④ 순보험료 = 위험보험료 + 저축보험료 8,000 = 7,000 + (나)
> (나) = 1,000

6 언더라이팅(청약심사)의 절차 중 1단계에 대한 설명으로 옳은 것은?

① 고객의 고지의무 사항 위반 수준에 따라 해당 계약을 취소 처리할 수 있다.

② 계약조건 결정에 필수적인 기본정보를 고객에게 정확히 고지·안내해야 한다.

③ 보험계약자가 보험금 지급을 신청한 경우, 고지 내용 중 의심사항에 대해 실시한다.

④ 병원진단 등으로 객관적인 입장에서 피보험자의 중요 고지 내용에 대한 확인을 수행하기 위한 과정이다.

> ADVICE ① (4단계) 계약적부확인
> ③ (5단계) 사고 및 사망조사
> ④ (2단계) 건강진단에 의한 선택

Answer 5.③ 6.②

7 우체국 보험계약 부활에 관한 설명으로 옳지 않은 것은?

① 부활 청구는 보험기간의 만기일까지 가능하나, 보험기간 만기일이 비영업일인 경우, 그 전 영업일까지만 청구가 가능하다.

② 보험료 납입 연체로 인하여 계약 해지 후 이미 해약환급금을 수령한 경우, 계약 해지 일자와 상관없이 부활 청약이 불가능하다.

③ 최초 가입 시와 직종(운전 등 포함)이 다른 경우, 위험 등급별 가입 한도 초과 및 상품별 가입 거절 직종에 해당하지 않아야 한다.

④ 보험계약자 또는 피보험자가 미성년자(19세 미만)이고 부모공동으로 친권을 행사할 때는 친권자 각각의 서명 또는 날인을 받아야 하나, 보험계약자가 친권자일 경우, 나머지 친권자 1인의 자필서명을 받아야 한다.

>**ADVICE** ① 계약해지(효력상실)일로부터 3년 이내, 보험기간 만기일까지 부활을 청구한 계약이어야 한다. 보험기간 만기일이 비영업일인 경우는 그 다음 업무 개시 영업일까지 가능하며 계약해지(효력상실) 후 3년 이내라도 만기일이 경과하면 부활이 불가능하다.

8 다음 우체국보험의 '기존 계약 부당 소멸 행위'에 대한 설명에서 밑줄 친 부분에 해당하지 않는 것은?

> 새로운 보험계약을 청약하게 한 날부터 6개월 이내에 기존 보험계약을 소멸하게 하는 경우, 해당 보험계약자 또는 피보험자에게 기존 보험계약과 새로운 보험계약의 <u>6가지 중요한 사항</u>을 비교하여 알리지 아니하는 행위

① 분쟁조정절차에 관한 사항
② 예정 이자율 중 공시 이율
③ 보험가입금액 및 주요 보장 내용
④ 우정관서의 면책사유 및 면책사항

>**ADVICE** 기존계약 부당소멸 행위
> ㉠ 보험료, 보험기간, 보험료 납입주기 및 납입기간
> ㉡ 보험가입금액 및 주요 보장 내용
> ㉢ 보험금액 및 환급금액
> ㉣ 예정 이자율 중 공시이율
> ㉤ 보험 목적
> ㉥ 우정관서의 면책사유 및 면책사항

Answer 7.① 8.①

9 우체국 보험료 자동대출 납입에 대한 설명으로 옳지 않은 것은?

① 어깨동무보험 3종(상해보장형), 평생OK보험은 신청할 수 없다.
② 신청 기한은 보험료 납입 유예기간이 끝나는 날의 전 영업일까지이다.
③ 보험계약자의 신청으로 해약환급금 범위 안에서 자동대출하여 보험료를 납입하는 제도이다.
④ 최초 보험료 자동대출 납입일부터 1년마다 자동 연장되며 해지를 위해서는 신청이 필요하다.

>ADVICE ④ 신청기한은 보험료 납입유예기간이 끝나는 날의 전 영업일까지이며, 보험료의 자동대출납입 기간은 최초 자동대출 납입일부터 1년을 한도로 하며 그 이후의 기간에 대한 보험료의 자동대출 납입을 위해서는 재신청을 하여야 한다.

10 우체국보험에서 '고지의무 위반 시 해지(또는 보장제한) 불가사유'로 옳지 않은 것은?

① 계약을 체결한 날부터 2년이 지났을 때
② 체신관서가 고지의무 위반 사실을 안 날부터 1개월 이상 지났을 때
③ 보험모집자가 보험계약자 또는 피보험자에게 고지할 기회를 주지 않았을 때
④ 체신관서가 계약 당시에 고지의무 위반 사실을 과실로 인하여 알지 못하였을 때

>ADVICE 고지의무 위반 시 해지(또는 보장제한) 불가사유
　　㉠ 체신관서가 계약 당시에 그 사실을 알았거나 과실로 인하여 알지 못하였을 때
　　㉡ 체신관서가 그 사실을 안 날부터 1개월 이상 지났거나 또는 보장개시일부터 보험금 지급사유가 발생하지 않고 2년이 지났을 때
　　㉢ 계약을 체결한 날부터 3년이 지났을 때
　　㉣ 보험을 모집한 자가 계약자 또는 피보험자에게 고지할 기회를 주지 않았거나 계약자 또는 피보험자가 사실대로 고지하는 것을 방해한 경우, 계약자 또는 피보험자에게 사실대로 고지하지 않게 하였거나 부실한 고지를 권유했을 때

11 다음 보험계약자가 최대로 받을 수 있는 보험료 할인율로 옳은 것은? (2026년 1월 현재 기준)

> 김우정씨는 두 자녀(21세의 아들, 17세의 딸)의 아버지이다. 2025년 7월에 김우정씨는 본인을 보험계약자로, 딸을 피보험자로 하여 '무배당 우체국암케어보험 2504'에 가입했다. 가입 당시에는 현금으로 보험료를 납부하였으나 그다음 달부터 우체국 계좌로 자동이체를 신청하여 납부하고 있다. 2025년 9월에 다자녀가구 할인을 신청하면서 딸의 B형 간염 항체 보유 증명 서류와 고혈압·당뇨병이 없다는 건강검진 서류를 제출하였다.

① 3.3%   ② 3.8%

③ 5.3%   ④ 5.8%

ADVICE 3%+0.3%+0.5%=3.8%

㉠ 우체국암케어보험 보험료 할인 : 피보험자가 B형 간염 항체보유 시 영업보험료의 3%를 할인하는 B형 간염 항체보유 할인과 고혈압과 당뇨병이 모두 없을 때 할인되는 우체국암케어보험 실버형 건강체 할인이 있으며, 이 경우 영업보험료의 5%를 할인하고 있다.

㉡ 자동이체 할인

구분	할인율	대상
'01.09.30 이전 계약	1.5%	교육, 학자금, 장학, (구)연금, 백년연금, 정기, 특별보장, 다보장, 체신건강, 암치료, 양로, 상록보험
	0.5%	1.5% 할인 상품을 제외한 모든 상품
'01.10.01 ~ '05.06.30	0.5%	우체국이체
	0.3%	은행이체
'05.07.01 이후 계약	0.3%	우체국이체
	0.1%	은행이체
전자청약 등 판매 계약	0.5%	전자청약·태블릿청약·온라인(인터넷, 모바일)가입 계약 ※ TM, 온라인(인터넷, 모바일)으로 가입한 장기주택마련저축, 그린보너스저축보험 제외

㉢ 다자녀가구 할인 : 다자녀가구 할인은 두 자녀 이상을 둔 가구의 미성년(0~만19세 미만) 자녀가 피보험자인 계약에 한하여, 판매중인 보장성보험(2011. 1. 1. 이후 신규가입분부터 적용)에 가입하여 보험료의 자동이체 납입 시 할인하는 제도이다. 할인율은 두 자녀 0.5%, 세 자녀 이상 1.0%로 차등 적용되며, 자동이체 할인과 중복할인이 가능하다. 자녀수는 신청시점(신규청약, 부활청약, 유지 중) 기준이며, 계약 중 계약자 변경, 자녀수 변동, 피보험자의 성년 나이 도달 등에 관계없이 만기까지 보험료 할인이 적용되고 보험기간 중 피보험자의 형제(자매·남매)가 출생한 경우 우체국에 신청한 이후 차회보험료부터 할인이 적용된다.

12 다음 (가), (나)에 들어갈 우체국 보험상품의 주계약과 특약이 잘못 짝지어진 것은?

> (가) 가입 시 (나)은/는 의무부가(고정부가) 된다.

	(가)	(나)
①	무배당 우체국암케어보험 2504 암진단형	무배당 소액암진단특약Ⅳ 2504
②	무배당 우체국더든든한자녀지킴이보험 2504	무배당 어린이보장특약 2504
③	무배당 우체국간병비보험 2504	무배당 입원간병인미사용특약(10년갱신형) 2504
④	무배당 우체국급여실손의료비보험(갱신형) 2504	무배당 비급여실손의료비특약(갱신형) 2504

> **ADVICE** ② '무배당 우체국더든든한자녀지킴이보험 2504'에서 무배당 어린이보장특약 2504는 선택 사항이다.

13 해약환급금 지급형으로 50% 가입 가능한 우체국 보험상품으로 옳은 것만을 모두 고르면? [기출변형]

> ㉠ 무배당 우체국치매요양간병보험 2509
> ㉡ 무배당 우체국든든한건강종신보험 2506
> ㉢ 무배당 우체국암케어보험 2504
> ㉣ 무배당 우체국간병비보험 2504
> ㉤ 무배당 우체국하나로OK건강종신보험 2504

① ㉠, ㉡

② ㉡, ㉢

③ ㉡, ㉤

④ ㉣, ㉤

> **ADVICE** 해약환급금 50%지급형으로 가입 가능한 우체국 보험상품(2026년 1월 현재)
> ㉡ 무배당 우체국든든한건강종신보험 2506
> ㉤ 무배당 우체국하나로OK건강종신보험 2504

14 피보험자가 18세인 경우, 가입 가능한 우체국 보험상품으로 옳은 것은?

① 무배당 우체국간편건강보험(355)(20년갱신형) 2504
② 무배당 우체국치아보험(갱신형) 2504
③ 무배당 우체국온라인암보험 2504
④ 무배당 내가만든희망보험 2504

> **ADVICE** ① 무배당 우체국간편건강보험(355)(20년갱신형) 2504

구분	가입나이	보험기간	납입기간	납입주기	보험가입금액
최초계약	30~80세	20년만기	전기납	월납	1,000만 원~4,000만원 (500만 원단위)
갱신계약	50~80세	20년만기			
	81~99세	100세만기			

③ 무배당 우체국온라인암보험 2504

가입나이	보험기간	보험료납입기간	보험료납입주기	가입한도액(구좌수)
20~50세	30년	전기납	월납	3구좌(1구좌단위)
20~60세	20년			

④ 무배당 내가만든희망보험 2504

보장종목	가입나이	보험기간	납입기간	보험가입금액
3대질병보장 생활보장 상해보장	20~60세	10,20,30년	전기납(월납)	500~1,000만원(500만 원단위)

15 우체국 보험상품 중 주계약에서 건강관리자금을 지급하지 않는 것은?

① 무배당 내가만든희망보험 2504
② 무배당 우체국New건강클리닉보험(20년갱신형) 2509
③ 무배당 우체국더간편건강보험(갱신형) 2504
④ 무배당 우체국간편건강보험(325)(20년갱신형) 2504

> **ADVICE** ① 보험기간 중 매10년마다 생존 시 건강관리자금 지급
> ② 보험기간이 끝날 때까지 살아 있을 때
> ③ 15년만기 생존시마다 건강관리자금 지급(주계약)

Answer 14.② 15.④

16 우체국 보험상품에 대한 설명으로 옳은 것은? [기출변형]

① '무배당 우체국New건강클리닉보험(20년갱신형) 2509' 주계약은 보험기간 중 매10년마다 살아 있을 시 건강관리자금을 지급한다.

② '무배당 우체국간편실손의료비보험(갱신형) 2504'는 입원 시 하나의 질병·상해당 최대 1억 원, 통원 시 회(건)당 최대100만 원(단, 처방조제비 제외)을 보장한다.

③ '무배당 우체국치매요양간병보험 2509' 주계약은 보험기간 중 계약일 이후에 질병으로 인한 경도치매상태로 진단되고 90일이 지난 이후에 경도이상치매상태로 최종 진단 확정되었을 때 경도이상치매진단 보험금을 지급(단, 최초 1회에 한함)한다.

④ '무배당 우체국당뇨안심보험 2504' 주계약은 보험기간 중에 장해분류표 중 동일한 재해 또는 재해 이외의 동일한 원인으로 여러 신체부위의 합산 장해지급률이 50% 이상인 장해상태가 되었을 때 장해보험금을 지급(단, 최초 1회에 한함)한다.

> ADVICE ① 보험기간이 끝날 때까지 살아 있을 때 건강관리자금을 지급한다.

② 보장내용

판매형태		보장종목		지급사유
종합형	질병형	질병입원	입원의료비	질병으로 인하여 병원에 입원하여 치료를 받은 경우 (하나의 질병당 5천만 원 한도)
		질병통원	통원의료비	질병으로 인하여 병원에 통원하여 치료를 받은 경우 (단, 처방조제비 제외, 1회당 20만 원 한도, 연간 180회 한도)
	상해형	상해입원	입원의료비	상해로 인하여 병원에 입원하여 치료를 받은 경우 (하나의 상해당 5천만 원 한도)
		상해통원	통원의료비	상해로 인하여 병원에 통원하여 치료를 받은 경우 (단, 처방조제비 제외, 1회당 20만 원 한도, 연간 180회 한도)

③ 보험기간 중 치매보장개시일 이후에 "경도이상치매상태"로 최종 진단 확정 되었을 때 보험금을 지급(단, 최초 1회에 한함)한다.

17 (가)~(라)에 들어갈 내용을 순서대로 바르게 연결한 것은?

- '무배당 우체국급여실손의료비보험(갱신형) 2504' 주계약의 보장내용 변경주기는 (가)년이다.
- '무배당 우체국더든든한자녀지킴이보험 2504' 주계약 보험기간은 상품유형에 따라 30세 만기, (나)세 만기, 100세 만기가 있다.
- '무배당 우체국나르미안전보험 2504'는 교통재해로 인하여 그 직접적인 치료를 목적으로 중환자실에 입원하였을 때(1일 이상 입원일수 1일당, (다)일 한도) 교통재해 중환자실 입원보험금을 지급한다.
- '무배당 우체국암케어보험 2504' 주계약 암진단형에서 암보장 개시일은 계약일(부활일)부터 그날을 포함하여 90일이 지난날의 다음 날로 한다. 단, 피보험자 나이가 (라)세 미만인 경우, 암보장개시일은 계약일(부활일)로 한다.

	(가)	(나)	(다)	(라)
①	3	80	120	15
②	3	90	60	20
③	5	80	60	15
④	5	90	120	20

> **ADVICE** (가) '무배당 우체국급여실손의료비보험(갱신형) 2504' 주계약의 보장내용 변경주기는 5년이다.
> (나) '무배당 우체국더든든한자녀지킴이보험 2504' 주계약 보험기간은 상품유형에 따라 30세 만기, 80세 만기, 100세 만기가 있다.
> (다) '무배당 우체국나르미안전보험 2504'는 교통재해로 인하여 그 직접적인 치료를 목적으로 중환자실에 입원하였을 때(1일 이상 입원일수 1일당, 60일 한도) 교통재해 중환자실 입원보험금을 지급한다.
> (라) '무배당 우체국암케어보험 2504' 주계약 암진단형에서 암보장개시일은 계약일[부활(효력회복)일]부터 그 날을 포함하여 90일이 지난 날의 다음 날로 하며 1종(20년갱신형) 갱신계약의 경우 갱신일로 한다(피보험자 나이가 15세 미만인 경우 암보장개시일은 계약일[부활(효력회복)일]로 함).

18 우체국 보험상품에 대한 설명으로 옳은 것만을 모두 고르면?

> ㉠ '무배당 알찬전환특약 2504'는 적립부분 순보험료를 신공시이율Ⅲ으로 부리하는 저축성 보험으로 최저 1.0% 금리를 보증한다.
> ㉡ '무배당 파워적립보험 2504' 2종(이자지급형)은 보험기간이 3년, 5년, 10년이며 기본보험료 납입한도액은 5만~50만 원이다.
> ㉢ '무배당 그린보너스저축보험플러스 2504'는 보험기간 5년 만기까지 유지 시 계약일부터 최초 1년간 보너스금리 1.5%를 추가 제공한다.
> ㉣ '무배당 우체국온라인저축보험 2504'는 계약일 이후 1개월이 지난 후부터 보험기간 중에 보험연도 기준 연 12회에 한하여 적립금액의 일부를 인출할 수 있다.

① ㉠, ㉡
② ㉠, ㉣
③ ㉡, ㉢
④ ㉢, ㉣

>**ADVICE** ㉠ '무배당 알찬전환특약 2504'는 적립부분 순보험료를 신공시이율Ⅳ로 부리하므로 수익률이 높을 뿐만 아니라 시중금리 하락과 관계없이 최저 1.0% 금리를 보장한다.
> ㉡ '무배당 파워적립보험 2504' 2종(이자지급형)은 보험기간이 10년 이상이며, 기본보험료 납입한도액은 5만~50만 원이다.

19 우체국 보험상품에 대한 설명으로 옳은 것만을 모두 고르면?

㉠ '무배당 우체국보너스팡팡연금보험 2511'에서 확정기간연금형은 연금개시 후에도 해지가 가능하다.

㉡ '우체국연금보험 2504'에서 생존연금은 종신연금형, 상속연금형, 확정기간연금형, 더블연금형이 있다.

㉢ '어깨동무연금보험 2504'에서 보험수익자는 피보험자와 동일하여야 하며 보험수익자 변경은 불가하다.

㉣ '우체국연금저축보험 2504'는 제1보험기간 중에는 재해장해 보험금을 지급하고 제2보험기간 중에는 생존연금을 지급한다.

---

① ㉠, ㉡

② ㉠, ㉢

③ ㉡, ㉣

④ ㉢, ㉣

> **ADVICE** ㉡ '우체국연금보험 2504'에서 생존연금은 종신연금형, 확정기간연금형이 있다.
> ㉣ '우체국연금저축보험 2504'는 제2보험기간 중에 생존연금을 지급한다.

20 우체국보험 관련 세제에 대한 설명으로 옳은 것은?

① '무배당 에버리치상해보험 2504'에 가입한 근로소득자는 납입한 보험료(연간 600만 원 한도)에 대하여 12%의 세액공제를 받을 수 있다.

② '무배당 우체국보너스팡팡연금보험 2511'은 근로소득자 이외의 종합소득이 있는 사람이 가입한 경우, 납입한 보험료에 대하여 12%의 세액 공제를 받을 수 있다.

③ '어깨동무연금보험 2504'에 가입한 근로소득자는 피보험자가 장애인일 경우, 납입한 보험료(연간 100만 원 한도)에 대하여 15%의 장애인전용보험 세액공제를 받을 수 있다.

④ '우체국연금저축보험 2504'를 중도에 해지하는 경우, 가입자의 사망 등 부득이한 사유로 인한 연금 외 수령이 인정되는 때에는 연금소득세(지방소득세 포함 3.3~5.5%)를 부과한다.

> **ADVICE** ① 근로소득자는 납입한 보험료(연간 100만원 한도)에 대하여 12% 세액공제를 받을 수 있다.
> ② 관련 세법에서 정하는 요건에 부합하는 경우 이자소득 비과세 및 금융소득종합과세가 제외된다.
> ③ '무배당 어깨동무보험 2504'에 가입한 근로소득자는 납입한 보험료(연간 100만 원 한도)에 대하여 15% 세액공제, 증여세 면제(보험수익자가 장애인인 경우 연간 4,000만 원 한도) 등을 받을 수 있다.

Answer 19.② 20.④

1 다음 '검사 시점'에서 자식 프로세스를 좀비(zombie) 프로세스 혹은 고아(orphan) 프로세스와 바르게 연결한 것은? (단, 부모 프로세스는 자식 프로세스의 종료 상태를 확인한 후 자원을 회수한다)

고아 프로세스	좀비 프로세스
① 자식 프로세스2	자식 프로세스1
② 자식 프로세스3	자식 프로세스1
③ 자식 프로세스1	자식 프로세스2
④ 자식 프로세스1	자식 프로세스3

> ADVICE • 프로세스들은 부모-자식 관계를 형성하며 실행되는데 자식 프로세스가 종료될 때, 부모 프로세스는 자식의 종료 상태를 회수할 책임이 있는데 이 과정이 제대로 이루어지지 않을 경우, 특별한 상태의 프로세스가 발생한다.
> • 고아 프로세스(Orphan Process) : 자식 프로세스 1은 부모 프로세스 시작 이후에 생성되었으나 부모 프로세스가 자식 프로세스 1의 작업 수행 중인 상태에서 먼저 종료되어 부모 없이 남겨진 자식 프로세스 1이 바로 고아 프로세스이다.
> • 좀비 프로세스(Zombie Process) : 자식 프로세스 3은 자식 프로세스3 종료 상태에 도달했지만 부모 프로세스 종료 시점까지도 자원 미회수 상태로 남아있으며 종료되었지만 자원 미회수 상태에 있는 자식 프로세스 3이 좀비 프로세스이다.
> → 자식 프로세스 2는 비정상 종료되었으나, 자원 회수가 완료되었으므로 고아나 좀비 상태가 아니다.

Answer 1.④

2 다음 기법이 예방(prevention)하는 교착상태 발생 조건은

> 운영체제는 시스템 내 모든 자원에 번호를 지정한다. 낮은 번호의 자원을 점유한 프로세스가 높은 번호의 자원을 요청할 때, 이를 허용한다. 그러나 높은 번호의 자원을 점유한 프로세스가 낮은 번호의 자원을 요청할 때, 이는 허용하지 않는다.

① 비선점(nonpreemption)
② 원형 대기(circular waiting)
③ 상호 배제(mutual exclusion)
④ 점유와 대기(hold-and-wait)

>**ADVICE** • 자원에 순서를 부여하고 낮은 번호에서 높은 번호로만 요청하게 함으로써, 프로세스들이 순환적으로 서로를 기다리는 '원형 대기(circular waiting)' 상태를 원천적으로 방지한다.

3 프로세스가 요구하는 크기에 따른 메모리 영역 할당 방식(가변 분할 방식)으로 구성된 다음의 메모리 구조에 대한 설명으로 옳지 않은 것은? (단, 음영 처리하지 않은 부분은 프로세스 종료에 따라 이미 반납이 완료된 메모리 영역이고, 음영 처리한 부분은 현재 프로세스가 사용 중인 메모리 영역이다)

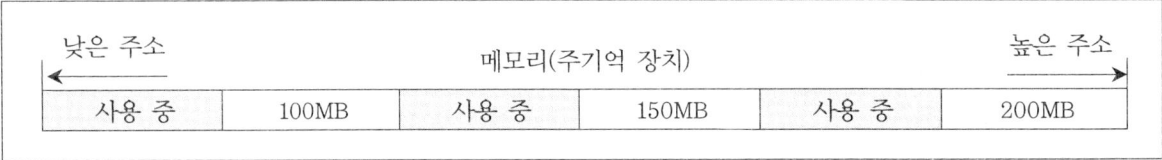

① 내부 단편화에 해당하는 메모리 영역의 합은 250MB, 외부 단편화에 해당하는 메모리 영역의 합은 200MB이다.
② 새 프로세스가 300MB를 요구하는 경우, 조각 모음(defragmentation) 기능을 통해 해당 프로세스를 배치하고 실행할 수 있다.
③ 낮은 주소에서 높은 주소로 탐색할 경우, 80MB를 요구하는 새 프로세스의 배치 위치는 최초적합과 최적적합 정책에 상관없이 동일하다.
④ 높은 주소에서 낮은 주소로 탐색할 경우, 120MB를 요구하는 새 프로세스의 배치 위치는 최초적합과 최악적합 정책에 상관없이 동일하다.

>**ADVICE** 가변 분할 방식 : 내부 단편화가 거의 발생하지 않으며, 외부 단편화는 흩어진 빈 공간의 합으로 계산된다. 문제의 빈 공간 합은 총 450MB이므로, 내부/외부 단편화 합계 설명이 옳지 않다.

Answer 2.② 3.①

4 다음 워크시트에서 전화번호가 저장된 B열에서 국번만을 추출하여 C열을 채울 때, C2셀에 필요한 수식은?

	A	B	C
1	이름	전화번호	국번
2	신○○	(02)○○○-○○○○	032
3	이○○	(032)○○○-○○○○	042
4	정○○	(042)○○○-○○○○	
…	…(하략)…	…(하략)…	…(하략)…

① =MID(B2,2,FIND(")",B2)-2) ② =MID(B2,2,FIND(")",B2)-4)

③ =LOOKUP(B2,2,FIND(")",B2)-2) ④ =LOOKUP(B2,2,FIND(")",B2)-4)

〉ADVICE MID 함수를 사용해 문자열을 자릅니다. 시작 위치는 '(' 다음인 2번째이고, 길이는 ')'의 위치에서 시작 위치와 괄호 개수(2)를 뺀 값으로 계산한다.

	A	B	C	D	E	F	G
1	이름	전화번호	국번	①	☺	③	④
2	신00	(02)000-0000		02		#N/A	#N/A
3	이00	(032)000-0000	32	032	0	#N/A	#N/A
4	정00	(042)000-0000	42	042	0	#N/A	#N/A
5	…(하략)…	…(하략)…	…(하략)…	(하략	(	#N/A	#N/A

5 다음 설명에 해당하는 것은?

> 셀 안에 표시하는 작은 차트(chart)로, 데이터의 추세를 시각적으로 확인할 수 있다. 선(꺾은 선형), 열(세로 막대형), 승패(음수 혹은 양수)의 방식으로 표현할 수 있다.

① 슬라이서(slicer) ② 스파크라인(sparkline)

③ 파워 쿼리(power query) ④ 피벗 테이블(pivot table)

〉ADVICE 스파크라인(sparkline) : 셀 하나에 데이터의 추세나 패턴을 나타내는 미니 차트를 삽입하는 기능으로 꺾은선형, 세로 막대형, 승패 등의 형태로 표현할 수 있으며, 데이터의 흐름을 한눈에 파악할 수 있게 해준다.

6 해시 색인(hash index)에 대한 설명으로 옳은 것만을 모두 고르면?

> ㉠ 레코드 개수가 n일 때 최악의 경우에 검색 시간 복잡도는 $O_{(n)}$이다.
> ㉡ 충돌 해결을 위해 개방 주소 지정(open addressing) 기법을 사용할 수 있다.
> ㉢ 분할 해싱(partitioned hashing)은 범위 질의(range query)를 효율적으로 처리할 수 있다.
> ㉣ 확장성 해싱(extendible hashing) 함수는 레코드 키를 가변 길이 스트링으로 변환시킨다.

① ㉠, ㉡

② ㉠, ㉣

③ ㉡, ㉢

④ ㉢, ㉣

> **ADVICE** • ㉠(○) : 충돌로 인해 모든 데이터가 한 곳에 몰리면 최악의 경우 $O_{(n)}$의 시간 복잡도를 가진다.
> • ㉡(○) : 충돌 해결을 위해 빈 곳을 찾아 넣는 '개방 주소 지정' 기법이 사용된다.
> • ㉢㉣(×) : 해싱은 범위 질의에 비효율적이며, 확장성 해싱은 키를 가변 길이 스트링으로 변환하지 않는다.

7 릴레이션 R(A, B, C, D)의 함수 종속(FD)에 관한 설명으로 옳지 않은 것은?

> $$FD = \{A \rightarrow B, \ AB \rightarrow C, \ C \rightarrow D\}$$

① 함수 종속 A → C가 성립한다.

② 함수 종속 AB → D가 성립한다.

③ A는 R의 후보키(candidate key)이다.

④ 릴레이션 R은 제3정규형을 만족한다.

> **ADVICE** A → B와 B → C, C → D를 통해 A → C와 A → D라는 이행적 함수 종속이 존재하며 이행적 함수 종속이 있으면 제3정규형을 만족하지 못한다.

8 개발된 소프트웨어에 새로운 기능을 추가하는 유지보수는?

① 수정(corrective) 유지보수
② 예방(preventive) 유지보수
③ 완전(perfective) 유지보수
④ 적응(adaptive) 유지보수

> ADVICE 소프트웨어 유지보수 유형
> • 수정(corrective) : 발견된 오류(버그)를 수정하는 유지보수
> • 적응(adaptive) : 운영 환경 변화에 맞춰 소프트웨어를 수정하는 유지보수
> • 완전(perfective) : 소프트웨어의 기능 향상, 성능 개선, 새로운 기능 추가 등을 수행하는 유지보수
> • 예방(preventive) : 미래에 발생할 수 있는 문제를 미리 예방하기 위해 잠재적 오류를 수정하거나 문서화하는 유지보수

9 소프트웨어 요구분석 명세서(SRS)에 대한 설명으로 옳은 것만을 모두 고르면?

> ㉠ 시스템에 영향을 주는 제약 조건을 기술한다.
> ㉡ 시스템의 자료 구조에 대한 명세를 기술한다.
> ㉢ 사용자 인터페이스에 대한 명세를 기술한다.
> ㉣ 시스템 인수를 위한 테스트 기준을 제공한다.

① ㉠, ㉡　　　　　　　　　　② ㉠, ㉣
③ ㉡, ㉢　　　　　　　　　　④ ㉢, ㉣

> ADVICE 소프트웨어 요구분석 명세서(SRS) : 시스템이 '무엇을 해야 하는지'를 정의
> ㉠(○) : 시스템의 제약 조건을 기술한다.
> ㉣(○) : 인수 테스트의 기준을 제공한다.
> ㉡㉢(×) : 구체적인 자료 구조나 UI 디자인은 설계 명세서에 포함된다.

10 버퍼 오버플로우(buffer overflow) 공격에 대한 설명으로 옳지 않은 것은?

① 버퍼 오버플로우 공격은 데이터 유형(data type)에 대한 불명확한 정의로 인한 것이다.

② 공격 대응방안은 스택가드(stack guard), 스택쉴드(stack shield), 주소공간의 임의추출(ASLR) 등이 있다.

③ 스택(stack) 버퍼 오버플로우 공격은 SetUID가 설정된 루트 권한의 프로그램을 공격대상으로 할 수 있다.

④ 힙(heap) 오버플로우 공격에서 힙에 요청되는 메모리는 레코드의 연결리스트와 같은 동적 데이터 구조를 위해 사용된다.

> **ADVICE** 버퍼 오버플로우(buffer overflow) : 데이터 유형 문제가 아니라, 입력 데이터의 크기를 확인하지 않고 정해진 버퍼 공간보다 더 많은 데이터를 넣는 것 때문에 발생한다.

11 정보보호의 3요소인 기밀성(confidentiality), 무결성(integrity), 가용성(availability)에 대한 설명으로 옳은 것은?

① 스니핑(sniffing)은 가용성에 대한 공격이다.

② DoS 또는 DDoS공격은 기밀성에 대한 공격이다.

③ 기밀성은 허가받은 사용자 또는 객체만이 정보의 내용을 수정할 수 있다는 의미이다.

④ 두 시스템 간의 데이터를 중간에 변조하는 중간자 공격(MITM)은 무결성에 대한 공격이다.

> **ADVICE** 정보보호의 3요소
> • 기밀성(confidentiality) : 허가된 사람만 정보에 접근할 수 있도록 보장하는 것
>   - 스니핑(sniffing) : 데이터를 엿보는 행위이므로 기밀성을 위협한다.
> • 무결성(integrity) : 허가된 사람만 정보를 수정할 수 있도록 보장하는 것
>   - 중간자 공격(MITM)은 데이터 전송 과정에서 데이터를 변조하므로, 무결성을 직접적으로 위협한다.
> • 가용성(availability) : 허가된 사용자가 필요할 때 정보나 자원에 접근할 수 있도록 보장하는 것
>   - DoS/DDoS 공격은 시스템을 마비시켜 접근을 방해하므로 가용성에 대한 공격이다.

Answer 10.① 11.④

12 UDP(User Datagram Protocol)에 대한 설명으로 옳은 것은?

① UDP는 비연결 지향 프로토콜이며 패킷을 주고받기 전에 미리 연결을 맺고 가상 경로를 설정한다.
② UDP를 사용하는 응용 계층 프로토콜은 DHCP(UDP 포트:443), SNMP(UDP 포트 : 161) 등이다.
③ UDP 헤더는 송신 포트(port), 수신 포트, 전체 길이(total length), 체크섬(checksum)으로 구성된다.
④ UDP 헤더의 크기는 16바이트로 TCP 헤더의 크기인 20바이트보다 작고 간단하여 TCP에 비해 상대적으로 통신 부하가 적다.

> **ADVICE** UDP(User Datagram Protocol) : 데이터를 주고받을 때 연결 과정이나 신뢰성 확인 절차 없이 전송하는 통신 규약

특징	UDP (User Datagram Protocol)	TCP (Transmission Control Protocol)
연결 방식	비연결형 (Connectionless)	연결형 (Connection-oriented)
신뢰성	비신뢰성 (Unreliable)	신뢰성 (Reliable)
속도	빠름	느림
오버헤드	낮음 (헤더 8바이트)	높음 (헤더 20~60바이트)
주요 용도	실시간 통신, DNS, 멀티캐스팅	파일 전송, 웹 브라우징, 이메일

① UDP는 비연결 지향 프로토콜로, 패킷을 주고받기 전에 미리 연결을 맺지 않는다.
② DHCP(67, 68), SNMP(161)는 UDP를 사용하지만, HTTPS에 사용되는 443 포트는 TCP를 사용한다.
④ UDP 헤더 크기는 8바이트이며, TCP 헤더의 최소 크기인 20바이트보다 작다.

13 ARP spoofing 공격에 대한 설명으로 옳은 것은?

① 공격대상자의 라우팅(routing) 테이블을 위조한다.
② 전송계층 공격으로 공격자의 MAC 주소를 공격대상자의 MAC 주소로 위조하는 것이다.
③ 공격 대응방안은 'arp -s' 명령어를 이용하여 정적 ARP 테이블로 만들고 ARP reply를 무시한다.
④ 스위치의 MAC 테이블 버퍼를 오버플로우 시켜서 스위치가 더미허브(dummy hub)처럼 동작하도록 스위치의 기능을 마비시키는 공격이다.

> **ADVICE** ARP spoofing : IP 주소에 맞는 MAC 주소를 속여 패킷을 가로채는 공격dl다. 'arp -s' 명령어로 특정 IP-MAC 주소 쌍을 고정시키면, 위조된 ARP 응답을 무시하여 공격을 방어할 수 있다.
> ① 라우팅 테이블을 위조하는 것은 라우팅 프로토콜을 이용한 공격이다.
> ② ARP는 전송 계층이 아닌 데이터링크 계층 공격이며, MAC 주소를 서로 속이는 방식이 다르다.
> ④ MAC Flooding 공격 : 스위치의 MAC 테이블 버퍼를 오버플로우 시켜서 스위치가 더미허브(dummy hub)처럼 동작하도록 스위치의 기능을 마비시키는 공격 MAC Flooding 공격

Answer 12.③ 13.③

14

A : So, when are you leaving for India?

B : This weekend. I've finished almost everything I had to do.

A : What did you do?

B : A lot. I bought a plane ticket, of course. And I got a visa.

A : _____

B : Yes, it's an e-visa. I also got a new passport and made a hotel reservation.

① Did you get it online?

② Did it take a long time to process?

③ Did you need a letter of invitation?

④ Did you have to apply for it at the embassy?

> ADVICE e-visa를 받았다고 했으므로, ①이 들어가는 것이 적절하다.

　① 온라인으로 받았어?

　② 처리하는 데 오래 걸렸어?

　③ 초청장이 필요했어?

　④ 대사관에서 신청해야 했어?

「A : 그러면 인도에는 언제 떠나?

B : 이번 주말에. 해야 할 건 거의 다 끝냈어.

A : 뭘 했는데?

B : 많이 했지. 비행기 표도 샀고, 비자도 받았어.

A : 온라인으로 받았어?

B : 응, 전자비자야. 여권도 새로 만들고 호텔 예약도 했어.」

Answer 14.①

15

> A : Hello! I need to send this package to my mom for her birthday. Can you help me with that?
> B : Absolutely! Let's take a look at what you've got. Where are you sending it and how quickly do you need it to arrive?
> A : I'm sending it to Vancouver, and her birthday is in two weeks, so there's no rush.
> B : Got it. We have a few different shipping options depending on how quickly you want it to arrive. Let's see what works best for you.
> A : Sounds good. ＿＿＿＿＿＿＿＿＿＿＿＿＿＿, as long as it gets there in time for her birthday.
> B : In that case, our standard ground shipping should do the trick. It's the most cost-effective option for non-urgent deliveries.
> A : Perfect! Let's go with that.

① I'll call you back immediately
② I'd like to send this present to her
③ I don't mind if it takes a little longer
④ I want it to arrive as quickly as possible

〉**ADVICE** 생일이 2주 뒤라 급하지 않다고 했으므로 ③이 들어가는 것이 적절하다.

① 곧 전화 드릴게요

② 이 선물을 그녀에게 보내고 싶어요

③ 좀 더 오래 걸려도 괜찮아요

④ 가능한 한 빨리 도착했으면 좋겠어요

rush 서두르다 standard ground shipping 항공기를 사용하지 않고 트럭과 같은 지상 수단으로 물건을 배송하는 표준 배송 서비스 cost-effective 비용 효율적인, 가성비 좋은 non-urgent 긴급하지 않은 immediately 즉시

「A : 안녕하세요! 이 소포를 엄마 생일에 맞춰 보내야 하는데, 도와주실 수 있나요?
B : 물론이죠! 한번 볼게요. 어디로 보내실 건가요? 그리고 얼마나 빨리 도착해야 하나요?
A : 밴쿠버로 보내려는데, 엄마 생일이 2주 뒤라 급하지는 않아요.
B : 알겠습니다. 도착 속도에 따라 여러 배송 옵션이 있어요. 가장 맞는 걸 찾아봅시다.
A : 좋아요. 제일 저렴한 옵션이면 돼요. 생일에만 맞춰 도착하면 되니까요.
B : 그렇다면 일반 지상 배송이 딱 맞겠네요. 긴급 배송이 아니라면 가장 저렴합니다.
A : 완벽해요! 그걸로 할게요.」

16 다음 글의 빈칸에 들어갈 말로 적절하지 않은 것은?

> Waste Medicine Pickup Service raised public awareness of the need to separately dispose of waste medicines and _____ preventing environmental pollution by improving the recollection rate of unused medications.

① played a pivotal role in

② hindered efforts toward

③ made a contribution to

④ was instrumental in

> ⟩ADVICE "폐의약품 수거 서비스가 대중에게 인식을 심어주었고, 수거율을 높여 환경오염을 막았다"라는 긍정적인 내용이므로 빈칸에도 긍정적인 역할을 했다는 표현이 들어가야 자연스럽다.
> ① ~에서 중추적인 역할을 했다
> ② ~을 향한 노력을 방해했다
> ③ ~에 기여했다
> ④ ~에 중요한 역할을 했다
>
> awareness 의식 dispose 처분하다 prevent 예방하다 environmental 환경 pollution 오염 recollection 회수율 pivotal 중심이 되는 hindered 방해하다 instrumental 중요한
> 「폐의약품 수거 서비스는 폐의약품을 별도로 처리해야 한다는 필요성에 대한 대중의 인식을 높였으며, 사용되지 않은 의약품의 회수율을 개선함으로써 환경오염을 막는 데 중요한 역할을 했다.」

Answer 16.②

17 다음 글의 빈칸에 들어갈 말로 적절한 것은?

> We reconstructed 50 old post offices across the country to create a safe and comfortable environment for both employees and customers. We also _____ exterior designs that reflect unique regional characteristics, helping the post offices serve as Social Overhead Capital (SOC) to improve residents' convenience, promote local areas, and boost the local economy.

① came in　　　　　　　　② got in
③ put in　　　　　　　　④ took in

> **ADVICE** 지역 고유의 특색을 반영한 외관 디자인을 적용했다는 내용이 되어야 하므로 ③이 들어가는 것이 적절하다.
> ① 밀려오다
> ② 도착하다
> ③ 들여놓다
> ④ 받아 들이다
>
> reconstruct 재건하다　across the country 전국의　exterior 외부　reflect 비추다, 나타내다　residents 주민　convenience 편의
> boost 신장시키다
> 「우리는 전국의 50개의 오래된 우체국을 개보수하여 직원과 고객을 위한 안전하고 쾌적한 환경을 만들었다. 또한 지역 고유의 특색을 반영한 외관 디자인을 적용하여, 우체국이 주민들의 편의를 증진하고 지역을 홍보하며 지역 경제를 활성화하는 사회간접자본(SOC)으로 기능할 수 있도록 했다.」

18 다음 글의 제목으로 가장 적절한 것은?

> Prior to the marvels of the computer and its e-mail service, snail mail was the only economical way that foreigners in Korea could keep in touch with their families back home. Snail mail, as the name implies, was slow and letters to and from the United States frequently took a week or more to arrive. In the Joseon era, the first modern postal services in Korea were operated by the Japanese. In Seoul, the mail was delivered to the Japanese post office and then collected by an American and taken to the legation, where a certain flag was flown notifying the Americans that the mail had arrived. Sometimes the mail was merely placed in a sack and sent around to each house − "each person helping himself." Of course, this was far from perfect and letters were occasionally lost. During the late 1880s, one American allegedly took letters from American advisors to the Korean government and printed the contents in newspapers in Hong Kong.

① The Ruthless Postal Service of Old Korea

② The Advent and Development of Snail Mail

③ The Contribution of Hong Kong to Korean Postal Service

④ The Conflict between American and Japanese Postal Service

❯**ADVICE** ① 무자비한 우편 서비스

② 일반 우편의 등장과 발전

③ 한국 우편서비스의 홍콩의 기여

④ 미국과 일본 우편 서비스 간 갈등

prior 사전의 marvel 경이 snail mail 일반 우편 keep in touch 연락하다 imply 넌지시 나타내다, 의미하다 frequently 흔히 legation 공사관 merely 그저, 단지 sack 자루 occasionally 가끔 allegedly 전해진 바에 의하면

「컴퓨터와 이메일 서비스라는 놀라운 발명이 등장하기 전, 한국에 있는 외국인들이 고국의 가족과 연락할 수 있는 유일하고 경제적인 방법은 우편뿐이었다. 이름에서 알 수 있듯, 일반 우편은 느렸고, 미국과 주고받는 편지는 도착까지 일주일 이상 걸리는 경우가 흔했다.

조선 시대에는, 한국 최초의 근대적 우편 서비스가 일본인들에 의해 운영되었다. 서울에서는, 우편물이 일본 우체국으로 배달된 후 미국인에게 수집되어 외교관 사무소로 전달되었는데, 그곳에서는 특정 깃발이 게양되어 미국인들에게 우편물이 도착했음을 알렸다. 때로는 우편물이 단순히 자루에 담겨 각 집으로 배달되었는데, "각자가 스스로 가져가는" 방식이었다. 물론 이 방법은 완벽과는 거리가 멀었고, 편지가 가끔씩 분실되기도 했다. 전해진 바에 의하면, 1880년대 후반에는 한 미국인이 한국 정부에서 일하는 미국인 고문들의 편지를 가져가 그 내용을 홍콩의 신문에 게재했다는 이야기도 있다.」

Answer 18.①

19 다음 글의 내용과 일치하는 것은?

Genealogy, the study of family history, is certainly nothing new. Family trees have been used for thousands of years to demonstrate claims to wealth and power. But the rise of the Internet has led to the pursuit of new life. According to some sources, genealogy is now one of the most popular topics on the Internet. Modern genealogists have a huge amount of information available online, and are able to connect with people from all around the world with ease. One popular ancestry website provides access to approximately 16 billion historical records. But what's behind our motivation to find out about our ancestors? Some people may have specific reasons. Tracing your family tree may help you reconnect with lost relatives. Others may want to discover a connection to a historical figure. Perhaps the most common motivation, though, is simple curiosity.

① Genealogy has only recently become a subject of interest with the rise of the Internet.

② Family trees were originally created to preserve cultural traditions rather than claim power.

③ Genealogy websites are only accessible to trained historians and professionals.

④ People often study genealogy to find out if they are related to someone famous.

> **ADVICE** ① 계보학은 인터넷의 등장과 함께 최근에야 관심을 받기 시작했다.
> ② 가계도는 원래 권력을 주장하기보다 문화적 전통을 보존하기 위해 만들어졌다.
> ③ 계보학 웹사이트는 오직 훈련된 역사학자나 전문가만 이용할 수 있다.
> ④ 사람들은 종종 자신이 유명한 인물과 관련이 있는지 알아보기 위해 계보학을 연구한다.
>
> genealogy 계보학, 가계도 demonstrate 입증하다 claim 권리 pursuit 추구 ancestry 가계, 혈통 approximately 거의
> motivation 동기 ancestor 조상 figure 인물 curiosity 호기심 rather than ~보다는
> 「가문의 역사를 연구하는 계보학은 결코 새로운 것이 아니다. 가계도는 수천 년 동안 부와 권력에 대한 주장을 뒷받침하는 데 사용되어 왔다. 하지만 인터넷의 등장으로 계보학은 새로운 활력을 얻게 되었다. 일부 자료에 따르면, 계보학은 이제 인터넷에서 가장 인기 있는 주제 중 하나다. 현대의 계보학자들은 온라인에서 방대한 양의 정보를 접할 수 있고, 전 세계 사람들과 쉽게 연결될 수 있다. 한 유명한 족보 웹사이트 는 약 1,600억 건의 역사 기록에 접근할 수 있도록 해준다. 그런데 우리가 조상을 알아내려는 동기는 무엇일까? 어떤 사람들은 구체적인 이유를 가지고 있다. 가계도를 추적하는 것은 잃어버린 친척과 다시 연결되는 데 도움이 될 수 있다. 다른 이들은 역사적 인물과의 연관성을 발견하고 싶어할지도 모른다. 그러나 아마도 가장 흔한 동기는 단순한 호기심일 것이다.」

20 다음 글의 빈칸 (A), (B)에 들어갈 말로 가장 적절한 것은?

The Korea Stamp Exhibition 2023, highlighting the ___(A)___ of stamps with content incorporated with emerging technology, was held at the Sejong Center for the Performing Arts in Gwanghwamun for eight days from September 21 to 28, 2023. The exhibition showcased dynamic and realistic stamp content by using AI technology to accentuate the sentimentality of stamps and philately. The future value of stamps was stressed through encounters with the famous people on stamps using generative AI and experiential AI programs. A total of 201,316 people visited the exhibition, attracting not just the stamp collectors who submitted their collections but people from all walks of life who ___(B)___ beauty and culture.

	(A)	(B)
①	accessibility	proclaim
②	compatibility	augment
③	vulnerability	interrupt
④	sustainability	appreciate

>ADVICE ① 접근성　　　선포하다
② 호환성　　　증가시키다
③ 취약성　　　방해하다
④ 지속 가능성　감상하다

incorporate 포함하다　emerging 최근 생겨난　exhibition 전시　dynamic 역동적인　realistic 사실적인　accentuate 강조하다 sentimentality 감성　philately 우표 수집 및 연구　encounter 맞닥뜨리다, 접하다
「2023년 한국 우표 전시회는 첨단 기술이 접목된 우표의 (A) 지속 가능성을 강조하며 2023년 9월 21일부터 28일까지 광화문 세종문화회관에서 8일간 열렸다. 이 전시회에서는 AI 기술을 활용하여 우표와 수집의 감성적 가치를 강조하면서, 역동적이고 사실적인 우표 콘텐츠를 선보였다. 생성형 AI와 체험형 AI 프로그램을 통해 우표에 등장하는 유명 인물들과의 만남을 경험하게 하면서, 우표의 미래적 가치도 강조되었다. 총 201,316명이 전시회를 방문했으며, 컬렉션을 출품한 우표 수집가뿐만 아니라 다양한 계층의 사람들이 (B) 아름다움과 문화를 감상했다.」

Answer　20.④

가볍게! 빠르게! 확인하는 용어사전 시리즈

시사용어사전 | 경제용어사전 | 부동산용어사전

시사용어사전 1228

매일 접하는 각종 기사와 정보! 공기업/언론사/기업체/공무원 채용을 준비하는 수험생과
현대인이 꼭 알아야 할 최신 시사상식을 쏙쏙 뽑아 이해하기 쉽도록 영역별로 정리

경제용어사전 1050

주요 경제용어는 거의 다 실었다! 금융권/공기업/언론사/기업체/공무원 채용을 준비하기 전에,
경제 공부를 시작하기 전에 읽어보면 경제가 쉬워지도록 사전식으로 구성

부동산용어사전 1310

부동산에 대한 이해를 높이고 부동산의 개발과 활용, 투자 및 부동산 용어 학습에도
적극적으로 이용할 수 있는 교재, 공인중개사 출제용어도 수록